见识城邦

更新知识地图　拓展认知边界

中国文化的张力

传统解故

刘梦溪 | 著

中信出版集团 · 北京

图书在版编目（CIP）数据

中国文化的张力：传统解故 / 刘梦溪著. -- 北京：中信出版社，2019.1（2021.10重印）
ISBN 978-7-5086-8252-5

I.①中… II.①刘… III.①中华文化－文集 IV.①K203-53

中国版本图书馆CIP数据核字（2017）第259838号

中国文化的张力：传统解故

著　　者：刘梦溪
出版发行：中信出版集团股份有限公司
（北京市朝阳区惠新东街甲4号富盛大厦2座　邮编　100029）
承 印 者：北京通州皇家印刷厂

开　　本：880mm×1230mm　1/32　　印　　张：14.75　　字　　数：317千字
版　　次：2019年1月第1版　　印　　次：2021年10月第5次印刷
书　　号：ISBN 978-7-5086-8252-5
定　　价：68.00元

目录

引语

文化是松散的结构，内中充满了张力。无穷无尽、川流不息的各种力量在相互牵拉、撕扯、撞击、会通、融合。也可以说，文化是由多种元素构成的化分化合的综合体，因不同元素之间的交错互动，彼此相斥相激，而产生新的令人类欢愉的生命体。《易·系辞》说的“《易》有太极，是生两仪，两仪生四象，四象生八卦”，此“生生”情形下的“易”之太极，不妨看做是对人类文化现象的哲学概括。

而在宋代思想家张载那里，太极和“太和”为同一范畴的不同名相，所揭示的则是天下大道和天人之道所笼摄的无尽含藏：“太和所谓道，中涵浮沈、升降、动静、相感之性，是生絪缊、相荡、胜负、屈伸之始。其来也几微易简，其究也广大坚固。起知于易者乾乎，效法于简者坤乎。散殊而可象为气，清通而不可象为神。不如野马、絪缊，不足谓之太和。语道者知此，谓之知道；学易者见此，谓之见易。不如是，虽周公才美，其智不足称也已。”[1] 原来“浮沈、升降、动静、相感之性，是生絪缊、相荡、胜负、屈伸”等无尽藏的对立物，都包含在太和之中。

---

[1] 《张载集》，中华书局 1978 年版，第 7 页

然则太和或竟是文化现象的终极义指吗？文化现象的诸种差异、分歧、周折、碰撞，归根结底不过是人类的化迹不同而已。化迹不同，故路歧而有对，至产生悬隔。但走错路的行者最终总要回来的。《红楼梦》里“智通寺”门旁的一副旧破对联，不是已经发出了警语：“身后有馀忘缩手，眼前无路想回头。”说开来还是《易经》系辞里的那句话：“天下同归而殊途，一致而百虑。”那么当下熙熙攘攘，正在为急功近利、尔虞我诈、躁动不安而煎熬的人类，是不是应该早一点回头是岸呢？“眼前无路想回头”至少是末路的觉醒，如果是“不撞南墙不回头”，就悔之晚矣。职是之故，孔子提出的“和而不同”和“己所不欲勿施于人”这两条百验不爽的理则，总没有被人类拒而却之的理由吧。

绝不是说传统都是好的，礼教和习俗同样是传统的组成部分，很有一些礼俗已与今天的现代社会不相适应。中国社会的迁流和嬗变蕴蓄有各种可能。文化是流淌着的河流，变易以及相生相荡相激，乃至改变河道，是文化的常态。但传统是看不见的，也是割不断的，只能通过历时历代积存的历史故实和文化现象来辨识和感知。

2019 年 4 月 17 日于京城之东塾

第一篇

传统的理念

中国文化的张力

——传统文化如何进入现代生活

中国传统文化进入现代生活，是我们研究历史文化的人一直以来的期待。但传统文化是个庞杂的范畴，以前并不这样笼统的标称，而是研究哪一部分就用这一部分的内涵加以标称。如经济史、政治史、法律史、宗教史、哲学史、艺术史、文学史等，都是研究历史文化的一个个具体领域，或一个方面。把传统文化单标出来，是对传统和现代做了一个区隔。中国从传统走向现代的过程，是一个很长的历史过程。曾经作为社会发展阶段理论模式的“五种生产方式论”，学术界现在不再使用了。因为中国历史上没有出现过一个资本主义的社会阶段，而且被称为“封建社会”的阶段，延伸有两千多年，也不符合中国历史的实际。那么中国的历史发展过程，就社会形态而言，应该做怎样的描述和区分呢？在一时找不到划分的准确概念标识的情况下，先以传统和现代做一个二分，是有道理的；尽管认真说来，对社会形态做这样的大分隔，在学理上会有很多遗漏，不是学术研究的最可取的方法。

只就传统文化来说，其内涵也是浩如烟海，宽博无垠。大量的文本典籍是传统文化中非常突显的部分。按传统的典籍分类，经、史、子、集四部类，每一部的书籍都多到不知凡几，汗牛充栋不足以形容。而地上地下的文化遗存，更是多得无法计数。何况还有非物质文化遗产的系列。不过所谓传统文化，其实就是传统社会的文化，它们是能够看得见、摸得到的那一部分我们祖先的智慧结晶。但传统文化和文化传统不是同一个概念，传统文化背后的那个精神连接链，才是文化传统。文化传统是看不见的，它充溢流淌在不同民族的从古到今的人们的精神血液中。经过学者的研究辨析，用学术理念加以透视概括，可以发现其中包含着传统文化得以构成和传衍的规则、理念、价值和信仰。中国由于地域广袤，历史悠久，民间社会发达，不仅有儒家思想在汉以后成为文化的大传统的代表，同时由于地域和族群的不同生活状态，又形成了根脉深厚的文化的小传统。文化的小传统主要指民间文化、民间艺术、民间礼俗和民间信仰。如果说儒家是在朝的思想形态，道家和道教、佛教思想，则是在野的思想形态。儒释道三家构成中国传统文化的主干，它们化合而成的思想新质，成为传统社会精神网络恒久不懈的支撑力量。

传统不是凝固的沉淀物，而是松散的相对稳定的结构。承载着历史的惰性力而又不随顺时俗俯仰，是它天然生就的品格。但当异质文化之水悄然进入这条河流的时候，日积月累的结果，经过相遇相熟到彼此吸收溶解的过程，固有的传统会因之增加或减少，直至发生变异。此时，传统更新的历史时刻就来到了。但更新不是废弃自我主体，而是在旧传统中增加了新养分和新资源。所以大文化史家陈寅恪先生说，即使吸收西方的思想，也不应忘记本民族的历史地位。儒家学说所代表的中国文化的大传统，由于魏晋南北朝至隋唐以来的佛教文化特别是禅宗思想的融入，产生了宋明理学，这是不同于先秦两汉儒学的新形态，思想史家称之为新儒学。陈寅恪高度评价这一文化融会和思想合流的现象，认为是中国历史文化的“一大事因缘”。而儒家思想吸收道教的思想，以及道教吸收儒家和佛教的思想，在唐以后更日趋明显，终于形成儒释道“三教合一”的历史奇观。追其缘由，主要是居于主流地位的儒家思想具有包容性，同时这也就是中华文化的包容性。《礼记·中庸》提出，治理国家有需要遵行的“九经”，其中的一“经”即为“柔远人”，施行此一政策，能够收获“四方归之”的效果。东汉的佛法东传和明代的耶教来华，同为中华文化这一品格的见证；而汉唐两世的繁荣昌盛，则为中华文化这一精神品格提供了历史范例。所以王国维的《咏史》遥忆唐代的开放繁荣，写下这样两句诗：“远人尽有如归乐，知是唐家全盛时。”清朝的道光、咸丰以后的历史，所提供的则是这种精神旨趣反向的历史见证。凡是不肯接受异质文化流来流去，甚至拒斥外部世界互动的时候，都是国家情况不是那么美妙的历史时刻。传统是充满活力而又充满张力的文化综合体，传统不能割断，世界不能脱离，应成为我们恒久遵循的法理轨辙。

文化的大传统和小传统是互为影响的，大传统须通过和小传统结合，来增加自己的辐射力；小传统则有赖大传统的思想凝聚与品质提升。传统是从过去流淌到现今的精神河流，每个人都不自觉地站在传统的延长线上。可是历史的一定时期，社会的精英人物一起站出来反传统，并且形成社会的潮流，传统也会因之发生断层。但时过境迁，人们又会自我反思，由反传统转变为自觉地接续传统。近一百年以来的中国，就是这样走过来的。现在又到了需要自觉地接续传统和如何让传统成为当代文化与社会建构的有益养分的历史时期。传统是通过各个历史时期创造出来的文化典范来承载和传承的。文本经典和典范性的文化遗存，里面集中藏有传统文化和文化传统的密码，文本经典的诵习和文物遗存的熏陶，不失为现代人接受和连接传统的有效方式。和传统的因子连接紧密的大文化人，包括大艺术家、大文学家、大哲学家、大学者，他们所具有的德范与风仪，和他们才华卓具的独创性的艺文杰作，能够起到为青年人提供精神模楷的作用。但并不是所有的艺文人物和他们的创造物，都能达致这一境界，那些没有传统文化的根基，只靠猎奇和追求时尚的作者不足语此。

这里还须辨析传统文化和国学两个概念。这两个概念是不同的，不应该加以混淆。传统文化如前所说，是一个涵蕴多重的极为宽博的范畴。所以章太炎称之为“国故”，胡适之解释为所有过去的历史文化。而国学所涉及的，则是对传统文化进行学术研究。20世纪20年代，胡适曾说“国学”就是“国故学”的省称。但胡适的国学定义，并没有被学术界所采纳，甚至连“国故”一词，也遗落到一旁无人问津了。当时学术界的共识，是认为国学就是中国的固有学术。所谓固有学术，指的是先秦的诸子百家之学、两汉的经学、魏晋的玄学、南北朝至隋唐的佛学、宋代的理学、明代的心学、清代中期的朴学（以考据为中心的学问）等。这样一来，国学便跟不同历史时期的学术等同起来了。显然经过如此定义的国学，只是一部分专业人士致力的领域，跟一般民众没有关系，甚至跟此专业领域以外的其他专业人士，也没有多大关系。而且传统学术在不同历史时期呈现出不同的形态，如果认为国学是固有学术，那么是指哪个历史时间段的学术？传统学术就其主脉来说，既有儒家的学术，也有道家和道教的学术，还有佛学的学术。那么是指哪一家的学术？以固有学术等同于国学，内涵和外延未免太过于宽泛了。而当一个概念的内涵过于宽泛时，概念本身的既定内涵就会流失。

所以1938年5月，当20世纪的一位第一流的大儒马一浮先生，在浙江大学举办国学讲座的时候，他给国学下了一个不同于以往的全新的定义。他说："今先楷定国学名义。举此一名，该摄诸学，唯六艺足以当之。六艺者，即是《诗》《书》《礼》《乐》《易》《春秋》也。此是孔子之教，吾国二千余年来普遍承认一切学术之原皆出于此，其余都是六艺之支流。故六艺可以该摄诸学，诸学不能该摄六艺。今楷定国学者，即是六艺之学，用此代表一切固有学术，广大精微，无所不备。"[1] 马一浮还说，"六经"是中国文化的最高的特殊的形态。六经里面有两个系统：一个是学问系统，一个是价值系统。学问系统是很烦难的，所以治经学历来不易，只有少数专家才毕生沉潜其中。不仅是文本本身的问题，重要的是要有小学的基础。由小学入经学，是古代治经的不二法门。所以清儒的口头禅是"读书必先识字"。但六经的价值系统则是面对所有的人的。中国文化的基本价值、核心价值，可以说都在六经。特别是诞生最早的

[1] 《泰和会语》。

《易经》，固然是无可否认的占卜之书，但它同时更是中国文化论理价值的渊薮。

近年我从以《易经》为代表的六经里面，也包括后来作为十三经组成部分的《论语》《孟子》《孝经》里面，梳理抽绎出五组价值理念：一是诚信，二是爱敬，三是忠恕，四是知耻，五是和同。最后的一组“和同”，就是孔子说的“和而不同”。“敬”是人的自性的庄严，即自尊、自重、志不可夺。孔子说的“三军可夺帅也，匹夫不可夺志也”的“志”，就是“敬”，就是不可易、不可被夺的人的自我精神的庄严。我认为“敬”是一个终极价值，已经进入了中华文化的信仰之维。“恕”就是“己所不欲，勿施于人”，亦即将心比心、换位思考，自己不喜欢、不希望的事情不强加于人。“己所不欲，勿施于人”现已成为世界公认的道德金律。“知耻”是《礼记·中庸》里的话，原文是“好学近乎知，力行近乎仁，知耻近乎勇”，并说知道这三者，就知道什么是“修身”了。耻感是人之所以为人的不可或缺的从心理到生理的一种感受。所以做错了事，说了不合适的话，有了失礼行为，会感到不好意思。孟子讲的“四端”中的“羞恶之心”，就是“知耻”。按孟子的说法，如果没有“羞恶之心”，人就是非人了。同样，其他三“端”：恻隐之心、是非之心、辞让之心，缺了哪一“端”，在孟子看来，也都不具备人的资格。所以我提出，“修身”应该从“知耻”开始。

“和同”指“与人和同”。世界上，人与人之间的差异，并不像人们想象的那样大。所以不同的人，可以互相交流沟通；不同的文化，可以对话互阐，可以跨文化沟通对话。《易经》“系辞”的两句话：“天下同归而殊途，一致而百虑”，把“与人和同”的思想概括无遗。《易经》的“同人”一卦，则是“与人和同”思想的全方位演绎。说到底，传统文化进入现代生活，最主要的是传统文化中的这些具有永恒意义的精神价值。《周易》的“文言”有两句话：“君子进德修业，忠信所以进德也；修辞立其诚，所以居业也。”试想，人生在世，何欲何求？无非是让自己修为得更好些，并希望事业有成，使成就感给自己带来快乐与荣誉。那么“进德修业”四个字可以说将人生志业的全部要义概括无遗。而“进德”靠的是“忠信”，事业有成靠的是“立诚”。与人相处，则靠的是“和同”，即“君子和而不同”，即使不同，也可以共处于一个统一体中。所以我认为，一个是“己所不欲，勿施于人”，一个是“和而不同”，是中国文化的大智慧，事实上给出了人类麻烦的解决之道。

六经中的这些价值理念，都是永恒的价值理念，永远不会过时。正如熊十力所说，它们是中国人做人和立国的基本精神依据。关键是需要让这些价值论理跟现代人建立有效的联系，使之成为每个人精神血脉的一部分。所谓传统文化进入教育环节，国学和教育结合，其精要之点，即在于此。价值教育是国学教育的核心，施行得体，可以补充百年以来施行的单纯知识教育的不足。班固在《汉书·艺文志》里说得明白：“六艺之文：《乐》以和神，仁之表也；《诗》以正言，义之用也；《礼》以明体，明者著见，故无训也；《书》以广听，知之术也；《春秋》以断事，信之符也。五者，盖五常之道，相须而备，而《易》为之原。故曰‘《易》不可见，则乾坤或几乎息矣’，言与天地为终始也。至于五学，世有变改，犹五行之更用事焉。古之学者耕且养，三年而通一艺，存其大体，玩经文而已，是故用日少而畜德多，三十而五经立也。”此段话的意思，一是说仁、义、礼、智、信“五常”之德，具在六经；二是说《易》的地位最不同寻常，“与天地为终始”，是其他五“艺”之“原”；三是说由《乐》《诗》《礼》《书》《春秋》形成的五种专门学问，如同金、木、水、火、土“五行”的更替一样，在不同的世代会有不同的呈现。至于如何学习和研读六经，班氏给出了“玩经文”的三字诀窍。“玩经文”的“玩”，是欣赏、玩味的意思，绝不含玩耍之义。就是反复阅读、反复欣赏、反复研习六经的文本，其结果必然是读书千遍，其义自见。《易·系辞上》所说的“是故君子居则观其象而玩其辞”，也是这个意思。并不需要逐词逐句的背诵，能够理解六经文本的义理精神、“存其大体”就可以了。而六经对于玩味诵习者所能够发生的影响，也不在于日常的有用还是无用，主要是通过对六经文本的玩味、赏析、研习，受其熏陶，可以收到“蓄德”的效果。六经是德教之书，于此可以得到证明。

六经文本读起来不无烦难，但《论语》事实上可以作为六经的简要读本，如同马一浮所说，《论语》里面有“六艺”，《论语》可以直接通“六艺”。孔子讲的道理，其实就是六经的基本道理，只不过通过夫子的言传身教，化作了日用常行，变得更为亲切、近人、易入。这是“四书”中另外的《中庸》《大学》《孟子》，犹不能与之相比并者。《论语》是中国文化宝藏的宏明正学的第一代表，绝对堪称“思无邪”的传世圣典。传统文化进入教育，首先应该让《论语》成为各级学校的教科书，先选读，后全读，分级分层，循序渐进，由浅入深。而且应该以诵读白文（不加注释的文本）为主，祈以几十年、上百年之后，使之成为中华儿女的文化识别符号。同样，学习国学，我认为正途也应该从诵读《论语》开始。

载 2017 年 3 月 15 日《中国文化报》

传统的误读

我认为我们可能误读了我们的思想文化传统。很久以前就误读了，现在还在误读。

不是个别的，甚至不是少数，而是相当多的研究者，过分夸大了儒家思想在中国传统社会所占的位置，以致有的把儒家思想和整个传统思想文化完全等同起来。这样来看待中国几千年的历史和社会，我以为是对文化传统的一种误读。

不妨回顾、检讨一下历史上的各个时代——

先秦时代，春秋战国时期，是诸子百家争鸣竞放的时代，儒家只不过是诸子百家中的一家，无所谓儒家中心。

秦朝，法家地位显赫，因此才有焚书坑儒，更谈不上儒家中心。

两汉，西汉前期倡黄老之术，“王霸道杂之”。至汉武帝时期独尊儒术，儒家地位始有所改变。但董仲舒强调“天人感应”，引入汉代盛行的谶纬学说，试图用阴阳五行的观点诠解儒家，实际上是自乱儒统，尊之适足以卑之。董仲舒的儒学，是变了味的儒学。汉代经学的地位高，儒家的地位并不如想象的高。所以，太史公的父尊司马谈作《论六家要旨》，对儒者有“博而寡要，劳而少功”之讥，而班固《汉书》之

《司马迁传赞》，则以史迁之“论大道则先黄老而后六经”为“蔽”。

至于东汉，佛教传入，道教始兴，刚刚确立但还不够牢固的儒家地位，遇到了“异教旁门”的挑战。

魏晋时期，那是王弼、何晏大出风头，倡议“以无为本”，玄学盛行的时代。

南北朝，佛教大盛，道教方炽，儒家退为守势。

隋朝和唐朝，特别是唐朝，那是个大文化时代，兼容并蓄，无所不包，但思想文化方面占优势的是佛家和道家，即使宗奉儒家的知识人士，也不忘兼采佛道以趋合时宜。

宋、明出现理学和心学，既是传统儒家思想的发展，又是儒家思想的转型与重构。准确地说，是儒、释、道三家思想大汇流、大融合时期。周（敦颐）、张（载）、二程（程颢程颐）、朱子的思想，虽宗奉儒家，实亦吸收了佛道“二氏”的养料。王阳明不用说，更有“解散”儒学的倾向。而有明一代，特别是明中叶以后，社会伦常松弛，李卓吾等反儒的思想家出来说话了。当时一般市民的生活，可以说与儒家正统思想格格不入，所以才有《金瓶梅》那样的作品出现。

清朝，一开始打乱了传统，后来又修补传统。既尊儒，又奴儒、坑儒。号称盛世的康、乾时期，在经济上、军事上、版图上，是世界一流大国；文化上，则是十足的小国心态。反儒学潮流，在艺术与文学的创作中，得到了变相的发挥。《红楼梦》以此，《儒林外史》以此。

几千年来的中国传统思想文化，不是单独哪一家哪一派的天下。历史上思想文化最繁盛、昌明、活跃时期，都是各种思想竞争、融会、兼容、并立时期。这正体现出中国文化的博大精神。汉、唐文化所以令人神往，主要在于它集中反映了中国传统思想文化的博大气象。汉代打开了西域的大门。唐代长安成为世界文明的交会地，西来东往，胡汉杂处，奇装异服，一派繁盛热闹景象。

用中国文化精神培育出来的知识分子，往往把儒、释、道等各家思想消融得无碍无隔。不是某一种单一的思想，而是各种思想的合力，铸成中国传统知识分子的人格境界和人格精神。中国传统社会的思想禁锢诚然是事实，但作为知识分子个人，反而保持相当大的思想活性。爱因斯坦提出的科学研究的内在自由和外在自由，就内在自由而言，中国文化为中国知识分子提供了极其广阔的空间。

中国文化对异质文化的吸纳与消解能力，是无与伦比的。在中国版图之内，各民族之间的融合，文化是最好的溶解剂。对世界各国文化，中国文化采取的态度是礼之、师之、纳之、化之，如同孔子所说："夷狄入中国，则中国之。"《易经》上说："天下同归而殊途，一致而百虑。"又说："物相杂，故曰文。"这是对中国文化精神的绝好概括。这种精神属于中国文化整体。

问题是由于何种原因导致了对传统的误读。如果从方法论的角度着眼，把思想文化与社会制度混为一谈，是重要原因。制度虽然是文化的派生物，是一定文化成熟与否的标志，但制度是暂时的，文化是永久的。制度，包括任何制度，都有其不完善性；文化的本性则追求完美，不仅属于一个国家，而且属于全人类。

过时的制度可以推翻，但不能推翻文化。

文化传统有断而相续的特性，永远割不断。陈寅恪先生曾说："二千年来华夏民族所受儒家学说之影响，最深最巨者，实在制度法律公私生活之方面，而关于学说思想之方面，或转有不如佛道二教者。"[1] 不愧是通史明变的大判断，惜时人鲜有注意者。

总之破除儒家思想和整个传统思想文化的同质同构的观点，把一定的思想和一定的制度区分开来，是两个关键。在认知上解决这两个问题，可以走向对中国传统思想文化的正读，并进而求得正解，为恢复和重建中国文化所固有的会通三教、兼容百家，无所不包括、无所不师承的博大而恢宏的精神铺设条件。

此文系根据 1991 年 6 月 3 日在南京召开的"中国传统思想文化与二十一世纪"国际学术研究会所做演讲缩写而成

[1] 《冯友兰〈中国哲学史〉下册审查报告》。

传统与记忆

我有时想，人类实在是太傲慢了：要征服自然，要排压另类，要改变别人，要篡改历史。当然人类这种精灵是绝顶聪明的，不会承认自己时时在篡改历史。我们只好换一个说法，提出人类真的知道自己的历史吗？或者说已经成为历史的物事，人们还可以真实无误地复制出来么？不同民族的生活之链是可以结成各自的传统的。但人类首先有忘记自己历史的传统。

《列子》里讲过一个故事，说宋国有一个叫华子的人，正值中年，得了一种忘病："朝取而夕忘，夕与而朝忘；在途则忘行，在室则忘坐；今不识先，后不识今。"全家人被他烦扰得苦不堪言，四处求医，均不见效。后来鲁国一个儒生给他医好了病。然而，如梦方醒的华子勃然大怒，又打孩子，又骂老婆，又赶儒生，说道："曩吾忘也，荡荡然不觉天地之有无，今顿识，既往数十年来，存亡得失哀乐好恶，扰扰万绪起矣。吾恐将来之存亡得失哀乐好恶之乱吾心如此也。须臾之忘，可复得乎？"

钱锺书先生《管锥编》卷论《列子》张湛注，在引据了这则故事之后，连类取比，又征引西籍之相关者比较为说。一是古罗马诗人霍拉斯写的一个患了狂疾的人，此人坐在家里，能凭空生出幻觉，看到男女角色在眼前搬演剧本，不禁击节叹赏。经良医治愈之后，他反而无穷怨怼："诸君非救我，乃杀我也。"因为好戏不能再如此便宜地看到了。还有意大利近代一位诗人，笔下写的狂症病号，忽然自称登上了国王宝座，颐指气使，志得意满，不可一世。经友人延医疗救，方恢复了神志，知道自己不过是普通公民。但他颇恨恨，一面哭一面埋怨疗救者："尔曹杀我！昔者迷妄，而吾之大乐存焉，今已矣。"钱锺书先生说："西洋诗文每写生盲人一旦眸子清朗，始见所娶妇奇丑，或忽睹爱妻与忠仆狎媟等事，懊恼欲绝，反愿长瞽不明，免乱心曲，其病眼之翳障不啻为其乐趣之保障焉。盖与病忘、病狂，讽论同归。"[1]

看来忘记不失为人类的一种自我生理保健机制，这也就难怪人类何以有忘记自己历史的传统了。

载《读书》杂志 1997 年第 1 期

[1] 钱锺书:《管锥编》第二册，生活·读书·新知三联书店，2007 年，第 763 页。

传统的流失与重建

现在华人文化圈特别是中国大陆，正面临自己民族文化传统的全面流失。据上海的报纸报道，京、沪等大城市很有一些青年人不愿过自己民族的传统节日春节，而热衷过圣诞节。当然青年人好奇，选择节日有自己的追求，无须大惊小怪。问题是，如果往深一层探究我们会发现，青年人所以有此选择，也是由于圣诞节的内容丰富，带有神秘色彩，相比之下，我们的春节在有些地方可以说只落到一个“吃”字上，千百年来代代相传的那些祈福禳灾的传统礼俗已很少保留。包裹着迷信的传统，连同迷信一起被我们抛掉了。不是现在的青年人抛掉的，抛掉者是过去的青年人即现在的老年人。那么，我们还有理由责怪今天的青年人不要传统吗？

传统本来是斩不断的。既然叫作传统，就有断而相续的特性。何况我们又是极沉溺传统的国度。但这是指传统断续的一般规律而言，中国的情形似乎有些不同。我们所强调并竭力希望传承的，常常指的是思想传统，而且是五四以来的新的思想传统，对历史悠久的文化传统反倒不那么重视。不仅不重视，反而认为只有与传统彻底决裂，才能使民族获得新生。因此在历史上，我们曾有过只强调新传统而对旧传统彻底破而坏之的时期。但离开了旧传统，新传统无以树立。革命的传统虽然可歌可泣，脱离开革命的环境，在未经过革命洗礼的一代人身上并不容易扎根，即使硬性宣传，也难免发生传播困难。

两代人的代沟，也是一例。何况我们还有过新传统和旧传统一股脑儿加以否定的对文化实行彻底革命的史无前例时期。这在华人以外的文化圈是没有的。再悠久的传统，也经不起如此自觉地折腾。结果，文化的血脉阻塞了，文化的土壤贫瘠了，文化传统大面积流失了。

请看当今海内外的中国人，身上还留存多少自己民族传统的痕迹？到处都是自损自贬的中国人在骂自己的同胞，骂自己的历史，骂自己的文化。谁说中国人传统？在否定自己民族历史文化这点上，现代着呢。可惜，如同否定别人不能真正充实自己一样，骂倒传统不等于我们已经走进了现代化。相反，与传统决绝只能使现代化失去立足的根基。传统并不是如人们所说的那样，只扮演中国社会向现代转型的堕性力的角色。环顾已经实现了现代化的国家，无不是以融解和承继自己的民族传统为条件，而不是我们似的，主要的事情还未做，就大叫大嚷扫荡传统。

日本在调谐和溶解传统与现代方面获得成功，人所共见，暂且不去说它；就是历史短暂的美国也开始连缀起自己的传统，并逐渐形成一种恒定的凝聚力，甚至高扬起说来有些过分的民族情绪。传统既是一种堕性力，又是一种凝聚力。从未见企图彻底抛弃传统的民族而能够有凝聚力。文化传统实际上是一个民族的生长之根。对担负文化传统承传使命的知识人士来说，唯有站在民族的和文化的立场，才能焕发自己的人格精神，才不致在剧烈的东西方文化冲突中失重，才有可能获得与世界文化对话的平等资格。

我们是一个伤痕累累的民族，文化传统因屡遭摧折已经流失得差不多了。现在的任务是自觉地承传和重建。担负承传使命的我知识界同道，再不敢对自己的文化母体自轻自贱了。陈寅恪等老一辈学者深情地呼吁，一方面要输入新思想，一方面不要忘记本民族的地位，这两者缺一不可。况且传统不单纯是一种思想形态，首先是一种文化形态，化为千百万人生活习俗的思想方能转化为传统。思想经过沉淀才能成为文化。

陈寅恪以及王国维等老一辈学者他们是一代文化所托命之人，深知文化的慧命薪火承传不易，所以常怀孤臣孽子之心。今天，承继与重建文化传统更加困难，迫切需要有新的一代文化所托命之人。

写于 1992 年 8 月，载香港《明报月刊》

礼仪与文化传统的重建

我们面对的是当代文化，而当代文化的构成是一个复杂的、综合的范畴。它由众多的文化支脉组成。大的类分，其中有不少外国文化的成分，当然也有根基性的本土文化。外国文化方面，主要的是欧洲、美国和日本的文化影响，印度在古代对中国的文化影响大（视作西天佛国），当代印度文化对中国的影响则微乎其微。包括东南亚的文化，对中国的影响也有限得很。韩国的文化对中国的影响在增强。但当代中国的外国文化成分，主要是欧洲、美国和日本文化的影响。欧美日文化已经进入我们的日常生活以及商业领域和经常性的文本阅读。甚至包括传媒所影响的价值观取向，其辐射面主要在城市，但已逐渐波及乡村。当代文化的构成，作为根性的部分，是本土文化，即中华民族本身的文化，它主要表现为民族民间文化，例如生活习惯、节庆、饮食、婚丧嫁娶等等，也就是文化学所说的小传统。

本土文化的大传统，问题比较多。大传统指的是一个社会的主流文化。我们当今的主流文化是什么？我们的大传统是什么？恐怕不大好回答。中国传统社会的大传统、主流文化，界线比较分明，可以认为儒家思想是传统社会大传统的代表思想，也可以说儒释道三家是传统社会思想文化的主干。道家、佛教，常常表现为民间形态，它们与儒家互补互动，在不同时期扮演不同的角色。但儒家思想所以能成为中国传统社会的主流文化的代表，成为大传统，在于它不仅是一种思想学说，而且是为全社会所遵奉的家庭伦理，成为维系以家庭为本位的社会制度的制度化儒学。陈寅恪说的“二千年来华夏民族所受儒家学说之影响，最深最巨者，实在制度法律公私生活之方面”[1]，指的即是此义。

谈到中国社会的大传统，有一个问题值得注意。当然中华文化是一个三千年或五千年不间断的文化，中国是世界上最具文明传统的古国之一，我们的祖先创造了灿烂的古代文明。但是当我们研究中国文化发展史的时候，会遇到一个无法回避的问题，就是这样一个伟大的文化系统，在一百多年前，在晚清，发生了一次前所未有的危机，以儒家为代表的传统社会的主流文化、大传统，特别是它的以“三纲五伦”为代表的核心价值观，陷于崩塌解体的境地。

这次历史性的文化危机是西方文化大规模进入造成的，是落差悬殊的不同文化系统剧烈冲突的结果。这次危机使当时有思想能力的人无不感同身受、忧心如焚，如郭嵩焘、李鸿章、张之洞、曾纪泽等晚清大吏，严复、康有为等思想家，都意识到中国社会正经历着三千年、五千年或亘古未有的大变局。换言之，中国社会从晚清开始，走向了由传统社会向现代社会转变的历史转型时期，其目标是最终在中国建构一个现代的文明秩序。到今天这个转型期也没有完结，从大的历史过程看，我们仍处于百年中国文

[1]《冯友兰〈中国哲学史〉下册审查报告》。

化与社会的转型过程之中。

问题在于，晚清至五四很长一段时期，中国传统文化由于社会的变迁引起文化振荡，主流文化形态遭到前所未有的破坏与冲击，又是与五四时期的激烈反传统有关联的。传统不是凝固的，传统需要增添，需要更新，不时地批判和诠释传统，是文化流变的正常现象。但传统传衍的一个必要条件，就是这个传统需要得到社会的广泛拥护。如果这个社会的时代精英一起站出来反对自己的文化传统，势必削弱传统在群众之中受拥护的程度。

五四反传统思潮对大传统的打击是致命的。对小传统的大破坏，则是五四过了五十年之后的所谓“文化大革命”，这是一次以“革”文化“命”为目标的彻底摧毁传统的非理性的运动。五四反传统基本上是理性的运动。理性地反传统，是思想和思想的冲突，主要打击的是传统社会主流意识形态大传统。非理性地反传统，是情感的发泄，直接遭殃的是民间文化、民间习俗和民间信仰。传统社会把“易服色”看成是文化礼仪变迁的大事，中国20世纪六七十年代的全民乱穿衣，实际上是社会大“易服色”的历史时期。五四时期的反传统，是学问与知识的清理，纵使批判得过了头，也是有识之士的愤激；六七十年代的反传统，是无知者对传统的毁坏。

所以我们今天谈文化发展和文化建设，有一个百年来始终存在而且无法回避的问题，就是对中国传统文化的价值、对本民族的文化传统，需要重新加以诠释。因为它曾经倍遭摧残——大传统“花果飘零”、小传统一度“扫地以尽”。民族文化的自我认同问题，不能说已经获致解决。改革开放以来，政府、民间、文化界、学术界做了不少诠释传统、承继传统的努力，但大多数情况下也还只是恢复记忆而已，自觉地重建文化传统，尚未达成全社会的自觉共识。而且新的问题接踵而至，例如现在遍地开花、如火如荼地以“与国际接轨”相号召的开发与城建，对已是遍体鳞伤的文化遗存的破坏是难以想象的。北京晚上灯亮起来看着不错，白天你看看，已经没有多少三代帝都、文化名城的风貌了。原来的地安门东西大街、铁狮子胡同、十条，很有北京的文化味道，现在的平安大街，成了不伦不类的假古董。两广路倒是吸取了教训，不再建假古董了，但快速路两边的即使现代的高楼大厦，仍不会留驻商机。国外的一些名城，那里最有味道的地方往往不是高楼大厦、五星级酒店，而是一些很窄的老街和小巷子里的老店。

前不久流传一个坏消息，说要拓宽新华街至虎坊桥的街道，中间就是闻名中外的琉璃厂。拓宽了，东西琉璃厂“分离”，固有的文化味就失去了。尤其听说要盖一个现代的大楼，把邃雅斋等中国书店都搬进去，那就全变味了。跟这个问题相关的是文物遗存的保护问题，三峡工程还没有完成，现在又有规模巨大的“南水北调”，能不能换个地方，至少不从文物最密集的地区开水道。去年法国《费家罗杂志》刊载联合国教科文组织驻中国代表的文章，提出“是什么使中国和自身脱离”？今年又有外国友人担心：北京可看的东西越来越少了。

中国的文化传统，一百多年来一直处于艰难的解构与重建的过程之中。这其中的问题多到不知凡几，但最成问题最为人所忽略也是最重要的，是代表一个民族文化秩序和文明程度的礼仪问题。中华民族号称礼仪之邦，但百年来西潮冲击、传统解体，我们已经没有了既承继传统又代表今天文明程度的诸种礼仪，包括怎么吃饭，怎么穿衣，怎么跟人谈话，基本上都处于失序状态。不妨看看中小学生的所谓“校服”，全是些窝窝囊囊的运动装。校服有礼服的特点，衣料、款式应很讲究，节日，开学、毕业典礼以及国家重大庆典穿校服，平时穿家里的衣服，随意、多样，显得年轻有朝气。着装和人的体面、尊严是连在一起的，不可轻看。

我再举个例子，你看各种场合开会的会议桌的设计，无论大小，大都是中间有个空档。其实一张平面的桌子，要是中间没有空档，围坐的人彼此之间会感到更亲近，减少疏离感。我注意到，伊拉克战争期间普京会见德法两国总统，那张会议桌就跟一般家里的餐桌一样大，他们谈得很亲切。还有取名问题，由于“文革”的影响，很多人的名字都带有“文革”的痕迹，例如什么“文革”“学青”之类。我认为应该允许反文化时代起的那些连自己都不喜欢的名字可以改名。还有重名之多，全世界绝无仅有。地名、街道名，也有同样的问题。名字是文化符号，古人的名字有名、字、号的分别，为了表示尊敬，往往讳名而称字。今天虽不一定这样讲究，取个好名字，还是必要的。至于称谓，如今的问题就更大了。过去一律称“同志”，现在“师傅”“老师”泛滥。“先生”“小姐”的称呼流行起来原是好事，但“先生”的称呼其实也大有讲究，现在用得不当的比比皆是。称呼的混乱反映一个国家伦理秩序的混乱。

鉴于上述种种，我建议成立一个专门的委员会，专门负责制定各项礼仪，并编撰国家的礼仪大典。中国传统社会，每一个新朝开始都要“制礼作乐”，我们忽略了这个问题。现在应该有条件把“制礼作乐”提到日程上来了。这需要各方面专家的参与，需要一条一条地制定出来，有繁的，有简的，针对不同的行业、不同的领域、不同的人群、不同的场合。当然应该保持一定的弹性，礼仪不是法律。也不是全面恢复传统礼仪，而是制定不丢掉传统的现代社会的文明礼仪。编撰国家礼仪大典这件事，是个大的文化建设工程，需要耗费时日，但价值无穷。

中国文化里的一个空档，是较少严格的具有终极关怀的信仰精神。宋儒提倡“主敬”，就是看到了这一层，希望给以补充。礼仪可以增加人伦关系的庄重性，可以重建人的尊严和社会伦理的庄严，应该是我们今天文化传统重建的重要一环。

载 2004 年 4 月 28 日《光明日报》“文化周刊”

信仰与传统

文化危机作为一个广义的概念，可以说已经没有多少实际意义。但在当今的中国，却存在着一种非常现实的同时也是最根本的文化危机，这就是传统无法传衍的危机。

这个问题太重大了。

中国是历史悠久、文化发达的国家。但中国文化的特性使自己不容易累积、沉淀、转化为传统。因为传统传承的先期条件，按照美国当代社会学家希尔斯教授的观点，历史上成就的精神范型必须引发人们的信仰，然后才能得以传衍。这就是传统所具有的克里斯马（Charisma）特质。而中国文化似乎不以追求终极信仰为目标。在大多数情况下，我们的信仰总是与崇拜相混淆，并且与怀疑联系在一起。也可以说是重视崇拜，不重视信仰。

本来儒家思想和按照儒家伦理陶铸出来的理想人格精神，可以比较便捷地成为人们行为的范型，从而为儒家思想的传衍准备条件。但儒家的理想人格精神往往被推向两个极端——要么被神化，要么不近人情，后世的人们难以从这样的范型中直接接受传衍的信息。而在历史上担当传承角色的中国知识分子，特别是他们的第一流人物，又大都能够做到集儒释道各家各派的思想于一身，荣辱、升沉、进退各有取义，成为全知全能、自在自足的自我，外界事物不复再有神圣的权威性。这种情况在宋明儒那里达到一个极致。理学固然是儒学的发展，但就其对传衍传统的作用而言，有时不免存有“理障”。而明代的心学，则是“万物皆备于我”了，不必要也不需要再去寻找“心外”的绝对符号。

中国文化里面这种弱化外在权威和轻慢信仰的特性表现在诸多方面。任何宗教都是以神的崇拜为基础。然而孔子说：“祭神如神在。”“敬鬼神而远之，可谓知矣。”这两句话对宗教信仰的消解力不知有多大。文本的权威性以及由此产生的经典崇拜，是世界上各种不同文化系统共有的现象。可是亚圣孟子说：“尽信书则不如无书。”直言不讳地反对经典崇拜。宗教与文本经典是传统传衍的两个重要链环，却被打了折扣。只有家庭和学校可以承担比较集中的传衍传统的职能。可是中国的学校历来不是独立的学术机构，与其说是传衍传统的渠道，不如说是培养后备官员的场所。希尔斯写道：“大学不允许外来权威对它们妄加干涉，除非这些权威将自己置于大学的传统之中。”[1] 中国的学校，即使时至今天，也没有实现这一学术独立的原则。

至于中国的家庭，自然是保存和延续传统的最基本和最核心的单位。血缘纽带不仅使前一代或前几代的行为范型向后代传递成为可能，而且也是抵御瓦解异质传统侵袭的有效堡垒。家族与世系在中国传统社会，始终是凝聚传统的最佳社会网络。但近百

[1] 希尔斯：《论传统》，上海人民出版社，1991 年，第 245 页。

年来，能够凝聚传统的家庭和家族事实上解体了。家族与世系的社会网络变得纲颓维殄、百孔千疮，很大程度上已经失去了本该担负的传衍传统的功能。

这是就中国文化的内在理路来追寻何以会发生传统难以传衍的危机。

如果从经济政策和文化冲突的角度着眼，中国历史上多次发生的生产力低下的民族入主，也常常造成传统的断流。当然不是绝然的尤丝毫衔接的断，而是断中有续，甚至占据统治地位的集团还会采取种种措施有意识地接续传统，尽管有时不免有“谬续家谱”之嫌。清王朝在文化问题上的小国心态，注定播下的是畸形的种子，收获的果实不可能健全。

中国社会发展到19世纪中叶，也就是道光季年，已是内忧外患，到了不可收拾的地步。这时，起而救助危机并自觉接续和传衍传统的是以曾国藩为代表的“中兴诸将”，他们以自己的努力真正建立起一套有权威的行为规范，引起全社会的钦敬。虽然可控区域和持续时间都相当有限，但影响至为深远。这是一次有声有色一时间造成气候的重建中华文化传统的活动，应拭去历史的尘埃，重新给以评价。

现代新儒家的努力宗旨，也是在面对传统解体和外来思想的冲击下，为化解危机和接续传统来寻找出路。其主要特点是把文化作为一种信仰，笔者倾向于认为，这是继曾国藩之后的又一次重建传统的活动。

人类的21世纪正向我们阔步走来。传统与现代化的关系，尤其是传统是否会成为现代化的阻力，不应该再成为困扰我们的问题。我们的问题是：有悠久的历史文化，却不容易凝结为传统；有传统，却不容易传衍，这是我们遭遇的长期扭结不开的真正的文化危机。

此文为出席哈佛大学 1992 年 9 月召开之
“文化中国：诠释与传播”国际学术研讨会所提交之论文提纲

信仰与中国文化的特性

文化，宽泛一点的定义，是指一个民族的整体生活方式和价值系统。狭一点的定义，应包括知识、宗教、信仰、艺术、哲学等。传统文化是指传统社会的文化，也就是1911年帝制瓦解以前的社会文化。文化传统是传统文化背后的精神连接的链条，它是看不见的，它是由文化精神的规则、秩序特别是信仰构成。秩序，用西方的话讲，就是结构。精神是文化的理性结晶。信仰是构成传统的必要条件，如果没有信仰的参与，传统便无法形成。传统所以有力量，在于它的神圣感，由于有信仰的因素渗透其中。缺少信仰的传统，是松散的、脆弱的、不坚牢的。

一

中国文化背景下的信仰有自己的特点。孔子有名的话是“祭神如神在”，这句话包含了对信仰对象的一种假设。意思是说，在祭神的时候要在内心保持一种庄严和崇敬。怎样才能保持呢？不妨假设有一个神在那里享受你的祭品。但孔子可能没有想到，这种假设本身，包含着给信仰打了一个很大的折扣，因为真正的宗教信仰是不允许假设的。既然孔子如此假设，我们也可以做另外一个假设，即神是不是也可能不在？如果祭祀时神不在，怎么办？孔子没有说。孔子关注的是祭祀者所应抱持的态度，而不是祭祀对象的虚实有无问题。

中国的本土宗教道教，也有同样的问题。它没有单一的神，带有泛自然的倾向。道教的信仰层面其实也不是很坚牢。佛教是外来宗教，传入中国后它走了两条路：一是往人文知识分子层面走，成为禅宗。如果仔细分析禅宗，会发现它显现的信仰因素也不是很坚牢，特别是禅宗的一些“话头”，如问“如何是佛心？”回答竟是“镇州萝卜重三斤”。这是禅意流转，跟信仰无关。禅宗流于了智辩。但禅的境界对人类精神世界的调适作用，不可低估。佛教的另一流向是往民间走，形成世俗性的人间佛教。佛教在民间香火很旺盛，但信仰的层面也不无为我所用的情形。有人炒股票，先许下愿，说如果炒赢了，将重塑金身。结果炒输了，牌位都砸掉了。

在中国人眼里，还有一个至高无上的神——“天”。中国人对天有一种特殊的感情，甚至有一种皈依感。但是这种感情不是信仰，而是崇拜。中国人感到天的浩渺，无限苍茫，不可测量，有一种不可捉摸的神秘感和敬畏感。但对天的态度有两重性，有时候信任，有时候不信任。中国民间有两句话，一是“苍天有眼”，可是委屈老得不到解决，也会抱怨“老天瞎了眼睛”。

中国人的这种信仰的特征，是好还是不好？不能简单做价值判断。好处是它使中国没有宗教战争。中国儒释道“三教合一”，就跟中国文化对信仰的这种态度有关。东汉时佛教传入，没有引起大的文化冲突，几乎是静悄悄地传入的。儒家作为当时社会的主流思想，对外来的佛学采取了包容的态度。倒是道教的信徒对佛教有批评。例如南北朝时期写《神灭论》的范缜，就是道教的一个分支天师道的信徒。据陈寅恪先生考证，天师道是范缜的家世信仰。为什么儒家能够包容道教甚至佛教？因为儒家不是宗教。在民间，中国文化也有很大的包容性。即使穷乡僻壤，也不排外，对陌生的文化现象采取的是理解的态度。中国人文化思想的取向，趋向多元，对不同的文化都能表一种欣赏。这个原因，是由于中国文化本身是多元的。儒家、道家、佛家，构成了中国文化的思想主干，它们彼此相处得很好，甚至是合一的，所谓“理一分殊”、多元一体者也。

二

不仅中国文化思想是多元的，中国文化的发生也是多元的。可以认为，中国文化也是两河流域的文化。黄河文化是它的一元，长江文化是它的另一元。过去讲中国文化，说中国文化是黄河文化，是黄土地文化，是内陆文化，现在看这样的讲法未免失之偏颇。因为长江文化有黄河文化所不具备的特征。长江自古航运便利，东面有直接的出海口，已经不完全是内陆文化，在一定程度上也带有海洋文化的一些特点。

中国文化从北到南、从东到西，多元一体，是长时间形成的，不像有些国家那样很晚才形成，所以才容易出现这个要解体那个要解体。中国怎么可能解体？它是命定地连在一起的华夏圣土。举例来说，广东广西跟湖南湖北，是分不开的，湖广一直连在一起。广东广西离开两湖，就没有后座了，有了湖北湖南的大后院，广东的意义才能够凸显。因此可以说，岭南文化是湖湘文化的延伸，湖湘文化是岭南文化的后座。同样，黄河流域的文化有长江文化为伴，才构成了中华文化的整体。两者相辅相成，缺一不可，缺一便不成其为中华文化。

中国文化在不同历史时期有不同的特点。我们学历史，大家会知道“汉承秦制”。这是告诉我们，秦朝和汉朝是中国制度文化的成熟期，秦汉形成了完整的帝制时代的政治制度的架构。所以你要谈秦汉，会发现它是制度文化的典范。可是到了隋唐，隋朝短，主要是到唐朝的时候，当时的文化是多元繁荣的文化。在中国历史上，没有一个朝代像唐朝那样，跟四面八方的文化都建立了广泛的联系，特别是跟中亚各国的文化，往来密切。很多带“胡”字的东西都是在这个时候传到首都长安的，然后又通过长安向中华大地乃至东北亚蔓延。

在唐代，胡人可以到朝廷做官，长安的大街上，到处是各种奇装异服。如果你看《东城老父传》——一本笔记性质的书，书里就记载有“长安少年有胡心”的话。这有点像现在的青少年喜欢西方的新奇事物一样。正是在唐代，由于跟西域的交流，形成了有名的丝路文化。更不要说唐代诗歌的繁荣，那么多的诗人，那么多的流派，那么大的气魄，真可以说是“前不见古人，后不见来者”。唐诗毫无疑问是中国诗歌的高峰。到了宋代，你会发现又一个高峰，就是宋代的思想高峰。宋代产生了理学，以朱熹为代表，他是理学的集大成者。宋代的濂、洛、关、闽四大家，濂是周敦颐，他是湖南人，家前面有一条溪水叫濂溪，所以他的学派称作濂学；程颢、程颐“二程”，河南洛阳人，称作洛学；张载是陕西人，他的学派叫关学；而朱熹出生在福建的龙溪，所以后人称朱学为闽学。

宋学的濂、洛、关、闽四大家，把中国思想推向了一个高峰，其标志是他们既承继了先秦以来的孔孟儒家思想，又吸收了佛教特别是禅宗的思想，还吸收了道家和道教的思想。所以宋代形成了中国文化史上的思想大汇流，而朱熹也例外地建立了自己的哲学体系。中国的学问是不追求体系的，这跟西方的学者动辄要建立自己的体系不同。你看西方的思想家，不论是柏拉图、亚里士多德，还是康德、黑格尔，他们都有自己的完整的体系。中国的学问，文学思想方面，南北朝时期的刘勰的《文心雕龙》，是有完整的理论体系的，这和受佛教的义理影响有关，刘勰晚年正式出家做了僧人。刘勰是一个例外，朱熹的理学的哲学体系也是一个例外。朱子对儒家思想的贡献，可谓集大成，如同孔子是集大成一样。

那么明代的文化有什么特点呢？当然明代的学术思想有王阳明，有心学，儒学的新的流派。再就是明代的中晚期城市生活相当发达，城市文明达到很高的程度。高到什么程度？高到生活、饮食、艺术都极为精细考究。商业化、世俗化相当严重。甚至由于过分追求生活的享受而出现了腐败。《金瓶梅》就是在这样的背景下产生的。明式家具的高度审美特征，也可以作为一个例证。大家都知道明式家具现在是珍贵的收藏品了。它的线条，它的式样，它的审美特征，几百年过后，仍然不感到过时，因为它已经带有现代性的因素。清代文化的特征，不好简单概括，但清代中叶的学术，那是很了不起的，一大批大学者出现，形成不同于以往的朴学。由此我们可以看出，中华文化在不同的历史时期，在各朝各代，都有不同的特征。

三

当我们对文化中国的辉煌的过去做了一番梳理和回顾之后，不能不承认一个事实，即晚清的时候，当西方文化大规模进入以后，中国的传统文化的价值发生了危机。所以发生危机，一是和国势的衰弱有关，当时已经是清朝的咸丰、同治以后了，国势衰弱到了极点。面对西方强势文化的冲击，阵脚慌乱，手足无措，出现了剧烈的文化振荡。佛教在东汉传入中国，那是静悄悄地传入的，未能动摇中国文化的主体，因为汉朝当时强大，对外来思想采取以主迎宾的欢迎态度。明朝天主教入华，以利玛窦为代表的西方早期的传教士，他们对中国文化采取的是尊重的态度，传教的同时也把西方的科技文明带给中国。早期的传教士不忘执宾礼，是有礼貌的客人。利玛窦很尊重中国的习俗，把自己打扮成中国的一个儒者，他们是文化交流的使者，不是居高临下的强权的代言人。

本来天主教的教义精神，跟儒家思想是不同的。可是，利玛窦这些人宁愿在礼仪方面和中国文化做一个调和，而没有和中国的传统习俗发生冲突。后来由于罗马教廷的干预，不准传教士对中国的传统习俗做妥协，要求跟中国的拜天祭祖划清界限，于是产生了中外接触史上的有名的礼仪之争。争论的结果，是康熙末年和雍正乾隆时期，传教士很多都被驱逐出去了。清代的闭关就是此时开始的。闭关的原因，西方的责任当然有，但主要不在西方，而在于自己。康熙和乾隆，他们的统治时间过长，两个六十年，一百多年的所谓“海晏河清”，就是相对比较安定罢。他们觉得自己很了不起，看不起外人，看不起西方，认为西方有的只是奇技淫巧，是些杂耍玩意儿而已。而我中华天朝上国，礼仪之邦，四夷小邦怎能跟我们相比？只知有中，不知有西。中国落在了西方文明的后面。

四

中国文化有很多往昔的辉煌，但中国文化也有天然的弱点。譬如由儒家思想而产生的重农轻商，就是一个显例。在我看来，这也是中国人不善于和外界的商业社会打交道的一个潜在的宿因。1793 年，英国特使马戛尔尼访问中国，时值乾隆皇帝八十大寿。乾隆皇帝打算接待，但围绕用什么礼仪来见面的问题上，双方发生了争论。中方提出要英国特使行三跪九叩之礼，对方不同意，说他们对女王也只是屈一膝而已。为这个问题，双方争论了一个多月。最后究竟是谁妥协，有不同的说法。总之是英国特使最后在承德避暑山庄被乾隆接见，带来的礼物收下了，但一件协议也没有达成。乾隆送一个有八百年历史的玉如意给英使，请他转呈给英国国王。《1793 乾隆英使觐见记》一书里记载，马戛尔尼说，在西方人看来，中国皇帝所犯的错误再没有比这次更大的了。当时英国人是想建立一种有条约保证的商务关系，而不是要诉诸武力，占领中国领土。但中国商业文化的观念匮乏，不懂得国际贸易的重要，直至自己的大门被列强的坚船利炮打开。西方已经是走向现代的国家，而中国依旧是固有的体制，固有的文化根本无法抵挡。直到1911年辛亥革命爆发，最后一个皇帝被赶下龙椅，几千年的传统社会走到了尽头，现代社会的进程于是开始。

以儒教文明为基础的文化，其核心思想是"三纲五常"。"三纲"是君为臣纲、父为子纲、夫为妻纲。中国传统社会是以家族为本位的，家庭是社会的基本细胞，它用血缘的纽带将人们连接在一起，而西方社会是用契约的关系将社会拧在一起的。因为是血缘的关系，就会产生家国一体的思想，所以"三纲"当中，君臣，这是朝廷的方面，而父子和夫妇都属于家庭伦理的范畴。辛亥革命使得皇帝退位，皇帝没有了，"三纲"还能继续发用吗？还能用"君为臣纲"来规范这个社会吗？同样，家庭成员之间的关系也发生了变化，父亲难道可以讲，儿子必须听自己的吗？夫妇之间更不用说，现代的关系是平等的关系，丈夫是妻子的"纲"的时代，无论如何无法继续了。这一变化，实际上是以儒家思想为代表的中国传统文化的核心价值的变化。

五

中国从传统走向现代的过程，是在非常规的急迫的情况下在颠簸中走过来的。五四提倡新文化，反对旧文化，是现代文化运动的旗帜。当时一大批知识精英一起站出来，大胆批判挑战自己的文化传统。他们很多人都认为，既然要新文化，旧文化就是要不得的。陈独秀、胡适、鲁迅、傅斯年，都是这样的主张。1917年《新青年》从上海搬到北京，蔡元培出任北京大学校长，陈独秀、胡适被蔡先生聘为北大教授，以《新青年》为园地，以北大为基地的新文化运动轰轰烈烈开展起来。他们对传统文化尤其是传统礼教的批评，是彻底而毫不留情面的。陈独秀就讲，你如果认为欧化是对的，那么中国这一套就是错的。胡适之甚至提出了“全盘西化”的主张。有人批评他，他才解释说，中国的传统太沉闷了，即使是“全盘西化”，经过折中也还是个“中体西用”。所以五四时期，不是一个人，而是一大批人，一大批社会的精英人物，几乎用同一个声音向传统发起了总攻。其结果，传统在民众当中受拥护的程度大为减弱。可是，传统受到民众的拥护，是传统传承的一个必要条件。

五四时期对传统文化的检讨和批评，主要针对的是文化的大传统。按照人类学家的理论，文化传统有大传统和小传统之分，大传统指社会的主流文化形态，小传统主要是指民间文化和民间信仰，包括民间宗教、民间艺术、民间习俗等等。小传统跟大传统的关系，是大传统借助于小传统才能形成社会的文化辐射面，而小传统因为有了大传统的导引，才能使文化精神得到提升。中国传统社会的小传统特别发达，这是因为中国长期有相对完整的民间社会，造成了中国传统社会的诸多的文化空间。儒释道三家思想互动互补的结果，使中国的知识人士总是有路可走，而不必走上绝路。所以对于中国的传统社会，是不能简单用“专制”这个词来一语概而括之的。

五四知识精英对传统的批评和检讨，目标主要是大传统，特别是儒家思想和社会的礼教，对小传统的伤害并不是很大。五四时期的一些文学作品，有的写觉醒的青年离家出走，悲剧常常会发生在出走者的身上，他们的家庭并没有发生太大的变化。但“十年动乱”时期中国社会的小传统遭到了巨大的毁坏，几乎到了无法弥补的程度。所以，从晚清以来的百年中国，文化传统出现了大面积的流失。流失到什么程度？流失到在现代中国青年身上几乎看不到多少传统的踪迹。

六

近三十年改革开放，经济呈繁荣的景况，文化传统的重建越来越受到重视。但由于传统的重建是非常细致的事情，短时间内不容易见出成效。直到现在，在现代化的过程中，跟自己的传统脱离仍然是一个待决的问题。好消息是很多学者和教育工作者开始注意到这个问题的严重性。我个人认为，文本的经典阅读和礼仪的重建，是两个比较行之有效的途径。中国文化的最高经典主要是六经，即《诗》《书》《礼》《乐》《易》《春秋》。乐经不传，为五经。而四书，包括《论语》《孟子》《大学》《中庸》，则是五经的简读本，它们的义理都是一致的。近年我特别强调“敬”的概念，它是五经的基本义理，也是中国文化中具有普世价值概念。“敬”不只是体现对他人的尊敬，主要是一个人的精神意志，是人的人性尊严。礼仪的核心也是一个“敬”字，所以孔子说“不敬无礼”。

载《中国纪检监察报》，2012 年 2 月 17 日、23 日连载，
《新华文摘》同年第 9 期转载

国学与传统文化核论

到底什么是国学？如何定义国学这个概念，学术界的看法不太一致。我们做学问的人，有一个心理原则，就是自己之所讲，必须是自己所信。而不在乎自己的讲法别人是否同意。揆诸各家之说，我最服膺的是马一浮的国学论。但马先生为国学所作的新立名，自有其历史渊源和学理依据，不了解题义的前缘，便无法了解它的来世今生。所以今天站在学术的立场谈论国学，必须从头说起，从历史流变中分梳其学理内涵。

一、“国学”一词的来历

国学这个概念，首先要区分历史上的国学和现代的国学。中国历史上很早就有国学这个语词，比如在《周礼》里面，就有“乐师掌国学之政，以教国子小舞”[1]的记载。到了汉代，仍然有国学一词，如《汉书》“食货志”记云：“是月，余子亦在于序室。八岁入小学，学六甲、五方、书计之事，始知室家长幼之节。十五入大学，学先圣礼乐，而知朝廷君臣之礼。其有秀异者，移

[1] 《周礼·春官·宗伯》。

乡学于庠序。庠序之异者，移国学于少学。”[1]《后汉书》也有相关记载，其中东汉光武帝时期的大臣朱浮，“又以国学既兴，宜广博士之选，乃上书”云云，语义最为明显。[2]

《晋书》的帝纪则有东晋孝武帝十年二月“立国学”的直接记载[3]；而《晋书》束皙传更写道：“皙博学多闻，与兄璆俱知名。少游国学，或问博士曹志曰：‘当今好学者谁乎？’志曰：‘阳平束广微好学不倦，人莫及也。’”[4]束皙广微所游的“国学”，以及称赞广微好学的那个博士，也都是国学学校里的人物。这里的国学自然是国立学校的意思。又《晋书·袁瑰传》载其上疏给汉成帝有云：

> 畴昔皇运陵替，丧乱屡臻，儒林之教渐颓，庠序之礼有阙，国学索然，坟籍莫启，有心之徒抱志无由。昔魏武帝身亲介胄，务在武功，犹尚废鞍览卷，投戈吟咏，况今陛下以圣明临朝，百官以虔恭莅事，朝野无虞，江外谧静，如之何泱泱之风漠然无闻，洋洋之美坠于圣世乎！古人有言：“《诗》《书》义之府，礼乐德之则。”实宜留心经籍，阐明学义，使讽诵之音盈于京室，味道之贤是则是咏，岂不盛哉！若得给其宅地，备其学徒，博士僚属粗有其官，则臣之愿也。[5]

袁瑰在此奏疏中提出的诉求是，希望国家能拨给“宅地”，

[1] 《汉书》卷二十四。
[2] 《后汉书》卷三十三“朱浮传”。
[3] 《晋书》卷九帝纪第九：“十年春正月甲午，谒诸陵。二月，立国学。”
[4] 《晋书》卷五十一“束皙传”。
[5] 《晋书》卷八十三“袁瑰传”。

以改变"国学索然"的情况。然则此处国学之所指，显然是欲建立学校的意思，否则要宅地何为？所以下文才说："疏奏，成帝从之。国学之兴，自瑰始也。"[1] 应该是批准了他的建议，拨给了宅地，学校建立起来了。虽只是一封简短的奏疏，其于兴教立学所起的作用，岂可小视哉。

南北朝时期南朝的梁武帝，既笃信佛教，又苦嗜典坟，故力倡立学兴教，至有"修饰国学，增广生员，立五馆，置五经博士"[2] 之举。梁武帝的长子昭明太子萧统更以好文尚友著称，史载其三岁即"受《孝经》《论语》，五岁遍读五经"，八九岁就能够讲《孝经》了。他讲完之后，还"亲临释奠于国学"。[3] 这里的国学一语指的又是国立学校，所以才有到国学释菜祭奠的举动。释菜即舍菜，是为祭奠先师孔子的一种仪式。《礼记·月令》有载："是月也，毋竭川泽，毋漉陂池，毋焚山林。天子乃鲜羔开冰，先荐寝庙。上丁，命乐正习舞，释菜。"《礼记·文王世子》亦载："凡始立学者，必释奠于先圣先师，及行事，必以币。凡释奠者，必有合也，有国故则否。"又云："始立学者，既兴器用币，然后释菜，不舞不授器，乃退。"其义甚明。亦即释菜的举动，是古代学校的一种常规仪式，当年朱子在白鹿洞书院开讲前，也有此祭奠仪式。马一浮主讲复性书院，开学时也有类似礼仪。

由此可知，历史上关于"国学"一词的记载，其所指确是国立学校。汉晋如是，隋唐亦复如是。《隋书·礼仪志》有载："仲

[1] 《晋书》卷八十三"袁瑰传"。
[2] 《梁书》卷三"武帝下"。
[3] 《梁书》"昭明太子传"。

春令辰，陈养老礼。先一日，三老五更斋于国学。皇帝进贤冠、玄纱袍，至璧雍，入总章堂。列宫悬。王公已下及国老庶老各定位。司徒以羽仪武贲安车，迎三老五更于国学。”[1] 此处所叙是关于养老敬老的礼仪，七十岁、八十岁各有分别，国老和庶老亦有分别，但当这些老人到国学斋戒的时候，王公大臣等须提前到国学去迎候，以彰显养老礼仪的隆重。在那里可以举行斋戒仪式，有品阶的显贵要提前在那里迎候，那么这个地方自然是场所，而非一门学问。《隋书》卷二十六“百官志”又载：“国学，有祭酒一人，博士二人，助教十人，太学博士八人。又有限外博士员。天监四年，置五经博士各一人。旧国子学生，限以贵贱，帝欲招来后进，五馆生皆引寒门俊才，不限人数。大同七年，国子祭酒到溉等，又表立正言博士一人，位视国子博士。置助教二人。”[2] 此又明示国学里面的人员安排设置。可以设置包括祭酒、博士、助教在内的各种人员，当然指的是学校了。新、旧两《唐书》则屡见“皇太子释菜于国学”的记载。[3] 还有，江西白鹿洞书院的前身在晚唐就叫“庐山国学”，为避繁冗，不一一列举。

那么宋明呢？试看史载之例证。《宋史》真宗本纪载：“冬十

[1] 《隋书》卷九志第四。

[2] 《隋书》卷二十六志第二十一“百官上”。

[3] 《旧唐书》卷三本纪第三“太宗下”：“丁丑，皇太子于国学释菜。”卷五本纪第五“高宗下”：“癸未，皇太子弘释奠于国学。”卷七本纪第七“中宗睿宗”：“丁亥，皇太子释奠于国学。”卷八本纪第八“玄宗上”：“戊寅，皇太子诣国学行齿胄礼，陪位官及学生赐物有差。”卷十一本纪第十一“代宗”：“二月丁亥朔，释奠于国学，赐宰臣百官飧钱五百贯，于国学食。”卷四十五志二十五：“景龙二年七月，皇太子将亲释奠于国学，有司草仪注，令从臣皆乘马著衣冠。”《新唐书》卷二本纪第二“太宗”：“二十一年正月壬辰，高士廉薨。丁酉，诏以来岁二月有事于泰山。甲寅，以铁勒诸部为州县，赐京师酺三日。虑囚，降死罪以下。二月丁丑，皇太子释菜于太学。”等等，不可计数。

月戊午，延恩殿道场，帝瞻九天司命天尊降。己未，大赦天下，赐致仕官全奉。辛酉，作《崇儒术论》，刻石国学。”[1] 将文章刻石于国学，当然这个国学是学校了。又《宋史》卷一百五志第五十八载：“至圣文宣王，唐开元末升为中祠，设从祀，礼令摄三公行事。朱梁丧乱，从祀遂废。后唐长兴二年，仍复从祀。周显德二年，别营国子监，置学舍。宋因增修之，塑先圣、亚圣、十哲像，画七十二贤及先儒二十一人像于东西庑之木壁，太祖亲撰《先圣》《亚圣赞》，十哲以下命文臣分赞之。建隆中，凡三幸国子监，谒文宣王庙。太宗亦三谒庙。诏绘三礼器物、制度于国学讲论堂木壁。”[2] 此段记载，前面叙述唐五代以来孔庙的祠位和从祀情况，然后说宋如何增修，而且太祖、太宗都曾往谒文庙，并下诏在国学讲堂的木壁上图绘礼器及制度。不仅说明此处的国学是学校，而且证明这所国学是设在文庙里。事实上唐宋以后，国学之建校，很多都设在文庙，已成为制度。《宋史·选举志》又载：“大中祥符二年，以门荫授京官，年二十五以上求差使者，令于国学受业，及二年，审官院与判监官考试其业，乃以名闻。”[3] 这说明当时的国学，还担负有后备官员的培训任务。

明代关于国学的记载更多，盖缘于越到后来学校越发达故也。《明史·选举志》写道：“科举必由学校，而学校起家，可不由科举。学校有二：曰国学，曰府、州、县学。府、州、县学诸生入国学者，乃可得官，不入者不能得也。入国学者，通谓之监生。

[1] 《宋史》卷八本纪第八“真宗三”。
[2] 《宋史》卷一百五志第五十八“礼八”。
[3] 《宋史》卷一百五十九志第一百十二“选举五”。

举人曰举监，生员曰贡监，品官子弟曰荫监，捐赀曰例监。同一贡监也，有岁贡，有选贡，有恩贡，有纳贡。同一荫监也，有官生，有恩生。”[1] 可见作为国立学校的国学，其地位之高。国家所立，谓之国学；府、州、县所立的学校，则不能称国学。而且府、州、县学校的生员，只有进入国学后才能得官，并有专门的职称曰监生。国学设祭酒、司业，负责诸生的管理和训导。永乐时期的宿儒胡俨，受命担任国子监祭酒，史载其“居国学二十余年，以身率教，动有师法”[2] 云。按明清的设学制度，国学和国子监是一而二、二而一的关系。大量外省才俊都是由乡举入于国学，尔后进入官员队伍。也有外国的王子或达官子弟来国学学习者。《明史》记载：“洪武二十五年夏，中山贡使以其王从子及寨官子偕来，请肄业国学。从之，赐衣巾靴袜并夏衣一袭。其冬，山南王亦遣从子及寨官子入国学，赐赉如之。自是，岁赐冬夏衣以为常。明年，中山两入贡，又遣寨官子肄业国学。”[3] 中山王、山南王都是琉球分裂后的国主，直到永乐时期仍继续派子弟入于国学。而日本的王子滕祐寿者，也曾“来入国学，帝犹善待之”[4]。

兹可见中国历史上的“国学”，从《周礼》开始，嗣后两千多年来不绝如缕，但无不指的是国立学校的意思，这和我们今天大家都在讲的国学，和现在有一点热的这个国学，概念的涵义所指、内涵和外延，完全不同，在学理上和在事实上两者均不容混淆。

---

[1] 《明史》卷六十九志第四十五“选举一”。
[2] 《明史》卷一百四十七列传第三十五“胡俨传”。
[3] 《明史》卷三百二十三列传第二百十一“外国四”。
[4] 《明史》卷三百二十二列传第二百十“外国三”日本。

二、现代国学如何发生

我们今天讲的国学，是跟西学相比较而存在的一个概念，一定意义上可以称作现代国学。现代国学的概念发源于何时？据我个人接触到的资料，至少在1902年，在梁启超和黄遵宪的通信中，他们已经在使用国学这个概念了。

1902年这个历史时刻是这样的。1898年是中国近代史上变法维新最火热的一年，特别是陈宝箴领导的湖南的改革，走在了全国的前面。但这一年的秋天，慈禧发动政变，扼杀了“百日维新”。当时走在改革前面的一些人，不少都受到了处分。谭嗣同等“六君子”，遭遇了不幸。慈禧很不喜欢的康有为和梁启超，逃到了国外，否则和“六君子”将是同一命运。谭嗣同也是可以跑掉的，但他说改革如果需要流血，愿意从自己开始。戊戌惨剧改变了变革人士的命运，也改变了中国的命运。

第二年，1899年，有义和团发生，清廷开始是镇压，后改为利用。康梁等许多维新人士跑到国外，被外国人保护起来。慈禧想废掉光绪的企图，也遭到外国人的非议。所以慈禧最恨洋人。义和团的一个指向，恰好是反对洋人，攻击耶稣教，两方在此点上有一致的利益。但利用的结果，事态闹大了，弄到许多地方杀洋人，攻打使馆，向外国人宣战。结果遭致1900年八国联军打到北京，慈禧离京出逃。接着便是谈判、议和、赔款，慈禧又重新回到紫禁城。这个老太婆也不是毫无反省，对戊戌在案人员，除了康梁，其余都不再追究。黄遵宪也是戊戌在案人员，1898年在湖南担任盐法道，是陈宝箴改革的有力推手。政变后他受到了革职永不叙用的处分。陈寅恪的祖父陈宝箴和父亲陈三立，也是革职永不叙用。黄遵宪戊戌政变后在广东老家赋闲。这时梁启超流亡日本，两个人有很多通信的机会。黄在 1902 年 9 月写给梁的一封信里谈到，梁关于创办《国学报》的纲目写得很好，但他认为当时还不是办此种刊物的时候，宜“略迟数年再为之未为不可”[1]。可惜梁启超写给黄遵宪的信，我们无缘得以看到，只看到了黄的信，《黄遵宪全集》里面有此信的全文

我们是探讨现代意义的国学如何发生，因此梁任公倡办《国学报》的时机合适与否，可以暂且不论。我们关注的是，在 1902 年的秋天，梁启超和黄遵宪这两位晚清思想界的翘楚，就堂而皇之地使用“国学”一词了。其实如果再往前推上几年，1898 戊戌变法那一年，湖广总督张之洞当“百日维新”高潮之际，出版了一本著作叫《劝学篇》，该书外篇的第三节为“设学”，在谈到学校课程设置的时候，他说宜“新旧兼学”，应该“旧学为体，新学为用，不使偏废”。可是大家知道，在中国近现代思想史上，这个关键词不叫“旧学为体，新学为用”，而是“中学为体，西学为用”。这是在传播过程中出现的转换和转译。第一转换者是梁启超，他在 1921 年出版的《清代学术概论》一书里，说张之洞当时讲的“中学为体，西学为用”，得到很多人的推许，一时“举国以为至言”。梁启超转述张之洞思想的时候，使语词发生了变化。梁启超在清末民初的思想界有极大的影响力，经他一转述，

[1] 黄遵宪：《致梁启超函》（1902 年 9 月），《黄遵宪全集》上册，中华书局，2005 年，第 433 页。

大家便习焉不察地以为，张之洞本来讲的就是“中学为体，西学为用”。我讲这段掌故是想说明，张之洞在《劝学篇》里讲的“旧学”，以及梁启超转述时讲的“中学”，跟1902年黄遵宪和梁启超通信中讲的“国学”，其概念的义涵大体是相同的。

也有学者认为，国学这个概念是从日本传来的。我没有查到依据。但国粹这个概念来自日本，应无疑问。日本明治维新的时候，有一个口号，叫“脱亚入欧”，也就是欧化和西化。这个潮流走了相当一段之后，以志贺重昂为代表的本民族派知识人士创办了一本叫《日本人》的杂志，提倡本民族的精神，主张发扬日本民族自己独有的国粹。国粹这个词就是这样在日本产生的。当时许多中国留学生在日本，章太炎、梁启超等一些有日本经历的学者，面对西潮对中国的冲击，对国粹一词感同身受，殊可理解。章太炎的著作中，经常使用国粹一词。“用国粹激励种性”就是章太炎提出的。1902年梁启超和黄遵宪讨论《国学报》的通信，梁也提出了“养成国民，当以保国粹为主义，当取旧学磨洗而光大之”[1]的思想。梁任公此处的“取旧学磨洗而光大之”的“旧学”一语，实与国学为同等概念。

三、胡适对国学概念的分梳

国学相当于中学，也相当于中国的旧学。但是最早提出这个概念的时候，学者们并没有对这个概念本身加以分疏。直到1923

[1]《黄遵宪全集》上册，中华书局，2005年，第433页。

年胡适为北大国学门的《国学季刊》撰写发刊词，才第一次对这个概念作了分疏。北京大学国学门成立于1922年的年底，第二年决定创办一种刊物，叫《国学季刊》，发刊词是胡适所写。胡适在发刊词里说："国学在我们的心眼里，只是国故学的缩写。中国的一切过去的文化历史，都是我们的国故，研究这一切过去的历史文化的学问，就是国故学，省称为国学。"[1] 这是胡适给出的关于国学的第一个定义。依照胡适的看法，国学就是国故学，也就是研究所有过去的历史文化的学问。"国故"这个词，是章太炎的发明，辛亥革命前他旅居日本时写的一本书就叫《国故论衡》，该书正式出版在1910年。所以胡适说："自从章太炎著了一本《国故论衡》之后，这'国故'的名词于是成立。"[2]

然而"国故"这个词，在五四前后所引起的学界的故事也不少。首先是为了和傅斯年创办的《新潮》相抗衡，毛子水、刘师培等办了一本《国故》月刊。两本刊物都创生于1919年，前者在1月，后者在3月。两本刊物还为"国故"问题展开了一场论争。《新朝》刊载的傅斯年的文章叫《国故论》，《国故》月刊刊载的毛子水的文章叫《国故和科学的精神》。首先，两方都是北京大学的学人。其次是双方的观点虽然不同，但在主张要用科学的方法"整理国故"这点上，是相同的。再次是1919年12月，胡适在《新青年》第七卷第1号上发表《新思潮的意义》一文，大声呼吁"整理国故"，该文的副题就以"研究问题，输入学理，整

[1] 胡适：《〈国学季刊〉发刊宣言》，《胡适全集》第2卷，安徽教育出版社，第7页。
[2] 胡适：《研究国故的方法》。

理国故，再造文明”为标示。[1]经胡适之先生这么奋臂一呼，“整理国故”的口号从此便大行其时了。

问题是，定义国学为研究国故的学问，其内涵是不是有些过于宽泛呢？因为举凡中国历史上的典籍、制度、语言、人物、习惯、风俗，总之所有过去的历史文化，都可以叫作国故，那么研究中国历史上所有这一切东西的学问当然都可以叫作国学了。但如果说国故学就是国学，其定义涉及的范围显然过于宽泛，而有失学理的严谨。一个概念，它的内涵过于宽泛，外延的边际扩展得过于遥远，这个概念的内容就要流失，而使概念本身缺乏学理的确定性。果然，到后来，一直到今天，学术界并没有延续使用国学即国故学的定义。甚至连“国故”这个语词，后来人们也很少提及，以致到了弃置不用的地步。大家不约而同地认可另一个关于国学的定义，即国学是指中国的固有学术。20世纪30年代、40年代，学术界大都是这样的看法。即使在今天，文史方面的专业人士使用的其实也还是这个定义。

只不过由于近来国学走热，一些不很了解近现代学术流变的人士，起而无限扩大国学的内涵和外延，不仅回到了胡适的国学即国故学的提法，而且将国学的内涵扩大到整个中国历史文化。世界上的各文明体国家，哪一个没有自己的历史文化？能够说自己的历史文化就是这个国家的国学吗？显然是不通的。更主要是如此出问题，无异是把学术和学术研究的对象混为一谈了，把国学和国学所要研究的历史资源混为一谈了。胡适其实说得很明确，

[1] 胡适:《新思潮的意义》,《胡适全集》第2卷，安徽教育出版社，第691页。

即认为“研究这一切过去的历史文化的学问，就是国故学，省称为国学”。明显地，胡适是说国故学是一门学问，而“过去的历史文化”不过是国故学研究的对象，并未糊涂到以为“一切过去的历史文化”本身就是国学。正如当胡适的这篇发刊宣言发表时，宋育仁为之所加的评点所说：“历史完全只有材料，还说不到加工，更说不到制造的方术，何况原素、原质、化合种种学理，梦也想不到。”

不料如今谈论国学的人，却直接认定“一切过去的历史文化”，或者直称传统文化本身，就是国学。学理、逻辑、概念混淆到如此地步，却不以为非，反而放言阔论，我们还有什么好说的呢。殊不知，如果过分扩大国学概念的义涵的范围，甚至扩大到将学问和学问的对象混为一谈，不仅国学没有了，天下的所谓学问也就不存在了。

这就如同说不要加工磨成面粉了，小麦拿来直接吞噬就可以了。钢铁也不必熔炼了，铁矿石直接取来制作工具武器就已经很好了。这样比喻，人们会以为是有悖常理的笑话，但秉持传统文化即国学主张的人们，其可笑的程度丝毫不亚于以小麦为面粉，拿矿石当钢铁。

四、马一浮重新定义国学

其实这个问题早在 20 世纪 30 年代末期，就已经有重量级的学者对当时流行的国学是中国固有学术的定义，给以深刻的检讨了。这位学者在 20 世纪初，被友人称为读书最多的人，我则称他为儒之圣者，他是马一浮。

马一浮是浙江绍兴人，因为父亲在四川做县丞，他出生在四川。但在他五岁的时候，父亲不愿做官了，全家又回到上虞县长塘乡老家。他天赋极高。家里请的教师，是一位很有名望的举人，没过多久，这位举人就说这个学生我教不了。马一浮的父亲以为孩子对老师有什么不礼貌之处，后来见老师讲得恳切，只好同意其辞馆。马一浮十六岁的时候参加绍兴府的科考，他考取了第一名。同考的有鲁迅和周作人昆仲，都远远在马的后面了。结果被在当地很有影响的浙省贤达汤寿潜（民国后曾担任浙江总督及交通部长）看中了，把女儿许配给了马一浮。

马一浮母亲早逝，父亲在他和汤女结婚后不久也去世了。更奇的是，一年多以后马一浮的新婚妻子也离开了人世。此后马一浮终生未娶。他 1883 年出生，1967 年辞世，享年八十四岁。年轻时一度在上海学习英文和办翻译刊物。1903 年二十岁的时候，赴美担任清政府驻美使馆留学生监督公署的秘书，地点在美国北部的一个城市圣路易斯。1904 年在日本停留半年。然后回国，专意读书。他读书之多，据说无人能及。他被认为是当时中国最有学问的人。但他不轻易著述，也不入讲舍。1912 年蔡元培主掌民国教育部，聘请马一浮担任秘书长。由于在读经和废止读经的问题上两人观点相左，马赞成读经，蔡主张废除读经。在教育部任职不到一个月，马一浮就辞归杭州。1917 年蔡元培就任当北京大学校长，又想到了他的这位学问好的绍兴同乡，函请马一浮担任北京大学文科学长。马一浮回了一个电报，说“古有来学，未闻往教”，婉拒了。蔡元培这才另请陈独秀担任北大文科学长，同时聘请胡适做北京大学教授，都是在 1917 年这一年。北京大学成为新文化运动的摇篮，1919 年五四运动的发生，都跟这些人事布局有直接关系，这是后话。马先生不入讲舍，很少写文章，也不著书，但是没有哪个人不知道他的学问是最好的。

这种情况后来发生了变化。1936 年 4 月，大气物理学家、中央研究院院士竺可桢受命担任浙江大学校长，4 月 25 日接任，5 月 6 日就注意到此间有马一浮其人，知道马先生是杭州的瑰宝。于是决定立即请马先生来浙大任教，并接连三次登门拜请。本来马先生后来有所松动，由于名分问题发生了周折。马先生做事情，是讲究名分依据的。你请我到浙江大学开讲座，那么我是谁呢？既不是博士，也不是教授，突然去开一个讲座，他觉得名分不够清楚。所以马先生提出来可不可以国学大师相称，以及授课的名义可否采用国学研究会的名称。此两项浙大方面包括竺可桢校长，都觉得不妥，认为“大师之名有类佛号”，而研究会更麻烦，需要呈请党部核准。竺可桢请联系的人不妨与马先生再行商量。但第二年就是 1937 年，日本人打来了，侵略势力渐及浙省，为避寇，浙江大学 1937 年年底内迁到江西泰和。马一浮也在逃难，几门亲戚，几个学生，百余箱书，一站一站的转徙。先逃至桐庐，再逃至开化，不堪其苦。这时想到，如果跟浙江大学一起逃难，是不是会方便一些呢？

于是马先生给竺校长写了一封信，文言写的，婉转得体。开头几句是“在杭承枉教，忽忽逾年。野性疏阔，往来礼废，幸未见责”。然后说“自寇乱以来，乡邦涂炭”，听说贵校已经迁江西，而且“弦诵不辍”，可见“应变有余”，让人钦佩。接着说自己年迈力衰，已不堪流离之苦。而“平生所需，但有故书”，一路辗转，或遗或弃，即使“不为劫灰”，也会被老鼠吃掉，这是我最感难过的。下一步局势如何，不好预期，如果日本人大举占领浙江，逃难的方向只有江西。但自己一向于“赣中人士，缈有交旧”，不知“可否借重鼎言，代谋椽寄”，使本人“免失所之叹，得遂相依之情”。[1] 这些虽是以私相扰，但“推己及物，实所望于仁贤”。竺可桢校长得信，知道是不请自来，立即安排专人专车把马一浮接到泰和。

马一浮先生的国学讲座就是在这样的背景下在浙大开讲的。首讲在 1938 年 5 月 14 日下午三时，竺可桢校长亲临听讲。他先讲“横渠四句教”，然后就以“楷定国学名义”为题，讲到底何谓国学。“楷定”是佛学的概念，就是范畴界定的意思。马先生说：

> “楷定”是义学家释经用字。每下一义，须有法式，谓之楷定。楷即法式之意，犹今哲学家所言范畴，亦可说为领域。故楷定即是自己定出一个范围，使所言之义不致凌杂无序或枝蔓离宗。老子所谓“言有宗，事有君”也。何以不言确定而言楷定？学问，天下之公，言确定则似不可移易，不许他人更立异义，近于自专。今言楷定，则仁智各见，不妨各人自立范围，疑则一任别参，不能强人以必信也。[2]

[1] 马一浮：《致竺可桢》，《马一浮集》第二册，第 579 页。
[2] 马一浮：《泰和宜山会语》，《马一浮集》第一册，浙江古籍出版社、浙江教育出版社，1996 年，第 10 页。

又说：

> 楷定异于假定。假定者，疑而未定之词，自己尚信不及，姑作如是见解云尔。楷定则是实见得如此，在自己所立范畴内更无疑义也。[1]

马先生虽使用佛家义学的“楷定”一语，以明自己断判的义定而不自专，但绝非疑而不能自信；而是斩钉截铁，充满学理的持守精神，称在自己所立之范畴之内不存疑义。接着便追溯国学概念演变的历史，写道：“照旧时用国学为名者，即是国立大学之称。今人以吾国固有的学术名为国学，意思是别于外国学术之谓。”[2] 所以他说这个概念是“依他起”，即有了外来学术之后，才有“国学”的提法。以至于马先生认为，严格地讲，“国学”这个名称“其实不甚适当”，“本不可用”[3]。但大家都这样讲，他也只好“随顺时人语”，不另外“立名目”，也使用国学的名称来讲论。

不过对已往的国学的定义，他不能认同。国故学即国学的定义不必说了，认为国学是中国固有学术的定义，他也觉得太宽泛。他说：“依固有学术为解，所含之义亦太觉广泛笼统，使人闻之，不知所指为何种学术。”[4] 所谓中国固有学术，就是指中国历史上

[1] 马一浮：《泰和宜山会语》，《马一浮集》第一册，浙江古籍出版社、浙江教育出版社，1996 年，第 10 页。

[2] 同上。

[3] 同上，第 9 页。

[4] 同上。

各个时期的学术思想，譬如先秦的诸子百家之学，孔子、孟子、荀子、墨子、老子、庄子、韩非子的学术思想等等，一般称作子学。两汉行时的是经学。秦火之后，汉代重新搜集图籍，各种版本简错百端，六经之文的书写，文字也多有歧异。于是便请一些学者整理、研究、注释，并且授予“五经博士”的职称，经学由此兴盛起来。魏晋时期知识人士喜欢思辨，又出现了玄学。隋唐时期佛学的中国化过程进入佳境。宋代有以朱熹为代表的理学。明代有王阳明的心学。清代乾嘉时期流行的学术思潮是朴学，主要通过考据的方法整理研究古代学术。晚清则是传统学术走向现代学术的转折期和过渡期。按照通常的理解，中国历史上的这些学术思想的出现及其流变，就是中国的固有学术。研究固有学术的学问就是国学，20 世纪 20 年代、30 年代学术界的许多人都是这样看的。但固有学术牵涉的范围实际上也非常广泛。所以马一浮不赞成如此定义国学。他说这个解释也太过于笼统宽泛，中国固有学术的方面、家数、类别仍然很多，是指哪一个类别，哪一家的学术呢？至少作为主要流派的儒、释、道三家，分明地摆在那里，如果说国学是固有学术，那么是指单独的某一家还是全部包括？至于有人以经史子集“四部立名”，马先生说，“四部之名本是一种目录”，就像后来的图书馆图书分类一样，涉及的每一专门学问，“皓首不能究其义，毕世不能竟其业”[1]，如此的国学怎么研究呢。

[1] 马一浮：《泰和宜山会语》，《马一浮集》第一册，浙江古籍出版社、浙江教育出版社，1996 年，第 9 页。

为此马一浮先生提出了自己关于国学的定义。他说：

> 今先楷定国学名义。举此一名，该摄诸学，唯六艺足以当之。六艺者，即是《诗》《书》《礼》《乐》《易》《春秋》也。此是孔子之教，吾国二千余年来普遍承认一切学术之原皆出于此，其余都是六艺之支流。故六艺可以该摄诸学，诸学不能该摄六艺。今楷定国学者，即是六艺之学，用此代表一切固有学术，广大精微，无所不备。[1]

也就是说，在马先生看来，所谓国学，应该指“六艺之学”。也就是《诗》《书》《礼》《易》《乐》《春秋》，孔门之教的文本典籍系统，有别于礼、乐、射、御、书、数，后者我认为是孔门之教的实践课。“六艺”后来亦称作“六经”。但《乐》这一经不传，论者也有的谓没有形成文本，可备一说。所以习惯上又称“五经”。但“六艺”之名，汉代仍在使用。郑康成（郑玄）就写过《六艺论》，原文散佚，经注中残存一些段落。马一浮年轻时也有撰写《六艺论》的想法。

把国学定义为“六艺之学”，是马一浮先生的学理发明，是大学者的高明之见。因为“六艺”或曰“六经”，是中国学术的经典源头，是中国文化的最高形态，定义“六艺之学”为国学，可以使国学成为中国固有学术的经典之学。

---

[1] 马一浮：《泰和宜山会语》，《马一浮集》第一册，浙江古籍出版社、浙江教育出版社，1996 年，第 9 页。

五、马一浮国学论的学科整合意义

然而马先生在提出这个国学的新定义以后，并没有引起学术界的重视，甚至泥牛入海，悄无声息。自 1938 年 5 月到 2006 年 10 月，将近七十年的时间，始终没有人提起马一浮重新定义国学这一公案。

直到 2006 年 10 月，时光老人已经走过了六十八年的时间，终于有人提起了这段尘封久远的学术公案。这就是本人在 2006 年对国学的发生历史和源流演变做了一次比较细致的梳理，写成《论国学》一文，两万五千字，先在《21 世纪经济报道》连载，后全文发表于 2006 年秋季号《中国文化》杂志。此文的最后一节，我引来马一浮的国学定义，表示学理上的完全认同，并提议在小学设国学课，以“六艺”为主要内容。因为我近年在研究马一浮和他的学术思想，知道他言不轻发，发必有中。比较起来，国学即国故学的定义，以及国学是固有学术的定义，都没有马先生的国学即“六艺之学”的定义准确、深刻、无衍、无漏。这个概念所包容的内涵，不多也不少，无蔓也无失。而其他两个定义，即国学是国故学的定义，内涵漫延得太广不必说，即使国学为固有学术的定义，除了过于宽泛笼统之外，其现实操作层面也不无问题。

我国固有学术属于学术史的范围，文史专业人士要想进入尚且需要多种准备，一般人士没有可能甚至也不必要与之发生干系。国学为“六艺之学”的定义就不同了，它是属于全体中国人的，中国人做人立国，其精神义理的根基就在六经。

现在一些设立了国学院的大学，正在致力于一件与学科建设有关的大事，就是希望教育部、国务院学科组正式批准设立国学一级学科，授予国学博士、国学硕士学位。据说已经有不少学界的朋友，包括比我年长的师友，都认为此议可行。其实此事并不可行。如果此议获得通过，中华人民共和国教育部决定设立“国学博士”，将是一个很大的误判，既是学科建设的误判，也是人文教育指导思想的误判，虽然也许只是一个集体无意识的误判。主张此议的朋友忘记了一条，就是如果设立“国学博士”，那么文史哲三大学科的博士，包括文学博士、历史学博士、哲学博士，还要不要存在？如果存在，国学博士涉及的研究对象和文史哲各科的研究对象，还有没有分别？这一点绝不是分科研究和综合研究所能解释的。就按很多人都可以接受的国学定义，认为国学是中国的固有学术，如果国学院的博士候选人论文写的是李白和杜甫研究，文学院的另一候选人写的也是李白和杜甫研究，答辩如果通过，为什么一个授予国学博士，另一个却授予文学博士？这个区分在哪里？哲学、史学同样有此问题。假如写的都是王阳明，都写得很好，为什么给他国学博士，给另一位哲学博士？显然是说不过去的。在现代学位制度的背景下，如果不重新厘定国学的内涵，所谓“国学博士”其实是一个不通的概念。还有，如果设“国学博士”，那么要不要也设“西学博士”？我在一次会上表达自己对此一问题的看法，我说听说要设立国学博士，“梦溪期期以为不可也”。

只有在一种情况下，即接受马一浮先生的国学定义，认可国学是“六艺之学”，把国学看作是以《易》《诗》《书》《礼》

《乐》《春秋》六经为主要研究对象的经典学问，则“国学博士”的概念也许勉强还说得过去，而国学院的学科存在的合法性也随之增加。事实上，世界上各主要文明体国家，各大文明的开源经典，都是有别于学术分科而单独自立的经典之学。比如对《圣经》的研究，是可以独立为学的。又譬如对伊斯兰教的经典《可兰经》的研究，也是一门独立存在的经典专学。我们把对六经的研究作为一个独立的学问门类，完全能够成立。复按历史，我国汉以后的教育与学术，历来都是这样厘定的。经学作为单独的一科，而区别于诸子之学，以及集部之学和史部之学。能不能通经明道，是能否成为通儒的必要标准。

马一浮这位20世纪的儒之圣者把国学定义为“六艺之学”，即认为国学主要是研究六经的学问，不失为一代通儒的慎思明辨之论。如果我们能够认同马先生的国学定义，以“六艺之学”即对中国学术的经典源头、中国文化的最高形态六经，作为国学的基本义涵，那么国学和现代学术分科的重叠问题就可以适当化解。当然即便如此，也不一定非要设“国学博士”不可。文学博士、历史学博士、哲学博士等名称，毕竟是世界各国通行的人文学术分门类的学位名称，我们在设立人文学科学位的新名称的时候，宜乎参照世界通行的学位名称的公则，以利于学术交流和国际间的学术对话。

有人不了解，清华大学1925年成立国学院，1929年就撤销了。北京大学1922年底到1923年成立国学门，1927年撤销了。原因何在？很多人以为，清华国学院撤销，是由于王国维1927年自杀，梁启超1929年去世，四大导师去其二，只剩下赵元任和陈寅恪，新的导师人选难以为继，于是不办了。那么北大国学门为什么也只存在了四年？实际上，是由于到20年代末期，清华、北大两所现代学府，文史哲三科已经分立完成，各有建制完整的系所，研究和教学的师资力量也都很雄厚，在这种情况下，国学院单独存在的意义大大减弱。总之是现代学术分科使然，而非其他人事或时事的原因造成。

经学在中国古代历来是单独的、为先的、领军的，所以“四部之学”的类分以经为首。经学的取径入门须通过小学，即文字学、训诂学和音韵学。也就是清儒说的“读书必先识字”。因此“小学”理所当然地包括在以经学为主要义涵的国学范围之中。清代学者在音韵、训诂方面的成就，可以说前无古人。他们把清以前的中国典籍翻了几个过，每一部书的每一个字，他们都重新审视，包括某一个字最早的读法如何，汉代如何读，宋明的读法怎样，他们都考订得很清楚。单是研究《说文解字》的著作就有近百种，其中段玉裁的《说文解字注》最为学者称道，“说文段注”一直到今天仍是文字训诂的典要之作。另外还有桂馥的《说文解字义证》、朱骏声的《说文通训定声》、王筠的《说文释例》和《说文句读》，并称为清代“许学”的四大家。

《说文解字》是汉代许慎的一部字书，研究《说文》是一门专学，称为“许学”，这在学术史上是极为罕见的案例。按照钱锺书先生的说法，研究一本书可以成为一门标名的专学，历史上并不多见，研究《说文解字》而称“许学”，研究《文选》而称“选学”，堪称一书而名学的特例。而千家注杜（杜甫）、百家注韩（韩愈），却不能称为“杜学”或“韩学”。不过研究《红楼梦》而称红学，钱先生是认可的。但如果认同经学和小学是国学的两根基本支柱，认同马一浮先生的国学定义，就和现代学术分科不发生矛盾了。而且这样并没有把国学的内涵狭窄化，而是找到了中国学问的宗基，归义于中国文化精神的大本，把国学还给了国学。

六、马一浮国学论的立教义旨

马一浮的国学论和他的“六艺论”是一致的。而“六艺论”包括“六艺之学”“六艺之道”“六艺之教”“六艺之人”四个环节。六艺之学，即六经的学问系统，可以分开单论一经，也可以诸经合论。六艺之道，指六经的精神义理，依马先生的解释，所谓圣学，就是义理之学。他说：“今当人心晦盲否塞、人欲横流之时，必须研究义理，乃可以自拔于流俗，不致戕贼其天性。”[1]六艺之教，是指用六经来教学育人。六艺之人则是指通过六艺之教，所培育的经过六艺精神义理熏陶涵化的受教者。

马先生以《礼记·经解》所引孔子的话，来诠解六艺之为教的大略精神义理范围。孔子的原话是：“入其国，其教可知也。其为人也，温柔敦厚，《诗》教也；疏通知远，《书》教也；广博易良，《乐》教也；洁静精微，《易》教也；恭俭庄敬，《礼》教也；属辞比事，《春秋》教也。”[2]到一个国家，从民情风俗方面可以看到这个国家的教育实施情况，可谓事理昭昭，概莫能外。国人接人

---

[1] 马一浮：《泰和宜山会语》，《马一浮集》第一册，浙江古籍出版社、浙江教育出版社，1996年，第7页。

[2] 《礼记·经解》，[清]孙希旦撰《礼记集解》下册，中华书局，1989年，第1254页。

待物如能表现出亲切和蔼的态度，那是《诗》教的收效。如果人们通达阔大，不斤斤计较于眼前的蝇头小利，那应该是《书》教的结果。而《乐》教则使人亲和良善，《礼》教让人恭敬节俭。《易》教可正人心，使言行知所趋（吉）避（凶）。《春秋》教则比类照鉴，使人能够明是非而别善恶。这和《庄子·天下》篇所说的："《诗》以道志，《书》以道事，《礼》以道行，《乐》以道和，《易》以道阴阳，《春秋》以道名分。"[1] 为各自陈述解读的角度不同，义理旨归殊无不合。要之，六艺施教的重心在其价值论理的涵化，亦即因教以明六艺之道。以六艺之道涵化培育受教之人，所成就的就是为六艺之人。故马先生说："有六艺之教，斯有六艺之人。"[2]

然六艺之道，受教者不能全得，往往是"学焉而得其性之所近"，这就难免学六艺而有所遗。《礼记·经解》曰："《诗》之失愚，《书》之失诬，《乐》之失奢，《易》之失贼，《礼》之失烦，《春秋》之失乱。"[3] 但马先生强调，所流失者并不是"六艺本体之失"[4]，而是学而只"得一察"而自失焉。《庄子·天下》篇写道："天下大乱，贤圣不明，道德不一，天下多一察焉以自好。譬如耳目鼻口，皆有所明，不能相通。犹百家众技也，皆有所长，时有所用。虽然，不该不遍，一曲之士也。判天地之美，析万物之理，察古人之全，寡能备于天地之美，称神明之容。是

[1] 《庄子·天下》篇，［清］郭庆藩撰《庄子集释》，中华书局，2013 年，第 937 页。
[2] 马一浮：《泰和宜山会语》，《马一浮集》第一册，浙江古籍出版社、浙江教育出版社，1996 年，第 11 页。
[3] 《礼记·经解》，［清］孙希旦撰《礼记集解》下册，中华书局，1989 年，第 1254 页。
[4] 马一浮：《泰和宜山会语》，《马一浮集》第一册，浙江古籍出版社、浙江教育出版社，1996 年，第 12 页。

故内圣外王之道，暗而不明，郁而不发，天下之人各为其所欲焉以自为方。悲夫，百家往而不反，必不合矣。后世之学者，不幸不见天地之纯，古人之大体，道术将为天下裂。"[1] 妙哉，庄生之论。天下学问的本末、精粗、大小之所发生的缘由，均为其析而言中矣。但六艺之道不同于一般的学问，它是一个整体，尽管"学焉而得其性之所近"也可以"适道"，但毕竟不是"天地之美""万物之理"，最多不过是"一曲之士"而已。马先生说，这种情况，"佛氏谓之边见，庄子谓之往而不反"[2]，究其原因，显然是不知六艺可以总体统摄一切学术所致。

马一浮先生认为，六艺统摄诸学是一个总纲，识得此纲领，方能进入六艺之道和六艺之教。六经的学问体系固然博大精深，但其精神义理并非难窥其奥。依马先生的思理："六艺之本，即是吾人自心所具之义理。"[3] 又说："天下万事万物，不能外于六艺，六艺之道，不能外于自心。"[4] 此即是说，六经的义理跟每一个人的理性心性都是相通的，不是凭空外加，而是生命个体完全可以自认自证。所以马先生又说："当知讲明六艺不是空言，须求实践。今人日常生活，只是汩没在习气中，不知自己性分内本自具足一切义理。故六艺之教，不是圣人安排出来，实是性分中本具之理。"[5] 这也就是孟子讲的，"理也，义也"，是"圣人先

[1] 《庄子·天下》篇，[清]郭庆藩撰《庄子集释》，中华书局，2013 年，第 938—939 页。
[2] 马一浮：《泰和宜山会语》，《马一浮集》第一册，浙江古籍出版社、浙江教育出版社，1996 年，第 12 页。
[3] 同上，第 54 页。
[4] 同上，第 55 页。
[5] 同上，第 57 页。

得我心之所同然”者。[1]明白了此一层道理，领悟六艺的精神义理就不致畏难了。换言之，就是用六经的理性精神启悟每个人自我的觉悟，除却沾染的尘埃，去掉“习气”，使人的“性分中本具之理”显现出来。故马先生又说：“圣人之教，使人自易其恶，自至其中，便是变化气质，复其本然之善。”[2]是的，六艺之教的终极旨归，即在于使人“变化气质，复其本然之善”。难哉？不难也。孟子不是说“理义之悦我心，犹刍豢之悦我口”吗？只不过我们普通人，在大多数情况下经常是“日用而不知”罢了。

对于六艺之教，马一浮先生实抱有至高的期许。他把立教的眼光投向了整个人类。满怀激情地写道：“故今日欲弘六艺之道，并不是狭义的保存国粹，单独的发挥自己民族精神而止。是要使此种文化普遍的及于全人类，革新全人类习气上之流失，而复其本然之善，全其性德之真，方是成己成物，尽己之性，尽人之性，方是圣人之盛德大业。若于此信不及，则是于六艺之道犹未能有所入，于此至高、特殊的文化尚未能真正认识也。”[3]又说：“世界无尽，众生无尽，圣人之愿力亦无有尽。人类未来之生命方长，历史经过之时间尚短，天地之道只是个‘至诚无息’，圣人之道只是个‘纯亦不已’。往者过，来者续，本无一息之停。此理决不会中断，人心决定是同然。若使西方有圣人出，行出来的也是这个六艺之

[1]《孟子·告子上》。

[2] 马一浮：《泰和宜山会语》，《马一浮集》第一册，浙江古籍出版社、浙江教育出版社，1996年，第19页。

[3] 同上，第23页。

道，但是名言不同而已。”[1]马先生禁不住为之赞叹曰：“圣人以何圣？圣于六艺而已；学者于何学？学于六艺而已。大哉，六艺之为道！大哉，一心之为德！学者于此可不尽心乎哉？”[2]

学者天天言道，道在哪里？说道在吾心，固不误也。但吾心之道，容易得一曲之偏。全体大用之道，或如庄生所说的“天地之美”和“万物之理”，可以说悉在六经。六艺之道与吾心合其德，方成得六艺之人。大哉，六艺之为道也。

七、马一浮国学论的施教内涵

如果我们认同马一浮重新给国学下的定义，即认为国学是“六艺之学”，具体包括经学和小学的内容，那么国学在今天的具体发用，特别是其施教内涵的展开，就是非常现实的问题了。

首先，它是一种学问根柢，是为学的大本，人文学者、文史学者，都需要有此根柢。所谓为学要知本末，六经就是学问的“本”，其余都是末。所谓做学问要明源流，六经就是源，其余都是流。所谓知终始，六经就是始。马一浮说的“六艺可以统摄一切学术”，就是这个意思。而且也可以知道，定义国学为“六艺之学”并不是要把国学儒学化，而是把国学复原为最高的经典之学。因为，诸家之学都可以从六经中找到渊源。实际上，谈中国人文，谈中国的文史之学，谈中国的学问，如果不懂得六经，不

[1] 马一浮：《泰和宜山会语》，《马一浮集》第一册，浙江古籍出版社、浙江教育出版社，1996年，第23页。

[2] 同上，第21页。

懂得四书，应该难以置喙。晚清大儒沈曾植就曾说过，后生没有念过四书，不具备他与之交谈的理由和条件。

其次，六经不仅是中国学问的源头，也是中国人德范德传的渊薮，是中国人立身修德之基，同时也是中华立国的精神支撑。我们华夏民族，如无“六艺”为精神依据，便人不知何以为人，国亦不知何以为国矣。葛洪说过：“五经为道德之渊海”，既是“治世存正之所由”，又是“立身举动之准绳”，“其用远而业贵，其事大而辞美，有国有家不易之制”。[1] 斯又如一位古学先生所言：“吾常昧爽栉梳，坐于客堂，朝则诵义文之《易》，虞夏之《书》，历周公之典《礼》，览仲尼之《春秋》。夕则逍遥内阶，咏《诗》南轩，洋洋乎其盈目也，焕烂兮其溢目也，纷纷欣然兮其独乐也。当此之时，不知天之为盖，地之为舆，不知世之有人，己之有躯也。”[2] 是为读经之乐，虽是古人的感受，亦不妨略资想象。

再次，以六艺之学为国学，则国学可以入于国民教育。2008年，我继《论国学》之后，又写了《国学辨义》长篇论文，对国学入于国民教育的问题进而有所探讨。我主张小学、中学，大学的一二年级，作为通识教育的课程，都开设国学课。内容就是六经，而以《论语》和《孟子》作为入径。本来开始我提出的是在小学开设国学课，香港中文大学的金耀基先生——他是有名的文化社会学家，曾担任中文大学的校长，他看到我的《论国学》一书，写信说，你提出了重要的问题，这一主张等于在现在通行

---

[1]　朱彝尊：《经义考》卷二百九十五通说一，“中央研究院”文哲研究所校点发行，1999年，台北，第八册，第777页。

[2]　同上，第774页。

的知识教育之外，补充上价值教育。但金先生说，何必只在小学呢？他说中学和大学也许更重要。我觉得他讲得非常正确，所以在《国学辨义》长文中采纳金耀基先生的高见，论述了小学、初中、高中，大学一二年级开设国学课的具体设想。当然六经的文字比较难读，但《论语》和《孟子》可以成为六经的入门阶梯。因为孔孟所讲的义理，就是六经的义理，这一点宋代的二程（程颢、程颐）和朱熹，他们讲得最清楚。二程子甚至说："学者当以《论语》《孟子》为本。《论语》《孟子》既治，则六经可不治而明矣。"朱熹做了一件思想史和教育史上的大事情，即把《论语》《孟子》和《礼记》的《大学》《中庸》两篇，编订在一起，名为"四子书"，简称"四书"。明清以后四书广泛流行于社会，成为普通中国人进学的教科书。

六经虽难，四书却读来方便。当然《大学》《中庸》读懂也不容易，比较起来《论语》《孟子》更好读一些。所以我主张在小学、中学和大学的一二年级开设国学课，不妨从《论语》《孟子》入手，轻松一点，每周一节课，五十分钟，也不必看注释，主要是白文选读。小学就是《论语》和《孟子》，一二三年级也可以只读《论语》，四五年级再读《孟子》。开始选读，有了基础，再阅读全本。中学就可以读包括《大学》《中庸》在内的全本四书了。高中再加上六经经文的选读。过去的教育，中国传统的教育，私塾的教育，书院的教育，基本的教材，都是四书、五经这些东西。这样在百年之后，几百年之后，这些中华文化的最基本的经典就可以成为中华儿女的文化识别符号。它不会影响青少年对现代科技的吸收，不影响你将来选择的专业方向。我认为这是现代教育亟待解决的非常重大的问题。

再次，如果认可六艺之学为国学，现代教育系统所缺失的传道的问题，就有着落了。自从 1905 年废除科举制度（这是中国教育转型的一个分界线），其中衍生出一个非常大的问题，为人们习而不察，这就是教育和传道的问题。晚清开始我们采取的西方的教育体制，主要是知识教育。当然这是不得不然的选择。因为我们必须往现代的方向走，不可能不采取现代教育体制，重视知识教育，否则我们的科学技术便不会发展。但现代以知识教育为重心的教育体制，丢失了一个东西，就是“道”。我们的传统教育，历来把传道放在第一位。所以韩愈的《师说》提出：“师者，所以传道授业解惑也。”授业就是讲授专门知识，解惑是回答弟子的问题，但“传道”是放在第一位的，这是中国历来的教育传统。那么道者为何？传什么道？既不是老庄之道，也不是佛教之道，更不是基督教或天主教的道，而是中华文化最高经典里面的道。这个道在哪里？在《论语》，在《孟子》，但主要是在六经。六经的基本义理就是中国思想文化的天下大道。可惜现代教育制度建立以后这个道不传了，这是一个无可估量的损失。也许有人会讲，现代教育体制来自西方，不也是知识教育吗？人家不是也不传道吗？这个说法不对。西方也传道，只不过它有单独的系统，它的传道是通过教会。

最后，以六艺之学为国学，大中小学开设国学课，其中应当有文言文的写作练习一项。五四新文化运动，白话文代替文言文，自是不可阻挡的潮流，也是文化与社会发展的必然之势。但彻底放弃文言、废弃文言，则不是明智之举。就像现代知识教育丢弃了传道一样，文言写作的基本废弃也是文化传承的一个损失。文言有什么好处呢？文言的重要好处是它可以保持文本书写的庄严。文言表达婉曲典雅，可以不失身份的曲尽其情。其实国家的重要文诰，重要的文件，包括庆典的告白，以及外交文献，适当使用一点文言，会显得更加典雅庄重。诚如马一浮先生在抗战时期对国家文制所期许的："飞书走檄用枚皋，高文典册用相如，中土如有复兴之日，必不安于鄙倍。但将来制诰之文，必须原本经术，方可润色鸿业，此儿须深于诗书始得。"[1] 我所说的文本的庄严，就是这个意思，马先生已经专门示明了。

所以，如果定义国学为六艺之学，国学就可以入于国民教育。反之，如果定义国学为国故学，由于繁多而不知从何说起。即使定义为我国固有学术，那也不是很多人都需要涉猎的领域。那是研究中国学术史的人所研治的范围，不可能也不需要大家都"热"在其中。唯有六艺之学，关于六经义理价值的学问，那是与每一个人都相关的学问，应该成为国民教育的基础内容。如果一定要使用"国学博士"的称谓，那么其所作的学位论文，亦应该不出经学和小学的范围，而且获得此一博士学位的人应该少之又少。其他博士需要三年，这个以经学和小学为主要研究对象的学科，应该需要五年或者六年的时间。此外，国学教育也应该同时成为国学研究的对象。以此大学的国学院，应该有三部的设置：第一，经学部；第二，小学部；第三，国学教育部。

---

[1] 马一浮：《示王子游》，《尔雅台答问续编》，《马一浮集》第一册，浙江古籍出版社、浙江教育出版社，1996年，第667页。

按此思路，如此设置，百年来的国学与现代学术分科的纠结，便可以迎刃而解了。

八、学习国学从《论语》开始

马一浮国学论的另一贡献，是发现《论语》里面有“六艺”。他说：“《论语》记孔子及诸弟子之言，随举一章，皆可以见六艺之旨。”[1]他的《论语首末二章义》一文，就是专为揭明此义而写。他写道：“首章曰：‘学而时习之，不亦说乎？有朋自远方来，不亦乐乎？人不知而不愠，不亦君子乎？’悦、乐都是自心的受用。时习是功夫，朋来是效验。‘悦’是自受用，‘乐’是他受用，自他一体，善与人同。故‘悦’意深微而‘乐’意宽广，此即兼有《礼》《乐》二教义也。”[2]又释“君子”一语云：“《易》是圣人最后之教，六艺之原，非深通天人之故者不能与《易》道相应。故知此言君子者，是《易》教义也。凡言君子者，通六艺言之，然有通有别，此于六艺为别，故说为《易》教之君子。学者读此章，第一须认明‘学而时习之’，学是学个什么；第二须知如何方是时习工夫；第三须自己体验，自心有无悦泽之意，此便是合下用力的方法。末了须认明君子是何等人格，自己立志要做君子，不要做小人，如何才够得上做君子，如何才可免于为小人。其间

[1] 马一浮：《泰和宜山会语》，《马一浮集》第一册，浙江古籍出版社、浙江教育出版社，1996年，第28页。

[2] 同上，第29页。

大有事在，如此方不是泛泛读过。”[1]

为何释君子而追溯到《易经》，马先生给出的理由是：“孔子系《易》，大象明法天用《易》之道，皆以君子表之。”[2] 例如《乾》卦的“象辞”是：“天行健，君子以自强不息。”《坤》卦的“象辞”为：“地势坤，君子以厚德载物。”乾、坤两卦均以君子之名标领，可知“厚德”与“自强”是为君子之德也。已往研究者释君子一名，有时以“位”称，有时以“德”称，马先生则认为：“君子者，唯是成德之名。”[3] 又说：“君子但为德称，不必其迹应帝王也。”[4] 而《易经》涉君子一词，一般都是“以成德为行”[5]，这和《论语》中使用的君子概念，是一致的。马先生以《论语》首章为例，证明《论语》中有“六艺之旨”，应是真实不虚。至于《论语》的末章，马先生说，末章“不知命，无以为君子也”，是《易》教义；“不知礼，无以立”，是《礼》教义；“不知言，无以知人”，是《诗》教义。[6] 亦属谛言。马先生又说，“首章是始教，意主于善诱”，末章是“终教，要归于成德”；“以君子始，以君子终，总摄归于《易》教”。

《论语首末二章义》在马先生只是示例，更系统的讲述主要在《复性书院讲录》中。《群经大义》是马先生在复性书院授学

---

[1] 马一浮：《泰和宜山会语》，《马一浮集》第一册，浙江古籍出版社、浙江教育出版社，1996 年，第 31 页。
[2] 同上，第 29 页。
[3] 同上，第 33 页。
[4] 同上，第 29 页。
[5] 《易·乾卦·爻辞》。
[6] 马一浮：《泰和宜山会语》，《马一浮集》第一册，浙江古籍出版社、浙江教育出版社，1996 年，第 31 页。

讲论的重头戏，共分七讲，曰《群经大义总说》，曰《论语大义》，曰《孝经大义》，曰《诗教绪论》，曰《礼教绪论》，曰《洪范约义》，曰《观象卮言》，共二十余万言。而《论语大义》置于群经释义之首，超过三万言。他的讲论方法，就是从《论语》说六艺。当然和《论语首末二章义》不同，此篇是系统论述。他说："六艺皆孔氏之遗书，七十子后学所传。欲明其微言大义，当先求之《论语》，以其皆孔门问答之词也。据《论语》以说六艺，庶几能得其旨。"[1] 他分别以诗教、书教、礼乐教上中下、易教上下、春秋教上中下，阐发《论语》中的六艺之旨。内容丰富详博，条例粲然，因非本篇题旨的重心，具体释解分梳，不是本文的任务。我只想证明，《论语》是可以直接通六艺的，《论语》反复讲述的义理，就是六经的基本义理。因此欲学六艺不妨从《论语》开始。

马一浮关于《论语》通六艺的创解，哲学家贺麟先生评价极高，写道："进一步他提出《论语》为总经，指出《论语》中已包括六艺的大义。他以孔子言仁处，讲明诗教；以孔子言政处，讲明书教；以孔子言孝弟处，讲明礼乐教；以孔子之言正名，为春秋大义；以孔子在川上章，于变易中见不易，及予欲无言章，明示性体本寂而神用不穷，即以此两章，讲明易教大义。提纲挈领，条理清楚，颇能融会贯通。所以他《论语大义》一书，实最为他精要的纲。"[2] 然则《论语大义》完全可以看作是马先生讲述《群

[1] 马一浮：《泰和宜山会语》，《马一浮集》第一册，浙江古籍出版社、浙江教育出版社，1996 年，第 137 页。

[2] 贺麟：《五十年来的中国哲学》，上海人民出版社，2012 年，第 29—30 页。

经大义》的纲。这样我们就可以放心地提出,《论语》不仅是后人进入六经的途径,同时也是今天我们学习国学的最便捷的途径。

在今天,对大多数民众而言,学习国学主要不是要进入六经的学问体系,那是一个烦难的学问世界。没有文字学、训诂学、音韵学的相当准备,未免障碍重重。即使有一定的小学训练,不了解中国社会历史和制度变迁,特别是于学术流变的历史缺少整体的了解,进入六经的堂奥,也是困难的。所以我主张大学国学院的经学部,招生的人数不必多,学制需适当延长,最终以培养经学和小学专家或大师为职志。但一般的民众,包括大学生、中小学教师、公务员、企业员工,主要是学习六经的价值论理。也就是班固《汉书·艺文志》说的:"古之学者耕且养,三年而通一艺,存其大体,玩经文而已,是故用日少而畜德多。"学习国学,学习六经,主要是为了"蓄德"。

蓄什么德?近年我从《易经》《礼记》《论语》《孝经》等中国最高经典中抽绎出五组概念,包括诚信、爱敬、忠恕、知耻、和同,都是直接关乎做人和立国的价值论理。我认为它们是中国文化的最核心的价值理念。诚信来自《易经》乾卦的爻辞,引孔子的话说:"君子进德修业,忠信所以进德也。修辞立其诚,所以居业也。"大家细想,人生在世,何求何为?"进德修业"四字可以概括无遗。还不是想在事业上取得成功,并在道德上修为自己?而进德的前提,是"忠信",修业的前提,是"立诚"。总之是诚信二字,可以使自己快乐自足,可以使自己事业有成,可以使自己立足天下而无愧忧。《论语》通六艺,其首章引曾子的话说:"吾日三省吾身,为人谋而不忠乎?与朋友交而不信乎？”孔子则提出“主忠信”。既是孔门之教，又是六艺之旨。“爱敬”一词连用，最早见诸《孝经》。其第二章引孔子语：“爱亲者，不敢恶于人；敬亲者，不敢慢于人。爱敬尽于事亲，而德教加于百姓。”第十八章：“生事爱敬，死事哀戚，生民之本尽矣，死生之义备矣，孝子之事亲终矣。”也是孔子的话。《论语》首章载孔子的话：“道千乘之国，敬事而信，节用而爱人，使民以时。”“爱敬”两字于此处全出。孔子答樊迟问仁，则曰“爱人”[1]。而子路问君子，孔子说“修己以敬”[2]。子张问如何行事，孔子的回答是：“言忠信，行笃敬，虽蛮貊之邦行矣。”[3]孔子谈礼仪的重要，又说：“居上不宽，为礼不敬，临丧不哀，吾何以观之哉？”[4]则礼的精神内核应该是“敬”无疑。“爱敬”这种价值论理，也可以由《论语》而通六经。

“忠恕”则直接来源于《论语》，即曾子说的：“夫子之道，忠恕而已矣。”[5]“忠”是推己，即看自己的“心”是否摆得正。“恕”是“及人”，即换位思考，将心比心。孔子对“恕”的解释，是“己所不欲，勿施于人”[6]。我称恕道体现了中国文化的异量之美，已成为世界公认的道德金律。“知耻”来自《礼记·中庸》，也是引孔子的话：“好学近乎知，力行近乎仁，知耻近乎勇。知斯三者，则知所以修身；知所以修身，则知所以治人；知所以治

[1]《论语·颜渊》。
[2]《论语·宪问》。
[3]《论语·卫灵公》。
[4]《论语·八佾》。
[5]《论语·里仁》。
[6]《论语·卫灵公》。

人，则知所以治天下国家矣。”我由此得出一个判断，即修身应该从“知耻”开始。

“和同”是我近年研究得最多也讲得最多的价值理念，其思想来自《易经》的“系辞下”：“天下何思何虑？天下同归而殊途，一致而百虑。”而“同人”一卦则是专门演绎“与人和同”易理的一卦。2016年《文史哲》杂志第3期有我的《论和同》一文，两万余言，析论考证“和同”之义甚详尽，有兴趣的朋友可找来参看，此不多具。“和”是由“不同”组成，不同也能共处于一个统一体中，是为“和”。如果都是由“同”组合在一起，那就不成其为事物了。所以《国语·郑语》引史伯的话说：“和实生物，同则不继。”史伯是古代的智者，他这句话道出了“和”“同”关系的辩证法。由不同组成的“和”是多样的统一，故能更新，故能发展，故能再生。如果是“同”“同”捆绑在一起，那就无所谓更新、发展和再生了。求之《论语》，则是孔子所讲：“君子和而不同。”斯言体大，穷理尽性，无漏无遗，一言九鼎。一个是“和而不同”，一个是“己所不欲，勿施于人”，我认为是孔子给出的，同时也是中国文化给出的人类麻烦解决之道。我有一篇文章专门论述此义，题目是《“和而不同”是中华文化的大智慧》。关于“敬”的义理价值，2016年第3期《北京大学学报》刊有我的一篇特稿，名《敬义论》，三万字的篇幅，可以说将“敬”的义理发掘殆尽。“敬”是人的不可夺之“志”，是生命个体的“自性庄严”。我的结论是，“敬”这个价值理念已经进入中华文化的信仰之维。

总之，诚信、爱敬、忠恕、知耻、和同，是六艺典籍中的最重要的价值论理，也是中国传统文化的最核心的价值论理。所谓国学，就是通过立教来传育这些万古不磨的价值论理，以培养、熏陶、涵化新时代的“六艺之人”。《礼记·大学》开篇之“大学之道，在明明德”以此，“在新民”，以此，“在止于至善”，更是以此。这些价值理念不仅没有过时，而且恰合于今天的文化建设和价值重构。实际上，这些价值论理不仅适用于中国人，也适用于外国人，适用于全世界所有的人。当年马一浮在浙江大学开国学讲座的时候，他不是说过：“此是某之一种信念，但愿诸生亦当具一种信念，信吾国古先哲道理之博大精微，信自己身心修养之深切而必要，信吾国学术之定可昌明，不独要措我国家民族于磐石之安，且当进而使全人类能相生相养而不致有争夺相杀之事。”[1]他说只有具备了此种信念，“然后可以讲国学”。马一浮先生的思想和信念，应该成为我们每一个致力于中国文化复兴的学人的思想和信念。

我们今天学国学，就是让这些高贵的精神论理跟我们每个人的精神世界连接起来，跟我们中国人的精神血脉沟通起来，跟全世界人之为人的“本具之理”联系起来，形成现代的文化自觉，以恢复人类的本然之善。

2016 年 11 月 21 日写讫于东塾

载《文史哲》2017 年第 2 期

---

[1] 马一浮：《泰和宜山会语》，《马一浮集》第一册，浙江古籍出版社、浙江教育出版社，1996 年，第 4 页。

第二篇

文化与传统

中国文化的特质及其价值取向

一、“文化传统”和“传统文化”

“文化传统”和“传统文化”是两个不同的概念。

“传统文化”，是指传统社会的文化。一般把周秦以降直至清朝最后一个皇帝退位，也就是1911年辛亥革命之前，称作传统社会；辛亥革命后，中国社会的现代形态逐渐凸显。当然无法用1911年把传统与现代做一截然划分，文化与社会的变迁比政治事变要复杂得多。宽泛一点看这个问题，也许讲清末民初是中国传统社会向现代社会过渡的转折时期，在语义和事实上比较恰当。总之晚清以前的中国文化可称为中国传统社会的文化，也就是传统文化。

传统文化的内容，取决于我们对文化一词如何定义。

人类学家对文化一词的解释是多种多样的，美国人类学家克罗伯（Kroeber）和克拉孔（Kluckhohn）在他们20世纪50年代合著的《文化：关于概念和定义的检讨》一书中，列举出160多种西方学者关于文化的定义。70年代以后，符号学盛行，对文化的定义就更多了。我个人使用的定义，是自己在研究中抽绎出来的看法。

我倾向认为，文化应该指一个民族的整体生活方式及其价值系统，这是广义的用法；狭义的用法，可以指人类的精神生产及其成果的结晶，包括知识、信仰、艺术、宗教、哲学、法律、道德等等。因此广义地说，中国传统文化就是指中国传统社会中华民族的整体生活方式和价值系统。

但如果说到文化传统，就是另外的概念了。

文化传统是指传统文化背后的精神连接链，并不是所有的文化现象都能够连接成传统。有的文化现象只不过是一时的时尚，它不能传之久远，当然不可能成为传统。按照美国社会学家希尔斯的观点，传统的涵义应该指世代相传的东西，即从过去传衍至今的东西（至少应该传衍三代以上）。文化传统当然存在于传统社会的文化现象之中，但它更多地是指这些文化现象所隐含的规则、理念、秩序和所包含的信仰。

能够集中地体现具有同一性的规则、理念、秩序和信仰的文化现象，就是传统的文化典范。我们面对一尊青铜器、一组编钟、一座古建筑或一个古村落，人们有时也说看到了中国文化的传统，其实这样说并不准确，实际上看到的是传统的遗存物，这些遗存物所涵蕴的规则、理念、秩序和信仰，才是传统。但能够留存至今的遗存物本身同时也是一种文化典范，里面藏有该民族文化传统的一系列密码。

对于文化传统来说，信仰的因素非常重要。因为传统之所以被称为传统，往往由于这些传统有一种神圣的感召力，希尔斯把这种现象叫作传统的克里斯马（Charisma）特质[1]，即传统所具有

[1] 可参见希尔斯的《论传统》一书。

的某种权威性和神圣性。可以说，如果没有信仰的因素掺入，能否形成真正的传统，都不是没有疑问。即使缺少信仰的成分，也必须融进崇拜的精神，才能凝结为传统。中国传统社会用儒家思想编织起来的纲常伦理，对家庭的结构和文化传承来说就是一种具有权威性的传统，但它里面崇拜的成分大大超过信仰。

二、文化传统的更新与变异

传统不是一个凝固的概念，在连接和传衍中它会发生变异，会不断被赋予新的内容。例如儒家思想，在先秦、在两汉、在宋明、在清代，都有所不同，都有新的成分添入。希尔斯说，对传统而言，“增添是一种最常见的形式”[1]。事实上，只有后来者不断为既存的传统增添新的内容和新的典范，传统才更充实、更有价值，才有可能不着痕迹地融入现在，成为活着的传统。但新增入的成分在大多数情况下只能处于边缘状态，而且会遭致固守既存传统人士的反弹。除非已经进入传统变异的另一情境，即固有传统和新成分实现高度融合，人们已经无法分清楚传统构成的新与旧，甚至以为新成分原来是旧相知，传统就成为既是现在的过去又是现在的一部分了。

文化传统在传承的过程中，不仅需要增添新的内容新的典范，而且需要对异质文化的吸收和融合。传统往往不是单一的，而是一种综合。对不同质的文化传统的吸收和融合，可以使固有传统

[1] 见希尔斯之《论传统》。

因注入新的血液而勃发生机，并变得更健康、更有免疫力。唐代文化气象博大、心胸开阔、仪态轻松，就和大胆吸收西域文化、旧传统中融入了异质的新成分有直接关系。其实这一过程就是传统更新的过程。这一过程一般是缓慢的、渐进的、不知不觉的，因此也可以看作是一种文化的濡化过程。这种濡化过程一般不会引发激烈的冲突，也不破坏既存的文化秩序。但这需要充当异质吸收的文化主体强大、有自信力和包容精神。汉朝和唐朝的时候，中国文化的主体是具备这种条件的，所以有佛教的传入，有和西域文化的交流。

到了晚清，国家处于被东西方列强瓜分的境地，有亡国灭种的危险，民族文化的主体性完全弱化，失去了与西方文化平等对话的条件，更不要说文化的濡化了。张之洞算是有心人，提出“中学为体，西学为用”，说到底也不过是“应变”的一种方式而已。其实处于晚清时期的中国社会与文化，与当时西方的社会与文化，彼此之间有好大一个时间差。西方已经是建构了现代文明的社会，中国还没有从几千年的传统社会里转过身来，双方没有站在同一水平线上。这种情况，不可能有中国文化传统对西方异质文化的正常吸收，必然爆发激烈的文化冲突，冲突的结果大家知道，是中国文化打了败仗。

我们常说的中国文化，就包括中国传统文化和文化传统两部分。中国古代并没有中国文化这个直捷的概念。只有到了晚清，西方文化大规模进来了，与之相比较，才有中国文化之说。换言之，“中国文化”这个概念，是晚清知识分子自我反省检讨传统的用语，它既包括传统社会的文化现象，又包括传统文化背后的精神连接链即文化传统。现在我们使用中国文化这个概念，已经把传统文化和文化传统、古与今、传统和现代，都连接在一起了。

三、中国传统文化的特质及其价值取向

中国传统文化是一个非常大的概念，是一个包含着诸多类分的综合概念。我们讲中国传统文化的特质，只能找出一些共通性的问题，从一个方面、一定角度、一些类型，来看中国传统文化的特征，而且只能理出一些最主要的特征。

那么，中国传统文化都有一些什么样的特质呢？

第一，是历史悠久。中国传统文化的历史，自夏、商、周三代的夏朝算起，有四千多年，所以号称五千年的历史文明。从周秦算起，有三千多年。世界四大文化圈：古希腊罗马文化、阿拉伯文化、印度文化和中国文化，其中中国文化是世界最古老的古文明之一。

第二，中国传统文化是在一不间断的同时也是较少变化的传统社会形态框架内生存的文化系统。梁漱溟先生说："百年前的中国社会，如一般所公认是沿着秦汉以来，两千年未曾大变过的。"秦汉到晚清都是封建制度，说社会形态没有发生根本的变化，或较少变化，应该能够成立。但这不妨碍不同历史段落的文化有不同的特色。如殷周时期的青铜器文化、秦汉的制度文化、唐的多元繁荣、宋的思想、明代的城市生活、清的学术等等。就文化的形而上形态学术思想而言，不同历史阶段都有不同类型的高峰期，如春秋战国时期的子学、两汉的经学、魏晋南北朝的玄学、隋唐

的佛学、宋代的理学、明朝的心学、清代的朴学等。

第三，中国传统文化是一多元文化形态。就其发生来说，是多元的。过去说中国文化是黄河文化。现在学术界的看法，长江文化是与黄河文化不同的一源。就其族群的构成来说，华夏文化为主体，同时包括众多民族的文化。就文化思想来说，儒、释、道三家主要思想学说，呈多元互补之势。

第四，中国文化是富有包容性的文化。它的同化的功能很强，孔子说："夷狄入中国，则中国之。"各民族之间的融合，文化是最好的溶解剂。中国文化对异质文化的吸收和消化能力是惊人的，明显的例证是对佛教的吸收。华夏民族不排外，即使穷乡僻壤，也懂得尊重外来者的文化习俗。

第五，就生活形态来说，中国传统社会主要是一农耕社会，所以其文化精神，正面说有吃苦耐劳、生生不息的特点；负面说常常表现为自给自足的心理、缺少冒险精神、重农轻商等等。中国传统社会长期抑商，所以商品经济不够发达，这是中国传统社会的一个症结。晚清与外人打交道陷入被动，国力不强固然是主要原因，缺少商品意识和市场观念，也是问题的一个重要方面。

第六，中国传统社会属于宗法社会的性质。以家族为本位、家国一体，是传统的社会形态和文化形态的重要特征。家不仅是生活单位，而且是生产单位。家庭成员一般不远离家庭。孔子说："父母在，不远游。"如果一个家庭的成员长时间出离在外，就叫"游子"，"游子"如同幽魂离开躯体，其身份是很悲哀的。传统社会的家庭不只是一家一户的家，还要扩大、辐射出"家族"。因为家庭中以父亲为主轴，父的父是祖父，父的兄是伯，父的弟是叔，父的姐妹是姑；母亲方面，母的父是外祖父，母的兄弟是舅，母的姐妹是姨；父亲的兄弟生的孩子，又构成堂兄弟、堂姐妹系列；母亲的兄弟姐妹生的孩子，构成表兄弟、表姐妹系列。祖、父、兄、弟、伯、叔、舅都会娶妾，又会生育，于是又衍生出庶出的一大群。于是便有了嫡、庶的问题。而且每一枝系都有固定的名称。这和西方是完全不同的。所以中国传统社会的家族可以变得非常庞大，像《红楼梦》里的贾家那样。大的家族有族长、有管家、有佣工、有保安巡逻人员，有统一的祭祖活动，对有过失的家族成员可以刑讯处罚，甚至处死。俨然是一个“准”国家。

中国古代理念上（不是说事实上）没有“社会”这个概念，“家族”成为社会的基本单位，或者说家族的分布和联结网络就相当于社会，它是以血缘为纽带，而不是靠契约来维系。家族还有传宗接代的功能，娶妾的直接目的就是对家族传宗接代功能的补充（对男性亦有性调剂的作用）。家的横向辐射是家族，纵的联系就是世系。因此传统社会常把“家族”和“世系”并称，叫“家族世系”。因此传统社会非常重视家谱，谱牒学是一项专门的学问。宋代的范仲淹呼吁，要切实保护宗族的利益，因此宋朝有“义庄”之设。明清两代更为普遍，至于聚族而居成为风气，常常一个村庄只有一个姓氏，甚至几个村庄都是一个姓氏，所谓“六乡一姓”的现象，史不绝书。西方人类学家重视“族群”的概念，在中国主要表现为“家族”。

中国古代甚至很少使用“国家”这个概念，经常使用的是“家国”。研究者也有的说，中国传统社会只讲“忠君”，不讲

“爱国”。至少中国古代并没有“爱国”这个概念。但重视“天下”。“天下”包含“社稷”和“苍生”两部分内容。“社稷”原意是对土神和谷神的祭祀，后来用来指国家政权。和社稷连用的是“江山”，“江山”指疆土、国土。社稷和江山加起来，相当于国家。“苍生”本义是指长得很乱的草木，后专指百姓。总之，在中国传统社会：

社稷＋江山＝国家

社稷＋苍生＝天下

这个公式是我个人总结出来的，却觉得颇能反映中国传统社会政治结构的特征。顾炎武说：“天下兴亡，匹夫有责。”“匹夫”指单独的男性个人，而且是很普通的男性个人；如果是念过书的男性个人，就叫“匹士”了。明末还有“天下兴亡，匹妇有责”的说法，陈寅恪表彰的柳如是就有此种信仰。值得注意的一点是，顾炎武说“天下兴亡”，没有说“国家兴亡”，为什么？也许“天下”这个概念，既包括国家政权又包括老百姓（苍生）？而国家只包括“社稷”和“江山”，老百姓没有包括在内。

第七，儒家思想是中国传统社会的主流意识形态，国家的政治结构和家庭网络主要靠儒家学说编织而成。因此儒家思想是中国传统文化的核心价值。具体地说，“三纲五伦”就是这一核心价值的主要道德规范。“三纲”是对君臣、父子、夫妇关系的行为规范，第一项关乎国，第二、三项关乎的都是家，可见“家”在中国传统社会的重要地位。“五伦”指君臣、父子、夫妇、长幼、朋友的关系。孟子说："父子有亲、君臣有义、夫妇有别、长幼有序、朋友有信。"孟子称这"五伦"及其规范为"人伦"。后来汉代又有"六纪"之说，包括诸父、兄弟、族人、诸舅、师长、朋友，对"五伦"做了外延性的扩大，其实就可以规范所有人与人之间的关系了。

"师长"和"朋友"，是家族以外的取项。传统社会重教育和教化，师的地位很高，这是从孔子开的头。各级官吏实际上也担负着教化的任务。即使是王者，也需要有师。天、地、君、亲、师，师的排序仅次于君、父。师的含义不仅指直接的授业启蒙者，科举考试时代考取的进士，也称录取他的考官为师，考官视他录取的生员为门生，同榜进士则称同年。所以传统社会就是以家族为中心的一面大网，"三纲五伦"或"三纲六纪"是这面大网的纲，通过纲常伦理来维系家庭和社会的秩序。史学家陈寅恪甚至认为，"三纲六纪"就是中国文化的基本定义。他说："吾中国文化之定义，具于《白虎通》'三纲六纪'之说，其意义为抽象理想最高之境。"

"三纲六纪"所规定的伦理规范和语词概念，有越来越细化的趋势。光是孟子讲的"义"和"信"，觉得还不够完善，所以又发展、衍生出一系列对应性的重要伦理概念。君臣关系使用"忠"、父子关系使用"孝"、夫妇关系用"义"、朋友关系用"信"。特别是"孝"，更居于核心位置。《孝经》上说："孝始于事亲、中于事君、终于立身。"把君、父完全连接在一起，所以古代文本语言，常常以"君父"和"家国"并提。当然这些是道德规范，同时如陈寅恪所说，也是最高境界的文化理想。所以传统士人的最高理想，是“修身、齐家、治国、平天下”。至于能否真正做到，是另一回事。但我有一个理念的同时也是经验的看法，就是如果了解了儒家思想及其道德规范，了解了家庭和家族的构成和来龙去脉，我们大体上可以了解中国传统社会和传统社会的文化。《红楼梦》所以重要，就在于它对传统社会的家族构成和文化结构做了一次总解剖。

第八，中国人的自然观、对自然的态度，是主张“天人合一”的，相信“人与天地万物为一体”。这点许多学者都有过论述，我主编的《中国文化》还专门就这个问题做过讨论。“天人合一”的思想可以使人与自然不那么对立，很适合现在的环保主张。但也有专家认为，中国人的这种哲学思想，是传统社会缺少系统的科学、科技不发达的原因。

“天人合一”这个命题，包括天和人两个方面，实际上说的是两个对立体彼此的关系。既然是两个方面、两个对立体的关系，就有孰强孰弱、谁占的成分大、以谁为主的问题。在中国传统社会，“天人合一”这个命题是“天”的势力大，还是“人”的势力大？是天为主导还是人为主导？在观念上，恐怕是要人往天那边靠而不是相反，所以古代有“顺天”“听天命”等说法。当然这个命题也有要提升人的境界的意思，所以冯友兰讲“天地境界”。但要求太高，不容易达到。孔子讲的“五十而知天命”，已经是很高的境界了，也只是说应该知道能够做什么、不能够做什么，人的一生能够成就到怎样的程度，是天命决定的，不可强求——这就是孔子的意思，如是而已。

第九，中国传统社会有最完整的文官制度，这在世界文明史上绝无仅有。文官制度和科举考试有关，科举考试制度是中国独有的。唐代以诗取士，后来考八股文增加试帖诗，所以传统社会的文官大都会写诗。文官制度的最高表现是宰辅制度。相权对皇权有一定分解作用，他可以让皇帝少犯错误。

第十，关于中国文化背景下的宗教信仰问题，总的看中国人对宗教的态度比较马虎。孔子说："祭神如神在。"那么不祭呢？难道神就不存在了？宗教的态度是不允许对信仰的对象做假设的。佛教中国化之后演变为禅宗，宗教的味道已大为减弱。民间化、世俗化的佛教，随意的成分也很强。道教是自然宗教，操作性强，信仰的力度不是很坚实。中国人对待超自然的力量，信仰的成分不如崇拜的成分大，但崇拜不是宗教意义上的信仰。在中国人的眼里，天是至高无上的，是最大的神。但对天是崇拜而不是信仰，因为天并不总是能满足人的愿望。对祖宗也是崇拜而不是信仰。拜天祭祖是中国人的最高礼仪，近似宗教仪式，但绝不是宗教仪式。

第十一，中国传统社会有发达的民间社会，朝野、官府和民间界限分明。儒释道三家的思想，儒家学说成为占统治地位的思想，道家和佛教主要在民间。因为有发达的民间社会，有儒释道三家思想的互动互补，中国传统社会反而有较大的思想空间和活动空间。

第十二，中国传统社会的不同历史时期，都有不同风格的艺术与文学。古人的文章写得很好，记述不同的事情有不同的文体。诗学尤其发达。书法艺术很独特，中国文化的精神可以在书法中找到。

第十三，中国传统社会还有一些比较特异的社会现象和文化现象，比如阉官制度、有太监（明代和晚清的太监作恶多端）；施行变相的一夫多妻制，即法定的妻妾制度，男人可以娶妾。还有女人裹小脚等等。这些恐怕就是传统文化中不一定很好的东西了。

我仅仅是为了讲述问题的方便，把中国传统文化的一些标志性的现象列出了十三项内容，远不能概括于万一。这些可以说是中国传统文化的特异现象，但中国文化也有另外的特质，我无法在一次演讲中穷尽。我们可以看出，传统社会的文化，也就是中国传统文化，是有好有不好的，不能一概而论。

从上述中国传统文化的一些主要特征中，我们大体也可以明了中国传统社会文化形态的价值取向。比如，儒家思想是传统文化的核心价值；社会文化以家族为本位；政治文化的家国一体；道德文化则崇尚家族伦理；思想文化中的“中庸”和“恕道”；自然哲学的天人合一；宗教文化的三教并存和三教合一等等，都可以看出中国传统文化的价值取向方面的特点。这些价值取向方面的特点，不仅属于过去，也是今天现代中国人文化哲学和文化性格的组成基因。

载《南京师范大学学报》2004年第1期

文化学视野下的文化和中华文化

我先就文化学理论的一般问题，讲几点概括性的观点。一是到底什么是文化，二是中国由传统走向现代的曲折历程，三是文化传统和传统文化，四是文化的大传统和小传统，五是中华文化的基本特质。

一、何谓文化

讲中国传统文化的价值理念，迎面而来的一个问题是，什么是文化？

文化的定义很多，20 世纪 50 年代初，美国有两位人类学家，克拉孔和克罗伯，他们写了一本书，叫《文化：关于概念和定义的检讨》，他们在这本书里列举出西方关于文化的 160 多种定义。而在 20 世纪 70 年代以后，符号学盛行，关于文化的定义更多了。我无法发明一个全新的定义，只能说我喜欢使用一个什么样的定义。

我经常使用的定义是，文化是指一个民族的整体生活方式和它的价值系统。

文化与不同人群的生活方式、不同的民族有关系，不同的民族有不同的生活方式。就像我们看东南亚一些国家，他们的生活方式跟我们不完全相同，但又有很多相同的东西，比如他们也需要吃饭，需要穿衣服，需要行走，步行或者乘车……这些基本的机能方面和追求的目标方面，跟我们有很多是相同的，因为都是人类的生活。可是具体的生活方式又跟我们不尽相同，吃的东西不完全一样，穿的服装不完全一样，生活习惯不完全一样。这些就是文化跟不同的地域、不同的人群联系起来之后发生的文化差异。

还需要了解一个问题，文化不是凝固的东西。假如说文化是一个结构的话，这个结构是松散的，充满了张力，不是一个凝固的东西。文化不能像石头那样可以搬来搬去，文化是水，它只能流来流去，不能任你搬来搬去。

二、曲折的现代化旅程

我这里讲的中国文化的问题，关注点在中国的传统文化。而传统文化这个概念，实际上是把传统跟现代做了一个划分。从晚清到民国以来，到现在的一百多年，中国社会的变迁，大体上是从传统社会往现代社会转变的一个过程，也就是通常所说的走向现代化的进程。但是这个进程还在继续，到现在也没有完成。我们仍然是处在走向现代的途路上，我形容为“人在旅途”。

中国近百年以来的历史上有过三次大规模的现代化的努力。

第一次是在晚清的时候，主要是1860年到1890年这三十年，这是清朝的洋务运动时期，代表人物是李鸿章。当时李鸿章等大吏意识到中国落后了，于是提倡学习外国的东西，办工厂，购买洋枪洋炮。我们可以把这个过程看作是中国早期的现代化的一次初步尝试。为什么是1860年？因为在那一年，英法联军火烧了圆明园，中国外交面临空前的危机，清朝才开始决定设立总理各国事务衙门，相当于现在的外交部。在此之前，清朝政府不把外国人放在眼里，只知有中国，不知有世界，认为自己即使不跟他们建立关系也无所谓。从 1860 年到 1890 年，三十年的时间，我是举整数，实际上应该到 1894 年和 1895 年。1894 年发生了中日甲午战争，1895 年战争结束后签订了《马关条约》，李鸿章辛勤建立的北洋海军全军覆没。而在当时，中国人的眼睛里日本只是一个小国，称它为“蕞尔小国”，就是像一蕞草一样的小国，但这个看法实际上不对。因为日本经过了明治维新，小国已经变成一个强国。所以当时的清朝被日本打败不是偶然的。清朝本身不肯变革，腐败得已经到了难以支持的地步。中国历史上的第一次现代化尝试，就这样由于中日甲午战争，被日本打败，不仅辛苦经营的北洋舰队全军覆没，赔款巨额的白银，而且把中国的第一宝岛台湾割让给日本。一直到 1945 年第二次世界大战日本战败，才把台湾归还给中国。所以中国现代化的努力是充满了悲伤和眼泪的。

中国在历史上第二次现代化的努力，是国民政府的现代化努力。从 1927 年到 1937 年经过十年的努力，现代化的建设有了相当的发展，经济、政治、教育、外交各个方面，都有比较明显的成绩，现代化进程取得相当不错的成果。但是到 1937 年日本发动全面侵华战争，中国历史上第二次现代化的努力又被打断了，而且还是被日本人打断的。当然此前的 1931 年日本已经侵占了中国的东三省。

新时期改革开放以来，中国重新走上了通往现代化的大道。

这是中国历史上的第三次现代化的努力，所取得的成果是空前的，每个人都享受到了实惠，同时为全世界所瞩目。但这次现代化的努力还会被打断吗？我在十年前第一次担任部级领导干部历史文化讲座主讲嘉宾的时候，就提出了这个问题。当时的背景是，日本的“右翼”活跃，而台湾当政的是陈水扁政权，美国有的政客也居心叵测。所以我提出了这次中国历史上的第三次现代化努力是否还会被打断的问题。我觉得十年前我提出的这个话题今天并没有过时，今天仍然需要保持高度的警醒和警觉，而且不仅需要有实力，还需要有文化的和政治的大智慧。

三、文化传统和传统文化

传统文化是指传统社会的文化。传统社会的文化很多，首先是大量的不可胜数的文本经典，即存留下来的典籍，其数量之多，为全世界所仅见。单是乙部之学即史学方面的典籍，就多得难以计数。大家了解有二十四史，加上《清史稿》是二十五史，这是所谓官修正史。还有历朝历代的纪事本末、系年要录，以及关于皇帝活动的起居注。此外还有大量的野史笔记。这些都是研究历史可以参照的基本材料。至于集部之学，更是包罗万象，有各色人等刊刻的文集，包括诗人、作家的集子，政治家的集子，军事家的集子。也有什么家都不是，但身为富商或官宦人家，有钱，有雅兴，也会刻自己的文集。这个从汉代算起一直到晚清，集部之书之多也是难以想象。何况还有大量的丛书、类书。清代中叶修《四库全书》，把中国传统的文本典籍，按照经、史、子、集四部分类来编选，收书3500多种，大约有八亿字。何况《四库全书》收的书并不全，没有收入的仍然难以计数。

此外还有大量的文物遗存，包括地上的文物遗存和地下的文物遗存。地上的例如各种类型的建筑，寺庙、佛塔、民居等等，地下的则是永远也数不清的埋藏物和发掘物。近百年以来文物考古者的收获难以想象，大量的宝贝从地下发掘出来。很多不是自觉的发掘，而是在现代的工程建设当中无意发现的宝贝。我想可以叫宝贝，其中不乏国宝级的文物。宝贝全世界都有，但中国遗存的文化宝贝之多，不能不让我们感到自豪。

我不知道大家是不是了解中国地上的文物遗存，哪个省份最多？应该是山西最多。地下最多的是陕西。河南也不少，湘楚地区，湖南、湖北，以及浙江，也多得不得了。这些大量的文化遗存是中华民族的文化宝贝，我们至今到各地旅游也好，或者有意识的到这些地方观赏也好，到处也可以看到这些宝贝，真令人感到惊叹。这就是中国的传统文化，大量的文本典籍，地上地下的文化遗存，它们是可以看得见摸得到的。

文化传统是指传统文化背后的那个精神连接的链条，它是由理念、规则、秩序包括信仰构成。文化传统是看不见摸不到的，它是一个精神脉系的长流，在民族文化的血脉当中由古及今地流动。

四、文化的大传统和小传统

文化传统可以分为大传统和小传统。

大传统是指社会的主流思想形态，在中国来讲，主要是指汉以后的儒家思想。儒家思想在先秦时期，它只不过是“诸子百家”中的一家，并没有居于特别显赫的地位。孔子自然可以看作是儒家思想的代表，孟子、荀子继其后，但孔子、孟子、荀子之外，还有老子、庄子、墨子、韩非子、管子、孙子、公孙龙子等等。孔子在世时很不得志，他的思想并没有被采纳，他只不过是一个主张“有教无类”的教育家和有系统思想的思想家。

到汉代前期，有另外一种思想很流行，叫“黄老之学”。黄是黄帝，传说中的三皇五帝之一。老是老子，差不多与孔子同时的思想家。“黄老之学”主张无为，当政者采用此种学说来治理国家，成为“黄老之治”。在汉代主要指汉文帝、汉景帝时期，政策宽平，与民休息，不折腾民众，社会氛围比较好，所以出现了繁荣、无为的“文景之治”。但是到汉武帝时期，汉武帝是个所谓励精图治的皇帝，内外作为很多。在思想方面，接受了大儒董仲舒的建议，施行史家所说的“罢黜百家，独尊儒术”的政策，使儒家思想占据社会的主流位置。这种状况直到清朝最后一个皇帝退位，大体上没有根本性的变化，所以可以称儒家思想是中国传统社会的大传统。

但中国传统社会也不能说是儒家的一统天下。紧接西汉的东汉，佛教传来了，中国的本土宗教道教也产生了。

而到魏晋南北朝时期，佛教的思想、道教的思想、老子的和庄子的思想非常活跃，为很多士人所尊崇。这样一个长时间段，很难讲儒家还继续占据主流位置。当时盛行的思潮是玄学，他们反复讨论的是两个问题：一个是“名教”和“自然”的关系，一个是“有”和“无”的关系。“名教”指社会的礼法秩序，所依据的思想资源是儒家思想。“自然”是以老庄的思想作为依据，与“名教”相对立。当时以嵇康和阮籍为代表的“竹林七贤”，是“自然”派的代表，思想上“薄周孔”“轻礼法”。“有”“无”的问题是哲学命题，常人难以置喙。但魏晋那个时期，就是有一批思想家，像王弼、何晏、郭象等，长于思辨，越是高深的问题越感兴趣。他们争论得很激烈，也很有风度，玄学由此盛行。

隋唐时期，佛教大行其时，武则天就是有名的佛教信徒。不过儒家思想的影响仍然很大，孔颖达厘定注疏五经，所作《五经正义》成为儒家经典在唐代的新定本。

宋代的主要学术思潮是“理学”，以大儒朱熹为代表。但宋代的“理学”已经汇聚了儒释道三家的思想。明代则出现了以王阳明为代表的“心学”。王阳明是浙江余姚人，他觉得朱子的“理学”未免讲得太麻烦，这“理”那“理”，他认为都可以归之一心，心外无物，所以叫“心学”。

清代的时候，主要是清中叶的乾隆时期，学术上有很大的发展，以考据学为主，也叫朴学或乾嘉汉学。

就主流思想而言，儒家占据了社会的主流，但其他的学术思想也不是完全没有位置。学术思想的多元化是中国文化发展流变的历史事实。明清以后，由于科举考试以四书为依据，儒家思想跟社会制度完全结合起来了，其主流地位更加牢固，所以可以称儒家思想是中国文化的大传统。

小传统主要指民间文化、民间艺术、民间信仰。儒家思想占据社会的主流，这是中国传统社会的一个特征；另一个特征，则是民间社会发达，文化的小传统根深叶茂。传统社会是“家国一体”，而且“家”置于“国”的前面。因为家庭是社会的基本细胞，社会的结构是以血缘关系为纽带，而不是像西方那样，以契约关系作为社会的纽带。而家庭是落户在民间的，即使住在城市，也与乡村有千丝万缕的联系。民间社会广大深厚，使得中国的传统社会有很大的精神活动的空间，并不如以往的教科书讲得那样简单，笼统地把中国传统社会单纯地看作只是一个专制的社会，以为专制得让每个人都活得透不过气来。

如果说儒家思想作为传统社会的文化大传统主要是在朝的思想，那么佛教、道教和道家的思想则主要是在民间。过去史学界解释中国历史现象，采用“五种生产方式”的理论范式，把社会的历史变迁分为原始社会、奴隶社会、封建社会、资本主义社会、社会主义社会五个历史阶段。用这种理论范式解释中国历史，无法解释得通。一个是中国没有经历资本主义阶段，另一个是被称为“封建社会”的那个阶段，从公元前 211 年秦始皇统一中国算起，到清朝最后一个皇帝退位的 1911 年，竟然长达两千一百多年的时间。两千多年的“封建社会”，显然是不合适的。所以近三十年以来，学术界不再使用“五种生产方式”的理论，而是把已往的历史社会称为传统社会，是与现代社会相比较而言的。那么传统社会的文化，自然就是传统文化了。

五、中华文化的基本特质

中国文化到底有什么特点？首先中国文化是一个多元共生的

文化系统，可以概括为多元一体。它的基本特质，第一是多元性，第二是包容性，第三是连续性。中华文化的多元性质表现在各个方面。

中国文化具有多元性的特点。儒家思想是传统社会的主流思想，是大传统。但实际上要从中国文化的整体来讲，儒释道三家的思想自魏晋南北朝以来始终是并存的，这说明中国的学术思想具有多元的性质。学术思想多元可以使人不走死胡同，不钻牛角尖，每个人都有精神回旋余地。一个士人，仕途顺利，官做得好，儒家思想对他非常合适，“致君尧舜上，再使风俗淳”。他们大体上走的是读书做官，然后再为天下做贡献的这么一个路子。但是如果他的仕途受到挫折，甚至受到贬黜，流放到偏远地区，或者是南方的一些瘴疠地区，他们就不活了吗？事实上他们活得也不错。这时候道家的思想、佛教的思想是他们的精神支柱，“达则兼济天下，穷则独善其身”。在精神上自己并不孤独。儒释道三家思想共存，交互发用，使得知识分子、士大夫扩充了个人的思想精神空间，不至于走绝路。

再一点，中国文化的发生也是多元的。中华文化是黄河文化，是黄土地文化，是内陆文化，黄河是我们的母亲。我想大家在念书的时候，基本学的是这样的知识，但是这种说法有一个知识局限，就是忘记了中国还有另外一条大河，即长江。长江同样历史久远，与黄河是同一发源地，但在文化形态上，长江与黄河不同。长江自古航运便利，可以从四川一直航行到江苏的出海口。长江两岸的水土特点也不一样，如果仍然用黄河文化的特征来描述，说长江流域也是内陆文化、黄土地文化，恐怕就不那么合适了。

从长江地区的人的文化性格上也可以看出与黄河流域的不同。

你看长江上游的文化，几十年前四川广汉的三星堆，有大量青铜器出土，这些青铜器的造型很怪异，叫作千里眼、顺风耳，夸张得像面具一样的造型。我们从四川人说话的声音里面，可以听到一点青铜器的声音，金属的声音。四川话其实是很好听的。可是你到长江中游的武汉地区，那是三楚文化区，包括湖南、湖北，或者叫湘楚文化。那又是另外一番景象。有一次我在武汉登黄鹤楼，在黄鹤楼上看长江两岸的态势，那真是雄伟得难以想象，有一种坚如磐石不可动摇之感。

长江文化是岭南文化的“后座”，两者是连在一起的。历史上常将湖、广并提，清代设总督，两个地区统管，叫湖广总督。岭南文化属于珠江流域，但岭南文化如果离开了长江文化这个“后座”，它就有孤立感。所以历史上任何时候珠江文化带从来不存在独立的问题，它离不开长江“后座”这个母亲。长江下游，就到江苏、浙江了。你看数年前河姆渡出土的大量玉器，如果光是一些饰品，首饰、耳环什么的，不足为奇，它居然有玉斧、玉镞，射箭的箭头是用玉做的。一次我在杭州演讲，我说你们浙江人好阔气，打仗都用玉，这的确是事实。我们从这些玉器可以隐约看到浙江人的文化性格。浙江人的面孔比较白皙，但性格中有硬性的东西，跟吴语地区的文化性格不一样。浙江的文化性格以浙东为代表，大量的历史人物出现在浙东。

所以长江流域地区的文化跟黄河文化确有所不同。在文化的思想结晶方面，黄河流域的诗歌代表是《诗经》，而长江流域的代表是《楚辞》，正好是中国文学“诗”“骚”传统的两个源头。

如果讲《诗经》是写实主义文学的源头的话，那么《楚辞》恰好是浪漫主义文学的源头。而哲学思想方面，孔子、孟子都属于黄河流域，老子、庄子属于长江流域，两者的精神向度是不同的。这其中也有南方人和北方人的性格差异的问题。所以中国的学术思想是多元的，文化的发生也是多元的，不能简单把中国文化笼统概括为一个内陆的、黄土地的文化。

中华文化的另一个特点，是它的包容性。中国文化不排外，儒家思想对佛道的包容和吸收是一个显例。道教也是多方面吸收。中国人也不排外，即使是偏远的文化不发达的穷乡僻壤，那里的民众也不排外。遇有不同国度、不同风俗的人们，他们对不同的衣着打扮会好奇、会围观，但是绝不嘲笑。也可以说，包容性是中国文化的最大特点。

中国文化还有一个特征是它的连续性。五千年的文明，三千年有文字可考的历史，其文化的思想和礼俗，大体上延续下来了。中间当然有变异，有时也会产生文化的断裂，但中国文化的根脉、种姓特征、风俗习惯，可以说一直延续到现在，这和书写工具汉字有很大关系。我们现在用的汉字，从秦始皇统一中国实行的“书同文”，到现在过去了两千多年，一直在使用，即使在数字化时代，也没有感到太大的不便。汉字是中国文化的载体，也是中国文化的符号。

中华文化是“多元一体”的文化。“多元”已经在前面讲了，“一体”指什么？“一体”指的是中华民族。这个“一体”不是单指汉族，而是整个中华民族。20世纪的大史学家陈寅恪先生是很了不起的人物，他特别强调，如果吸收外来的思想，包括北美和东欧的思想，也不能忘记本来民族的历史地位。这个“本来民族”，指的就是中华民族。

此文系 2017 年 1 月 14 日刘梦溪先生在
敦和企业集团年会所作演讲之文字稿

中国传统文化价值理念的现代意义

我二十年前在《中国现代学术经典》总序中曾经提出，学术思想是民族精神的理性之光，学术思想发达与否是一个民族的文化是否发达的标志。中华文化能够贡献给世界的，我认为是人之为人的、群之为群的、家之为家的、国之为国的一整套精神价值理念。这些价值理念的精神旨归，就是使人成为健全的人，使群体成为和谐的群体，使家成为有爱有敬的和睦的家，使国成为礼仪文明之邦。

一、六经的价值论理

中国文化的最主要的价值理念都在六经。六经指《易》《诗》《书》《礼》《乐》《春秋》六种文本经典。《乐》这一经没有文本传下来，是为五经。但也有一种说法，认为《乐》本来就没有文本，它是跟《礼》结合在一起的，所以“礼乐”并称。尽管后来看到的是五经，可是学者们习惯上仍然称为“六经”，直到清代还是如此。所以清初的大学者王船山的一句有名的话是“六经责我开生面”。

“经”是晚些时候的说法，开始的名称叫“六艺”。孔子教学生，就是以“六艺”作为教材。但当时有两种“六艺”，《易》《诗》《书》《礼》《乐》《春秋》是文本经典的“六艺”，另一种是“礼、乐、射、御、书、数”，我称之为实践课。这里的“书”，是指跟文字有关的“六书”，是识字课。“数”是计算，“射”是射箭，“御”是驾车。

文本经典的“六艺”即六经，孔子之前就有了。像《周易》，相传是伏羲画卦，文王演易，孔子作传。所以《论语》里记载孔子的话，说“五十以学《易》，可以无大过矣”。《诗经》是周代的诗歌，最早有三千多篇，经过孔子的删订，存留305篇，所以《诗经》也称“诗三百”。《书》是《尚书》，是包括虞、夏、商、周在内的上古文告、文献汇编。《礼》有三礼，包括《周礼》《仪礼》和《礼记》。作为六经的《礼》，一般指《礼记》。《春秋》是鲁国的一个大事记，应该是孔子所作。如果不是孔子的原创，也是孔子在原有的大事记基础上加工润色而成。因为记事简、措辞晦、寓意深，由此形成史家称道的所谓“春秋笔法”。

六经都经过孔子删订，是中国现存的最原初的文本经典，是古人智慧的结晶，也是现代人做人和立国的基本精神依据。20世纪的大儒马一浮称六经为中国文化的最高的特殊的形态，大哲学家熊十力则说六经是现代人做人和立国的基本精神依据。这些大判断，时至今日也没有过时，反而愈见其精彩绝到。

大家知道还有“十三经”之说，能准确说出“十三经”各经的名称，有时会感到不太容易。我想有一个方法：先记住三部，《易》《诗》《书》；然后记住六部，《周礼》《仪礼》《礼记》“三礼”，《左传》《公羊传》《谷梁传》“三传”；最后记住四部,《论语》《孟子》《孝经》《尔雅》。顺序是三、三、三、四。

二、六经中的五组价值理念

现在我们回到六经。我从六经里面，也包括后来成为“十三经”的《论语》《孟子》《孝经》里面，抽绎出几组价值理念，包括诚信、爱敬、忠恕、知耻、和同五组概念。我觉得这些概念范畴，是中国文化中具有永恒性、普世性的价值理念，既适用于古代，也适用于今天，不仅适用于中国人，也适用于全世界所有的人。

(一) 诚信

首先是诚信，这是中国文化里面非常重要的价值理念。孔子讲，“民无信不立”“人而无信，不知其可也”。孟子说，“朋友有信”。老子也讲，“信言不美，美言不信”。所以中华文化的原初经典把“信”放在非常高的位置。

诚和信是连在一起的，内里面有诚，外面才有信。无诚，便不可能有信。讲“诚”讲得最多的是《中庸》，其中说，“诚”是“天之道”，是“物之终始，不诚无物”。而想要“诚”，则是“人之道”。《中庸》把“诚”视作“天道”和“人道”的核心问题。《中庸》是《礼记》里的一篇，和《中庸》并提的是《大学》，也来自《礼记》。宋代的大儒朱熹把《大学》和《中庸》从《礼记》里面抽出来，和《论语》《孟子》编在一起，成为四书。因为《乐》这一经没有传下文本，六经后来也以“五经”称。“五经”“四书”的名称由此而来，并成为传统社会最基本的教科书。

“诚”是五经、四书反复阐述的价值理念。王阳明的一个学生，他跟王阳明问学的时间很长了，最后需要离开老师，回到自己的家乡去。告辞的时候他对王阳明说：“下次见面不知何时，老师可有什么嘱托，让我一生受用。”王阳明说：“立诚。”这是个年龄比较大的弟子，他说天下的万事万物太多了，需要解决的问题无穷无尽，难道光一个“诚”就可以？还有没有其他的东西？王阳明回答说：“立诚。”后来这个弟子体验到了“立诚”的确是应该终生倚之的立德之本。

所以《易经》乾卦的“文言”写的是：“忠信，所以进德也。修辞立其诚，所以居业也。”这里的“修辞立其诚”，就是明确提出的“立诚”。人活在这个世界上，到底需要做什么？仔细想来，这两句话全包括了。人生在世，无非是想把自己变得更好，使自己成为一个有修养的人、受人尊敬的人。而要做到这一点，首要的是要讲诚信。这就是《易经》上所说的“忠信，所以进德也”。“进德”的核心价值理念是“忠信”。“忠”字的直接意涵是把自己的心放正，成为一个诚实的人，讲信义的人。这是人生的第一层要义。人生的第二层要义，就是事业有成，在哪一方面的专业上有自己的建树，能够安居乐业。而“居业”的前提是“立诚”，所以是“修辞立其诚，所以居业也”。“立诚”是“居业”的前提。兹可见诚信的重要。“诚信”两字，是人的一生成败得失的关键，可以视为中国文化的核心价值理念。

(二) 爱敬

中国文化的另一个核心价值理念是“爱敬”。“爱敬”是《孝经》里面的话，引用孔子的话说：“爱亲者，不敢恶于人；敬亲者，不敢慢于人。爱敬尽于事亲，而德教加于百姓。”“爱敬”是从家庭秩序中衍生出来的，父子、夫妇、弟兄之间的关系，有爱和敬存在。如果一个人对自己的尊长亲人能做到有爱有敬，对家庭以外的其他人也不至于太不好，至少不会轻慢别人。《孝经》还说，“生事爱敬，死事哀戚，生民之本尽矣，死生之义备矣。”把爱敬看作了人生之本和生死大义。人的哀愁和悲痛的情感，最初也是从家庭亲人的困厄、不幸中因感同身受而产生的。夫妇之间，一般以为有爱就行了，其实光有爱是不能持久的，还须有敬，既亲密无间，又相敬如宾，才是典范的夫妇关系。

对“爱敬”这个价值理念，魏晋时期刘劭的《人物志》解释得最为恰切。《人物志》是一部很特别的书，既是相人之书，又是伦理之书，又是哲学之书。或者说是一部特殊的“人论”。只有魏晋时期的人，能写出如此奇书。刘劭在《人物志》里写道：“盖人道之极，莫过爱敬。是故《孝经》以爱为至德，以敬为要道。”他把“爱敬”看成是人道之极，可见“爱敬”这个价值理念在中华文化中的位置。

“敬”这个价值理念还可以单独阐释。我近年对“敬”这个价值理念研究比较多，写过不少文章，最系统的一篇文章是 2016 年 3 月份，《北京大学学报》以特稿的方式刊载的《敬义论》，全文3万字。“敬”当然可以包括尊敬师长、尊敬前贤、尊敬长辈。但“敬”的价值论理的哲理义涵，是指人作为生命个体的“自性的庄严”。“敬”是人的内在性格、性体、本性的精神安顿之所，传统文化中很多道德规范都跟“敬”有关系。

譬如“孝”，你能把“孝”的内容全部搬到今天吗？例如孔子说：“父母在，不远游，游必有方。”传统“孝”的理念中，确有子不应远离父母的内涵，这在今天是不大可能实现的。大家都来自四面八方，离开父母已经很远了。孟子说：“不孝有三，无后为大。”我们长期奉行独生子女政策，很多人没有男孩，一些农村则不生一个男孩便不罢休，造成多子女，影响生计。《孝经》还说：“身体发肤，受之父母，不敢毁伤，孝之始也。”这个意思要是实行的话，遇到反对侵凌的战争，青年人以之为借口，说我的身体是父亲母亲给的，不能有任何损伤，因此拒绝上阵迎敌，显然也是不现实的。那么“孝”在今天到底应该传承它的什么内涵呢？

我讲《论语》记载的一个例子。有一次，子游问老师，到底什么是“孝”。孔子回答说，现在的人们以为“能养”就是孝，如果“能养”就是“孝”的话，那么犬马也“能养”，没有“敬”，何以别乎？所以人跟犬马的一个区别在于，在“孝”这个问题上，人有“敬”。由此我提出，“孝”的精神内核是“敬”。所以人们通常把对老人的“孝”，称作“孝敬”，甚至泛称为“敬老”。中国传统社会对官员的察选，如果不孝敬父母，就没有做官的资格。所以民间有句话，叫“忠诚出孝子”。忠敬、诚信的人，一定孝敬父母，能孝敬父母才能成为忠于职守、仁爱天下的贤者。

举凡一切礼仪，都必须有“敬”的精神。所以《孝经》里面讲：“礼者，敬而已矣。”孔子一段有名的话说：“为礼不敬，临丧不哀，吾何以观之哉？”礼是需要有人看的，因此有“观礼”之说。但礼仪如果没有“敬”，就不值得看了。孔子还有一句话，认为“祭神如神在”。他的意思是说，在祭祀的时候，要相信神是在场的，只有这样，才能使祭祀者保持诚敬之心。中国传统社会两项最大的礼仪，一个是拜天，一个是祭祖。拜天是朝廷的礼仪，祭祖是家庭的礼仪。但拜天和祭祖都不是信仰，拜天是表达对天的敬畏，祭祖是表达对祖先的追怀。古代常讨论的一个问题，是你祭祖宗，祖宗能够知道吗？朱熹认为，只要有“诚敬”之心，就会发生“感格”。意思是说祖宗会感受得到。所以《礼记·祭统》里讲：“诚信之谓尽，尽之谓敬，敬尽然后可以事神明，此祭之道也。”

祭祀在古代是头等重要的事情。《左传》里的一句话说：“国之大事，在祀与戎。”祀就是祭祀，戎则是军事行动。但无论祭祀还是军事行动，都不能没有“敬”。军事行动也要懂礼仪。《左传》有很多记载，很多战争的发生，都是由于“不敬”或“大不敬”，引起强者一方的军事行动。现代社会，处理国家与国家的关系，涉及外交事务，讲礼仪、懂敬，同样非常重要。礼仪、敬，是文明的指标。文明与不文明的重要分野，在于文明讲礼仪。

孔子讲：“三军可夺帅也，匹夫不可夺志也。”这个“志”，就是“敬”，就是不可或夺的自性庄严。因此我指出，“敬”是带有终极意义的价值理念，已进入中华文化的信仰之维。

（三）忠恕

“忠恕”是孔子的重要思想。一次孔子说：“吾道一以贯之。”

曾子（曾参）说："唯"（是的）。后来孔子离开了，其他弟子问曾参："这话怎讲？"曾子说："夫子之道，忠恕而已矣。"这说明，"忠恕"在孔子那里是通贯全体、贯彻始终的思想。前面讲了，忠和诚可以互训，诚者必忠，"主忠信"是孔子的至高的道德律令。弟子樊迟问什么是"仁"，孔子回答说："居处恭，执事敬，与人忠。"可知"敬"和"忠"都是仁的构件。

"忠"和"信"更为密切。取信的要道是"忠"。曾子"吾日三省吾身"的一、二两项内容，第一是"为人谋而不忠乎？"第二是"与朋友交而不信乎？"忠和信是与人交往时随时需要反省的问题。孔子还说："言忠信，行笃敬，虽蛮貊之邦行矣。言不忠信，行不笃敬，虽州里行乎哉？"如果做到了"忠信"，而在行为上又能体现出庄重和礼敬，即使走到不那么文明的异邦，也能立得住脚跟。相反，如果言不由衷，对人不能以诚相待，得不到交往对象的信任，行为上又轻慢无礼，即使在自己的家乡也照样吃不开。孔子说的君子有"九思"，其中的两"思"，就是"言思忠，事思敬"。忠恕的"忠"，爱敬的"敬"，作为中国文化的核心价值论理，其内涵与践行的意义岂不大哉！

至于忠恕的"恕"，其重要性更是显而易见。按孔子的解释，恕就是"己所不欲，勿施于人"。《论语·卫灵公》记载，一次子贡问老师："有一言而可以终身行之者乎？"孔子回答说："其恕乎！己所不欲，勿施于人。"这里有两层意思：一是孔子对"恕"这个概念给出了确定的解释，即"恕"是"己所不欲，勿施于人"；二是"恕"这个价值理念，也就是"己所不欲，勿施于人"，应该是一个人终身需要践行的德品。"恕"这一价值理念所含蕴和所要求的意涵，通俗地说，就是设身处地，将心比心，换位思考，自己不喜欢不希望的东西不要强加于人。我认为“恕”这个价值理念，彰显了中华文化的异量之美。这是中国文化贡献给人类的一个伟大的思想。世界人文学界非常重视孔子的这一思想，把它奉为需要人类共同遵行的道德金律。

(四) 知耻

《礼记·中庸》里有一段讲修身，引用孔子的话写道：“好学近乎知，力行近乎仁，知耻近乎勇。知斯三者，则知所以修身。”这等于把好学、力行、知耻，当作了修身的三要素。

一个人的修为，自然离不开吸取知识，这也就是《礼记·大学》所说的“格物致知”。因此“学”是修身的第一要素。学了以后何为？如果成为装知识的器皿，或者从知识到知识，那是学了等于不学。学的要义，在于用，在于践行。此即古人常讲的“知行合一”。所以修身的第二要素是“力行”。学习了，也践行了，但无法保证都正确无误，难免会发生错误。出了错误怎么办？要能够反省，善于反思，找出原因，知错改错，力戒重犯错误。当认识到错误的时候，人的良知会让自己感到羞愧，感到后悔，感到不好意思。能做到这一层，就是“知耻”的表现。“知耻”是改过的前提，所以修身的第三要素是“知耻”。

修身的第一要素“好学”做好了，离成为有智慧的人就不远了。第二要素做得好，离成为“仁”德之人就很近了。而能够做到修身的第三要素的“知耻”，离成为一个勇敢的人就不远了。智、仁、勇是修身的结果。而有了智、仁、勇的德品，就可以做到大的判断不发生错误，遇到困难不感到忧虑，面对威胁无所畏惧。就是孔子说的："知者不惑，仁者不忧，勇者不惧。"[1]子贡认为，他的老师孔子是兼有不忧、不惑、不惧三个特点的人。由此可知修身的重要。

在我看来，修身三要素中，第三要素"知耻"尤其可以看作是重中之重。我给学生讲课，多次讲修身应该从知耻开始。耻感是人成为人的一个文明指标，人的文明的表现之一是有羞耻心，孟子称之为"羞恶之心"。孟子说，恻隐之心、羞恶之心、辞让之心、是非之心，是人的"四端"。端是开始的意思，意即"四端"是做人的开始，或者说是最起码的人的标志。如果没有羞恶之心，孟子说就不是人。同样，没有恻隐之心、没有辞让之心、没有是非之心，也不是人。恻隐之心是不忍，也就是同情心，也就是"恕"，己所不欲，勿施于人；辞让之心指文明礼貌，是非之心指社会的公平正义，而羞恶之心则是"知耻"，修身的第三要素。

"耻"跟"廉"构成一个组合概念，曰"廉耻"。管子的一个著名论述是提出：礼义廉耻，国之四维。"礼"是文明秩序，"义"是社会正义，"廉"是节俭廉洁，"耻"是道德的约束和自律。礼义廉耻没有了，国的处境就危险了。明清之际的大学者顾炎武曾经说过："廉耻，立人之大节。"他说，如果不廉，将无所不取；而不耻，将无所不为。他还说过："士大夫之无耻，是为国耻。"

[1]《论语·子罕》。

（五）和同

跟诚信、爱敬、忠恕、知耻一样，“和同”也是中华文化最基本也最重要的价值理念。中国文化倾向于不把人与人之间的关系搞得那么不可调和，“和而不同”是中国人面对这个世界的总原则。

“和同”的思想来源于《易经》。《易》的“同人”一卦，所演绎的就是关于“与人和同”的理念。《易经·系辞》概括为：“天下同归而殊途，一致而百虑。”这是说，人们的不同，常常表现为途径和方法的不同，终极目标是相同的，所以最后会走到一起。朱熹有名的“理一分殊”论，其旨趣与易道若合符契。人类社会的存在形态，人们的生活方式和风俗习惯，彼此之间是不同的，但生活的价值追求，人的心理指向，往往有相同的一面。孟子对此说得很明白：“口之于味也，有同耆焉；耳之于声也，有同听焉；目之于色也，有同美焉。至于心，独无所同然乎？心之所同然者何也？谓理也，义也。”[1]孟子这段话是说，好吃的食物、好听的音乐、多彩的颜色，人们都会喜欢，在这点上人和人是相同的。既然在这方面有同样的感受，那么人的“心”是不是也有相同的东西呢？回答是肯定的。人心所相同者，是“理”和“义”。

孟子讲的“心”，也可以作“心理”解。恰好大学者钱锺书先生说过：“东海西海，心理攸同。”所以，人与人之间的不同，远没有想象的那么多，夸大人类的不同，是文化的陷阱。而且在

[1]《孟子·告子上》。

人类的不同之中，也有“同”的一面。正因为如此，人和人之间、文化和文化之间才可以沟通，不同也能够共存于一个统一体中。

1999年我在哈佛大学做访问学者，与费正清东亚研究中心的史华慈教授，有过两次长时间的交谈对话。他是法裔犹太人，精通多种文字，是美国研究中国学非常有名的学者。他的基本学术理念，是主张跨文化沟通，认为人与人之间、不同文化之间可以建立沟通。他甚至提出一个独特的理论——他说语言对思维的作用并不像人们想象的那么大。这是我们对话的时候他当面提出来的，在我是闻所未闻，过去从未听说过。他这样提出问题，是想证实他的跨文化沟通的理论可以成立。我当时讲，如果可以给你的理论提供证据的话，应该是语言不通也可以谈恋爱。当然语言不通谈恋爱问题很多，可是语言相通谈恋爱问题也不少，甚至语言相通谈恋爱产生的问题一点也不比语言不通谈恋爱产生的问题少。

不同文化之间可以共存、沟通、融合，是中国文化的一个固有的理念。这个理念基于中国文化的“和”的观念。“和”是由诸多的“不同”构成的，没有不同，便无所谓和。所以孔子的著名论断是：“君子和而不同。”

宋代的思想家张载有名的四句教是：“为天地立心，为生民立命，为往圣继绝学，为万世开太平。”张载又称横渠，所以这四句话又称“横渠四句教”。但他还有另外的“四句教”，是这样四句话——

有象斯有对，

对必反其为，
有反斯有仇，
仇必和而解。

我把张载的这四句话称为“哲学四句教”。因为他是对整个宇宙世界发言的。大意是说，这个世界是由一个一个的生命个体组成，有人类的、动物的、植物的，这些生命个体都是一个个的“象”，每个“象”是不同的。古人有一句话，叫“佳人不同体，美人不同面”。西方也有一个说法，“世界上没有完全相同的两个个体”。这些不同的个体都是一个个的“象”。这些“象”是流动的，不是静止的。但“象”的流动方向是不同的，有的甚至相反。这就是张载“哲学四句教”第一、第二两句讲的“有象斯有对，对必反其为”。

由于“有对”，甚至“反其为”，就会发生彼此之间的纠结，从而形成“有反斯有仇”的局面。这个“仇”字，古代写作“雔”，左边一个隹（音 zhuī），右边一个隹，中间是言论的言字。“隹”是一种尾巴很短的鸟。试想，这个“雔”字，其象征意涵，不就是两只短尾巴鸟在那里叽叽喳喳地说话吗？我们还可以推测，尾巴短的鸟往往叫的声音很高，那么它们就不是一般的说话，而是在讨论、争论、辩论，甚至是在斗嘴、吵架。讨论的问题我们无法得知，但结果张载的“哲学四句教”写明白了。它们经过计较、辩驳、讨论、争论的结果，并不是这个鸟把那个鸟吃掉，而是或达成共识，或求同存异，总之是和解了。所以是“仇必和而解”。

张载“哲学四句教”给我们的启示是深远的。反观现实，我们可以得出一个总括性的看法，就是：这个世界有差异，但差异不必然发展为冲突，冲突不必然变成你死我活，而是可以“和而解”的。有了这个观念，很多事情会得到更恰当的处理。大家了解鲁迅有一首诗，这首诗是关于战后中国和日本的关系的，其中有两句：“度尽劫波兄弟在，相逢一笑泯恩仇。”人与人之间、群体与群体之间、族群与族群之间、国与国之间，都不应该培养仇恨。“仇”是可以解的，直至走向“和而解”。

当然这不是一方的问题，而是彼此双方的问题，如果有横暴强加于我，中华民族也有不为强力所屈服的优秀传统，这就是孟子讲的“威武不能屈”的“大丈夫”的精神。

本文是 2015 年 8 月 6 日刘梦溪先生在
江苏省委、省政府领导干部学习会上所做演讲的
文字稿，载 8 月 26 日《新华日报》

中国文化给出了人类麻烦解决之道

中国古老的《易经》有一句话："天下同归而殊途，一致而百虑。"意思是说，尽管方法途径不同，人们最后总是要走到一起。

宋代的思想家程颢和程颐，即二程子，他们把为人处世致力于"求同"还是"求异"，看作是一个人秉持"公心"，还是守持"私心"的分水岭。他们说："公则同，私则异，"[1] 并说"同者"是"天心"，即上天的旨意。在另一处他们还说："圣贤之处世，莫不于大同之中有不同焉。不能大同者，是乱常拂理而已；不能不同者，是随俗习污而已。"[2] 不承认人和事的不同，二程子认为是没有修养的人的胡言乱语；但如果否认"大同"，就是"乱常拂理"。就其错误程度而言，显然二程子认为不能求大同的性质更为严重。

宋代另一位思想家陆九渊也说："千万世之前有圣人出焉，同此心，同此理也；千万世之后，有圣人出焉，同此心，同此理也；东、南、西、北海有圣人出焉，同此心，同此理也。"陆九渊

---

[1] 《二程集》下册，第 1256 页。
[2] 同上，第 1264 页。

还说："圣人虽生异世，其心意同如一也。"这也就是孟子说的："先圣后圣，其揆一也。"[1]"揆"（kuí），是规矩、轨则、法度的意思，引申可以解释为原理、原则。亦即古代的大师巨子和后世的大师巨子，他们提出和遵循的思想义理、道德理念的规则，在本质上有相似或相同之处。

孟子还提出："口之于味也，有同耆焉；耳之于声也，有同听焉；目之于色也，有同美焉。"说到这里，孟子反问了一句："至于心，独无所同然乎？"难道人的心，就没有相同之处吗？孟子的结论是："心之所同然者"，是"理也，义也"[2]，也就是认为人的理性良知必有所同然者。所谓人同此心，心同此理，即为此义。人类原初的情感和理想期待，本来都是这个样子。只不过由于意向与行为的交错，造成了诸般的矛盾。古今贤哲启示我们，应该透过人类生活的矛盾交错的困扰，看到心理期许的一致性原理，看到不同背后的相同。

我国已故大学问家钱锺书先生，早年写《谈艺录》，1948年该书在上海出版的时候，他在序言中写下两句点题的话：

> 东海西海，心理攸同；
> 南学北学，道术未裂。

在钱锺书先生看来，东西方文化虽有不同，但不论东方人还

[1] 《孟子·离娄下》。
[2] 《孟子·告子上》。

是西方人，其心理的反应特征和指向常常是相同的。

而所以如此，是缘于反应作用于人的主体精神世界的事物，普遍存在着物之理相同的现象。所以钱锺书先生得出结论："心同理同，正缘物同理同。"[1] 他还征引西典作为参证，写道："思辩之当然（Laws of thought），出于事物之必然（Laws of things）。"[2] 钱先生对《易·系辞》"天下同归而殊途，一致而百虑"的诠解，可谓恰切到无须增减。我牵引这些古圣前贤的例证和理证，是想说明，无视人类的"同"，夸大人类的"不同"，是学术的误区，更是思想的陷阱。

不同的文化可以沟通，不一定那样对立，这是中国文化一向的主张。孔子的"和而不同"思想，一言九鼎，可以完好地概括人与人之间、国家与国家之间交往所依据的规则法理的全部真谛。

关键词是两个：一个是"和"，人人都乐于接受而向往的境界；另一个是"不同"。"不同"是"和"的条件。承认不同，容许不同，欣赏不同，才能走向和谐。如果一切都相同，穿衣相同，走路相同，思维相同，说话相同，这个世界就令人窒息了。孟子说："充实之谓美，充实而有光辉之谓大。"试想，能够使之充实起来的东西，能够都是完全相同的东西吗？不同物的组合，才能称之为"充实"。不同的合乎审美规则的组合，才能创造美。

所以《易经》的"系辞"说："物相杂，故曰文。"《国语》里面也说："物一无文。"朱熹用哲学的语言表述得更清晰，他说：

[1] 钱锺书：《管锥编》第一册，读书·生活·新知三联书店，第85页。
[2] 同上。

“两物相对待，故有文，若相离去，便不成文矣。”不同的物，不同的思想，总之相互对待的东西，并不因不同而彼此分离，如此这般才能“成文”，成其为世界，否则“便不成文”，也不成其为世界。《易经》《国语》和朱子所讲的“文”，可以理解为文化的同义互转。所以，“和而不同”其实是文化的本质规定，是世界本来的样子，是人类的充实而有光辉的起点。

那么，人类如何走向和解，达致和谐？伟大的思想家孔子给出了另一条思想定律，就是大家都知道的被联合国文化宣言称为道德金律的“己所不欲，勿施于人”。“己所不欲，勿施于人”代表的是儒家的“恕”道精神，反映出中国文化的异量之美。此一定律，给出了人类的理性相处之道，提倡换位思考，自己不喜欢的绝不强加于人。“己所不欲，勿施于人”是处理人类的不同的最合乎人类本性的理性方式，实际上是追寻不同之中的大同。

一个是“和而不同”，一个是“己所不欲，勿施于人”，这两句话都是孔子在世时讲的，时间在公元前 5 世纪，当时正是世界文化历史的轴心时代。我们有理由把孔子这两句话所含蕴的哲学思想，看作是中华文化给出的人类麻烦的解决之道，也可以看作是化解人类生存危机的一种大智慧。

此文系刘梦溪先生出席文化部和中国社科院联合召开的“汉学家与当代中国座谈会”提交的论文，曾在上宣读

文化融合是人类未来的大趋势

一、“三语掾”

“将无同”这三个字，出现在中国历史上学术思想最活跃的魏晋时期，为公元220年至420年。当时流行的学术思潮是玄学。学者们围绕“名教”和“自然”的主题，展开激烈的论辩。看法虽然不同，双方的风度很好。他们不轻视对手，只论理，而不在意对手地位的尊卑。

“竹林七贤”是当时一个有名的知识分子群体，诗人阮籍和音乐家嵇康是“七贤”的领袖。他们的立场倾向于与“名教”对立的“自然”方面，狂简任达和思想自由，是他们追寻的目标。王戎是“七贤”最小的成员，比他大二十岁的阮籍，本来与王戎的父亲王浑友善，后来接触到王戎，相见大乐，此后便只愿意和这个年仅十五岁的“阿戎谈”，置王浑于一旁而不顾。

清谈者的姿容仪态也很讲究，最尊崇有范儿的是王戎的从弟王衍，据说他清谈的时候，“神情明秀，风姿详雅”，手里拿的麈尾以玉为柄，因皮肤白皙，手和麈尾的玉柄浑然无有分别。另一位清谈名家乐广，以渊默简要著称。王衍和乐广，极尽当时名士风流之盛，成为魏正始时期的清谈领袖。

清谈在哲学层面发生的争论，是关于宇宙世界的“有”和“无”的问题。中国古代两位天才的思想家王弼与何晏，就活跃于此一历史时刻。关于“有”和“无”的争论，参与的人比较少，“名教”与“自然”的争论牵连面广，参与的人多，持续的时间相当之长。“名教”关乎政治伦理秩序，“自然”关乎个体生命的自由。王弼的观点主要见于他的《老子注》一书，何晏则注《论语》，两人都从儒家和道家的最高经典追溯自己思想的源头。哲学论争和“名教”与“自然”的争论互为表里，包括高人、雅士、名流在内的魏晋知识分子群体，鲜有置身于这一时代主题之外者。

但到了下一代，情况发生了改变。《晋书》记载，阮籍的从侄孙阮瞻，一次拜见当时已经位至“三公”的王戎。王戎问这位年轻人：“圣人贵名教，老庄明自然，其旨同异？”阮瞻回答说：“将无同。”当时圈内人士称阮瞻的回答为“三语掾”。“将无”是不含实义的语助词，“将无同”就是没有什么不同，也就是“同”。前辈们争论不休的“名教”与“自然”问题，到下一代人那里，已超越对立，摆脱执着，变成无须争论不必争论的问题了。

《世说新语》的类似记载，是王衍和阮籍的侄儿阮修的互相对问。诚如大史学家陈寅恪先生所说：“答者之为阮瞻或阮修皆不关重要，其重要者只是老庄自然与周孔名教相同之说一点，盖此为当时清谈主旨所在。”[1]《晋书》记载，王戎听了阮瞻的回答，

[1] 《陶渊明之思想与清谈之关系》，陈著《金明馆丛稿初编》，生活·读书·新知三联书店，第203页。

“谘嗟良久”，最后表示认同。当年持论甚坚的清谈领袖，在时代前行的年轻人面前低下了高贵的头颅。

二、破除“迷执”

事实上，人类历史上的许多惊心动魄或者惊天动地的争执和论争，到后来都因趋同而化解或由于折中而和合。人类的思维之路所以无限曲折，是由于人们有“执”：执于“一”，而不知有“二”；执于此，而不及于彼；执其始，而不知所终，未能做到孔子说的“叩其两端”。《华严经》上说：“一切众生皆具如来智慧德相，但因妄想执着不能证得。”这是说，人类本身并非不具备拥有“智慧德相”的条件，只是由于自身的“妄想”和“迷执”，不能够实现“证得”。“证得”就是“证悟”，亦即思想的“觉悟”。不能“证得”，就是不得“觉悟”。

三、文化自觉

如何开启人类的“觉悟”？我国已故的老一辈文化社会学家费孝通先生，诉诸理性良知，晚年提出“各美其美，美人之美，美美与共，世界大同”的文化论说，即主张世界上各种不同的文化，都有其优长之处，我们既要看到自己的长处，也要看到他者的长处。所以需要“各美其美”，也需要“美人之美”。也就是尊重差别，尊重文化的多样性。“美美与共”，指人类的文化最终会走向融合。这是费先生的关于“文化自觉”的理论，对陷入“迷执”的今天的人们而言，无疑是“润物细无声”的春日喜雨。

我国另一位百科全书式的大学者钱锺书先生，他在早年的著作《谈艺录》中，也说过：“东海西海，心理攸同；南学北学，道术未裂。”钱先生的意思，东方和西方，各个国家民族的不同人群，彼此的心理结构和心理指向，常常是相同的。已故的哈佛大学中国学学者史华慈教授，提倡“跨文化沟通”，甚至提出语言对于思维并不具有人们想象的那样大的作用。所以有时尽管语言不通，也不是完全不能交流，甚至还可以发生爱情。人类的“同”其实远远多于大于“不同”。

强调人类的“不同”，是因为“有执”，包括“我执”和“法执”。还由于“理障”。各种预设的“论理体系”，有时会成为隔断人类正常交往与交流的围墙。过多地强调人类的“不同”，是文化的陷阱。

四、“与人同者，物必归焉”

中国最古老的文化经典《易经》，其“系辞”写道：“天下何思何虑？天下同归而殊途，一致而百虑。”这个意思是说，人类的不同在于方法和途径，也就是“化迹”的不同，最终的结点总是要走在一起。《易经》“睽卦”的“象辞”也说：“君子以同而异。”所以不同，是因为有同。与其标立彼此之“异”，不如首先认同求同。这一道理，《易经》的“序卦”，有更为直接的论证：“与人同者，物必归焉。”亦即要达至众望所归，得到他人的认同，自己必须首先“与人同”。大家熟知的孔子的名言“君子和而不同”，讲的也是这个道理。

不同也可以共处在一个统一体中，不同也可以达成“和”的泰局。

五、“仇必和而解”

对这个问题阐释得最深刻的是中国宋代的思想家张载。他在自己的代表著作《正蒙》中，用四句话表达了他对整个宇宙世界的看法。这四句话是——

> 有象斯有对，
> 对必反其为，
> 有反斯有仇，
> 仇必和而解。

我把这四句话，称作张载的“哲学四句教”。因为他还有另外的“四句教”，即“为天地立心，为生民立命，为往圣继绝学，为万世开太平”，表达的是宋儒的群体政治理想。

张载的“哲学四句教”意在说明：宇宙万物，山川河流，微尘草芥，个体生命，这一个个有形的物体，都可叫作“象”。“象”不重复，人有人象，物有物象。同为人，象也不同。所谓“佳人不同体，美人不同面”是也。而“有对”，就是指“象”的不同和不同的“象”，它们各自所处的位置。西哲说，“世界上没有完全相同的两个个体”，也是此义。“象”不是静止的，它运行流动，无往不在，无处不在。不同的“象”，流动的方向不必相同，因此象与象之间“反其为”的情形时时会出现。第三句“有反斯有仇”，不必理解为仇敌的仇。这个字的古写，作“雔”，校雔的雔。左边一个“隹”，右边一个“隹”，中间是言论的言。“隹”是一种尾巴很短的鸟，显然“雔”字的象征义，是指两只短尾巴鸟，叽叽喳喳地争短论长。不过争论、讨论、辩驳的结果，不是这只鸟将另一只鸟吃掉，而是经过互相校正，或达成共识，或存异求同，总之是“和而解”，和合共生，乐莫大焉。

张载哲学四句教的最后一句“仇必和而解”，极为重要。简单地说，宇宙间万事万物，不过是对待、流行、校正、和解而已。对待与流行的结果，不是吃掉、消灭，而是通过校正，达至和解共生。“度尽劫波兄弟在，相逢一笑泯恩仇”，这是中国大作家鲁迅一首诗里的话，最能得张载义理的真传。

六、结语

张载哲学启示我们，世界各文明之间，虽然存在差异，却不必然发展为冲突。人类的未来，世界历史的大趋势，是走向文化与文明的融合而不是相反。因此我个人无法赞同前些年哈佛大学亨廷顿教授提出的“文明冲突论”。他把西方文明跟伊斯兰文明跟儒教文明，视为不可调和的“冲突体”。这个理论是站不住脚的。他只看到了不同文化不同文明之间的差异和纠结，没有看到不同文化之间的对话、沟通和“化解”；只看到了“文明的冲突”，没有看到文明的融合。

世界上不同的文化、不同的“文明体国家”，需要通过交流与对话达成文化的互补与融合。冲突是人类文明的“反动”，是礼仪文化的“弃物”。所以《论语》说：“礼之用，和为贵。”“和”才能成礼。冲突是愚蠢的失礼行为，为人类文明所不取。人类如果因文化的差异与“不同”而出现偶然的对立，彼此当事方应该采取“和而解”的态度，而不是走向“仇而亡”。这是中国古老文化的智慧，也是人类本性和人类理性所应该指向的目标。

载2012年12月31日《光明日报》

当代中国与传统文化

近年来传统文化越来越受到学术界、知识界甚至广大民众的关注。国学与传统文化涉及很多方面的问题，这次我想谈的是，在传统文化与国学热兴起的背景下，当代中国传统和现代之间的一种张力和互动。现在大家已经逐步意识到传统资源并不是现代化的障碍，而是它的有益补充。就是说，现代化建设离不开自己的传统。

当代中国传统与现代的关系，有点像交响乐一般的繁丽，它呈现的是传统与现代的多重变奏。如果比作贝多芬的交响乐，应该是第五交响曲《命运》。当代中国在传统与现代的这种交错互动和变奏的过程中，彰显出中国的现代以及未来的命运。

一、“知音”难觅：如何解读当代中国

当代中国有点像一个走红的明星，注意的人多了，谈论的人多了，称赞的人多了，挑剔的人也多了。报刊、传媒、网络对她的引用率大幅增加。但问题是应该怎样解读中国。

早期西方的传教士、汉学家，把中国说成是一个“谜”，所谓“谜一样的国家”。现在没有人说中国是谜了，但真正了解中

国，并不容易。中国以外的人了解中国不容易，中国人自己也不一定对自己的国家有真正的了解。因为了解，特别是真了解，是很难的。不用说一个国家，就是真正了解一个人也是很难的。中国古代有一部书叫《文心雕龙》，南朝时期刘勰写的，是中国最早的一部成体系的文学理论批评著作，其中的一篇叫“知音”，开头第一句话就说“知音其难哉？”可见“知音”难得。

我们每个人在生活中都常常感到知音难求，《红楼梦》里的紫鹃姑娘不是也说“万两黄金容易得，知音一个也难求”吗？如果替我们国家着想，要找个知音就更难了。所以20世纪伟大的历史学家陈寅恪先生，在一篇文章当中特别讲到，对待古人的著作要具有“了解之同情”。这句话说得非常好。你要想了解别人，你就要设身处地，以同情的态度了解他的处境，对他不得不这样讲的话，不得不这样做的事，能够给予一种同情。假如我们每个人都具备这种态度，就容易处理好彼此的关系了。

中国确有不容易了解的一面。一方面，反差大，城市与乡村、东部和西部、富人和穷人，彼此的差异判若两极。另一方面，有多种面孔，高速发展、中国人有钱了、全民皆商、世界工厂、大工地、潜在威胁等等，对这些，不同的人可以做出完全不同的解读，但每个人只能截取自己观察到的一两个侧面，却不敢自称读懂了中国。无法回避的难题是：中国人口太多。在13亿人口面前，一切问题都有理由，任何弊病都非偶然。

有一个真实的故事，中美刚建交的时候，美国总统卡特到了中国，跟邓小平见面，谈得很好。最后卡特提出对中国的人权状况表示非常关注。小平问指哪一方面。卡特说比如迁徙权、流动权不能得到保证，很多人想来美国，他们不能得到中国政府的允许。小平说你要多少，一个亿够吗？卡特不说话了。如果真有一个亿中国人到美国去，他受得了吗？故事是真的，版本可能不同，我不过取其意而已。

但在问题丛生的同时，当代中国也给人们提供了无穷无尽的机会。这是一个前所未有的大舞台。很多留学国外的人，包括和中国有工作或者文化关联的外国人，更不要说那些大大小小的企业高管和做生意的人，他们都感觉到、意识到，中国是当今世界可以一显身手的地方，用一句广告语，叫作“一切皆有可能”。

我的意思是说，当代中国是一个正在变化的中国，一个日新月异的中国。问题是，这个日新月异的中国，要到哪里去？往什么方向发展？总的来看，是走向富强之路，走向现代化之路，走向人类文明的共同方向。

梁启超曾把中国历史分为三个阶段：从黄帝到秦统一，为上世史，称作“中国之中国”；秦统一至乾隆末年，为中世史，称作“亚洲之中国”；乾隆末年至晚清，为近世史，称作“世界之中国”。任公先生是一家之言，这里我是借用他提出的“中国之中国”“亚洲之中国”“世界之中国”三个概念。

没有疑问，当代中国已经是“世界之中国”。现在的情况是，“世界之中国”正在走向世界。中国当代社会最凸显的特点，是处于转型期，包括传统向现代转型，计划经济向市场经济转型，自我的运行机制向与国际接轨转型，长期贫困的国家向小康社会转型等等。转型期就是过渡期，是未完成式，一切都处于建构的过程中，因此也可以说是“人在旅途”。许许多多问题的症结就在这里。

有人说“现代化是陷阱”。问题是，在当今世界，即使是“陷阱”，如果这个“陷阱”是中国走向现代化不可绕行的，我们也无以辞避。现代化是我们多少代人的梦想，实现梦想需要付出代价。正如 1991 年诺贝尔文学奖得主、墨西哥诗人帕斯（Octavio Paz）所说，发展中国家是“命定地现代化”（condemned to modernization）。当然我们是现代化的后发国家，许多先发国家的经验和教训，可以成为我们“攻玉”的“他山之石”，后发的好处是可以少走一些弯路。

中国走向现代化之路，是一个艰难的旅程，中间一再被打断。晚清政府从 1860 年至 1890 年三十年的早期现代化尝试，由于 1894 至 1895 年的中日甲午战争，被打断了。民国政府初见成效的现代化努力，由于 1937 年的日本全面侵华战争，再一次被打断。我们改革开放以来的现代化进程，已经三十年了，取得了令世人瞩目的成就，但仍然是在现代化的进程之中。鉴于百年以来的痛苦经验，中国人不能不有所警惕，从领导者到普通民众，都需要格外小心，要尽一切努力，不能让这一次现代化的进程再次被打断，无论是出于自己的原因（比如没有做到“一心一意”和“不动摇”等等）还是由于他者的原因。

我们不能否认现代化的多元模式的可能。历史上的现代化模式，最早是欧洲的模式，后来是北美模式，而以北美模式对世界的辐射力最大。但这两个模式，基本上是一致的，至少同多于异。再后来亚洲的现代化浪潮兴起了，实际上日本模式、韩国模式、新加坡模式，已经和西方有所不同。不用说，中国作为独立的“文明体国家”，其现代化模式一定更带有自己的特点。已经走过的改革开放三十年的经验证明，我们走的是一条既不同于美国，也不同于欧洲，又不同于日本的现代化道路。但我必须强调，我们的现代化是“人在旅途”，是未完成式。对我们三十年来所取得的成就，包括经验和教训，世界上都很注意。

当然，现代性的一些最基本的指标，无论东方还是西方，都应该是共指的，不同的是现代性的文化形式，否则人类便无法互相了解，实现跨文化沟通。

二、多元共生：中国文化的显著特点

就中国文化的发生来说，有黄河文化和长江文化不同的两源；就学术思想而言，也具有多元互补的特点，儒释道三家思想的相互包容和互动互补是其显例。传统中国还有发达的民间社会，主要以家庭和家族为中心，构成文化多元存在的社会依托物。

现代化的多元模式，主要是文化的民族内涵和现代性之间的张力问题。因此，在一个社会由传统向现代的转型过程中，中间呈现的诸多问题，常常离不开文化的思考。就是说，从文化的视角解读现代社会，有可能把很多问题说得更清楚一些，单一的政治解读、经济解读、军事解读，都不容易把一个国家和社会研究明白。

我的一个看法是：社会的问题在经济，经济的问题在文化，文化的问题在教育。这是一个文化与社会与政治与经济之间的互动循环圈，这个循环圈为我们提供了对社会现象做文化解读的可能。我不是文化决定论者，但我觉得，当代中国文化方面的欠账太多。因为我们在较长一段时间内把文化混同于意识形态，以至文化排斥多于文化建设。殊不知文化建设是需要依赖社会的。经济的市场化自然是现代化的必经之路，但社会不能市场化，社会的教育与学术尤其不能市场化。人类的道德理性（譬如操守）和美好的情感（譬如爱情），不能市场化。总之，经济强国的建立，不能以牺牲文化的基本价值为条件。

现代性语境下的文化问题，有一个自我的文化身份和与他者的关系问题。走向现代，那么传统呢？走向世界、一切方面都试图与国际接轨，那么自己呢？所以，便有了对自身角色做文化辨认的需要，而角色离不开自己的文化传统。如果说一百年前、三十年前，可能还会有学者认为现代化和民族的文化传统是不相容的，但今天，已经很少再听到这种声音了。我们长期反思的结论是：现代化不能完全丢开自己的文化传统，不能离开自己的出发点，不能找不到回家的路。

中国是一个有悠久历史文化传统的国家。五千年的文明，三千年有文字可考的历史，曾经创造了辉煌灿烂的古代文明与文化。当欧洲还处于中世纪的时候，中国的唐代就已经迎来了自由歌唱的历史时期，唐代的多元繁荣是中国文化史的最辉煌的记忆。

多元共生是中国文化的显著特点。就中国文化的发生来说，它是多元的，具体可以说有黄河文化和长江文化不同的两源。我们过去讲中国文化，一般都讲黄河文化，以黄河文化为基准，因而黄土地文化、农耕文化、内陆文化、写实主义文化等等，成为人们概括中国文化的常用语言。但长江文化为我们提供了不同于黄河文化的范例。甚至长江上游、中游和下游所呈现的文化面貌也是如此的不同。

长江上游四川广汉的三星堆出土了大量的青铜器，这些青铜器的造型和黄河流域非常不同，有非常夸张的千里眼和顺风耳，充满了神奇的想象力，甚至使人怀疑这是中国人制作的造型吗？从这些青铜器的构造上，我们约略可以想象出四川人的性格似乎带有青铜器的刚性。而长江中游的楚文化完全是另外一番景象。有一年我参观河南的博物馆，看到黄河流域出土的大量青铜器，各种鼎器的造型浑厚庄严，有力度，感觉很震撼。后来馆长带我去看另一处存放的青铜器，一排的鼎器，但造型轻巧，下座虽大，腰身却很细，年代也跟黄河流域差不多。馆长让我想想是哪里出土的。我说可能是三楚。他说是啊，“楚王好细腰”嘛。宫廷的审美取向已经影响到了青铜器的造型。由这一点可以看出，楚文化确实有自己的特点。长江下游的浙江则有大规模的玉器出土，就是有名的良渚玉器，不光有人身上佩戴的饰物，而且有生产工具和军事器械，例如玉斧、玉刀、玉箭、玉剑等等。所以考古学家怀疑，我国古代是不是可能有一个玉器时期。这些洁白坚硬的玉器，或许也可以让人联想到浙江人的一些性格特征。

所以，不仅长江文化和黄河文化不同，长江上中下游的文化也有很多差异。黄河文化的那些人们熟悉的特征，不一定完全适用于长江文化。长江自古以来航运便利，可以直接和海洋联系起来。如果说黄河文化带有内陆文化的特点，那么长江文化已经在一定程度上带有海洋文化的特点。长江流域南面的岭南文化，更是很早就直接跟海外建立了广泛的联系。

就学术思想而言，中国传统文化也具有多元互补的特点。学术思想是民族精神的理性之光，是最高形态的文化。儒释道三家思想的相互包容和互动互补，是极为独特的景观。佛教是在东汉时期由印度传到中国的，这么一个外来宗教慢慢变成中国自己的宗教，是由于儒家的思想有极大的包容性。道教的产生也在东汉，当佛教思想刚刚传进来的时候，起来进行反驳和讨论的居然不是儒家而是道教人物。因为道教是宗教，所以对另一种宗教的理念不能认同。南北朝时期的范缜写过有名的《神灭论》，就是批评佛教思想的。他为什么写这个文章呢？据陈寅恪先生考证，范缜的曾祖父、祖父、父亲以及他自己，都信仰天师道。天师道是道教的一个分支，范缜站出来批判佛教的信仰，这和他有道教的家传背景有关。

历史上很多国家和地区都有宗教战争，但是中国这么长的历史，很少有宗教战争。这是由于中国的文化思想有极大的包容性，特别是儒家思想。所以然者，在于儒家不是宗教，诚如陈寅恪先生所说，“儒家非真正之宗教”[1]。正因为传统社会占主流地位的儒家不是宗教，儒释道三家的思想才融合得很好。汉以后儒家是在朝的思想，道家和道教以及佛教主要在民间。对于一个知识人士而言，三家思想的互补使得精神空间有很大的回旋余地，进退、顺逆、浮沉，均有现成的学说依据，所谓“达则兼济天下，穷则独善其身”。儒家思想给人以上进的力量，修身、齐家、治国、平天下，是传统士人的共同理想。但是，如果仕途受到了挫折，

[1] 《陶渊明之思想与清谈之关系》，陈著《金明馆丛稿初编》，生活·读书·新知三联书店，第219页。

乃至革职、斥退、罢官的时候，道家无为的思想便可以给他很好的支撑。道教崇尚自然，可以让他畅游于山水之间。甚至遭遇罪愆，如果信奉佛教，剃度出家，也可以避世完身。总之生命个体不会陷入完全的绝境。所以，多元性、包容性和自性的超越精神，是中国传统文化价值理念的重要特征。

传统中国还有发达的民间社会，主要以家庭和家族为中心，构成文化多元存在的社会依托物。依据文化人类学的法则，文化传统可以区分为大传统和小传统。一个社会的主流意识形态，比如中国传统社会的儒家思想，就是大传统；而民间文化和民间信仰则是小传统。大小传统是互动和互相依赖的，当大传统遭遇危机的时候，我们仍然可以在民间文化中搜寻到它的碎片。孔子所谓“礼失，求诸野”，就是这个意思。我们今天到东南亚一带，看到那里的华族社会，其中国文化的根性仍然相当牢固，甚至比我们国内更重视传世几千年的中国文化的传统。

中国文化自有令人自豪的不间断的传统，原因很多，其中一个原因和汉字有关系。汉字我们使用了两三千年，从秦朝的统一文字到现在，一直是中华文化的载体。电脑盛行原以为会使我们的汉字遇到困难，实际结果却并非如此，现在汉字录入电脑极为方便，说明我们的汉字在现代背景下仍然具有强大的生命力，是我们文明不间断的有功之臣。相反，20 世纪前半期，许多志士仁人以为汉字将成为现代化的“累赘”的想法，未免是杞人忧天。

不过从清朝中叶以后，中国的发展落在了世界文明的后面。不少史学家喜欢讲清朝如何不可一世，喜欢讲“康乾盛世”，但是我个人的看法，中国落后的直接触点其实还是发生在清朝。由于康熙晚年到后来奉行闭关锁国的政策，不与外人建立正常的交流关系，使中国处于与世界隔绝的状态。唐朝为什么那样强大而且繁荣？胸怀阔广地与中亚以及其他国家建立稳定的文化商务关系，是重要的一因。17世纪的时候，欧洲人很愿意跟中国交流，但是清朝统治者不接受他们伸出来的手。显例是1793年英使马戛尔尼以给乾隆祝寿的名义率船队来华，带有乔治三世国王给乾隆帝的祝寿信，希望与中方签署一项贸易协定，并在双方首都互设使馆。清朝认为根本无此必要，价值1.56万英镑的600箱礼物收下了，马戛尔尼则除了拿到一柄精美的玉如意，等于空手而归。我以为至少是此次，不是西方而是清朝统治者主动放弃了交流的历史机会。否则，如果当时能够主动打开和欧洲经商的通道，后续的发展也许就不是后来的面貌了。

到了晚清，中国的大门被西人以坚船利炮打开，欧风美雨狂袭而至，传统文化的核心价值发生了危机。1911年持续几千年的帝制解体了，最后一个皇帝被赶下龙椅，以“三纲五伦”为代表的儒家思想，也就是传统社会的大传统，还能够继续发用吗？中国的固有文化能否在新的历史条件下重生？或者换句话说，中国传统文化与现代性应该是怎样的关系？传统中国经过怎样的途径才能顺利地进入现代中国？中国传统文化在今天还有什么意义？百年以来一直存在争论，直到今天仍不能说已经获致完全的一致。

三、回归原典：国学和经典阅读

百年中国以来的文化传统是处在流失与重建的过程之中。文本的经典阅读、文化典范的熏陶和礼仪文化的熏习，是重建中华民族文化传统的行之有效的途径。

晚清民国以来的百年中国，是我们民族的固有文化传统解体与重建的过程。这个过程一直隐含着、存在着两个真实的问题，即第一，到底如何重新诠释自己文化传统的价值？第二，实际上存在一个民族文化的重新认同问题。因为从清末到民初到五四乃至后来，长时期唯西方是举，只知有“西”不知有“东”，而且经常的口号是：“要与传统彻底决裂”，结果使得中国自己固有的文化传统严重流失，流失到自己不能辨认自己。

20世纪90年代初期，我和香港中文大学校长金耀基先生，有过一次文化对话，后来发表在我主编的《中国文化》杂志上。金先生是有名的文化社会学家，他长期致力于现代化问题的研究。他说，中国文化，20年代不想看，80年代看不见。20年代，反传统的思潮呈压倒之势，对传统当然不想看。可是到了80年代，文化传统大面积流失，即使想看也不容易看到了。是不是现代化必然要告别自己的文化传统？人们发现，东亚的一些国家并不是如此。比如日本，虽然早期也有过“脱亚入欧”的潮流，可是后来，在现代化的过程中自己的传统保存得相当完好。甚至比我们的现代化先行一步的台湾，也没有和中华文化传统彻底脱离。早几年到台湾的时候，看到浓浓的人情味，传统的特征非常突出。而我们自己的文化传统呈现于当代社会的，却少之又少。所以“中国和自身脱离”是一个很大的问题。

五四反传统，主要检讨的是社会的主流文化，文化的大传统。五四精英、上一个世纪的文化先进，他们虽然不留情面地批判传统，但他们本身又是受传统熏陶的有十足中国文化味道的从业人员。胡适反传统算是很激烈了，但他的身上，仍然保留有十足的中国传统文化的味道。他们那一批人很早就留学国外，甚至十几年、几十年在国外，但他们不发生文化失重的问题，文化的根始终在文化中国。像陈寅恪先生在国外的时间非常长，到过很多国家，但是他的文化关切、学问的中国文化根基，始终没有变。1961 年诗人吴宓自重庆赴广州探望寅恪先生，他的印象是："寅恪兄之思想及主张，毫未改变，即仍遵守昔年'中学为体，西学为用'之说（中国文化本位论）。"[1]

我们文化的小传统，即民间文化和民间信仰，后来也在相当一段时间里遭到了破坏。我们一两代人都是在大小传统齐遭毁损的背景下成长起来的，很少有机会接受传统文化典范的熏陶，从而成为民族固有文化的缺氧者。特别是动乱时期，对社会基本伦理价值的伤害是难以想象的，也是难以弥补的，我认为这个影响直到现在也不能说已经完全成为过去。

改革开放三十年来，随着国家经济实力的增强，政府和民间做了许多重建传统的努力，取得的成效昭昭可睹。但由于长期与传统脱节所造成的文化断层，一时还不能完全找到与传统衔接的最佳途径。人们看到的大都是比较浅层的模仿或没来由的怀旧，而缺乏民族文化传统的深层底蕴。

我认为当今文化传统的承续与重建，有三条途径比较行之有效。第一是文本经典的阅读，第二是文化典范的熏陶，第三是礼

[1] 《吴宓日记续编》，1961 年 8 月 30 日条，生活·读书·新知三联书店，2006 年。

仪文化的熏习。

中国文本典籍之丰富，汗牛充栋不足以形容。中国很早就有修史的传统，各朝各代都有完整的史书，不包括《资治通鉴》，就有二十四史，加上《清史稿》，是二十五史。还有各种野史笔记，也都有丰富的史料价值。史书之外，还有丛书和类书。当然按传统的“四部之学”，史书是“乙部之书”，另还有经部之书、子部之书，以及数量更大的个人作品集，也就是“集部之书”。

这么多的典籍，专业的研究者尚且望洋兴叹，我们一般的公众，该读些什么书呢？过去做学问打基础，或者想积累自己的传统文化知识，最初步的是要读“四五四”和“百三千”。“百三千”就是《百家姓》《三字经》和《千字文》，从前的发蒙读物。“四五四”是四书、五经和“前四史”。《史记》《汉书》《后汉书》和《三国志》是前四史，篇幅不是很大，如果不能全读，选读也可以。像《史记》，主要需要读传记部分，共七十篇，故事性强，不难读的。除了“前四史”，这几年我一直提倡读一点“经”。现在大家讲国学，什么是国学？国学这个词在《周礼》里面就有了，但是我们今天讲的国学，不是历史上的国学，历史上的国学是国家所立学校的意思。今天讲的国学这个概念，是晚清出现的，可以叫作现代国学。至少 1902 年黄遵宪和梁启超的通信里，已经在使用国学的概念，还不一定是最早。讲国学最多的是章太炎先生。他一生有四次大规模地讲国学，他是当之无愧的国学大师。

国学是做中国学问的一种根底，最重要的是经学和小学。什么是小学？小学包括文字学、训诂学、音韵学，是过去做学问的基本功。也就是清儒常说的“读书必先识字”。章太炎先生就是研究文字学的大专家。还有一个是经学，就是指《诗》《书》《礼》《易》《乐》《春秋》六经。诗是《诗经》，书是《尚书》，礼是《周礼》(还有《仪礼》《礼记》，称“三礼”)，易是《易经》，也叫《周易》，乐是《乐经》。《春秋》也叫《春秋经》，因为是极简短的史事记载，必须借助于几种“传”方能看得明白。有《左传》《公羊传》《谷梁传》，我以为《左传》最重要，最便于阅读。由于《乐经》后来没有传下来，空此一“经”，所以便有了“五经”的说法。

现在关于国学有几种说法，有一种说国学就是“国故之学”的简称，后来大家觉得这个范围太大，比较一致的看法，是说国学是指中国的固有学术，包括先秦的诸子百家之学，汉代的经学，魏晋南北朝的玄学，隋唐的佛学，宋代的理学，明代的心学，清代的朴学等，这是学术史的一个流变过程。可是我觉得，要是把国学看成中国学术史，很多人会望而却步，一般的民众怎么可能进入呢？因此我很赞成20世纪的大儒马一浮的观点，他说所谓国学，就是“六艺之学”，也就是六经。马先生的定义的好处，是抓住了中国学问的源头，把中国文化的最高形态称作国学，这是天经地义之事。中国人做人和立国的基本精神，都在六经里面。而且可以和国民教育结合起来。所以我主张我们的中小学、大学的一二年级，应该设立“国学课”，内容就是以六经为主。由于六经的义理较深，可以从《论语》和《孟子》入手。《论语》《孟子》实际上是六经的通行本。熟悉了《论语》《孟子》，也就熟悉了六经的义理。高中和大学的一二年级，应适当增加文言文的写作练习。如此长期熏陶，循序渐进，百年之后，六经就可以成为中华儿女的文化识别符号。

所以今天讲文本的经典阅读，我想包括《论语》和《孟子》的四书是首先该读一读的典籍。《论语》《孟子》再加上《大学》《中庸》合称“四书”，是南宋大儒朱熹把它们合在一处的。《大学》相传为孔子的弟子曾参所作，《中庸》的作者据说是孔子的孙子子思。《大学》和《中庸》文短理深，其实并不易读。我的看法，主要还是要先读《论语》《孟子》。当然，开始阶段，“百三千”即《百家姓》《三字经》《千字文》等蒙学读物，读一读也是有百利而无一弊的。以前这些都是生之为中国人的必读书，现在读这些书，很大程度上是文化补课，是为了改变百年以来的文化断层增补的几门必要的传统文化课。至于老庄、诸子、古文、诗词、戏曲、小说，还有佛道经典，应该如何选读，是另外的问题，这里就不一一谈及了。这是我讲的关于文化传统重建的第一点，文本的经典阅读。

第二是关于文化典范的熏陶。一个文明体国家，在其发展过程中留下了无穷无尽的文化典范。文本经典也是一种文化典范。此外古代的建筑，包括宫廷建筑、百姓民居、佛道教的寺庙和道观，大量的地下发掘文物，以及各种物质的和非物质的文化遗产，能够流传到今天的，许多都是各个历史时期的文化典范。还有历史上的杰出人物，也是文化典范的代表。中国是讲究人物的国度。三国人物、魏晋人物、盛唐人物、晚清人物，都是有特定内涵的人物群体。我们通过和这些文化典范的接触与对话，接受文化典范的熏陶，是文化传承和重建文化传统的一条重要途径。

第三是礼仪文化的熏习。礼仪文化的提倡，可以唤起人性的庄严，可以帮助人们恢复对传统的记忆。中国是礼仪之邦，可是实事求是地讲，当代中国也是礼仪文化流失得最多的国家。礼仪的核心是一个“敬”字，所谓无敬不成礼。所以孔子说：“为礼不敬，吾何以观之哉！”朱熹对这句话的解释是：“礼以敬为本。”礼敬，礼敬，如果没有了敬，礼就不存在了。因此中国人的习惯，拜佛也称作“礼佛”“敬佛”。其实“孝”的内核也是一个“敬”字。孔子认为如果没有了“敬”，人类的“孝”和犬马的“能养”便无所区别了。如果联系我们的节日庆典和日常生活，随处都可以看到礼仪缺失的情形。比如中小学生的校服，大都是质量很差的运动装，根本和校服不是一回事。校服必须是礼服，国家典礼、学校开学和毕业的典礼，学生应该穿上校服，又好看又精神，很合乎礼仪。

总的来看，百年中国以来的文化传统是处在流失与重建的过程之中。我说的文本的经典阅读、文化典范的熏陶和礼仪文化的熏习，是重建中华民族文化传统的一些必要途径。包括于丹对《论语》的解读，我个人也并不轻看，因为她旬日之间把儒家最基本的经典《论语》送到了千家万户。当人们对传统的文本经典已经陌生的时候，她让大家对《论语》重新产生了一种亲近感。她帮助普通民众拉近了与本民族文化传统的距离。

我的愿景是，希望正在走向世界的中国，同时也走向自己文化的深处，是世界的中国，同时也是中国的中国。

载 2010 年 3 月 25 日《光明日报》

贾宝玉为何替孔子背书

祭祀之礼的重要性，可从《左传》“国之大事，在祀与戎”一语看出来。但如果我们追问一句：在祭祀这个“国之大事”的问题上，是祭祀的对象重要，抑或是祭祀者在祭祀的时候，所采取的态度和怀抱的精神重要？

以常情论，照说应该是祭祀对象重要，所祭之对象如不重要，祭又何为？然而在中国文化的话语里，是又不然。的的确确是祭祀者所具有的“敬”的精神，比祭祀对象还要重要。《周礼·地官司徒第二》具列出如何对民须施以“十二教”，其第一教便是：“以祀礼教敬，则民不苟。”《礼记·少仪》也说：“宾客主恭，祭祀主敬。”此处的“祭祀主敬”一语，可以说是对“祀”与“敬”的关系的最精要的概括。

敬和诚一样，都是需要“无为”的，其大忌是刻意地操持饰作。《礼记·祭统》说得好：“贤者之祭也，致其诚信与其忠敬，奉之以物，道之以礼，安之以乐，参之以时，明荐之而已矣，不求其为。”忠敬和诚信是存在于人的内心世界的精神信仰，其最高的致祭境界，是本乎自然，“不求其为”。如果祭祀者故意在那里经营操持，就失去了本身应有的真正的“诚敬”。故《礼记·祭统》说：“诚信之谓尽，尽之谓敬，敬尽然后可以事神明，此祭之道也。”然则祭道之“敬”，以诚信之“尽”来标识，说明“敬”这个价值理念已经超乎语词环境，具有了绝对的性质。

《礼记·檀弓》还有一句话，更道出了此一题义的全部谜底。这句话是：“祭礼，与其敬不足而礼有余也，不若礼不足而敬有余也。”几乎将“敬”视为祭礼的全部义涵。“祭礼”之礼，本来是有祭祀对象，然后才有祭祀的礼仪。可是《礼记》此篇却说，“礼”不足尚不能算是祭礼的大问题，但如果“敬”不足，就是祭礼所绝对无法容忍者。这句话，子路说是“闻诸夫子”。《礼记》诸篇借孔子现身说法的事例多有，此处的引述是否即为孔子话语之所原出，似不好确指。

但《论语·八佾》篇的“祭如在，祭神如神在”一语，则真真切切地是出自孔子之口。此处，孔子等于对祭祀对象做了一个假设，即在祭祀的时候，要假设“神”是存在的，或者说是“在场”的。因为只有祭祀时相信“神”是“在场”的，祭祀的人才可能守持得住纯洁的诚敬之心。反之一面祭祀，一面心里却在怀疑“神”到底“在”还是不“在”，敬的精神便难以树立了。显然孔子强调的是“敬”这个价值理念在祭祀现场的发用。至于非祭祀情况下“神”是否依然存在的问题，孔子没有回答，似乎也不想回答。

应该有两种可能：一是“在”，一是不“在”。事实上孔子对“神”的存在与否，并不特别关心，这有他的众多相关言论可证。《论语·述而》篇辑录孔子的说话，有“子不语怪、力、乱、神”的记载。同一书的另一条，还记载孔子说过：“务民之义，敬鬼神而远之，可谓知矣。”而当有一次，弟子直接向他请教如何事“鬼神”的时候，孔子近乎抬杠似的回答说：“未能事人，焉能事鬼。”[1] 口气显得很不耐烦。

祭祀的时候，假定“神”存在，不祭祀的时候，“神”存在不存在不在探寻范围，这应该是孔子对待“神”的本然的态度。因此“神”在孔子眼里并没有成为信仰的对象。但对于祭祀者必须具有的敬的精神，孔子却一点都不马虎。他认为祭祀者的“敬”的主体价值，远比对祭祀对象的斟详要重要得多。这里不妨以《红楼梦》的男主人公贾宝玉对祭祀所持的态度，来补充、参证、领悟孔子的祭祀论。

第一个例证，是《红楼梦》第五十八回，回目作：“杏子阴假凤泣虚凰，茜纱窗真情揆痴理。”写贾府专事演戏的十二个女伶中的藕官，在大观园烧纸钱去祭死去的药官。原因是两个人经常饰演夫妻，所以存了一份同性相爱之情。宝玉得知个中缘由，不禁视为同调，“又是欢喜，又是悲叹，又称奇道绝”。但又特地请芳官带话给那个烧纸钱的藕官：

> 以后断不可烧纸钱。这纸钱原是后人异端，不是孔子遗训。以后逢时按节，只备一个炉，到日随便焚香，一心诚虔，就可感格了。愚人原不知，无论神佛死人，必要分出等例，各式各例的。殊不知只一诚心二字为主。即值仓皇流离之日，虽连香亦无，随便有土有草，只以洁净，便可为祭，不独死者享祭，便是神鬼也来享的。你瞧瞧我那案上，只设一炉，不论日

[1]《论语·先进》。

> 期，时常焚香。他们皆不知原故，我心里却各有所因。随便有清茶便供一钟茶，有新水就供一盏水，或有鲜花，或有鲜果，甚至荤羹腥菜，只要心诚意洁，便是佛也都可来享。所以说，只在敬，不在虚名。以后快命他不可再烧纸。

贾宝玉虽然平时有“毁僧谤道”的言动，但对祭祀的事情却极为严肃认真。他此番言论的核心题旨，是关于祭者所应秉持的“诚心二字”，以及“心诚意洁”的态度，认为“一心诚虔，就可感格”。贾宝玉还说：“只在敬，不在虚名。”反复强调的祭祀态度，无非是诚敬而已。

第二个例证，是《红楼梦》第七十八回，贾宝玉在晴雯蒙冤而死之后，撰写了一篇《芙蓉诔》并为之祭奠。这一情节，书中是这样写的：

> 独有宝玉一心凄楚，回至园中，猛然见池上芙蓉，想起小丫鬟说晴雯作了芙蓉之神，不觉又喜欢起来，乃看着芙蓉嗟叹了一会。忽又想起死后并未到灵前一祭，如今何不在芙蓉前一祭，岂不尽了礼，比俗人去灵前祭吊又更觉别致。想毕，便欲行礼。忽又止住道：“虽如此，亦不可太草率，也须得衣冠整齐，奠仪周备，方为诚敬。”想了一想，“如今若学那世俗之奠礼，断然不可，竟也还别开生面，另立排场，风流奇异，于世无涉，方不负我二人之为人。况且古人有云：‘潢污行潦，蘋蘩蕴藻之贱，可以羞王公，荐鬼神。’原不在物之贵贱，全在心之诚敬而已。

贾宝玉这段关于祭奠的心理独白，也都是围绕“诚敬”二字。而且对祭者如何诚敬有所提示，比如“衣冠整齐，奠仪周备，方为诚敬”等等。而提出祭奠之物，不在贵贱，是为祭礼勿奢之意，也是孔子的思想。

向被认为具有“反儒”思想的贾宝玉，却在祭祀之道上为孔子提倡的思想正名背书，简直是在宣讲孔子的祭祀之道了。是呵！贾宝玉在第一个例证中不是同时还说，烧纸钱不是孔子遗训，而是后人不明祭祀之理而走入的“异端”吗？一向被认为是“异端”的怡红公子，也在反对“异端”了。当然，问题不在于异端不异端，而是究竟何者为异端，何者是正理？《红楼梦》作者一定充满自信地认为，他所阐释的才是孔子的至理真道。

要之，连作为经典名著的稗史说部都可以出来证明，在孔子那里，“敬”已经具有了可以超离对象的独立的精神本体价值，实即绝对的义理价值，也可以称之为人类的普世价值。

本文系拙稿《敬义论》之一节，
载《北京大学学报》2016 年第 3 期

“和而不同”是中华文化的大智慧

中国文化倾向于不把人与人之间的关系弄得那么紧张，不主张世界上的事都那么不可调和。“和而不同”是中国人面对这个世界的总原则，也是中国文化贡献给人类的大智慧。“和”的关键，首要在承认不同。如果都相同，就无所谓“和”了。不同，也能共处于一个统一体中。不过，我想追寻的是，人与人的差异，南方人和北方人的差异，中国人和外国人的差异，真的有那么大吗？从学理上来分析，我认为差异是第二位的，相同之处是第一位的。

上世纪末，1999到2000年，我有一段时间在哈佛大学做研究。我和哈佛大学的很多教授都有对话，其中一个对话，后来整理出来发表了，是一篇两万多字的文章。对话的对象是哈佛大学费正清中心的史华慈教授，他是一位法裔犹太人，懂七八种文字，早年研究日本，后来研究中国，学问做得非常好。林毓生先生告诉我，见到史华慈，可以看到西方的大儒是什么样子。他的一个重要学术理念是“跨文化沟通”，主张人和人之间，不同的文化之间，不同的族群之间，是可以沟通的。他也觉得这个世界不需要那么对立，大家有什么不可以沟通的呢。

他跟我谈话中，提出一个理论，他说语言对于思维的作用，并不像人们想象的那么大。这个过去我从没有听说过，因为语言是思维的工具，没有语言，人还能思维吗？当然我们了解，不会讲话的小孩子，会画图画，画图画也是一种思维。史华慈教授为了倡导跨文化沟通，试图在理论上有新的建构，他的这个理论想证明一个问题，即语言不通，也不见得是人们交流的一个完全的不可逾越的障碍。当时我说，我能够给你提供的一个例证，是语言不通也可以发生爱情。当然语言不通谈恋爱，容易发生问题。可是语言相通谈恋爱，照样发生问题。可见问题的主因，不一定是由于语言。

不同的文化可以沟通，不一定那样对立，这是中国文化一向的主张。宋代思想家张载（又称横渠），一个非常了不起的大学者，关中人，他有名的四句教是："为天地立心，为生民立命，为往圣继绝学，为万世开太平。"这四句话气象大得不得了。试想，"为天地立心""为生民立命"，这是何等怀抱！大家知道，中国文化当中有民本思想的传统，关注生民的利益，是每个知识人士，每个为官的人必须做的。所以过去的县官叫作"父母官"，民之父母，他当然要关心民的利益。张载讲的"为生民立命"，来源于孟子的思想，因为孟子讲过"正命"，即人要正常的生，正常的活，正常的死。不要让民众过不正常的生活。"为生民立命"的意思在此。最后的指向，是"为万世开太平"。这是张载很有名的四句教，叫"横渠四句教"。

但是大家不会太留意，张载还有另外的四句话，我叫它"哲学四句教"。这四句话是：

有象斯有对，
对必反其为，
有反斯有仇，
仇必和而解。

这四句话讲的是哲学，是一种宇宙观，是对整个宇宙世界发为言说。这个世界上，有无穷无尽的一个个的生命个体，可以称作“象”，这些“象”，有动物的，有植物的，每个“象”都不同，真是万象纷呈。“有象斯有对”，说的就是各个“象”的不同。即使是美丽的女性，也有不同的美。所以古人有一种说法，叫作“佳人不同体，美人不同面”。西方也讲，世界上没有完全相同的两个生命个体。

“对必反其为”，是说一个一个的“象”，不是静止的，而是流动的，由于不同，其运行、流动的方向也不相同，甚至有时候运行的方向会相反，所以会出现“有反斯有仇”，发生互相间的纠结。这个“仇”字，古代的写法是“讎”，左边一个“隹”，右边一个“隹”，中间是个言论的“言”。隹是一种尾巴很短的鸟，“讎”字的本义是两只短尾巴鸟在叽叽喳喳地讨论、争论、辩论。人有人言，鸟有鸟语。这个“讎”字，也就是“校讎”的“讎”。我们都有过校书的经历，那是很难的事情，所谓无错不成书，很难一个字都不错。古人的“校讎”，更是一件大事。你拿这个本子，我拿那个本子，一点一点地校，互相讨论，争论得面红耳赤。“讎”字，形象地反映出校对中发生的讨论、争论、辩驳。但两只短尾巴鸟互相讨论、争论、辩驳的结果，并不是彼此打得头破血流，更不是这只鸟把那只鸟吃掉，而是达成共识，或达成妥协，或求同存异，总之是走向了“仇必和而解”。

这个世界有差异，但差异不必然发展为冲突，冲突不必然变成你死我活，而是可以“和而解”的。你想，用这个思想来看待世界，不是可以减少很多不必要的麻烦吗？当然，不是一方的问题，而是彼此双方乃至多方的问题，所以需要沟通对话，需要多边商量。“有反斯有仇”，就是沟通、对话、商量、研讨，互相校正的过程。

而对话需要智慧，需要异量之美。前几年学界去世的一位长辈，人类学家、社会学家费孝通先生，他晚年也有过四句话：

> 各美其美，
> 美人之美，
> 美美与共，
> 世界大同。

他讲的是文化问题，意思是说，世界上的各种文化，都有其长处，“各美其美”，是指首先要看到自己文化的长处，不自卑，不失重，不妄自菲薄。“美人之美”，是说光看到自己文化的长处还不够，还要看别人文化的长处。世界上各种文化都有其长处，是不言而喻的，问题是能否看到并且承认其长处。各种文化的优长，彼此互赏，相互吸收，众美和合，就是“美美与共”。如此的结果，“世界大同”并非不可以期待。

这四句话的关键是头两句，既要“各美其美”，又要“美人之美”。看到自己的长处相对容易，难的是看到别人的长处。中华文化当然有自己的长处，这些长处我们慢慢地会把它发掘出来，叫它在现代社会发用。但是，美国文化也有它的长处，美国的历史虽然短，但是美国文化的影响力岂能轻看。欧洲大陆的文化不用说，英、德、意、法、西班牙、北欧，各有千秋。日本、韩国的文化，也不能轻看呵。日本是世界上最讲究卫生的民族，也是一个长寿的民族。韩国近年的文化辐射力明显增强。所以，我们学习文化史也好，学习文化学理论也好，养成以雍容的心态看待今天的世界也好，费老的这四句话都非常重要，这是老一辈文化学者对这个世界的期待，也是人类沟通对话的起码的智慧所在。

这个世界能走向和解吗？21 世纪已经过去十几年了，20 世纪是纷争的世界，发生了两次世界大战。21 世纪人类还要被这些灾难吞噬吗？人类不可以用自己的理智和智慧，使这个世界变得更好些吗？中国文化里面的“和而不同”的思想，就是要你正确认识这个世界的生存状态，正确认识人类自己，以寻找危机的解决之道。我主张这个世界应该更好些，应该更和谐，应该没有恐惧，应该有话好好说。

我国另一位大学者钱锺书先生，早年写了一部著作叫《谈艺录》，1948 年该书出版的时候，他在序言中写下两句点题的话：

> 东海西海，心理攸同；
> 南学北学，道术未裂。

在钱锺书先生看来，东西方文化虽有不同，但不论东方人还是西方人，其心理的指向常常是相同的。所谓人同此心，心同此理。比如说人类都不喜欢灾难，都喜欢美丽的东西，喜欢蓝天白云，不喜欢雾霾，不喜欢恶的东西，喜欢善的东西。人的原初的情感与理想期待，本来都是这样。只不过意向与行为的交错，造成了诸般的矛盾。钱先生的话启示我们，要透过人类生活的矛盾交错的困扰，看到心理期许的一致性轨则，看到不同背后的相同。

更主要是要明白，“不同”是“和”的条件。承认不同，容许不同，欣赏不同，才能走向和谐。如果一切都相同，穿衣相同，走路相同，思维相同，说话相同，这个世界就令人窒息了。《易经》的“系辞”说：“六爻相杂，唯其时物也。”又说：“物相杂，故曰文。”没有杂多，没有不同，便不成其为“时物”的世界了，当然更无所谓文化。孟子说：“充实之谓美，充实而有光辉之谓大。”试想，能够使之充实起来的东西，能够都是相同的东西吗？不同物的组合，才能称之为“充实”。不同的合乎审美规则的组合，才能创造美。寓杂多于统一，是美学家都承认的美的生成规则。所以，中国文化的“和而不同”的价值理念，我们今天特别需要用大智慧把它弘扬开来。

这里的关键词是两个：一个是“和”，人人都乐于接受而向往的境界；另一个是“不同”，那是《易经》讲的“时物”，那是世界本来的样子，是创意的源泉，美的出发，充实而有光辉的起点。

载 2015 年 3 月 15 日《北京观察》

《思维与智慧》2017 年第 6 期转载

第三篇

传统解故（上）

如何评价儒家学说的历史地位

百年中国，再没有其他学说像儒家思想这样，经历了如此长时间的反复跌宕和严峻拷问。

蔡元培先生是何等样人，中国现代教育的泰斗的称谓，他比任何人都当之无愧。但他不赞成读经，致使被请来与之共襄民国初立之教育部的马一浮离他而去。当然不伤友情，五年后蔡先生出掌北京大学，又礼聘马先生担任文科学长。马先生的回复是："礼有来学，未闻往教。"以古礼婉拒。于是改聘陈独秀为文科学长，又请来胡适之执教文科讲堂。

读经和反对读经，成为当时学界和舆论界争吵不休的一桩公案。反对者显然占上风，连大文豪鲁迅也站出来发声，批评提倡读经者即使是真正的老实人也不过是"笨牛"而已。

20世纪50年代之后的中国大陆就不必说了，长时间的主导思想是与传统彻底决裂。何况还经历了极端的十年，不仅作为传统社会大传统的儒家思想成为众矢之的，民间文化和民间信仰所呈现的文化的小传统也被冠以"四旧"之名，必欲清除扫尽而快之。适相反照的是，当时台湾、香港、澳门却兴起了以儒学为代表的传统文化复兴的浪潮。

改革开放后中国拨乱反正，重新启航，把历史还给历史成为思想学术界的共同呼声。孔子由被幼童也参与唾骂的斯文扫地变而为正常的文化古人。

但儒学重启，则是近十年的事情。20世纪80年代虽经识者推动，但收效甚微。90年代深入研究人文学术的风气开始出现，公正评价儒家学说、重估孔子历史地位的论著受到关注。但由于所经历的“毁圣弃知”的时间实在太长，难免积非成是，改变世人乃至学界部分人士的成见尚需时日。马一浮先生曾经拟过一副联语：“鲁国多讥儒近戏，秦人惟以吏为师。”诚然是借古典来嘲讽世情，但如果将孔子的家乡和儒家思想的故乡等量齐观，则儒家思想在百年中国的遭遇，就不仅仅是以之为戏了。

所以如此的缘由，也有对儒家学说本身存在诸多误读不无关系。我觉得有三个与儒学直接相关的问题，需要予以澄清，在此基础上才有可能正确评价孔子和儒学的历史地位。

第一个问题，需要明了在儒学产生之初，即春秋战国时期，儒家只是诸子百家中的一家，其影响比之墨家或犹有未及。所以孟子颇为焦虑地说：“圣王不作，诸侯放恣，处士横议，杨朱、墨翟之言盈天下。天下之言不归杨，则归墨。”[1]他因此想起而矫正此种“仁义充塞”的时代风气，欲以承继禹舜、周公、孔子的圣道为己任。

第二个问题，汉代中期汉武帝听从大儒董仲舒的建言，实施“独尊儒术，罢黜百家”的政策，使儒学的地位骤然提升，成为社会的主流意识形态。但儒学以外的学说仍有存在空间。东汉佛

---

[1] 《孟子·滕文公下》。

教的传入和道教的兴起，即为明证。而到魏晋南北朝时期，释、道、玄之风大炽，其思想所宗更非只有儒学一家。隋唐佛教发展的势头，亦不在儒学之下。但如果认为隋唐时期的思想主潮是佛而非儒，轻忽儒家的地位，又有误读古人之嫌。直承郑康成而撰《五经正义》的孔颖达，即是当时继往开来的儒学健将。明清以还，儒学的地位日趋稳固，但佛、道两家在民间社会的影响也开始定式成型。

第三个问题，儒家思想在宋代呈现变易之势。二程和朱子等宋代大儒，诚然是承继了先秦以孔子、孟子为代表的儒家思想，但朱子的理学实为思想大汇流的产物，道家和道教的思想，佛教特别是禅宗的思想，一起参与进来成为理学的助发资源。“三教合一”在学理上得到论证，肇始于唐，而宋代实为集大成，此即陈寅恪先生所谓“新儒家之旧途径”是也。

我提出上述三个问题，是想证明儒家是具有包容性的学说。儒家的包容性，反映了中华文化的包容性。而儒家所以具有包容性，在于儒家不是宗教。陈寅恪先生对此断判得十分肯定：“中国自来号称儒释道三教，其实儒家非真正之宗教，决不能与释道二家并论。”[1]儒家也重“教”，那是“子以四教”的教，“有教无类”的教，“富”而后“教”的教，也就是“教化”的教，而非宗教的教。

儒家思想作为中华文化大传统的代表，处在不断地被检讨和重新诠释之中。经过检讨、诠释，便有增加、有变易、有更化。

---

[1]　陈著《金明馆丛稿二编》，生活·读书·新知三联书店，第219页。

儒家由先秦而宋，已经是在增加、变易和更化了。明代心学出，是又一更化。王阳明的学理初衷，本在减少（他认为朱子增加的未免过多），但阳明心学很快被边缘化，可以为后学所宗，却无法成为社会的主导思潮。

学者有"制度化儒学"之称，这在唐宋以前并不明显，主要是明清两朝，伴之以科举命题以四书取义，儒学不仅制度化，而且在"制度法律公私生活"方面影响尤为深巨，因此其存在形态难免因固化而僵化。儒学在晚清社会从传统到现代的"大变局"中出现危机，实与儒学在明清的固化与僵化直接相关。所谓危机，恰好是"制度化儒学"的危机，而非先秦孔子和孟子原初思想学说的危机。

这里涉及儒家思想的"变"与不变的问题。变易与更化给儒家学说带来了活力。但儒家精神亦有不变的一面。这让我想起《易》有"三易"，即不易、简易、变易。儒家原初思想的"简易"，有《论语》可证。孔子深知该说什么和不该说什么。所以出语至简，有时至于说"予欲无言"。理由是："天何言哉？四时行焉，百物生焉，天何言哉？"[1]所不变者，是为儒家的理性精神和"六艺"经典的核心价值。

"六艺"后称"六经"，有的或为孔子所作，有的是前于孔子而为孔子所删订的典籍文本。孔子思想与六经是一而二、二而一的关系，《论语》即可视作六经的简易读本，只不过表达方式已化作日用常行。马一浮不称"六经"而称"六艺"，是沿用

[1] 《论语·阳货》。

典籍的初称。孔门之教，分技能训练和典籍传习两大类。技能则礼、乐、射、御、书、数，此处之“礼”，为“执礼”，类似礼仪程序的排演，“乐”则咏歌诵唱，不学无以为能。典籍传习则《诗》《书》《礼》《乐》《易》《春秋》，以为传道之本。两者都称“六艺”而形态不同。

马一浮所述论之“六艺”，自是后者，故他说：“此是孔子之教，吾国二千余年来普遍承认一切学术之原皆出于此，其余都是六艺之支流。”[1] 马一浮的发明处，是将“六艺”和诸子、四部区隔开来，称六经为中国文化的最高的特殊的文化形态。而熊十力则标称，六经是中国人做人和立国的基本依据。这样，“六艺”即六经在中国的思想文化系统中，便有了至高无上的地位，不仅诸子、四部无以取代，与现代学术的文、史、哲科分亦不相重合。

六经的形上意义在于它的系统的价值伦理，也就是马一浮所说的“六艺之道”。唐宋儒所致力的“传道”，所传者即为“六艺之道”，也就是六经的价值伦理。近年我从《易经》《礼记》《孝经》，以及孔子、孟子的著作中，抽绎出一些具有代表性的价值理念，包括诚信、爱敬、忠恕、知耻、和而不同等，经过分梳论证，我认为它们是几千年以还一直传下来的，可以称之为中华文化的永恒的价值理念，同时也是具有普世意义的价值理念，不仅适用于传统社会，也适用于当今的社会。不仅适用于中国人，也可以适用于全世界的人。此正如康德所说，道德理性具有绝对价值。

[1] 《泰和会语》。

六经义理内涵所呈现的，就是中华文化的具有绝对意义的道德理性，永远不会过时。《易经》乾卦的文言引孔子的话为说："忠信所以进德也；修辞立其诚，所以居业也。"现代人的人生选择虽然更趋丰富，但其大道要旨，亦无非进德与居业二事。因此忠信和立诚便成为每一个人都需要具备的道德理性，甚至可以说是取得成功的前提条件。

论者有谓传统文化需要现代的转化，其实就道德理性的建构而言，六经的价值伦理进入现代人的精神血脉，自是顺理成章之事。可惜百年以来的现代教育变成了单纯的知识教育，忽略了"传道"的内容，致使一千二百年前的韩愈之叹无法不继续成为我们的今日之叹。

虽然，古与今宜有别也，礼俗政俗亦因地而异。但正如孟子所说："口之于味也，有同耆焉；耳之于声也，有同听焉；目之于色也，有同美焉。"所以如是，盖由于人之心或曰人的心理，有理之"所同然者"[1]。故孟子又云："先圣后圣，其揆一也。"[2]而近世大儒钱锺书先生则说："东海西海，心理攸同；南学北学，道术未裂。"中华文化的最典范的价值伦理具有永恒性和普世性，正不足为怪。

载 2016 年 1 月 18 日《光明日报》

[1]《孟子·告子上》。
[2]《孟子·离娄下》。

孔子为何寄望“狂狷”

——《中国文化的狂者精神》韩文版序

本书作为中心题旨展开的对“狂者精神”的书写，是我研究中国思想文化史精神轨迹的一部分。中国自纪元前的汉代中期开始，直到清朝末年，前后两千年的时间，儒家思想始终占据社会的主流位置。儒家学说的创始人孔子，在人的性向品格的取向方面，主张以中道为期许、以中庸为常行、以中立为强矫、以中行为至道。但他的这一思想在他所生活的春秋时期并不行于时。即如中庸之说，孔子在力倡此说的同时，已经感到了施行的困难。相传为孔子的孙子子思所作的《中庸》一书，是专门阐述中庸义理的典要之作，宋代思想家朱熹将其与《论语》《孟子》《大学》合编为四书，成为和《诗》《书》《礼》《易》《春秋》五经并列的儒家经典。

《中庸》频引孔子原话，一则曰：“中庸其至矣乎！民鲜能久矣。”意即中庸是很高的思想境界，一般的人很难做到，即使做到，也难于持久。二则曰：“人皆曰‘予知’，择乎中庸，而不能期月守也。”此论似更为悲观，翻译成现代语言无疑是说，很多人都认为自己聪明，可是如果选择中庸作为自己的人生信条，大约连一个月也坚持不了。所以孔子非常失望地承认："道之不行也，我知之矣。"至于此道何以行不通？孔子想到的理由是："知者过之，愚者不及也""贤者过之，不肖者不及也"。聪明的人、智慧高的人，往往超过中道而走在前面；不够聪明的人、智慧不那样高的人，则落在了守中的后面。同样，品格优秀的人也会超过中道，而操行不端的人则达不到中道的要求。可惜很多人不懂得这其中所包含的奥妙，孔子不免为之惋叹，他称此种情况就如同"人莫不饮食"，却"鲜能知味"一样。看来真的是"道其不行矣夫"了。可是孔子仍然不愿放弃中庸理念所包含的人生理想，认为"依乎中庸"是君子必须具备的品格，即使"遁世不见知"也不应该后悔。

然则什么样的人有可能达至中庸的品格呢？孔子说："唯圣者能之。"这样一来，无形中提高了能够躬行中庸之道的人群的层级，不仅社会的普通人，甚至道德修为可圈可点的"君子"，也难于达到此种境界。孔子失望之余的一线期许是，看来只有圣人才能真正做到"依乎中庸"。问题是，揆诸春秋时期各国的实况和"士"阶层的状况，能看到几个可以称得上"圣人"的人呢！连孔子自己不是也不敢以"圣"自居吗？他说："若圣与仁，则吾岂敢。"[1] 而且有一次感慨至深地说："圣人吾不得而见之矣！得见君子者，斯可矣。"[2] 这等于说，在孔子的眼里，现实中其实并没有"圣人"，能够见到"君子"已经很不错了。结果如此美

[1] 《论语·述而》。
[2] 同上。

妙的中庸之道，在人间世竟是没有人能够践履的品格。我们的孔子终于明白了这个矛盾重重的问题，为何不能最终显现出解套的光亮。他不得已只好愤愤地说：“天下国家，可均也；爵禄，可辞也；白刃，可蹈也；中庸不可能也。”[1]孔子的意思，是说治理国家是非常困难的事情，但实现“治平”并非没有可能；高官厚禄的诱惑很大，但也可以做到坚辞不就；刀刃虽然锋利，必要时也还有人敢于在上面踏行；只有守持中庸，却无论如何没有做到的可能。

正是在此种情况下，孔子提出了打破原来宗旨的新的人格性向建构方案：“不得中行而与之，必也狂狷乎。狂者进取，狷者有所不为也。”[2]中庸不能实现，中行不得而遇，只好寄望于“狂狷”了。“狂者”的特点是敢想、敢说、敢做，行为比一般人超前；“狷者”的特点，是不赶热闹、不随大流，踽踽独行，自有主张。“狂者”和“狷者”的共同特征，是特立独行，富于创造精神。如果对“狂者”和“狷者”试作现代的分梳，则“狂者”体现的更多的是意志的自由，“狷者”代表的更多是意志的独立。尽管求之学理，独立是自由的根基，自由是独立的延伸，两者无法截然分开。

置于诸位面前的这本规模不大的书，就是从疏解孔子的狂狷思想开始的。我在本书中提出，孔子的狂狷思想在中国思想文化史上具有革新的甚至革命的意义。特别是“士”阶层以及秦汉以

[1]《中庸》。
[2]《论语·子路》。

后社会的知识人和文化人的“狂者精神”，事实上已经成为艺术与人文学术创造力自我发抒的源泉。我通过对“狂者精神”的历史考察发现，凡是“狂者精神”得以张扬发抒的历史时刻，大都是中国历史上创造力喷涌、人才辈出、艺术与人文的精神成果集中结晶的时代。而一旦“狂者”敛声，“狷者”避席，社会将陷于沉闷，士失其精彩，知识人和文化人的创造力因受到束缚而不得发挥。这也许就是西方思想家何以要把疯癫和天才联系在一起的缘故。希腊的圣哲柏拉图说过：“没有某种一定的疯癫，就成不了诗人。”亚里士多德也说过：“没有一个伟大的天才不是带有几分疯癫的。”德国哲学家叔本华更是对这种现象做了专门研究，详析古往今来各种天才与疯癫的案例，最后得出的结论是：“天才”无一例外都具有某种精神上的优越性，“而这种优越性同时就带有些轻微的疯狂性”。他援引薄朴的话：“大智与疯癫，诚如亲与邻，隔墙如纸薄，莫将畛域分。”并且补充说：“这样看起来，好像是人的智力每一超出通常的限度，作为一种反常现象就已有疯癫的倾向了。”[1] 是的，天才的思维特点恰恰在于与众不同，在于“反常”。“反常”和反“中庸”可以作语义互释，因为复按各家义疏，大都认同“庸者，常也”的诠解。

不过孔子的寄望“狂狷”，实带有不得已的性质。孟子对此看得最清楚，当一次面对弟子万章的提问：“孔子在陈，何思鲁之狂士？”他回答说：“孔子岂不欲中道哉？不可必得，故思其

[1] 叔本华：《作为意志和表象的世界》中译本，商务印书馆，1982 年，第 266 页。

次也。”[1]可见“狂狷”在孔子心目中是退而求其次的选项，也可以说是被困境“逼”出来的思想。然而人类在学理上的发明，大多数情况下都是因“逼”而获得突破。孔子思想的核心价值是忠恕仁爱，即仁者爱人，泛爱众而亲仁，己所不欲勿施于人。教育思想则为“有教无类”，也是要赋予每一个人以受教育的权利。孔子学说的伟大之处，是当“礼崩乐坏”的由周而秦的社会转型期，重新发现了“人”和人的价值。作为自然本体的“人”的特性，孔子固然没有忽视，所以提出“饮食男女，人之大欲存焉”[2]的绝大命题。但孔子最为关注的，还是“人”的性体如何在社会关系中得以展现。“仁者，人也”[3]的全称归结，即为孔子“人”学思想的全提。因为它的反命题“人者，仁也”，同样成立。在孔子看来，人只有在“二人”以上的和他人的关系中，才能彰显出“人”的本质特征。所以人需要知“礼”，需要明了处身文明秩序中的自我身份。必不可少的途径是诉诸教育。通过教育的手段，使每个“人”都成为有教养的文明人。孔子设定的具体目标，是使人成为文质彬彬、坦荡无欺的“君子”。他给出了“君子”应具有的种种品格特征，诸如严谨好学、不忧不惧、不拉帮结派、不以人废言，即使发达富贵也不骄矜，而是以义为旨归、行不违仁，以及能够知命、成人之美等等。跟“君子”相对应的是“小人”。小人的特点是不知命、不知义、斤斤计较、唯利是从，整个身心言动都是反忠恕仁爱之道而行之。归根结底，小人无非私

---

[1] 《孟子·尽心下》。
[2] 《礼记·礼运》。
[3] 《中庸》引孔子语。

也，君子无非公也。

孔子把人的性体品相分为中行、狂、狷、乡愿四个级次。他最不能容忍的是“乡愿”，称之为“德之贼”，即正义与德行的败坏者和虐害者。孟子解释为：“贼仁者谓之贼，贼义者谓之残。”[1]可谓得义。“乡愿”的特征，是“同乎流俗，合乎污世，居之似忠信，行之似廉洁”，总之是“阉然媚于世也者”[2]。揆之世相，“乡愿”是小人的性体属性，君子则反“乡愿”。孔子所以深恶乡愿，在于乡愿具有“似而非者”的诡貌。正如孟子引孔子的话所说：“恶似而非者。恶莠，恐其乱苗也；恶佞，恐其乱义也；恶利口，恐其乱信也；恶郑声，恐其乱乐也；恶紫，恐其乱朱也；恶乡愿，恐其乱德也。”[3]可知“乡愿”之立义，其乔装伪似、阉然“乱德”之罪也大矣。难怪孔子不仅蔑称乡愿为“德之贼”，而且取譬为说云：“譬诸小人，其犹穿窬之盗也与。”[4]将乡愿与偷偷摸摸穿墙越货的盗贼为比，可见圣人之恶乡愿已经到了无以复加的地步。

然则“乡愿”所“似”者为何耶？没想到竟是孔子最为期许却又无法做到的“中行”。本书之写作，在我个人可为一大收获者，是发现“乡愿”和“中行”极有可能发生“不正常”的关系。此无他，盖由于乡愿的品相性体“貌似中行”。而“乡愿”和“中行”在对待“狂”“狷”的态度上，不可避免地会结成联盟。

[1] 《孟子·梁惠王下》。
[2] 《孟子·尽心下》。
[3] 同上。
[4] 《论语·阳货》。

此正如《文史通义》的作者章学诚所说：“乡愿者流，貌似中行而讥狂狷。”[1] 于是人的性体的“四品取向”，如果以价值理念的进（狂）、立（狷）、守（中）、反（乡愿）为宗趣，则排序应变为：“狂、狷、中行、乡愿”，而不是原来理解的“中行、狂、狷、乡愿”。“狂者”和“狷者”对思想革新和社会进步所起的作用，犹如大地之于翱翔天空的雄鹰，大海之于涛头的弄潮儿，绝非其他选项所能比拟。人类文化人格的精彩，其要义亦在于不“媚于世”。中国现代史学大师陈寅恪所说的：“士之读书治学，盖将以脱心志于俗谛之桎梏，真理因得以发扬。”亦即斯义。所谓“媚于世”，就是通常所说的“曲学阿世”，乃是学问人生之大桎梏也。

历史的哲学命题原来是这样：一个社会如果无狂了，也就是人的主体意志的自由失去了，那么这个社会也就停滞了。但狂有正、邪：狂之正者，有益于世道人心；狂之邪者，亦可为妖。所以需要“裁之”。正是在此一意义层面，中庸、中道、中行可以成为节制狂狷的垂范圣道。它可以发出天籁之音，警示在陷阱边冥行的人们，左右都有悬崖，前行莫陷渠沟。太史公岂不云乎：“虽不能至，然心向往之。”其实宇宙人生的至道，都是可参可悟而不可行的绝对。本书对此一意义层面亦不无辨正。孔子“狂狷”思想的提出，使中国的圣人和古希腊的圣者站在了同一个水平线上。东西方共生的所谓思想文化的“轴心时代”，也许本书叙论的案例可以为之提供一个具体而微的证据，说明虽然文化背景悬

[1]《文史通义·质性》。

隔，思维的心理是相通的，正所谓东圣西圣，“其揆一也”。

我不了解韩国的情况，不敢期待贵国的文化人士会对本书产生共鸣。但有机会得到不同文化背景的读者的阅读和指正，是令人想往的。这要感谢本书的韩文译者韩惠京教授和李国熙教授，通过他们既忠实于原著又能化入化出的译笔，使我的这本小书得以“投胎转世”（the transmigration of souls），并有机会与读此书的陌生朋友一结“文字因缘”，自是乐莫大焉。

载 2015 年 3 月 30 日《光明日报》，

《红旗文摘》2015 年第 4 期转刊

庄子与现代和后现代

庄子其人其书其学，在中国思想史、学术史、文学史上是一个极特殊的景观，甚至可以说是个异数。抉发人心世道的说理文章，文辞竟然这样优美，想象力如此丰富，意象这般瑰丽，先秦诸子中，找不到第二家。也许只有屈原的《离骚》差可比并，但《离骚》是韵文，《庄子》是散文，文体不同。鲁迅称《史记》为"无韵之《离骚》"，《庄子》应该是真正的无韵之《离骚》。恰好庄子和屈原都是楚人，庄、骚的华丽繁复的文体，反映出我国古代长江文化区域和黄河文化区域不同的文化色调。

中国传统学问讲求考据、义理、词章，庄子已开学人词章优美的先河。史学家陈寅恪论《再生缘》的文体曾说："无自由之思想，则无优美之文学。"此论用来解庄，恰切至极。庄子词章之美，来源于思想的自由。庄子所追求的是自由无碍、自然无恃的人生境界。"其寐也魂交，其觉也形开，与接为构，日以心斗"[1]，这种烦恼人生，庄子最不能接受。"终身役役，而不见其成功；薾然疲役，而不知其所归"[2]，这种不能自主的被动人生，也为庄

[1] 《齐物论》。
[2] 同上。

子所厌弃。他把因不能自由生活所引起的种种人生困境，给定一个名称，叫作“天刑”。他的正面主张，是“乘物以游心”[1]，即顺应自然律，保持心灵的自由。这种境界的最高表现，是“无己”“无功”“无名”[2]。但“三无”之中，“无己”最重要，所以庄子又称“无己”为“吾丧我”[3]。而做到这一点，也就解决了人生的最大最后一个问题——生死问题。“大块载我以形，劳我以生，佚我以老，息我以死。故善吾生者，乃所以善吾死也。”[4]“上与造物者游，而下与外生死、无终始者为友。”[5]从而进入庄子的最高人生理想境界——“至人”的境界。

庄子和老子都是道家的代表人物。但我的看法，庄子并不是老子衣钵的承继者，而是另辟天地，自立宗旨，于道家的哲学有独立建树。老子和庄子，同样都是道家的创辟人物，他们试图解决的宇宙人生的根本问题互有不同。老子解决的是“天人”问题，庄子解决的是“人我”问题。而孔子，则解决的是“人人”问题。“人人”关系，受制于社会变迁，所以儒学多变，大家知道的，儒学有三期或四期之分，也许四期的说法，不无道理。汉代的董仲舒倡“天人合一”之说，是不是也含有弥补先秦儒学主要解决“人人”问题而忽略“天人”问题的不足之处？儒家当然也讲天，但孔子讲的天，有一个模模糊糊的人格神在，不纯是自然之天。庄子之天，则纯乎自然之天。道，孔子、老子、庄子都讲，

[1] 《人间世》。
[2] 《逍遥游》。
[3] 《齐物论》。
[4] 《大宗师》。
[5] 《天下》。

但孔子重人道，名言是“天道远，人道迩”。老、庄重天道。老、庄的道，也有区别。老之道，很有点像黑格尔的“绝对精神”；庄之道，则像康德的“自在之物”。道是高度抽象的绝对，无论康德、黑格尔、老子、庄子，都是如此。但康德、黑格尔的绝对是死的，老、庄的绝对是活的。老子的命题：“人法地，地法天，天法道，道法自然。”如果这一命题停留在“天法道”的阶段，就和黑格尔的“绝对精神”或者康德的“自在之物”没有区别，但后面还有“道法自然”一句。庄、老之道，因自然而活，因自然而获得生命。

庄学本乎自然，其学说建立在大千世界千变万化的基础上，不求永恒，只述相对，反而使自己的哲学意涵具恒在意义。儒家一意求永恒，守“天不变，道亦不变”的律条，反而常常发生危机。最大的危机在晚清。危机之根源，在儒学的依托物是社会的经济与政治结构。老之学是超离于社会的经济政治结构之上的绝对律令，无须随社会结构的变化而变化。庄之学不仅超离社会，还超离个人，因此也无须随时趋变。儒学在诠释中获得生命。老学和庄学不必诠释就可以流传。晚清以还社会结构的变化，造成传统儒学价值的崩塌，以传薪续命为己任的新儒家，故有“花果飘零”之叹。

而传统儒学与东亚的经济起飞是否有直接或间接的互动关系？或者说，中国的儒家传统与现代性是否相关？这类话题正在为许多学者所关注并因此而争论不休的时候，庄子哲学已经为现代人迷惑缠陷、为外物所困的遭受“天刑”的处境，提供精神解脱的普遍性资源了。西方思想界近年极重视老庄学说，原因就在于此。人们越来越认识到，老子是超越一切东儒西哲、往圣今贤的人类最高智能的结晶，老子哲学是不受时空限制的哲学的哲学。在现代和后现代社会，政治将不再主宰一切，权力也不能决定一切。知识，世俗化了；知识分子，边缘化了。人类向往个体自由的精神，需要庄子哲学来点燃并打开自蔽的牢笼。庄子主张个体精神自由，并不伤害社会；老子冀图权力者学会"治大国，若烹小鲜"的本领，减少政治动荡，尽量保持社会的完型。如果说儒家是维护社会的整体秩序，道家则是希望保护个体生命良性运动的自由秩序。

庄子所追求的这种个体生命的自由，见诸生活，是一种享受；诉诸人生，则是一种审美。中国学术，不能无孔子、孟子，也不能无老子、庄子；中国文化，不能无儒家、释家，也不能无道家。我个人不赞成传统文化的儒家中心说，但并不低估儒家的思想的、哲学的、政治的历史作用。中国历史上，儒学大多数情况下都是占统治地位的学说。儒学弘明正大，但宋学的理性之美，同样令人爱慕。释家和道家，特别是道家思想，其对社会、对个人的影响不可低估。儒释道三家、三派、三教的相拒相融，互动互补，是中国传统思想与文化的特殊存在状态。我们固然应该从社会结构中去寻找思想形态的归根结底的原因，同样，中国传统社会的政治与经济结构的变迁，也可以从儒、释、道三家的互补互动中得到可靠的消息。

我因为研究学术史，所以格外喜欢庄子的《天下》篇。"天下大乱，贤圣不明，道德不一，天下多得一察焉以自好。比如耳目鼻口，皆有所明，不能相通。犹百家众技也，皆有所长，时有所用。”其述晚周百家之学，明通如此。我倾向于认为《天下》篇是《庄子》“内篇”的后序，因此也有可能出自庄周自己的手笔。是耶非耶？质之高明。

载 2001 年 1 月 17 日《中华读书报》

节稿刊香港《明报月刊》2001 年第 1 期

读《漫述庄禅》致李泽厚

泽厚兄：

久违了。你在哪里？我找不到你。你进入庄禅的境界了，自然无法找到你。庄子曰："形形之不形乎？"

我无法描述读了《漫述庄禅》的喜悦心境。屋中的尘物、桌子、书橱、笔筒、茶杯、台灯、窗帘……一下子都蒙上一层光辉，仿佛与往日、异时大不一样。我来回踱着步，身心一阵轻松，后来竟笑了起来。我想，大约这就是"个体感性经验的某种神秘飞跃"罢。当然我自知还没有获得佛性，距离成佛做祖还无限遥远，只是产生了一种审美愉快；而这愉快，是从大作中感受和领悟来的。确如你所说："经此一'悟'之后，原来的对象世界就似乎大不一样了。"因此，我不仅在思辨上，在道理上同意你对庄玄禅的论述，在实感上、在审美上也被你的论述征服了。

我由此想到，陶渊明所谓"好读书，不求甚解，每有会意，便欣然忘食"指的也是这样一种境界。他追求的是直觉领悟，而不是一章、一句、一词、一字的具体含义。这有他的"此中有真意，欲辨已忘言"诗句可证。你在文章中提到了陶诗"采菊东篱下"，并说具有禅味的诗比许多禅诗更接近于禅，可谓至论。

你对禅宗大讲特讲的"悟"，解释得如此精妙："并非理智认识，又不是不认识，而只是一种不可言说的领悟、感受。”又说：“‘悟道’既不是知识或认识，而是个体对人生谜、生死关的参悟，当然就不是通过普遍的律则和共同的规范所能传授，而只有靠个体去亲身体验才能获得。”因此语言、概念、思辨便没有用武之地了，“不立文字”说于是得到了最确切的说明。有的文章涉及这个问题，大都强调不可言传的神秘感，而没有从把握对象的独特方式上去考虑，不是悟道之论。“在感情自身中获得超越，既超越又不离感性。”——你描摹得太准确了，迦叶有知，也会再次拈花微笑的。而且你还进一步从哲学上揭穿了禅宗顿悟的秘密：“乃是对时间的某种神秘的领悟，即所谓‘永恒在瞬刻’或‘瞬刻即可永恒’这一直觉感受。”我知道，这是你对禅宗哲学的一个哲学发现。理论意义很重大。赵朴老不满意范老对佛教的批判，原因之一是他认为范老太看轻了佛教哲学，只有批判，缺少感悟。前些时见到朴老，谈起佛教哲学，他还表述了这个观点。如看到你的文章，他会认作知音的，我准备复印一份送朴老一阅。

“既已超时空、因果，也就超越一切有无分别，于是也就获得了从一切世事中解放出来的自由感。”绝妙的论述！你不仅把禅宗，把整个哲学都现代化了。我读《漫述庄禅》之后，“就获得了从一切世事中解放出来的自由感”，真的得到了，绝非虚言。“某种精神的愉快和欢乐”我在读大作时也得到了，我竟然一个人高兴得笑起来。昨天和再复曾谈起我这种感受。大约两个月前，再复向我诉说，他已经发现了、找到了心目中的上帝。他说他心里有个上帝。我当时没有理解，以为是他写散文诗产生的一种特定心境。不料你在文章中对此做出了回答：“禅宗宣扬的神秘感受……接近于悦神类的审美经验……不仅主客观浑然一致，超功利，无思虑；而且似乎有某种对整个世界的规律性与自身的目的性相合一的感受。”你说一些人把这种感受说成了自由想象，从而相信上帝。真是不幸而言中！再复产生的就是这样一种感受。不过，这种感受的层次可能大有分别。主客浑然，情景交融，我佛同体，天人合一，物我两忘，同时实现，可能是这种感受的最高境界，常人恐达不到，最多在某一方面实现（如情景交融）就是难得的享受了。禅宗的悟，应该是高层次的，而且在时间上也应该持续得比较久远。所谓一去不复返是也。如果一会悟，一会又返，说明还没有得佛性。也许大多数僧众都是悟—返—悟—返，循环往复，矛盾终生？你的文章里没有谈及悟持续的时间问题，是一缺陷。

你在文章结尾集中谈了庄禅的直观思维方式，提出：“中国思维更着重于在特殊、具体的直观领悟中去把握真理。”又说：“禅的激烈机锋在打断钻牛角的逻辑束缚，否定认识和知识的固定化等方面，更有启发、震醒作用，它使人们在某种似乎是逻辑悖论或从一般知识或科学看来是荒谬和不可能的地方，注意有某种重要的真实性和可能性。而所有这些，又与中国从孔学开始重视心理整体（如情感原则），而不把思维仅当作推理机器的基本精神，是一脉相通的，即不只是依靠逻辑而是依靠整个心灵的各种功能去认识、发现、把握世界，其中特别重视个体性的独特体验与领悟（这与每个个体的先天素质、后天经验各不相同有关系）。我以为这在今日的思维科学中有重要的借鉴意义。因为这种非分析非归纳的创造直观或形象思维正是人不同于机器，是人之所以能作真正科学发现的重要心理方式。”太对了，也太重要了！这正是人文科学和自然科学、科学与文学、理论和经验、理智与情感等许多边缘处不解之谜的根源，古往今来的那许多科学家、文学家、艺术家进行创造思维的动人故事，从此都可以有科学的谜底了。虽然这还需要深入地、系统地研究（可以建立和发展一门或几门新的边缘科学），但你已经把问题揭破了，整篇《漫述庄禅》即可以看作是对此一问题的启悟性回答。你发现了中国思维的特点，这可不是小事情。这是大贡献呀！

“总之，无论庄禅，都在即使厌弃否定现实世界而追求虚无寂灭之中，也依然透出了对人生、生命、自然、感性的情趣和肯定，并表现出直观领悟高于推理思维的特征，也许，这就是中国传统不同于西方（无论是希伯来的割裂灵肉、希腊的对立感性与理性）的重要之处？也许，在剔出了其中的糟粕之后，这就是中华民族将以它富有生命力的健康精神和聪明敏锐的优秀头脑对世界文化做出自己贡献时，也应该珍惜的一份传统遗产？”你用的是设问句式，并希望读者认真想一想再加可否，说明你很审慎。唯其如此，更看出你对自己的结论是充满信心的，而且你意识到了这一哲学发现的重要意义。我等不得“想想，再想想”了，我现在就向你表示祝贺！

现在各学科领域都在追寻和探索我们本民族的特点，国家总的发展口号也是建设有中国特色的社会主义。到底什么是中国特色？我们民族的特异之处何在？很少有人讲得清楚。你发现了中国思维的特征是直观领悟高于推理思维，这就为建立具有中国特点的思维科学准备了条件，进而还可以在与西方思维方式相比较中，为探讨整个人类的思维规律做出贡献。还有，人文科学领域争论不休的批判继承问题，到底从古代思想文化遗产中继承什么？继承孔子的“仁者爱人”？孟子的“舍生取义”？似乎不容易直接搬过来、立刻生效，因为每个人都有自己的出发点，即便做出“爱人”或“舍生”的举动，也不是从孔、孟那里吸收的养料；相反，这样做的人倒不一定要做“仁者”，或者目的就是为了“取义”。毋宁说，他们是不自觉的。如果出于自觉的道德目的，行为本身反而不那么道德了。那么向传统继承什么？继承杜甫的“细雨鱼儿出，微风燕子斜”？继承这写景诗中的灵动？或者继承李商隐的“春蚕到死丝方尽，蜡炬成灰泪始干”？但前者写微风细雨、后者写情爱相思已到至境，后人无法在这两个具体景、情上继承什么了。读了你的文章，我悟到：你总结的中国思维的特征和规律，倒是我们今天必须继承下来的，实际上每个人都在事实上继承了，整个文化结构中就包含着这个方面。真正继承下来的东西，是悄悄地、默默地继承的，即使理论家论证不该继承，政治家反对继承，也无济于事。理论的作用是有限的，而经验启悟是无限的。就拿《漫述庄禅》来说，你论述的是庄玄禅的同、通、异、别，从中总结思维规律，对象本身是界限分明的，你并没有想通过一篇文章解决一切哲学问题。但由于你不光是运用逻辑思辨，更多的是描摹，确切地说是以悟解悟，因此我从中得到的东西几乎具有无限性，远远超过了庄禅本身。所以我认为你这篇文章的价值、意义，真是不可估量——它将为思想史的研究、传统美学的研究，开一新生面，引入目的性和规律性合一的科学途径。

你在肯定直观领悟高于推理思维是一份值得珍惜的传统遗产

时，强调须剔除其中的糟粕后才能达到目的。这是全面不偏的看法。不过作为思维特征而言，无所谓精华和糟粕，只有长短之分。直观领悟高于推理思维，这正是中国思维的特征，就长处而言，它产生了聪颖锐敏的灵动头脑，有利于造就艺术产品；就短处而言，使得思辨不发达，很多学科缺少系统的理论创造。甚至人情大于王法，凡事不细密验证，以意为之等弊端也和这种思维方式有关。但集中体现中国思维特征的庄禅就有精华和糟粕之分了，你在文章中对此论述甚详尽，我完全赞同。"庄玄禅正是在这个意义上可以陶冶、培育和丰富人的精神世界和心灵境界。它可以教人们忘怀得失，摆脱利害，超越种种庸俗无聊的现实计较和生活束缚，或高举远慕，或怡然自适，与活泼流动盎然生意的大自然打成一片，从中获得生活的力量和生命的意趣。它可以替代宗教来作为心灵创伤、生活苦难的某种慰安和抚慰。这也就是历代士大夫知识分子在巨大失败或不幸之后并不真正毁灭自己或走进宗教，而更多的是保全生命、坚持节操、隐逸遁世，而以山水自娱、洁身自好的道理。"这讲的全部是实情。庄禅确在这方面有它的长处，有它的积极面，而且在传统文化层面里影响是很大的，造就了中国知识分子特有的面貌。

但与此同时，也因此带来很大的消极性。我们中国人，尤其知识分子，太善于自我解脱了。当主观改变不了客观时，就离开客观，在主观上自行解脱，而不容易化作历史行动。中国封建社会的改朝换代，本来就是封建社会自身的一种调解；每个有知识的人又都那样善于自我调解，结果封建政权可以得到"解脱"，个人也可以得到"解脱"，遂使历史变动就迟缓了。当然也变，但万变不离其宗，实际上是变的不变，就如同不变中的变一样。反映到文学艺术上，则缺少真正的悲剧，多的是悲喜剧。顺便说一句，中国知识分子里面，被迫害死的多，自杀的则很少，这到底是优点还缺点？幸还是不幸？我觉得自杀不失为使人类警醒的一种动力。说到底，中国知识分子太爱惜自己了，太容易解脱了，追其原因，盖由于有庄禅给他们提供藏身之地。还有，在许多人那里，是非感淡漠，面对横道和邪恶，不置一词；马路上出一件什么事，大家立即拥上去围观，但看客一般是没有表情的，除非是觉得好玩。“中国哲学的趋向和顶峰不是宗教，而是美学。”诚然如此。对人生采取审美态度是好的，但游戏人生则不好。我说得离开本题了。总之庄禅的消极性也不容低估。从这个侧面来说，你的哲学发现也是非常重要的，可以由此理解并解决中国传统文化心理方面的许多难题。

庄禅之外的论述古代思想史的其他几篇大作，我还未来得及拜读，想在最近都找来一一学习。再复看过墨子和孔子的两篇，他说都极好，我们两个谈你谈得异常兴奋，几乎要进入庄禅的境界了。什么时候我们能够一聚？写个便函给我，然后我约上再复一起去看你。

没想到一下子写了这许多，可见没有顿悟，甚至连“至言无言”的古训都违背了——凡夫俗子，不可与之谈禅矣！

祝好！

弟 梦溪

一九八五年一月六日 敬上

附语：我与李泽厚是多年的好友，却忘记了二十六年前曾给他写过很长的一封信。前年他回国说及此事，我说是吗？今年他拿来了原物，说很多信函未及保留，唯此封完好无缺。我一看，果然是我当年的字迹，只是没想到有那么长，十五页之多，四千多字。当时泽厚正一篇一篇地写《中国古代思想史论》，因为是在《美的历程》和《中国近代思想史论》引起的学术地震之后，大家不免趋之若鹜。所以信中有和刘再复相与讨论的话语。泽厚60年代的一篇残稿，同意在本期《中国文化》刊载，我这封信正好可以作陪。其实信的内容，主要是当年读《漫述庄禅》所产生的一次审美体验，情感价值远胜于学理价值。重新检视，理则文义疏误可笑自不待言。好在情真、境真、意真，二十六年前的这封信，庶几可以一真遮百丑。故不易一字，原文照刊，敬请博雅君子哂正可也。

2011年9月27日清晨七时整附此说明

载《中国文化》2011年秋季号

阳明学的性格

我很高兴有机会参加在王阳明悟道的贵阳召开的这次国际学术研讨会。前天，我刚从南昌回到北京。我去南昌，是应邀参加中国首届研究大史学家陈寅恪的祖父陈宝箴和父尊陈三立的学术会议。陈宝箴是戊戌变法时期的湖南巡抚，一位了不起的实际改革家。过去一提起戊戌变法，就讲康、梁及谭嗣同等“六君子”，却很少有人认真讲起陈宝箴、陈三立父子。其实陈氏父子在晚清变革中所起的作用，是不可替代的。当时湖南改革走在全国的最前面。陈三立是著名诗人，也是湖南改革的具体组织者和精神领袖，但这样两位极重要的历史人物长期被忽略了。因为陈氏父子是江西义宁人（民国以后改为修水），所以江西省有关单位发起召开了这次专门的研讨会，试图给陈寅恪的祖父和父亲以新的与历史相吻合的评价。

因缘凑巧的是，义宁陈氏一门也是王学的忠实信仰者。陈宝箴的父亲陈琢如（陈寅恪的曾祖父）先生，对王阳明的学说情有独钟，青年时期读阳明书即“有如宿契”，尝废书而叹曰：“为学当如是矣！奔驰乎富贵，泛滥乎词章，其人之学，自贼其心者也。惟阳明氏有发聋振聩之功。”他因此在江西义宁州创办了义宁书院，发挥王学，为国家敦教植才。他说：“士失教久矣，自天下莫不然，独义宁也欤！诚欲兴起人才，必自学始。”[1] 陈宝箴、陈三立、陈寅恪一家的家学渊源，确可以直接追溯到阳明之学。

我本人近十余年来主要研究学术史和文化史。由研究学术史，而致力于以陈寅恪为代表的义宁陈氏之学的研究。因为研究陈氏之学，才追溯到陈氏之学的王学渊源。我个人的学术思想，现在在精神上也产生了向王学皈依的趋向。我读阳明子，也不禁有与琢如公相同的感叹存焉，因此于当今流行之学不敢多赞一词。

王学的特征至少可以从以下几方面略加概括。

第一，王学是有力量的，是具有承载力的学问。中国历来的学术，常常缺少力量，逃避主义是中国传统文化一个方面的特征。特别是近百年来，知识分子大都有一种无可奈何的无力感。但王学，不主张逃避，敢于承担苦难，敢于正面相向。王阳明一生坎坷，政治上并不得志，其心路历程有“五溺三变”之说，他的悟道，也是由于“居夷处困”，在为同僚辩屈遭廷杖四十贬谪到贵州龙场之后，历大艰危而意志不动摇，于是对格物致知之说寻得新解。

第二，王学所以有力量，在于它的独立精神和自由思想。首先是它的独立性，也就是龙场悟道时所说的“圣人之道，吾性自足”，又说：“夫学贵得之心。求之于心而非也，虽其言之出于孔子，不敢以为是也，而况其未及孔子者乎？求之于心而是也，虽其言之出于庸常，不敢以为非也，而况其出于孔子者乎？”[2] 还

---

[1] 郭嵩焘：《陈府君墓碑铭》，《郭嵩焘诗文集》，岳麓书社，1984年，第438页。
[2] 《传习录》。

说："夫道，天下之公道也；学，天下之公学也。非朱子可得而私也，非孔子可得而私也。"[1]在明代当时具体的历史环境下，这是何等的石破天惊之语。他在《答人问良知》诗里还说："良知即是独知时，此知之外更无知。"王学的独立精神和自由思想，使其学说具有一种空诸倚傍的气概。

而就其与传统儒家思想的关系而言，王阳明既是继承者，又是叛逆者。生活在今天的知识人士都喜欢谈自由，但自由的前提是个体的独立。独立是个体的一种收缩，收缩可以凝聚为力量。每个个体都独立了，个体与个体之间的距离就拉开了，个体活动的空间也就随之扩大了，个体自身就自由了。个体与个体之间的运行规则，就是社会约定的民主。因此，如果我们大家喜欢自由，希望建立一种民主制度，那么个体的独立是不可逾越的前提。王学的出发点，就是追求个体生命的独立，他主张"心即理"，认为"心"外无"事"，"心"外无"理"。这就是他的"心本体"说。此说为个体生命的独立奠定了理性根基。而且他说："心之本体，即天理也。"这使得王学完全突破了朱熹的"理""事"二元哲学的框子。所以王学有"狂"的特征，但阳明之"狂"，早期或有"狂狷"之义，后来可以说是"圣狂"，是为学为人的完全独立的精神。王学作为传统思想资源在今天的意义，我以为首先就在这里。

第三，王学的基本概念——"致良知"，最符合人类本性，最纯洁，起信点是要减少人们的精神杂质。它的基本假定是相信

[1]《传习录》。

人性是无善无恶的，只是由于被物欲所蒙蔽，人性被异化了。阳明先生说："良知即是天植灵根，自生生不息；但着了私累，把此根戕贼蔽塞，不得发生耳。"其"四句教"更明白地昭示："无善无恶是心之体，有善有恶是意之动。知善知恶是良知，为善去恶是格物。"所谓"良知"，王阳明认为就是人的辨别是非之心，如果连起码的是非都不能辨别，就意味良知的泯灭。"致良知"就是"致吾心之良知"，使人的蔽塞之心恢复"一点灵明"。在我看来，阳明"致良知"理念的提出，一定有他本人的经验体悟在里面——他对明代社会的官场黑暗、颠倒是非黑白的怪现状感受至深，所以"致良知"实际上亦颇有直接现实的针对性。职是之故，阳明对人类精神之提升所做之贡献可谓大矣。现在不是讲要提升全民族的文化素质吗？王学至少可以在理念上达致起信的作用。

第四，王学重实行。他的名教是"知行合一"。他说："世间有两种人，或是不解思维即任意去做，或是悬空思索不肯躬行。"他想摆脱这对立的两极，说："某今说个知行合一，正是对病的药。"又说："知之真切笃实处，即是行；行之明觉精察处，即是知。"而所以"知行"能够"合一"，是缘自不去"外心"以"求理"，即"心即理"。此种"知行合一"的学说，使王学虽讲"心本体"，却无凿空之弊。学术史、思想史上讲王学空疏，如指王的后学则可，指王本身，则不可。

第五，王学绝无门户之见。按学术渊源来说，阳明固直承陆九渊，所以称"陆王之学"，但他对程朱之学，在批评的同时，绝无排斥之意。宋儒的缺失，在宗派和门户，王阳明则不同，他本身清明，故无须间杂连累往圣前贤。当然他很自负，自信自己的学说能得中行，其他学说则不及自己的明快通透。

第六，因此我们可以说，王学了无障碍，简便易行，只不过王学历来不为传统社会的主流势力所重，其遭排抑、打压的命运，终明清两朝迄无改变。只是到了晚清，清统治者的处境每况愈下，反主流的文化思想盛行，王学又为思想界的骨鲠之士所推重。

但曾几何时，王学又因主观唯心论的头衔被长期尘封起来。现在去掉尘霾、恢复王学的本来面貌，恰逢其时。祝今次阳明心学国际对话获得成功。

本文系 1994 年 9 月 20 日在贵州
“阳明心学国际对话会”上的发言

明清易代与士人之出处大节

张中行先生笔舌恣肆，不拘常格，自是当世文章作手。但我深感抱愧，此前很少从头到尾完整地读过张先生的文章。这次拿到1995年第十二期《读书》，也是随便翻翻，看到一页上有柳如是、钱牧斋字样，引起了阅读兴趣。读罢全文，感到不无可商可议之处。但久矣夫不作讨论文字了，因为不知从什么时候起，我对真理越辩越明的古训产生了怀疑。后来看到《文汇报》笔会专刊上黄裳先生的文章，连类触发，不禁手痒，写几点读后感想，向张中行先生请教。

张先生提到对农民起义的评价问题，他不赞成“凡是农民起义都是好的”那种以往的教条。这没有什么不对。说张献忠“几乎把四川人杀光了”，虽有所夸张，也不是毫无历史真实的影像。但接下去他说：“说句不怕高论家耻笑的话，如果我不幸生于其时，就宁可做朱氏或爱新觉罗氏的顺民，而不愿往四川分享农民起义的光荣，因为我无大志而舍不得小命。”这个假设就有问题了。

首先历史不能假设。不仅历史事件的过程研究者不能假设，单独个人的历史经历，自己追悔固可，却不能重新走过。因此张先生设想如果他生在明末如何如何，倒真的是绝无法兑现也无法复按的“高论”。其次是假设如果能够成立，结果也不一定只有张先生设定的一种可能。现成的就有另外一种，即张先生非常不幸地偶然地情非所愿地遭遇了起义军（当时京畿地区常有起义军的密探），他被俘获了，而且并没有像杀四川人一样杀掉他，而是赏慕他的文笔词章，要用其所长，请他做一名幕僚或随军文书什么的。如果当时的历史规定情境是这样，张先生何以自处？逃跑？继续“做朱氏或爱新觉罗氏的顺民”？自然是一种选择，但身陷军中，恐不易实现。余下的只有两条路：自杀或者做“起义军”的文字工具（不只是顺民）。从张先生的声称自己“无大志而舍不得小命”，以及对陈子龙的不满来看，他肯定不会选择前者。可是后者，就有一个张先生不甚喜欢的知识分子的出处和立身的大节问题了。

当然可以争辩说，还有另外一条路，就是不管情愿不情愿，先假装接受下来，争取时间，再谋他途。许多历史人物都曾这么想过，也这么做过，可是践履起来，常常事与愿违。权力者常常不给你“徐图之”的时间，而是逼迫你立刻做出决定，结果还是需要面对或降或死的更明快的抉择。当然也可以设想投降之后，用自己素所坚持的“人文主义”思想去教育、感化、改造他们，不让他们杀那么多人；历史经验昭示，很少有这么做获得成功的先例。退一步说，即使接受了你的建议，推翻朱明政权的宗旨仍不会改变，那么，你是帮助他攻打明朝，还是站在朱明一边反对他的既定目标？总不可以既帮助起义军打明朝又帮着明朝不让起义军去打吧？于是很不幸的张先生又面临一个知识分子的何去何从的抉择问题——而这抉择，便可见出、反映出、考验出一个被称作有知识的人的操守、品行、气节、道德。

张先生说:“人文主义要的是实实在在的福利,常常不管本性可疑的光彩不光彩。”这说法可有问题。什么是人文主义?无非指一种思想态度,按照这种态度,人和人的价值被强调,人对自然的优越性得以凸显。但人的价值、人的优越性,离不开对真善美的追求,包括人格尊严、荣誉感,也就是生之为人时不时会遇到的“光彩不光彩”的问题,都应该是人文主义的构成内容。人与动物的区别之一,是人有耻感,因此寡廉鲜耻是一种恶德。中国传统文化里面,“耻”这个概念居于非常特殊的地位,孔子说:“行己有耻。”孟子说:“人不可以无耻。”特别是官员和知识阶层,耻感更其重要。所以顾宁人有“士大夫之无耻,是为国耻”之说。不过“行己有耻”这四个字,对一个文明人来说,要求并不算高,主要由于受现实利欲(包括张先生说的“实实在在的福利”)的诱惑,难免有时忘掉了生之为人的耻感,即变得不知耻。所以教化、文明,为一个健康的社会所必需。文明,总是人文主义所需要的罢?张先生视为利器(他说“干脆抽出匕首”)的“评定事的是非”的“人文主义”标尺,不是就包含“趋向文明”的内容吗?如果有一种“人文主义”,其内涵与人的“光彩不光彩”也就是人的尊严、耻感互不搭界,甚至相排斥,只“要的是实实在在的福利”,这种人文主义的“本性”,我看倒真正是“可疑的”。

至于说到对明清鼎革之际士人出处问题如何评价,张先生的人文主义标尺,就更其矛盾而不敷所用了。钱牧斋的遭后世诟病,是由于他没有“以身殉”“完蛋于煤山”的崇祯皇帝吗?史载明思宗朱由检自缢于万岁山之寿皇亭,是在崇祯十七年甲申,即公元 1644 年 3 月，正当李自成率部攻入北京的时候。而钱牧斋的降清，在乙酉即 1645 年 5 月，此时与清廷对峙的是南明政权，只要当朝的弘光皇帝不偃驾，就不存在对君的“身殉”不“身殉”问题。如果有殉，是殉国、殉难。但另一个问题却分明地存在着，这就是当清军屠罢扬州之后又兵临南明首府南京，皇帝出逃，大臣撤离，此情此景，身为内阁大臣，又是有影响的文坛领袖的钱谦益，该如何处置己身的选择问题。众所周知，他是投降了，而且是迎门纳款，堂而皇之地投降的。投降后逼令剃发，据说他表现得也比其他降臣顺训。

那么，不妨用张中行先生制定的“评定事的是非（或对错、好坏）”的标尺衡量一番，钱氏之降清“能不能使所有有关（包括受间接影响）的人获得幸福，趋向文明”，恐怕衍生不出这样的预设作用。相反，异族以武力相侵，立即迎降，总不能看作是很“文明”、很道德的行为罢？陈寅恪先生撰写《柳如是别传》，对河东君赞颂有加，对钱谦益在一定程度上有所回护，但仍指出：“牧斋之降清，乃其一生污点。”《小腆纪年附考》所说的“谦益谬附东林，以为名高，既以患得患失之心，为倒行逆施之举，势利熏心，廉耻道丧，盖自汉唐以来，文人之晚节莫盖，无如谦益之甚者”等等，这些“痛诋之言”，寅恪先生也认为“固是事实”。可是张中行先生却向我们问道：“钱牧斋，除了没随着崇祯皇帝死之外，你还能举出他什么劣迹？”

钱牧斋本人如果得知张先生这样评价他，也要汗颜难安的。因为钱牧斋降清之后内心甚为悔愧，所以晚年与河东君一起参与了秘密复明活动。陈寅老的《柳如是别传》对此考订甚详，兹不多赘。但不妨拈出一例，即钱牧斋的《西湖杂咏》序里有如下一段话："想湖山之繁华，数都会之佳丽。旧梦依然，新吾安在。况复彼都人士，痛绝禾黍。今此下民，甘忘桑葚，侮食相矜，左言若性。何以谓之，嘻其甚矣。"其中"侮食相矜，左言若性"句，典出王元长《三月三日曲水诗序》[1]，寅恪先生说："牧斋用此典以骂当日降清之老汉奸辈，虽己身亦未免在其中，然尚肯明白言之，是天良犹存，殊可哀矣。"可见钱牧斋对自己的降清充满着悔恨交加的复杂心情，并没有悄悄地引以为荣耀。然而张中行先生说，"走钱牧斋的路也未可厚非"，公开提倡异族以强力威迫，我们不妨投降。立论虽有"新意"，或说"深意"，当然是"高论"，却未免厚诬古人也强加今人了。

中国传统文化中的纲常名教部分，许多已不适合于今天，这是事实，比如"忠君"，自然不应再去提倡。张先生文章对忠君观念痛乎言之，鞭挞留痕，也不为过。但张先生说，几千年来的知识分子都在这个问题上"受骗"（或自骗），动机如果不考虑，"结果就成为，为历代的专制魔王做了帮凶"。这话可有些言之过重之嫌。

谈历史，不能离开历史环境。彼时彼地和此时此地、古人和今人，不能混为一谈。周秦以还、1911年以前，中国一直是帝制社会，既是帝制，就有皇帝，就有皇帝和臣民，因此就需要建立一套协调君臣关系的伦理。"忠"这种协调君臣关系的伦理约定就是这样产生的。如果我们不愿接受"凡是否定现存秩序的言动

[1] 见《文选》卷四十六"序下"。

就是好的、肯定现在秩序的言动就是坏的”这种破坏性的直线二分史观，就不必对传统社会的忠君观念格外深恶痛绝。在有些时候，忠君和爱国还有点难解难分，虽大家如屈、杜，也不免为之困扰。就说忠君不好，对历史人物也须平等待之。忠于朱明、崇祯皇帝这一边，张先生愤然而又愤然，认为那是替专制魔王做帮凶。投降到与朱明对峙的那一边，就认为“未可厚非”，虽然那边也有皇帝，也杀人，也需要尽忠。这样双重标准评价历史人物，总有点不公平、不够“人文主义”罢。何况复按史乘，也并不如张先生所讲，知识分子全都“受骗”（或自骗）。明清之际，已有不少思想家对君权泛滥提出严厉批评，其中和顾亭林一样留恋明朝而不满清朝的黄宗羲，就不客气地说过：“为天下之大害者，君而已矣。”唐甄更进一步：“自秦以来，凡为帝王者皆贼也。”这可是面对“今上”说的，设身处地地想想，不能不佩服生活在三百年前的这些大知识分子的勇气。

张先生对顾炎武偷祭十三陵颇致不满，责怪这位精通历史的大学者竟忘记了从朱元璋、朱棣到正德、天启、崇祯这些故明皇帝，曾经做过不少祸国殃民的坏事。他说：“不忘而一笔勾销，就是因为心中有忠君思想盘踞着，以至于认为，既然坐上宝座，就无论什么都是正义。”在顾炎武面前谈正义，可要小心。因为同时期很少有另外的人能够像亭林先生那样，既洞明历史真谛，又深明民族的大义。皇帝的不成器和胡作非为，他当然知道而且不会忘记，否则他就不必写《天下郡国利病书》了。只不过在他心目中，除了皇帝，还有故国在，这两者相连而并不相同。如何对待故国旧君，是传统社会检验知识人士立身德性的一包小小的试剂。

“有亡国，有亡天下，亡国与亡天下奚辨？曰：易姓改号，谓之亡国；仁义充塞，而至于率兽食人，人将相食，谓之亡天下。”这段著名的话，就出自亭林先生之手。何等明白、警醒！所谓亡天下，就是亡一国之文化。清代的强行剃发易服，不就是要亡华夏的固有文化吗？顾亭林的家乡江苏昆山县，乙酉六月陷入清兵之手，他的嗣母王氏绝食十余天不屈而死，遗书爱子：“无为异国臣子，无负世世国恩。”难道这种在强暴面前表现出来的民族气节（绝不是殉君），就一定和张先生的“人文主义”标尺相冲突？

我倒以为，明清易代，生灵涂炭，文化失其种姓，社会失其轨则，因此抗争之持久而有韧性、殉国者之多、场面之壮烈，为华夏民族有史以来所罕见，这正是一个文明古国长期文化累积和人文化成的结果。今天的读书人何必操一把以“实实在在的福利”相昭示的“人文主义”的标尺，来把几千年累积下来的含蕴民族正气的历史文明的花果统统连根拔掉？“呜呼！建州入关，明之忠臣烈士，杀身殉国者多矣。甚至北里名媛，南曲才娃，亦有心悬海外之云（指延平王），目断月中之树（指永历帝），预闻复楚亡秦之事者。然终无救于明室之覆灭，岂天意之难回，抑人谋之不臧耶？”[1] 姑以陈寅老《柳如是别传》中这段与评价钱牧斋有关的话作为我这篇文章的结语。

载1996年2月6日《文汇报》

[1] 陈寅恪：《柳如是别传》下册，生活·读书·新知三联书店，第1143页。

士人的狂者精神在清代的敛退

明清易代不仅是政权的鼎革，也有文化的激变，所以顾炎武有“亡天下”之说。明中期以后城市经济发展迅猛，长江中下游出现了士商合流的现象，社会的中上层的生活趋于精致化和休闲化，这为作为知识人的士阶层和商业精英的自由狂放提供了适宜的土壤。1644 年清兵入关问鼎，第二年南下摧毁南明小朝廷，带来的是强悍的同时也是粗造的生活方式。陈寅恪《柳如是别传》第四章援引河东君的友人汪然明的一封信函，颇及明清之变给西湖景观造成的影响，其中写道：“三十年前虎林王谢子弟多好夜游看花，选妓征歌，集于六桥；一树桃花一角灯，风来生动，如烛龙欲飞。较秦淮五日灯船，尤为旷丽。沧桑后，且变为饮马之池。昼游者尚多畏缩，欲不早归不得矣。”[1]。汪信中的“沧桑后”一语，指的就是明清鼎革。晚明之时如此繁华旖旎的西湖，陡然间变成了清兵的“饮马之池”，这是何等的沧桑巨变。不用说“选妓征歌”的夜游狂欢了，白昼里游人尚且因恐惧而畏葸不前。

陈寅恪先生在征引汪然明的信函之后写道：“盖清兵入关，驻防杭州，西湖胜地亦变而为满军戎马之区。迄今三百年犹存

---

[1] 《柳如是别传》中册，第 377—378 页。

'旗下'之名。然明身值此际，举明末启祯与清初顺治两时代之湖舫嬉游相比论，其盛衰兴亡之感，自较他人为深。吁！可哀也已。"[1] 寅老的史家之叹，给我们留下诸多思考。实际上，清之代明而起，知识人和文化人首当其冲，要么投降，要么死节，生命尚且难保，除了偶尔的因病而狂者（"病狂"），哪里还能找到正常的"书狂"和"士狂"？更不要说龙性使然的"龙德之狂"了。四十年的武力征伐（1644 年入关到康熙二十二年平定三藩），百年的文字狱（顺治十六年的庄廷鑨修《明史》案到乾隆五十三年贺世盛的《笃国策》案，中间经过 128 年的时间），已经让社会欲哭无泪，知识人士欲言无声。狂的社会条件没有了，狂的心理基础也不存在了。相反裁狂、悔狂、制狂、刺狂成为一个时期流行的社会风气。

清初三大思想家顾炎武、黄宗羲、王夫之，他们从学术思想上不能认同王学流裔的肆狂之风，他们主张学术的经世致用。黄宗羲明确提出，应该"追踪往烈，裁正狂简"[2]，而且认为根源就在宋明之学。他说："自周、程、朱、陆、杨、陈、王、罗之说，渐染斯民之耳目，而后圣学失传，可不为病狂丧心之言与？"[3] 还说："余尝疑世风浮薄，狂子僇民群起，粪扫六经，溢言曼辞而外，岂有岩穴之士为当世所不指名者？"[4] 这已经是直接针对晚明的学术风气和社会风气开刀了。"狂子僇民""溢言曼辞"八字，

[1]《柳如是别传》中册，第 377—378 页。
[2]《黄梨洲文集》卷四"前翰林院庶吉士韦庵鲁先生墓志铭"。
[3]《黄梨洲文集》卷三"与友人论学"。
[4]《张元岵先生墓志铭》。

可为晚明“狂士”写照。王夫之则以自己的“不随众狂”[1] 而自诩，并谆谆告诫子侄：“狂在须臾，九牛莫制。”[2] 亦即要从小做起，把“狂”消灭在萌生状态，瞬间的狂念，都会造成将来的不容易改正。吴梅村的精神为明清易代所扭曲，心系故国，身仕新朝，诗中未免发为慨叹：“比来狂太减，翻致祸无端。”[3] 可是另一方面在《梅村诗话》里，又不忘颂美抗清英雄瞿式耜的气节，特摘引其就义前的《浩气吟》其三的名句“愿作须臾阶下鬼，何妨慷慨殿中狂”，及稼轩好友别山和诗中的句子：“白刃临头唯一笑，青天在上任人狂。”[4] 可以想象他的内心是多么矛盾呵！

《文史通义》的作者章学诚的生平大体与乾隆一朝相终始，已经是“海晏河清”的所谓“盛世”了，但他通古今，知流变，对思想潮流的消长隆替有自己的特识。他对晚明的“狂”风也是持批评态度的，《文史通义》“繁称”篇的自注有云：“欧、苏诸集，已欠简要，犹取文足重也。近代文集，逐狂更甚，则无理取闹矣。”所谓“近代文集”云云，自然指的是中晚明的文风。而“逐狂更甚”“无理取闹”的判语，批评未免过矣。他接受孔子的“狂狷”思想，但不能认同后世的解释。他认为孔子“不得中行，则思狂狷”是取材于《尚书》“洪范”的“三德”，即“一曰正直，二曰刚克，三曰柔克”。换言之，在章学诚看来，“正直”相当于“中行”，“刚克”相当于“狂”，“柔克”相当于“狷”。问

[1] 《姜斋文集》卷八“章灵赋”。
[2] 《姜斋文集》卷四“示子侄”。
[3] 《送王子惟夏以牵染北行四首》其二。
[4] 《瞿式耜集》，上海古籍出版社，第 233、235 页。

题是那个“乡愿”，本不在“三德”范围之内，却“貌似中行而讥狂狷”，结果“乱而为四”。他说乡愿是“伪中行者”。而且人心不古，除了“伪中行者”，还有“伪狂伪狷者”，这样就“乱四而为六”了。于是由孔子的“四品取向”变成了中行、狂、狷、伪中行、伪狂、伪狷的“六品取向”。难道是章学诚陷入了现代解释学所谓“过度诠释”吗？非也。他也许是从历史流变的人生世相中看到了某种“实相”。那么“乱四而为六”的结果呢？结果是“不特中行不可希冀，即求狂狷之诚然，何可得耶？”[1]甚而由于有“三伪”惑乱其间，最后连“三德”恐怕也存而无地了。

我们不必怀疑章氏是有所为而发。乾隆朝是清代文字狱最频发的时期，知识人士动辄得咎，噤若寒蝉，而罪名一律是一个“狂”字。上海书店出版社2007年版新编《清代文字狱档》，辑案七十起，六十九起都发生在乾隆朝。再看每一宗案例拟罪之语词，均不出“狂悖”“狂诞”“狂妄”“狂谬”“狂逆”“狂纵”“狂吠”“疯子”“癫狂”“丧心病狂”之属。这些语词都可以在《清代文字狱档》中复按，只是为避繁冗，未一一注出。连“四库全书馆”建言宜“改毁”钱牧斋的著作，乾隆的上谕也写道：“如钱谦益等，均不能死节，妄肆狂狺，自应查明毁弃。”[2]“妄肆狂狺”四字赫然在目。因此“狂”在清中叶已成为违禁的代词，自无异议矣。试想在此种严峻的环境背景之下，谁还敢“狂”，谁还敢“狷”呢？如果有，一定难脱章学诚的“伪狂伪狷”之诮。

[1] 参见《文史通义》“质性”。
[2]《清史稿》卷十四“高宗本纪五”。

或问乾嘉时期那些重量级的大儒大学者呢？他们忙于整理国故，爬梳音义，做专门学问去了。而做专门学问需要汰除情感，实事求是，不动声色，最要不得的态度就是“狂”。为此，因“士之能狂”而推波助澜的明朝的心性之学，和南宋的性理之学，都在他们诘难之列。他们的目标是“由宋返汉”，重新回到经学的原典。没有谁能够否定他们整理古代典籍的总成绩，他们考证的细密，可谓前无古人，后无来者。至今做传统学问的人还在受其沾溉。但如果笔者提出，清代乾嘉时期有学者而无“士”，这一判断是否和历史本真尚无太大的矛盾？如果无“士”，当然也就没有“士之能狂”了。

“狂”在清代事实上已完全成为负面的语词。作为参证，只要看看同是乾隆时期的小说《红楼梦》，在怎样的意义上使用“狂”这个字眼，就能洞其大体。《红楼梦》第八回写黛玉笑道：“不说丫鬟们太小心过余，还只当我素日是这等轻狂惯了呢。”第九回写茗烟心里想道：“不给他个利害，下次越发狂纵难制了。”第三十一回袭人拉了宝玉的手笑道：“你这一闹不打紧，闹起多少人来，倒抱怨我轻狂。”第三十七回袭人说：“少轻狂罢！你们谁取了碟子来是正经。”第五十五回凤姐说：“如今有一种轻狂人，先要打听姑娘是正出庶出，多有为庶出不要的。”第五十八回晴雯说：“都是芳官不省事，不知狂的什么也不是。”第五十九回春燕的娘骂道：“小娼妇，你能上去了几年？你也跟那起轻狂浪小妇学，怎么就管不得你们了？”第七十四回王夫人问凤姐：“上次我们跟了老太太进园逛去，有一个水蛇腰，削肩膀，眉眼又有些像你林妹妹的，正在那里骂小丫头。我的心里很看不上那狂样子。”第七十五回又写王夫人训斥晴雯：“好个美人！真像病西施了。你天天作这轻狂样儿给谁看？”这些描写中的“轻狂”“狂的”“狂纵”“狂样子”“轻狂样儿”等等，无一不具有否定的义涵。这说明在清代，至少是清中叶，不仅权力阶层，一般社会生活的层面对“狂”的价值取向也都是做负面解读的。这和明代的尚狂精神，不啻两重天地，两个世界。

只有到了清朝的中晚期，内忧外患加剧，统治秩序松弛，一个略有狂意的人物才艰难地走上历史舞台。这个人物就是龚自珍。他是当时今文学派的代表，社会的弊病他敏锐地看在眼里，提出了变革现状的种种主张。他感到方方面面的人才都缺乏：“左无才相，右无才史，阃无才将，庠序无才士，陇无才民，廛无才工，衢无才商，抑巷无才偷，市无才驵，薮泽无才盗，则非但鲜君子也，抑小人甚鲜。”[1] 在龚自珍眼里，不独君子少有，小人也少见，甚至有才能的小偷和盗贼都不容易遇到。这个社会真的是危机重重了。因此他大声呼唤人才：“九州生气恃风雷，万马齐喑究可哀。我劝天公重抖擞，不拘一格降人才。”[2] 这是一首令人精神震颤的诗篇。“怨去吹箫，狂来说剑”的名句，也出自他的笔下。“颓波难挽挽颓心，壮岁曾为九牧箴。钟虡苍凉行色晚，狂言重起廿年喑”[3] 反映了他的焦灼的期待。他是中国近代改革的先觉者。他生于乾隆五十七年（1792 年），而逝世的头一年（道光二十一年），作为中国近代开端标志的鸦片战争已经发生了。忧

[1] 《乙丙之际箸议》第九。
[2] 《己亥杂诗》第二百二十首。
[3] 《己亥杂诗》第十四首。

愤交织的一生，只活了五十岁。

龚自珍只不过是当古老中国“万马齐喑”之际，泛起的一个小小的气泡而已。时代没有提供让他一展怀抱的契机缘会。“一箫一剑平生意，负尽狂名十五年。”[1]“只片语告君休怒，收拾狂名须趁早。”[2]“重整顿清狂，也未年华暮。”[3]“笑有限狂名，忏来易尽。”[4]这些词曲反映了他欲狂不能的无可奈何的心情。但我们毕竟在康乾一百五十年之后，重新听到了明以后久已失声的“言大志大”的一点狂音了。他的那首送友人诗：“不是逢人苦誉君，亦狂亦侠亦温文。照人胆似秦时月，送我情如岭上云。”[5]每次读起都能感受到一种温暖清新的侠骨柔情。

载《读书》2010年第5期

[1]《漫感》。
[2]《金缕曲·赠李生》。
[3]《摸鱼儿》。
[4]《齐天乐》。
[5]《己亥杂诗》第二十八首。

白鹿洞书院访学记

一

我国现代教育体制，在文化传承方面有一项重大的遗漏，就是传统的书院方式不仅传授知识，而且“传道”，甚至“传道”是更主要的。现代的大学制度反是，基本变成了知识的生产和消费的工厂，教师只教书，不再育人。辩者或曰西方即如是，不是也很好吗？殊不知西方并非不传道，只是另有途径罢了。西方的教会就是他们专门传道的场所，宗教和教育分别扮演不同的角色。

唐代韩愈作《原道》，发“道断”之叹。他说自亚圣孟子之后，“道”已滞而不传。然则所滞者何“道”？既不是佛之“道”，也不是老之道、庄之道。老庄之道，在于个体生命的涵化，无须也不能够通过社会来承传。儒家思想所规范的不只是生命个体的人，更主要的是“推己及人”，“道”之相传也必须借助家庭与社会的网络。所以韩愈说：“吾所谓道也，非向所谓老与佛之道也。尧以是传之舜，舜以是传之禹，禹以是传之汤，汤以是传之文武周公，文武周公传之孔子，孔子传之孟轲，轲之死，不得其传焉。”

韩愈排击的目标是佛老二氏，而所“原”之“道”，则是孔孟先儒的仁义道德之道，也就是修齐治平之道、内圣外王之道，或率性之谓道。但韩愈如果生在宋代，他的这一担心就是多余的了。宋代周敦颐、张载、程颢、程颐和朱熹、陆九渊诸大儒出，以赓续先儒之道为己任，又斟酌吸纳佛、道二氏之学说，成为不同于先秦两汉儒学的“新儒学”，而以朱熹为集大成者。

二

宋儒最常见的活动方式是聚徒讲学，而讲学需要场所，书院由是兴焉。

实际上唐代已有类似书院的组织，只不过不叫书院，以藏书和文人士子的研修为主，颇似佛教的禅林。白鹿洞书院最初就是唐贞元间李渤的隐居读书处，因养一白鹿而得名。李自己也就成了“白鹿先生”。李渤字濬之，河南洛阳人，唐穆宗时召为考功员外郎，历任虔州、江州刺史等职，性率直，为权臣所忌。公元826年江州刺史任上，为白鹿洞修建亭榭房舍，补植花草树木，使知道此洞风光的人日益增多。至南唐始立学馆，称作“庐山国学”，洞主为国子监九经李善道，专事藏书讲学，生徒多至百人之众。但不久五代时期的变乱来临，“庐山国学”无以为继。

北宋初始有振刷，太宗赵光义于太平兴国二年（977年），诏令将国子监刻印的《诗》《书》《易》和“三礼”（《礼记》《仪礼》《周礼》）、“三传”（《左传》《公羊传》《谷梁传》）、“九经”颁赐给书院，使白鹿洞成为宋初四大书院（余为登封嵩阳、长沙岳麓、商丘应天）之首。但未及兴旺，便于宋仁宗皇祐六年（1054 年）毁于兵火之灾，而且名称当时尚未完全固定，有时仍叫白鹿洞学馆或学堂。

真正建成遐迩闻名的书院是在南宋，主要是朱熹的功劳至伟。

三

南宋淳熙六年，即公元 1179 年，朱熹屡辞不获而知南康军事。白鹿洞就在南康军治下的星子县界。三月三十日到任，十月十五日下元节来到白鹿洞故址，“见其山川环合，草木修润”，但昔日“闲燕讲学之区”，如今已是“荒凉废坏，无复栋宇”。而同是此地此山的佛、道二氏的祠宫，虽经损坏，但很快就能修缮，独儒馆“莽为荆榛”。他对此颇感不平。于是先给本军即南康军郡，再给尚书省和尚书礼部，又给尚书本人，统统打了“乞修白鹿洞书院”的报告。苦口婆心，陈词剀切，内容亦不免重复。在给尚书的报告（札子）里，还提出由自己充任洞主的请求。结果所有这些“上峰高管”，根本未理会朱熹的苦心，甚至“朝野喧传，相与讥笑，以为怪事”，成为世人的笑柄。

可知办书院之难，不独今日，不独抗战时期的马一浮先生，千年前的宋朝，即便是名可惊座的大儒朱熹亦复如是。

所幸朱熹打报告的时候，已着手草创，至次年三月粗毕其功，房舍建有二十余楹，招得生徒十有余人，三月十八日释菜开讲，朱子登堂，宣讲《中庸首章或问》。所赋诗则云：“重营旧馆喜初成，要共群贤听鹿鸣。三爵何妨奠萍藻，一编讵敢议明诚。深源定自闲中得，妙用原从乐处生。莫问无穷庵外事，此心聊与此山盟。”并为书院订立学规，书之屋楣。特别征集图书一项，朱熹费尽了心力，连结识未久的陆游，也成为求书的对象。为使书院立于合法的地位，还上书孝宗皇帝乞赐敕额及“九经”注疏，但石沉大海。淳熙八年，朱熹已离开南康，改任浙东提举，趁方允奏事的机会再申前请：“今乃废而不举，使其有屋庐而无敕额，有生徒而无赐书，流俗所轻，废坏无日，此臣所以大惧而不能安也。”这一次，孝宗皇帝经过“委屈访问”之后才勉强准奏。

因为当时朝廷里诋毁二程之学的声浪甚嚣尘上，秘书郎赵彦中曾直接攻讦洛学为“饰怪惊愚，外假诚敬之名，内济虚伪之实”。可以想见朱子的处境何等艰难。而当其知南康军之时，已经因多次“极论时事”而冒犯天威，若不是巧于周旋的廷臣赵雄婉为回护，孝宗就要下令惩处他了。赵雄的理由颇平淡：“熹狂生，词穷理短，罪之适成其名。若天涵地育，置而不问可也。”亦即像朱子这样的大儒，越加害于他，他的名气会越大，莫如“置而不问”。细想此法实在是上上策。但前提是还须懂得“天涵地育”四字的深刻义涵。此种时候，朱熹还念念不忘他的白鹿洞书院，上面能不拖着不与理会吗？

不过朱熹还是为白鹿洞书院的终于建成而高兴。

更让他高兴的是，淳熙八年的春二月，他所尊敬的学问诤友陆九渊来了，乃请升白鹿洞书院讲席。子静（陆九渊字子静）于是以“君子喻于义，小人喻于利”为题，讲得举座动容，以至于有流涕而泣者。时在二月十日，天尚微冷，朱子已经因出汗而挥扇了。讲后朱熹致辞说：“熹当与诸生共守之，以无忘陆先生之训。”他们五年前在铅山曾有鹅湖之会，就理学和心学的取向问题展开辩论。朱陆有异同，但彼此无心结。鹅湖之会反增加了他们的友谊。不幸的是，陆九渊的兄长陆九龄（字子寿）忽于淳熙七年九月二十九日病逝。陆九渊到南康，就为的向朱熹请其兄的墓志铭。

后来朱子请子静把所讲内容笔之于书，作为文献保存在书院，以励后学。南宋宁宗嘉定十年（1217 年），已经是史家所谓“更化”之后，朱熹的儿子朱在以大理寺正的身份知南康军，“扬休命，成先志”，使白鹿洞书院达到全盛期。朱熹的门人黄榦在《南康军新修白鹿书院记》中写道：“榦顷从先生游，及观书院之始，后三十有八年，复睹书院之成。既悲往哲之不复见，又喜贤侯之善继其志。”这显然是说，白鹿洞书院因朱子而始建基，而由其子最后完成，时距朱子之逝已一十有七年矣。

四

元明清三代白鹿洞书院的命运，更是在屡兴屡废和时放时禁的文化颠簸中度过的。

元代虽然是非汉族政权，但政治控制相对较为松散，所以白鹿洞书院在元代曾有所发展。元初一度遭遇不慎之火，旋即重建，但元末又毁于兵灾。明朝定都南京的前两年，即元至正二十六年（1366 年），文学家王祎来到白鹿洞，看到的景象是“树生瓦砾间”，只余“濯缨”“枕流”两石桥耳。此时距“书院毁已十五年”。又过了七十二年，已经是明朝的正统三年（1438 年），一位叫翟溥福的广东东莞人被任命为南康军的郡守，对“前贤讲学之所，乃废弛若是”深表惋叹，于是带头捐出俸禄，动员同僚，多方集资，加以重修。二十七年后的明成化元年（1465 年），江西提学李龄会同南康知府何睿，再次补修重建。此后弘治十年（1497 年）、十四年（1501 年）又有两次修缮增扩。

明代的白鹿洞书院不仅恢复了南宋的旧观，而且建筑规模和相关设施均超过已往而臻于完善，学员人数也一度达至五百人之多。特别是正德、嘉靖年间，即公元 1506 至 1566 年，是白鹿洞书院少有的持续一甲子的兴盛期。王阳明来过了，在书院流连忘返，“徘徊久之”。王的弟子王畿来过了。与王学分庭自立的湛学创主湛若水也带领弟子来了。而尤以李梦阳对书院的贡献为大，留下的诗文墨迹也最多。如今门楣上的“白鹿洞书院”五个刻石大字，就出自李的手笔。

但到了万历年间，大学士张居正出于党同伐异的需要，提出废除书院的主张，白鹿洞书院遭受重创。历来兴建书院的举措，莫过于购置田亩，以农林来养文教。张居正以“充边需”为名，责令各地书院悉卖其院田，等于釜底抽薪，切断资金来源。幸好此项政策持续得不算太久，至万历十年（1582 年）张逝去之后，院田得以陆续赎回。明天启二年（1622 年）南康府推官李应升主持洞事，书院又兴旺起来。但不久阉臣魏忠贤也有废毁书院之举。这时已经到了明亡的前夕。

清代虽未采取废除书院的措施，但控制言路远超已往。顺治九年（1652 年）明令“军民一切利病，不许生员上书陈言，如有一言建白，以违制论，黜革治罪”。同时下令：“不许别创书院，群聚结党，及号召地方游食之徒空谈废业。”康雍乾时期文字狱变本加厉，房舍建筑虽不无增补修缮，甚至还有赐书题额的鼓励措施，但书院的生气早已荡然。乾隆时不独山长，讲席和生员也须经过官府审核，有的甚至设督院，课程增添大量官课的内容，民学实际上办成了官学。嘉、道以后，白鹿洞书院日渐衰落，直至清末光绪二十七年（1901 年）明令废止，改书院为学堂。

辛亥过后，书院遗址又遭遇火灾，抗战时期复经日人百般蹂躏，参天古树惨遭砍伐，已经是再次由废而毁了。

五

回顾白鹿洞书院千余年的历史，诚如明朝的大学士李贤所说："此书院倾废之日多而兴起之日少。"20 世纪 50 年代风气所及，主流思想视传统为敝屣，人心趋新若鹜，大学院系尚且经过脱胎换骨的调整，况久废之书院乎。故我们今天看到的白鹿洞书院的一些建筑，大都是改革开放之初重新修缮或重建，形制规模较宋明固然不相属，功用亦不过为庐山景区增一旅游景点耳。

不过现在的庐山管理部门聚集了一批以护持文化薪火为己任的有心人，他们自去年起，决意赓续书院的洙泗之风，延聘硕学，重开讲筵，欲使千年古洞再闻弦歌。但本人成为启动此盛举的第一个主讲人，却万万不曾想到。

说来都缘于庐山管理局第一担纲郑翔先生的文化理想。长期在庐山植物园工作的经历使他对天人合一有独特的感悟。阅尽沧桑的参天古树和陈封怀、胡先骕、秦仁昌三位植物园创始人的墓地，成为他每天趁着夕阳坐对忘年的格物对象。他隐约感到了宇宙的浩淼，自然的神秘，前贤的伟大，个体的微渺。当这种感悟和 20 世纪的大史学家陈寅恪联系在一起的时候，他与一个多年致力于陈学研究的人产生了共鸣。他突发奇想，欲因人设事，请这位从来未尝一面的人做庐山的文化顾问。

2007 年的春天，包括管理局副局长在内的他的三位副手来到北京，登门致意敦请。我以和庐山渊源不深、资辈也浅等缘由，婉拒了他们的雅意。第二次又来，我又辞谢。最后郑翔先生带领他的班子的成员一起来了，这是我们第一次晤面，主要谈陈寅恪和陈氏家族，不禁相见而喜。当要告辞的时候，副局长王迎春先生拿出一帧预先写好的聘我为文化顾问的正式聘书。我向郑翔先生陈说为什么不必如此的道理，他表示理解，但希望方便的时候能够去庐山，因此便有了 2008 年春天访学白鹿洞书院的庐山之行。

六

郑翔先生为此做了精心的安排。4 月 27 日上午 11 时抵南昌，然后王迎春先生陪同驱车庐山景区。白鹿洞书院地处庐山五老峰南麓，四面山环树绕，景色清幽秀蔚，蜿蜒驶入，即有一组亭阁庭院式建筑掩映在参天古木之中。郑先生等管理局领导和书院院长已在等候，见我尚无倦意，遂先行观览书院建筑和历史遗存。目今主要建筑由礼圣殿、先贤书院、白鹿书院、紫阳书院和延宾馆五个院落组成。礼圣殿居书院建筑群的中心位置，前有棂星门，中间为礼圣门，最后面是始建于南宋尔后一再毁建交织的礼圣殿，现在殿里有《孔子行教图》和颜子、曾子、子思、孟子“四圣”的模刻。

先贤书院在礼圣殿西侧，两进院落，朱子祠和报功祠是院内主要建筑。礼圣殿东面的第一个院落，从前到后依次为门廊、御书阁、明伦堂和思贤台，如今统称此院落为白鹿书院。礼圣殿东面的第二个院落则是紫阳书院，标志性建筑为文会堂。最东边的院落是延宾馆，内分三级，第二级有一朱子铜雕坐像，香港孔教学院所赠。第三级上是可留宿宾客的春风楼，当晚我即住宿于此楼。延宾馆前面有两层小洋房一栋，系辛亥前一年在书院原址建的林业学堂，现归九江学院使用。先贤书院左右两廊的碑刻为西碑廊，紫阳书院的碑刻为东碑廊，藏明清迄于民国的碑刻甚丰。紫阳书院文会堂前有周子敦颐的塑像，尤栩栩如生。在周朱像前，我良久驻足，思默悟空。

参观完书院的房舍胜迹，已是夕阳西下，我和郑翔先生简单回答了记者的几个问题，便到独对亭晚餐。独对亭在书院左前方的山下，与书院隔溪相望。溪名贯道溪，上有石桥曰枕流桥，因桥下有巨石，溪水从石上散漫流淌，故得名。当年朱子所书“枕流”二字，以手电照射，清晰可睹。席间大家问起我初来白鹿洞的感受，我说已得“喜敬”二字。参观过程，我的内心纯是喜见乐闻的欢愉，而对前贤往圣，特别是朱子，则满载礼敬之怀。此刻之心情与郑翔先生悟对大自然和三老墓的宁静自得，应属情同此理，貌异心同。

第二天清晨，郑、王等又前来一起进早点，问可曾睡好。我说一夜无梦，欢愉不减。我斋名虽云无梦，平时睡眠却常有梦相伴，习以为常，不以为扰。但昨宿文化庐山，酣睡朱子故地，居然无梦，岂不异哉，岂不异哉。昔钱锺书先生有句云“夜来无梦过邯郸”，寓妄心退净之意。今我无梦，则是人已置身梦中，梦与非梦，实不知耳。

演讲安排在第二天，即4月28日上午9时，地点在礼圣殿前面的院庭，人很多，除庐山管理局的公职人员，省社科院、九江大学等单位的人也来了，礼圣门内外坐满了听讲者。郑翔先生致开场辞，说明“庐山白鹿洞书院讲座”第一讲请今天这位讲者的因由。讲题是“国学与传统文化”，我主要对这两个概念做了学理分疏，并追溯其历史渊源流变以及在当下的意义。我讲到了中国文化的多元性和儒家因不是宗教所具有的包容。对先儒和宋儒何以视“敬”为社会人伦甚至生之为人的基本价值，我做了重点阐释。

我提出，“敬”既是道德伦理，又是中国人和中国社会普遍持久的人文指标，可以看作是中国文化话语里面的具有永恒价值的道德理性。如果说在宗教与信仰层面，儒家思想尚留有一定空缺的话，那么“主敬”思想应是一种恰如其分的补充。“敬”虽然不是信仰本身，但它是中国文化背景下通向信仰的直捷桥梁。讲后互动热烈，对“敬”可以使中国人的文化性格庄严起来的命题大家最感兴趣。其实我讲“敬”，心里一直想着朱子，因为宋儒都“主敬”。

七

我本来提议由杜维明先生或者汤一介先生担任“庐山白鹿洞

书院讲座”开坛的主讲嘉宾，辞不获请的结果，使我占了接受传统书院文化熏染的先机。但不敢称讲学，循名责实应该是访学才是，所以本文由古及今，先述书院历史。白鹿洞书院独得历史人文和山川灵秀佳气之胜，置身其地，道自存焉。

千年古洞，历尽兴废沧桑，益觉其文化蕴蓄深厚。单是东西两廊的碑刻墨迹和各处门庭廊柱的诸多联语，即可引领你通往参玄悟道之境。礼圣殿孔子像两侧的联语是：“庐山上释家几处，道家几处，二氏逃归，斯受之，庙貌赫临；书院中你讲一场，我讲一场，众言淆乱，折诸圣，宗门大启。”原为明朝的都御史周相所书，现在是河南大学石如灿的手笔。这是极有意思的一副对联。明伦堂外廊柱的对联则云：“鹿豕与游，物我相忘之地；泉峰交映，仁智独得之天。”更可令参谒者脑际胸中无几多剩义。

更让我感叹的是，棂星门里泮斋的江西历代进士题名录显示，全国科举考试，历代进士的数量，江苏第一，浙江第二，江西第三。而状元最多的省份，则是江苏第一，江西第二，浙江第三。这是我从前不曾留意的。江浙多进士自然知晓，江西如是，前所未知，此可见历代江西人文之盛。

八

白鹿洞书院访学是我此行庐山的中心题旨，但不是经历的全部。4 月 28 日下午到庐山植物园拜扫陈寅恪墓，4 月 29 日往修水拜谒竹塅陈氏老屋，所感受的“忆往事，思来者”的精神沉淀，亦非身临其境所不能知也。明人吴国伦《重游白鹿洞》诗有句云：

“烟霞自昔封丹洞，竹柏春深护讲筵。山意欲留曾住客，地灵应了再来缘。”此行我深深感到，今天担负起“护讲筵”使命的，已经不光是作为自然景观的节侯与竹柏树木的山川之胜了，而是有斯人也，斯有斯事。然则文化之传承与兴衰，天耶？抑或人耶？

载2009年8月9日《文汇报》

附白：承白鹿洞书院高峰院长惠赐平面图览，使本文所叙五院方位不致有误，谨深致谢忱。

第四篇

传统解故（下）

“以色取人”与古代的男宠

柔曼之倾意，非独女德，盖亦有男色焉。

——《汉书·佞幸传》

两汉魏晋时期，最高统治者以色取人，一旦获宠，立刻封官晋爵，已成为相当普遍的现象。所以司马迁特地为佞幸立传，开篇就提出：“非独女以色媚，而士宦亦有之。”班固在《汉书·佞幸传》中同发一概：“柔曼之倾意，非独女德，盖亦有男色焉。”至于《晋书·五行志》说的“自咸宁、太康之后，男宠大兴，甚于女色，士大夫莫不尚之，天下相仿效，或至夫妇离绝，多生怨旷”，已超出以色获得贵宠的范围，这里姑且不论。但由此也可以看出流风之所及，给社会精神气候带来多么严重的影响。

司马迁在《史记·佞幸列传》里写道：“昔以色幸者多矣。”这里的“昔”，指的是秦汉以前的春秋战国时期。不过那时男宠的含义比较局限，只是爱其色，陪伴左右，宠而骄之，有虚位，而无实权。《左传》定公十年记载，宋景公宠幸向魋，把胞弟公子地的四匹白马的鬣尾都染成红色，送给向魋，此事激怒了公子地，立刻派人夺了回去，使得向魋很恐慌，决定逃亡别国。景公对此亦无可奈何，关起门来大哭，眼睛都哭肿了。

魏王和龙阳君的故事，听起来还要动人。一次两个人同船垂钓，龙阳君突然掩面而泣，王问所以，回答是钓到了鱼。魏王感到奇怪，说钓到了鱼为什么还要哭？龙阳君说，钓到鱼自然高兴，但钓到更大的，就不想要前面那条了。因此联想到天下的美人多的是，难免撩起衣裳往大王身边跑，终有一天我会被抛弃，想到这一层，能不哭泣吗？魏王为表示宠爱之心坚不可移，当即布令全国，如果有谁敢于胡说乱道美人之类，就处以灭族之罪。宠幸得可以说无以复加了。但龙阳君本人并没有因此得到实际权位，致使他临钓而泣的潜在因素始终存在。

到了汉代，色臣的地位发生了变化，一旦恩宠，便授以重位，不仅内承床笫之私，而且外与天下之事。汉文帝宠邓通，汉武帝宠韩嫣，已官拜上大夫，赏赐巨万，犹称小者。最典型的是董贤，汉哀帝一见之下，“悦其仪貌”，即拜为黄门侍郎，并将其父迁为光禄大夫。不久又升贤为驸马都尉侍中，“出则参乘，入御左右，旬月间赏赐累巨万，贵震朝廷”。甚至与之同床昼寝，董贤压住皇帝的一只衣袖，汉哀帝宁可用宝剑斩断衣袖，自己悄悄地爬起来，也不愿因自己的不慎而惊醒爱臣的美梦。后来宠幸加码，又迁董贤的父亲为少府，赐爵关内侯，董贤的妻父也封为将作大匠，连董家的僮仆也破例受到赏赐。

董贤本人，经过柔媚婉曲的不懈追寻，终于诏封为高安侯，食邑千户，不久又加封二千户，与丞相孔光并为三公，权力之大，几乎“与人主侔矣”。而一次在麒麟殿的筵席上，哀帝趁着酒意，扬言要效法尧舜禅让之制，把帝位禅让给董贤。吓得群臣慌忙奏报：“天下乃高皇帝天下，非陛下之有也。陛下承宗庙，当传子孙于无穷。统业至重，天子无戏言。”哀帝听了老大不高兴，如不是几个月之后驾崩，事情如何发展，正难逆料。史书上说，董贤的超人绝技是“性柔和便辟，善为媚以自固”。宜乎有这样的特点，才能因宠而获致如此高位。

这也就难怪《史》《汉》两书均重视色臣专宠的问题。

班书针对董贤的教训，认为西汉的衰亡，“咎在亲便嬖，所任非仁贤”，违背了孔子关于不“友便辟、友善柔，友便佞”的遗教，谆谆致戒后世，一定要懂得“王者不私人以官”的道理。

司马迁身遭李陵之祸，在武帝之世言“今上”，运笔较为含蓄，不正面论次畜宠者的是非得失，而是通过记述史实，证明邓通、韩嫣、李延年一干宠臣，到后来非逐即诛，没有一个有好下场。他的结论是：“甚哉，爱憎之时！”意思是说，既然以色事人，就会有因色衰而爱弛的一天，色臣们固宠虽然有方，却无法抗拒“爱憎之时”的客观规律。

就对后世的警策而言，《史》《汉》各有侧重，确有异曲同工之妙。

但史家的警策之论，只不过是历史经验的总结，历史本身并不因此有任何改变。汉以后男宠色臣为患，事实上更趋严重，直到南北朝时期一些王朝的濒于危亡，也还有这一因素掺杂其间。

沈约撰《宋书》，追溯刘宋一朝的兴衰，毫不宽贷“易亲之色”和“权幸之徒”的危害，根据《汉书》的《恩泽侯表》及《佞幸传》的名目，别列《恩幸篇》，痛陈民何以“忘宋德”的原因。其中写道：“人君南面，九重奥绝，陪奉朝夕，义隔卿士，阶闼之任，宜有司存。既而恩以幸生，信由恩固，无可惮之姿，有易亲之色。”又说：“挟朋树党，政以贿成，铁钺创痏，构于筵笫之曲，服冕乖轩，出乎言笑之下。”缕陈条析得头头是道，比史、班更无所顾忌。司马迁在《佞幸列传》结尾处曾说：“自是以后，内宠嬖臣大底外戚之家”，不愧为远识卓断。

总之最高统治者“以色取人”和权佞色臣以色固宠，始终是中国传统社会的一个乱源，不论这中间表现形式生出多少变化，王者“亲便嬖”“私人以官”则一，它可以把任何健全的选官制度都变成有其名而无其实。

陈寅恪先生写有一首《男旦》诗：“改男造女态全新，鞠部精华旧绝伦。太息风流衰歇后，传薪翻是读书人。”意在讽刺某些没有骨骼的知识界人士在奉行“妾妇之道”。但如果说这些渊源有自的“妾妇之道”，也包含有“柔曼之倾意，非独女德，盖亦有男色焉”的流风遗韵，恐怕不致有牵强附会之嫌。

写于 1991 年 11 月 14 日，载香港《明报月刊》

梁武帝的佞佛与大度

梁武帝萧衍怕是中国历史上最遭非议和最富争议的一个皇帝了。

他三十八岁登基，八十六岁死于侯景之乱，在位四十八年。南朝的宋、齐、梁、陈四朝都是短命的政权，其中宋经历八个皇帝，共五十九年；齐经历七帝，二十三年；梁四帝五十五年；陈五帝三十二年。前后二十四位南朝皇帝，梁武帝的统治时间固然为最，置诸秦统一中国后之帝王世系中，也是屈指可数的几个享国最久的皇帝之一，只略逊于康熙的六十一年、乾隆的六十年和汉武帝刘彻的五十三年，而与明神宗朱翊钧同以六八之数并列第四。

可是结局就不能和汉武或康、乾乃至万历帝同日而语了。

汉武帝一生功成名遂，在他统治时期汉代达到了全盛，虽然晚年求仙有些走火入魔，终究死得较为平安。康、乾有“盛世”之称，他们身后仍有一百多年的天下。晚年的康熙因诸皇子夺嫡，弄得心烦意迷，甚至有人怀疑其驾崩系皇四子胤禛做了手脚所致，但此说缺乏证据，平实而论，也许还是死于心脏病突发较为可信。至于乾隆，早在临宇之初，就发誓在执政六十年的时候，把皇位传给嗣子，后来果然实践诺言，当御极周甲子大庆之际，传位给嘉亲王永琰（嘉庆帝），又过四年，安然而逝，终年八十九岁。而万历帝病死之后，明室也还延续二十余年始亡。

梁武帝则不同，他是在侯景攻陷建康，城中十余万男女只剩下二三千人的情况下，被软禁起来，病饿而死的。人们并不同情他，因为侯景之乱系他一手酿成。当时南北朝臣无不知侯景是个机诈多变、反复无常的小人，在降梁之前已有过多次叛而降、降而叛的记录。梁武帝不纳众谏，荒唐地把夜梦天下太平和侯景求降联系起来，以为统一中原的时机已到，迫不及待地委以重任，结果铸成大错，落得国破身亡。

史载公元547年，梁朝主力军五万人在彭城寒山堰被东魏大将慕容绍宗击败，梁武帝闻讯紧张得差点从床上掉下来。可是兵败之后，他继续任命侯景为豫州刺史，并赐给青布万段，信使相望，完全到了至死不悟的地步。难怪羁留北方的文学家庾信在《哀江南赋》里要说他"用无赖之子弟，举江东而全弃"了。

梁武帝另一件遭诟病的事是佞佛。

本来这在儒、释、道并存兼容的中国传统社会，也算不得什么。汉武帝为神仙方士所惑，前面已附及。英明如唐太宗李世民，也不能避免与和尚、道士打交道。南北朝时期战乱频仍，政权更迭频繁，王室之间，骨肉相残，杀人如麻，仅齐梁之际，史家就有"内难九兴，外寇三作"的说法，民谣则谓："遥望建康城，江水逆流萦。前见子杀父，后见弟杀兄。"上至群臣君上，下至草野黎庶，均有朝不保夕之感。佛教借此弥漫，土壤气候，正复相宜。梁武帝父兄曾佐命萧道成夺取刘宋政权，他本人也是在杀戮中走过来的，皈依释氏，应属自然。

问题是，他佞佛佞得有些过火，反而觉得当皇帝很委屈，一再表白“有天下，本非宿志”，宁愿“归志园林，任情草泽”，雅不情愿在这里“膺大宝”。这还不说，当大爱敬寺、大智度寺、同泰寺三座规模宏阔的佛寺建成之后，他亲自到同泰寺舍了身，三日后才还宫。两年后更进而脱掉帝衣，穿上僧服，住进同泰寺便房，在讲堂法座为四部大众讲起了《涅槃经》。佛教称这种舍身方法为“清净大舍”，走到这一步，就不容易回来了。

梁朝公卿群臣于是慌了手脚，不得已出钱一亿万，才把皇帝赎出来。不料后来又有第二、第三次舍身，再出一亿万奉赎，皇帝虽然没跑掉，满朝上下早已鸡飞狗跳，不成体统。所以当朝就有一个名叫荀济的人发出警告：“宋齐两代重佛敬僧，国移庙改者，但是佛妖僧伪，奸诈为心，堕胎杀子，昏淫乱道，故使宋齐磨灭。今宋齐寺像见在，陛下承事，则宋齐之变，不言而显矣。”后来更有人以武帝佞佛为萧梁丧乱败亡的直接原因。

梁武帝因佞佛，大造寺院，广施僧钱，上行下效，给国家造成巨大浪费，固是事实。屡次舍身，势必引起朝政废弛，也毋庸讳言。但要说萧梁的败亡主要是由皇帝佞佛所致，则未必允当。钱锺书先生在《管锥编》卷论《全梁文》部分，对此广征博引，析论甚详，并引而为说：“夫世间法与出世间法，究其理则势不两立，而见诸行则事必折衷，损益调停，经亦从权。故谄道佞佛，虽甚妨御宇为政，而不能尽废御宇为政。”[1] 又说：“梁武台城之

[1] 钱锺书：《管锥编》第四册，生活·读书·新知三联书店，第2133—2134页。

殍，宋徽青城之俘，佞佛谄道与有咎焉，却不能专其咎也。”[1] 可谓理通明辨之论。何况拨开云翳，以实为史，梁武帝自有其长处，否则不会享国那么久。

史载他勤奋好学，善为文辞，“千赋百诗，直疏便就”；对经学、文学都很有造诣，著有《群经讲疏》二百余卷，《通史》六百卷；工书法，喜卜筮，长骑射。且生活尚俭，穿布衣，吃粗食，一日只一餐。不饮酒，不听音声，勤于案牍，冬天四更便起床，把灯烛披览，冻裂双手，仍坚持不懈。由于浸沉佛法，即使所下诏谕，也带有“煦煦为仁”之意。惹得与南朝对峙的东魏丞相高欢不无妒意，说：“江东有一吴儿老翁萧衍，事事衣冠礼乐，中原士大夫望之以为正朔所在。”[2] 其实早在称帝之前，当萧衍与沈约、谢朓等在竟陵王萧子良的西邸并称“八友”的时候，他的这种儒雅之风就开始养成。只不过流俗史家的眼睛难免掺进势利，容易蹈以成败论人的历史覆辙，既然佞佛和纳降侯景是梁武帝生平两大显污明误，余下种种便化作微德小善而不为人所注意了。

不过依笔者的看法，梁武帝还有两点至为难能的地方，于今思之，仍会产生庄肃诚敬之感。一是他佞佛佞得真诚，是真信仰，不是假信仰。这有他写给萧宝夤的手书所说“自有天下，绝弃房室，断除滋味”可证。《净业赋》的序里也提到此点。另外《梁书》本纪有“五十外便断房室”的记载。时间容或有出入，要之至少有三四十年之久梁武帝真正做到了拒女色、“断房室”“不

[1]　钱锺书：《管锥编》第四册，生活·读书·新知三联书店，第 2134 页。

[2]　《北史》卷五十五“杜弼传”。

食鱼肉”，应是不争的事实。《孟子》说“食色性也”，做到这点，可不是容易的事，没有发自内心的真诚信仰和义无反顾的宗教精神，万不可能。二是梁武帝自己虽然佞佛，对反对佞佛、撰写《神灭论》的范缜，却不施加迫害，而是诉诸理性，亲率群臣与之辩难，自己还专门写了《敕答臣下〈神灭论〉》一文，提出：“欲谈无佛，应设宾主，标其宗旨，辨其短长。”颇有平等论争的学者风度。这在传统专制社会，站在九五之尊的立场，可不是一件小事。

只这一点，就不该忘记南朝有个梁武帝。

所有今人的论著，无不称赞范缜有理论勇气。殊不知勇气的产生，也须有相应的思想文化环境。《管锥编》作者论范缜有云：“缜洵大勇，倘亦有恃梁武之大度而无所恐欤？皆难能可贵者矣。”是呵，是呵！

写于 1991 年 10 月 28 日，
载香港《明报月刊》，原题作《话说梁武帝》

历史上哪个朝代最开放

政治开明：唐太宗奖励不同意见

我给研究生讲中国文化史导论课，唐朝这一讲，以《唐朝的气象》为题。讲着讲着，自己也禁不住欣赏起这个青史无二的朝代来了。

唐太宗李世民，真可以说是千古一帝，也可以说是空前绝后的开明君主，空前没有问题，绝后其实也没有问题。他最重要的开明明智之处，是贞观帝号一开始，刚登上龙座，就不断跟大臣们探讨，前一代的隋朝为什么灭亡得那样快？原因何在？反复讨论这个问题。譬如贞观二年，唐太宗问宰相魏徵：什么样的君主算作明君，什么样的君主算作暗君？魏徵的回答很有意思，说君主所以明，是由于能够兼听，君主所以暗，是由于偏信。当着皇帝的面，直截了当，可不是容易的事情。

贞观十年，唐太宗对大臣们说，帝王之业，草创和守成到底哪个难？已经是贞观十年了，在位已经十年，还在探讨创业和守成的问题。房玄龄也是宰相，房玄龄讲，创业是非常难的。魏徵则说守成更难。唐太宗觉得两者说得都对。他说，房玄龄跟他一起定天下，知道创业九死一生，是很难的，而魏徵从治国的角度看，觉得守成更难，他也很佩服。这样的君主，何其明白事理呵！

贞观十五年的时候，他又跟大臣们讲起打天下和守天下的难易问题，魏徵回答说，创业和守成都难。唐太宗说，一定会那么难吗？如果能够任贤能，听别人的意见，这又有什么难的呢？魏徵说，自古的帝王，在忧危的时候，困难的时候，容易听别人的意见，而一旦安乐，心怀比较宽怠的时候，就不容易听别人的意见，以至于后来走向灭亡。你注意，已经是唐太宗在位十五年了，魏徵当面就讲，一旦天下太平，比较安乐的时候，皇帝不容易听意见，不听意见最后就可能灭亡。这个话，讲出来难，听也不容易。

唐太宗有时提出各种各样的问题，跟宰相们讨论，他对这些宰相也称赞备至。他说哪些人常常提出一些意见，令他觉得非常可信，而且这些意见都非常稳妥，如果说治国有什么成就的话，这不是他一个人的成功，是大家跟我一起的成功。当时以魏徵为代表的这些宰相，真是不客气，都直截了当地讲话。在这些直谏当中，魏徵是第一位的。有一次唐太宗跟魏徵说，你前后向我谏了二百多件事情，如果不是挚诚，怎么能够做到这样？他夸赞魏徵为人挚诚。他又跟别人讲，说有人认为魏徵举止疏慢，礼貌不够。他说你们觉得他是疏慢了，可是我觉得他非常妩媚，觉得他非常可爱。

历史上，像唐太宗跟魏徵这样的君臣关系是很少见的，但是在唐太宗在位期间，贞观时期，敢于提意见，讲真心话的，能够直谏的，不止魏徵一个人，当时有一批人。比如说像薛收也是宰相，唐太宗本人武功很好，也喜欢征战，但是薛收跟他讲，这个事情不要做得太多，太多了，以皇帝之身，以为你是一种游乐，虽然你是爱好，但应该不那么多的做。薛收提了这个意见以后，唐太宗奖给他40锭金。

还有一位叫孙伏伽的，提出法律方面的意见，唐太宗赐给他一个公主园，这个园值百万。有人说给得太多了，他提意见你不杀他就不错了，你还给他报答。唐太宗讲，我继位之初，一开始没有那么多人敢谏，除了魏徵之外，其他人不敢谏，我奖励是为了大家多给我提出意见。温彦博，很有名的宰相。长安的守令姓杨，工作上有很大的失误，开始唐太宗想给他死罪，但是温彦博提出，此人不应该是死罪，唐太宗于是赦他不死。还有其他很多大臣、宰辅的进谏，一般唐太宗都能听得进去。你要知道唐太宗不是一般的人，他英武、聪明、智慧、有韬略，各方面都是一等的人。其实越是一等的人，越能够听意见，越是自己肚子里的东西少的人，越不容易听意见，容易固。

如果看《贞观政要》，里面大量记载唐太宗如何纳谏，宰辅大臣如何直谏的故事。有一次很有趣，褚遂良是书法家，也是宰辅，他提意见，这个意见一般人不会接受的。有一位官员叫张玄素，令史出身，令史的地位比较低，唐太宗当面问他，说你是做什么的？张玄素觉得出身低微，感到羞愧，没有立刻答出来。这个时候褚遂良跟唐太宗讲，张玄素现在已经升到三品了，陛下不应该再穷其门户，还那么细查人家的履历，这涉及个人的尊严问题。唐太宗马上听了褚遂良的意见，感到很后悔，意识到对大臣个人的私事和来历，不应该问得那么细。唐太宗一次议论山东人如何如何，有一位辅臣叫张行成，他说皇帝应该四海为家，不要集中议论一个地方的人物。唐太宗觉得这个话说得对，给他一匹马，十万钱，还给他一套衣服。

唐太宗有时候感叹，设宴招待韦挺、虞世南、姚思廉等辅臣，跟他们说，龙有逆鳞，皇帝不能例外。可是你们这些人常常来触犯我，我也没有责怪，什么原因？我是在考虑江山的危亡问题。大臣能够直谏、敢谏，原因在于唐太宗能够接受这些直谏，你讲几次不接受了，就没有人敢讲话了。只要讲了他觉得对，立刻接受，立刻自悔，立刻自责，这样的皇帝，这样的人，可不多呀。

唐太宗所以接受群臣的意见，接受宰辅的意见，他是鉴于隋朝的教训。隋炀帝的特点是刚愎猜忌，史书上讲“予智自雄”，自以为聪明，结果人情瓦解，全国的盗贼蜂起他都不知道，最后亡国。这个教训唐太宗深深地记在心里。所以他经常讲，一个人的耳目有限，思想不一定周到，思虑难周，非得集思广益才能达到智。不听大家的意见，拒谏，自身会招祸。这都是贞观多少年之后，还反复讲这个问题。

因为历史上记载着，隋炀帝拒绝别人的意见，他自己讲，有谏者我当时不杀，但是到最后绝对不让他在地上，他只好到地下去。当时很有名的故事就是萧瑀对伐辽问题提出意见，立刻把他赶出朝廷，到地方上做一个小官。还有一位董纯建议隋炀帝能到江都去看看，因为他去扬州，董纯建议他是不是也能到江都，结果立刻把提出意见的人杀了。结果导致隋朝没有哪个人敢讲意见。史书上记载，直到丧国亡身而不顾。隋朝的败亡，隋炀帝的倒行逆施，给李世民深刻的教训。他说这是我所亲见，所以我恐惧审慎，一旦生活条件改变了，地位稳固了，就忘了过去的苦难了，但是唐太宗不忘。

贞观时期：宰辅制度的典范

当时能够进谏的大臣，除了魏徵之外，还有一批贤明的宰辅，像房玄龄，唐太宗跟他一见，好像是旧相识一样。还有杜如晦，这个人也是了不起的人，也是宰辅，唐太宗非常听他的意见。魏徵是河北巨鹿人，太宗发现他的才能，放在重要的位置。在李世民尚未杀他的两兄弟的时候，魏徵就向李建成建议说，你应该早想办法，免得自己亡身。魏徵这个话，李世民后来知道了，在杀了李建成和李元吉以后，唐太宗跟魏徵讲，说你这个话不是离间我们兄弟吗？魏徵坦承地说，当时他听我的话，他就不会有今天的祸。他既维护唐太宗，又为当时另外一个人着想，这是伟大的胸怀。这个话一出，唐太宗的不愉快就没有了，而且送以厚礼。那时魏徵还没有当宰相，拜谏议大夫。唐太宗常常说，魏徵敢于直谏，敢于"犯颜切谏"，不许我为非，我所以重之。

还有王珪，也是当时的宰辅，也敢于直言。唐太宗跟王珪讲，如果我有过失的话，你能够直言，我才能改呀，我们一起这样做，国家的安全和安定有何忧虑呢？当时房玄龄、魏徵、李靖、温彦博、戴胄和王珪同知国政。有一次他们在宴会上一起吃饭，唐太宗跟王珪说，你问题看得深刻，看得又准，识鉴精通，而且善谈论。我请问你，你和大家相比，谁更优秀呢？谁更贤呢？王珪讲，说孜孜奉国，知无不为，臣不如玄龄。每以谏诤之心，耻君不及尧舜，臣不如魏徵。才兼文武，出将入相，臣不如李靖。敷奏写得详明，出纳惟允，臣不如温彦博。处理繁杂的事情，条条有理，我不如戴胄。他能讲出他的同僚的各自的所长，这是王珪。我们很容易记住魏徵，但是跟魏徵同时的这些宰辅，一个个胸怀如此，难怪唐太宗喜欢。

还有虞世南，大家了解他的书法，他的长相，其貌不扬，很瘦，衣服宽大不修边幅，个性强，“志性抗烈”，所以一旦论到古代帝王的得失，他一定讲出很多激烈的意见。但是唐太宗能够接纳。唐太宗讲，我跟虞世南商榷古今，我哪怕有一句说对了，虞世南都会感到高兴，但是我只要一句话说不对了，虞世南立刻不高兴，“未尝不怅恨”。这样的君臣关系，好像大臣处在审视的地位，皇帝讲了一句正确的话，他内心非常高兴，一句话讲错了，立刻显得不高兴。唐太宗说，他诚恳如此，“朕用嘉焉”。如果大家都像虞世南这样，天下何忧不治？唐太宗夸赞虞世南的特点，说他有五绝，第一是德行，第二是忠直，第三是博学，第四是辞藻，第五是书翰。虞世南死的时候，唐太宗大哭，说虞世南和自己就像一个人一样，是一体，这是何等样的皇帝呀？他说虞世南“拾遗补阙，无日暂忘，实当代名臣，人伦准的”。“吾有小善，必将顺而成之；吾有小失，必犯颜而谏。”他说今天他去世了，朝廷当中再也找不到这样的人了，真可惜呀，原文是“痛惜岂可言邪？”

还有一个例证，贞观二年的时候，隋朝的通事舍人郑仁基，他的女儿长到十六七岁了，绝顶美丽，当时无人能比。“容色绝殊，当时莫及。”唐太宗的文德皇后发现此人出众，就想把她选到宫里做嫔御，伺候唐太宗。唐太宗当然也同意，事情已办得差不多了，诏书都发出了。可是这个时候魏徵提了意见，他说听说这个女孩子已经有主了，听说已经许配给陆家，如果叫她到朝廷来，有损圣德。唐太宗听后大惊，立刻说，如果人家已经有主的话，断不可以。这个时候其他几个宰相，房玄龄、王珪等都讲，说有主这件事还不够明确，还没有定下来，现在诏书已发，就不要终止了。这样一讲，唐太宗有一点迟疑。但是魏徵这个时候讲，以臣度之，如果你这样做了，等于把陛下跟太上皇等同了。因为李渊曾有过这样的经历。这个意见太厉害了。唐太宗于是另发一个手诏，说郑氏之女已受人礼聘，前日出的文书“事不详审，此乃朕之不是，亦为有司之过”，这是我的不对，相关的方面，管这件事情的，也有过错，要求立刻停止这件事。

要知道魏徵这是什么样的意见呵！那么漂亮的女孩子，十六七岁的女孩子，漂亮绝伦，已经下诏书了，决定了，还要“朝令夕改”，何等了不起！但如果不发第二个诏书，第一个诏书就没有失效，置那女子家庭于何地？问题是还认错，说是自己的不对，有关的机构不对，这太了不起了。

再讲一个例子。贞观六年的时候，魏徵的地位相当之高了，但是也有人妒忌他，说魏徵对他的亲戚过分照顾，等于提出魏徵的一个问题来。唐太宗就让御史大夫温彦博查查有没有其事。并叫温彦博跟魏徵讲，代表唐太宗讲，你提了我数百条意见了，我都接受了，现在人家说你有这么一件事，你应该注意一点，这是小事，但是不要因为这种小事有损你的公共形象（有损“众美”）。因此你应该考虑一下，注意这个问题。但是过了好几天，唐太宗见到魏徵，问到底有没有不对的地方？怎么不存形迹？魏徵说，前天温彦博给他讲了这个意思，但“君臣同气，义均一体”，没有弄清是非，就存形迹，这样君臣关系不会好的，最后对国家不利。皇帝提的意见，魏徵理都不理，当作没有这回事，不存形迹。结果不是魏徵做了自我批评，而是批评魏徵的唐太宗，当今皇帝做了自我批评。他说以前说的那个话现在越想越后悔，真是不对，你不要在乎我这个错。魏徵这个时候给唐太宗下拜，说：“臣以身许国，直道而行，必不敢有所欺负。但愿陛下使臣为良臣，勿使臣为忠臣。”

唐太宗问忠臣跟良臣有什么区别？魏徵说：“良臣使身获美名，君受显号，子孙传世，福禄无疆。”而忠臣就是“身受诛夷，君陷大恶，家国并丧，徒有其名”。忠臣就是拼一死，你杀了我也不怕，这叫忠臣。其实杀了一个了不起的人，皇帝也有过失，所以宁做良臣，不要做忠臣。唐太宗说，你讲出这个话，我永远不敢忘国家利益了，不敢忘社稷，赐给你二百匹上好的绢。

唐太宗有一个规矩——中国历代都有皇帝的《起居注》，有专门大臣、史臣把皇帝的言论、行动都记下来，一直有这个传统。但是唐朝有一个规定，皇帝不准看《起居注》。怎么写的你不能看，这个规矩太厉害了。虽然像唐太宗这样的英主，有时未免也想看看人家怎么写他。他跟姓朱的史官说，我还是想看看。这个史官叫朱子奢，说你要看，后来的史官就容易招祸了。史官全身畏死，悠悠千载，以后还能做吗？后来唐太宗还是未能看到《起居注》。后来的皇帝，也有想看的。这些史官都很讲原则，有一位史官讲，我让你看了我就失职了，你如果看的话，我以后写我就会回避，不敢把真相写出来。

所以我有一个结论性的意见。唐朝的贞观时期，是宰辅制度的典范。你要知道，历史上的中国是一个帝制社会，皇权天下独尊，有一无二，所以长期的中国帝制社会都是皇权过重。但是这个社会居然有一个机制，这个机制是从唐朝开始的，皇帝有话跟宰相商量，宰相可以直接讲自己的意见，皇帝不直接对外单独讲宰相不知道的意见，他对外发布的法令都是经过宰相斟酌过的。这样一种制度，是相权对皇权的一种分解，对皇权的一种再平衡，使得唐朝这个社会是一个良性的社会，这跟宰辅制度有很大的关系。因为皇权是绝对的，如果皇权没有制衡，皇帝就要犯错误。贞观时期唐太宗所以不犯错误，少犯错误，就是由于宰相制度起了作用。宰相制度是帝制制度改良的一个成功的尝试，唐朝创立了典范。但是宰相制度，除了需要有贤臣，也需要有英主。唐太宗之后，这种宰辅制度虽然存在，但是皇帝如果不是英主，问题照样多得不可收拾。

对外开放：远人都有如归乐

要说开放，历史上的中国，还是唐朝最开放。唐朝的首都长安，是当时最繁荣开放的一个都城，纵向看历史，前后都不大容易与之为比，横向看世界，长安当时已成为全世界各国文化的交流中心。一个时代如果国内混乱，统治秩序动摇，对内怕得不得了，这个时候对外来文化，一定会排斥拒绝。唐朝在强盛的时候，政治上有健全的宰相制度，敢于听取尖锐的“异见”，文化上张开双臂，接纳东西南北的各方文化使者和经济客商。王国维的《咏史》诗："南海商船来大食，西京祆寺建波斯。远人尽有如归乐，知是唐家全盛时。"可为写照。

当时各国人士，都争相来长安观光、旅游、瞻仰。中亚的许多国家，初唐到开元年间，都有使者到长安。唐太宗时，有康国的人，献金银桃，种在皇家花园里面。开元时，又送来胡旋舞，连跳胡旋舞的舞女，一起送给唐朝。而中亚以及西域的大食国，也送来马匹等礼物。这些使者按照他们的风俗，不拜也不跪，唐太宗照样很高兴。不像清朝，1793 年英使马戛尔尼来中国，为了跪拜不跪拜，争论一个月。

开元天宝年间，各方来使更多了，有东罗马即拜占庭，前后五次派遣唐使来长安。南亚的天竺，就是印度，跟中国建立了友好关系，南天竺、北天竺、中天竺，都有遣唐使到长安。日本的遣唐使更有名，前后十九次之多。他们有意识地观摩、汲取唐朝的文化，挑选的遣唐使都是文学、绘画以及懂经学和史学的文臣，还包括学问僧。队伍浩浩荡荡，有时几百人，最多的一次达五百人。回国以后，这些遣唐使像镀了金一样，在日本国内享有诸多荣誉。

当时长安还有很多外国贵族，各种原因前来，都受到唐朝政府的礼遇。他们在长安照样做官。契丹、回鹘、吐蕃，都有人供职唐朝。许多国家，像大食、波斯、安国、康国、天竺、高丽、新罗、百济、日本，不少人久居长安，并接受官职。当时迁入长安居住的外国人史载有近万家。不少都融入中华文化之中，能诗善赋，与唐朝的著名诗人，往来相送，成为好友。有的外国贵族，在长安住久了，就娶中国的女性为妻，落地生根，以华夏为故土。西域的安国人，有李抱玉、李抱真两兄弟，是唐朝有名的良将。还有的在中国参加科举考试，这个有姓名录的详细记载。新罗人有一个叫朴球，是唐朝的棋待诏，回去的时候，中国方面的负责人写诗给他，说："海东谁敌手，归去道应孤。阙下传新势，船中复旧图。"说在你们那边，应该没有敌手了。

日本一个汉名叫晁衡的人，随日本遣唐使来留学，学成后留在长安做官，当左补阙，前后在长安住了五十年，与很多中国上层人士关系密切。天宝年间他归国，王维写诗送他："乡树扶桑外，主人孤岛中。别离方异域，音信若为通。"晁衡的船遇到风险，传说晁衡可能死了，李白写诗哭悼，"日本晁卿辞帝都，征帆一片绕蓬壶。明月不归沉碧海，白云愁色满苍梧。"其实是误传，后来得知晁衡并没有死。可见双方友谊之深。长安的外国留学生之多，居住时间之长，有的住到二十年、三十年，他们的生活方式，深受唐朝文化的影响。

中日关系在唐朝是双方友好交流的关系，是异域朋友间的关系。中国的建筑风格，对日本有明显影响。中间一个有名的故事，是鉴真东渡。中国的大和尚鉴真，几次破除万险到日本，成为历史上了不起的文化大事件。日本现在还有大招提寺，完全是友谊唐风的结果。中日两国历史上也有过非常美好的时期，双方有理由不忘记并记住这段历史。

文化是相互影响，唐朝文化远播外域，同时也受外域文化的影响。其中西域文化影响于华夏者，可以说非常之大。直到后来我们使用的很多乐器、舞蹈、食物、生活用具等，都带一"胡"

字，就是证明。按陈寅恪先生的考证，“狐臭”也称“胡臭”，可见西域文化之影响何等深细。野史笔记中有一种叫《东城老父传》，就是说当时的长安，与胡人杂处，娶妻生子，致使“长安中少年，有胡心矣”。而人们佩戴的首饰靴服之制，也不同往昔，至有“妖物”之称。

唐的贞元、元和间，长安流行胡服，所以白居易的《时世妆》诗，说当时女性是“斜红不晕赭面状”，把面孔涂成红褐色，像歌舞伎一样。白诗又说：“元和妆梳君记取，髻椎面赭非华风。”不仅面孔变了颜色，发式也奇形怪状，堆得高崇入云，摇摇欲坠，眉毛则画作低八字形。当时的长安大街上，女性服饰之华丽，装束之妖艳怪异，可谓大唐的一大奇特景观。

唐朝的开放是全面的开放，是全体的繁荣，是人心的充实，是社会的喜悦。但任何社会都有盛衰的更替，天下没有不散的筵席。当后来牛李党争加剧，宫廷内斗到火并的地步，唐朝的气象就黯淡下去，以致终于走到历史的尽头。不过，即使是衰败的晚唐，文化照样发出微芒，大诗人李商隐恰逢其时地出现了，杜牧出现了，轻柔细腻娇花好女般的温庭筠也出现了。只不知诗仙李白和诗圣杜甫，该如何看这些后来者的文学挣扎。

载2013年10月14日《人民政协报》
《北京观察》2013年第9期同时刊载

魏晋的人才闸门是如何打开的

——从曹操的“求才三令”说起

一

中国历史上的魏晋南北朝时期，是思想纷呈、人才辈出的时代。儒释道三家，各有时代的代表人物，风格秀出，逸品独标，商酌辩难而不失其雅量。政治派分、权力攘夺，固然扞隔影响于其间，致使“名士少有全者”，但有残酷，有杀戮，也有热情，有声音。嵇康临刑，还抚奏了一曲《广陵散》。

那个时代，礼赞人才，尊重对手。南朝佛教鼎盛，反佛的声音也能表达。于是辟佛勇士范缜出现了。毕生佞佛、三次舍身的梁武帝带头和范缜辩论，亲撰《敕答臣下〈神灭论〉》，写道：“欲谈无佛，应设宾主，标其宗旨，辨其短长，来就佛理，以屈佛理，则有佛之义既踬，神灭之论自行”，有模有样不失风度地据理力辩。

梁武帝的“敕答”，经释法云转达给王公大臣会览，临川王萧宏、南平王萧伟、长沙王萧渊业、豫章王行事萧昂，以及沈约等六十余人群起难范，可以想见对范缜的压力有多大。但范缜毫无退缩，不可谓不勇敢。而所以之故，也和梁武帝能够守持思想辩论的规则，不以政治权力剿灭异端有关。诚如钱锺书先生所说："缜洵大勇，倘亦有恃梁武之大度而无所恐欤？皆难能可贵者矣。"可知，当时终于形成我国历史上的人文鼎盛、著述宏富的一代文化景观，不是偶然所至，而是渊源有自。

二

问题是魏晋南北朝时期的人才闸门是如何打开的。如果"振叶以寻根，观澜而索源"，不能不追溯到当时后世一个不一定为人们所喜欢的人物。此人不是别个，乃是大名鼎鼎、千秋万世骂名不绝于耳的魏武帝曹操。

曹操其人，罗贯中《三国演义》首发其难，写出了一个活脱脱的奸雄形象，涂上的白脸，层层复复厚几许，要想剥掉难上难。但后世的文史研究者，欲还曹阿瞒历史本真的也不在少数。大家都记得郭沫若 1959 年写过《替曹操翻案》，但早在郭老之前，鲁迅在《魏晋风度及文章与药及酒之关系》的著名文章里，就说曹操是一个很有本事的人，至少是一个英雄，并说他虽不是曹操一党，但无论如何"总是非常佩服他"，时间在 1927 年。

对曹操给予特殊评价的还有大史学家陈寅恪。

陈寅恪在研究魏晋思想的一篇文字里[1]也说："夫曹孟德者，旷世之枭杰也"，"读史者于曹孟德之使诈使贪，唯议其私人之过

[1]《书世说新语文学类钟会撰四本论始毕条后》。

失，而不知此实有转移数百年世局之作用，非仅一时一事之关系也。”肯定曹操对“转移数百年世局”起了作用，这个评价可不低。

三

那么曹操的“转移数百年世局”的历史作用，我们该从哪里说起呢？毫无疑问，应该从他的“求才三令”说起。所谓“求才三令”，指的是建安十五年、建安十九年、建安二十二年，七年之中，接连颁布的三道广招人才的诏令。为介绍之方便，我们不妨以第一、第二、第三令分别称之。

第一令主要表明思贤若渴、求贤之急，迫切希望与贤人君子“共治天下”，因此提出了“唯才是举”的鲜明口号。等于说，只要是人才就好，其他条件均可暂置而不提。第二令是补充第一令所不够具体者，特别说明，不要怕用有缺点的人才，尤其不必处处都以德行来限人。所以如是，道理在于：“有行之士，未必能进取，进取之士，未必能有行也。”如果由于人才的某些“偏短”，而废弃这个人才，那么苏秦、陈平都不必用了。而无此二人，战国时期燕国的弱势如何改变？汉代的江山大业，又如何成就？只有明白这个道理，才能做到“士无遗滞，官无废业”。

第三令网开更大，提出用人不要讲究出身，不要在乎有没有“污辱之名”。此令词赫然写道：“昔伊挚、傅说出于贱人，管仲，桓公贼也，皆用之以兴。萧何、曹参，县吏也，韩信、陈平负污辱之名，有见笑之耻，卒能成就王业，声著千载。”甚至即使“不仁不孝而有治国用兵之术”，也并非不可以启用。这未免太过出人意外了。

四

此三令一出，各类人才、各种人物，河满江泻矣。陈寅恪先生认为，曹氏所以颁此三令，主要是针对他的对手而言，目的是破除汉以来既有的吏治结构，而以“有德者未必有才”的口号相昭示，其摧廓作用自必可观。然道出多门、鱼龙混杂、泥沙俱下、奇诡争竞亦在所难免。尽管如此，最终毕竟酿成魏晋六朝的人才鼎盛之局。寅老所谓曹氏不无“转移数百年世局”之功用，其历史深涵，倘在斯乎？倘在斯乎？

载 2013 年 7 月 15 日《北京日报》、
《中国人力资源社会保障》2013 年第 8 期、
《现代人才》2013 年第 4 期转载

魏晋士风

——从“竹林”到“田园”到“禅林”

魏晋南北朝的社会与思想形态大异于秦汉帝国。其实东汉已经与西汉有所不同了。后来三国鼎立而归之于魏，曹魏篡汉之后，又有司马氏篡魏。政权更迭频仍，帝国统制松弛。儒学在汉武之世为之大振，后因“五经博士”专业说经而“碎义逃难”，反而使经学失却真宰。佛教静悄悄地传入中土。道教不密而宣地擎帜高扬。儒释道三家的思想成为士人可以任意取资的精神粮仓。多元并立的文化格局代替了一家独尊的思想一律，中国文化迎来魏晋时期以张扬个性和崇尚自然为特征的思想解放时代。

如果就狂者精神的衍变而言，魏晋时期的个性张扬未免过于失序。狂者已经不愿继续取资于孔子的狂狷思想，佛道两家特别是道家和道教的崇尚自然的观念，给了魏晋士人以个体生命也许可以走向自由的遐想。他们追求自我的无约束的放任，几乎陷入了裸露癖和裸露狂。他们说脱就脱，毫无顾忌。《晋书》“五行志”所载的贵族子弟之“狂”，应该是那一时代的世风共相：“惠帝元康中，贵游子弟相与为散发倮身之饮，对弄婢妾，逆之者伤好，非之者负讥，希世之士耻不与焉。盖貌之不恭，胡狄侵中国之萌也。其后遂有二胡之乱，此又失在狂也。”[1]东晋遭遇“二胡之乱”是不是由于贵族子弟相与裸戏，我们姑且不管，但其狂得失去规仪，不顾羞惭，则是历史故实。《晋书》“儒林传”亦载范宣的话说：“汉兴，贵经术，至于石渠之论，实以儒为弊。正始以来，世尚老庄。逮晋之初，竞以裸裎为高。”[2]另外还有王湛的一个玄孙辈后人名王忱者，官至方伯，《晋书》本传说他：“性任达不拘，末年尤嗜酒，一饮连月不醒，或裸体而游，每叹三日不饮，便觉形神不相亲。”一次他的岳父遇到了伤心的事情，王忱前去慰安，和十几个宾客一起“被发裸身而入”，绕了三圈便遽然离去。[3]王戎的从弟王澄和胡毋辅之等，史载也皆“任放为达，或至裸体者”[4]。这说明，魏晋时的风气，不独贵族子弟，甚至士人官宦，裸体、裸裎、裸游也司空见惯，几乎到了习焉不察的地步，这正是孔子所警告的“狂而荡”的现象。

裴頠在其所作的《崇有论》中，对晋的世风和士风有更为集中的描述，他写道：“人情所殉，笃夫名利。于是文者衍其辞，讷者赞其旨，染其众也。是以立言籍于虚无，谓之玄妙；处官不亲所司，谓之雅远；奉身散其廉操，谓之旷达。故砥砺之风，弥以陵迟。放者因斯，或悖吉凶之礼，而忽容止之表，渎弃长幼之序，混漫贵贱之级。其甚者，至于裸裎，言笑亡宜，以不惜为弘，士行又亏矣。”[5]其中的“立言籍于虚无，谓之玄妙；处官不亲所

[1] 《晋书》卷二十七“五行志上”，中华书局校点本，第三册，第820页。
[2] 《晋书》卷九十一“儒林传”之“范宣传”，中华书局校点本，第八册，第2360页。
[3] 《晋书》卷七十五、列传第四十五，中华书局校点本，第七册，第1973页。
[4] 《晋书》卷四十三、列传第十三，中华书局校点本，第四册，第1245页。
[5] 《晋书》卷三十五、列传第五，中华书局校点本，第四册，第1045页。

司，谓之雅远”两句，钱锺书先生认为可以和干宝《晋纪总论》、孙绰《刘真长诔》及《抱朴子》外篇的《汉过》对观。[1] 干《论》有“当官者以望空为高，而笑勤恪”之句，孙《诔》有“居官无官官之事，处事无事事之心”的对语，《汉过》则云：“懒看文书，望空下名者，谓之业大志高；仰赖强亲，位过其才者，谓之四豪之匹。”[2] 都认为汉之季世至晋世，社会风气的敝俗、辟邪、诞狂到了极点。

《世说新语》第一篇“德行”也有类似叙写：“王平子、胡毋彦国诸人，皆以任放为达，或有裸体者。”[3] 而刘孝标注引王隐《晋书》则说：“魏末阮籍，嗜酒荒放，露头散发，裸袒箕踞。其后贵游子弟阮瞻、王澄、谢鲲、胡毋辅之之徒，皆祖述于籍，谓得大道之本。故去巾帻，脱衣服，露丑恶，同禽兽。甚者名之为通，次者名之为达也。”[4] 这里以及上引，需要注意其中的“性任达”“任放为达”及“通”和“达”几个关键语词。显然“通达”和“任达”，受到了史家的特殊重视。“任”是无所不为，“通”是无为不可。魏晋人士就是以此作为行为的观念依据。研究者有的认为，魏晋的风尚实导源于庄老之学，而尤以王弼、何晏二子罪孽深重。王、何都是深于玄理的绝顶天才，王以注《老子》和《周易》，何以解《论语》闻名于世。王的义理玄思“以无为本”，主张“道泛滥无所不适，可左右上下周旋而用，则无所不

[1] 钱锺书：《管锥编》第三册，生活·读书·新知三联书店，2007年，第1784—1785页。
[2] 《抱朴子·外篇·汉过》，杨明照校笺本下册，中华书局，1997年，第127页。
[3] 《世说新语·德行》，余嘉锡撰《世说新语笺疏》，中华书局，1983年，第24页。
[4] 同上，第24页。

至也”[1]，但又不排除“情性”的作用，既贵无，又重情。相反，何晏却认为圣人没有喜怒哀乐，著论也相当精到。王弼不认同，说道：“圣人茂于人者神明也，同于人者五情也，神明茂故能体冲和以通无，五情同故不能无哀乐以应物，然则圣人之情，应物而无累于物者也。今以其无累，便谓不复应物，失之多矣。”[2]何劭《王弼传》还说王弼善为“高丽言”[3]，这句“应物而无累于物”，就是一句深微淡远的“高丽言”。

何晏生于汉献帝初平元年（190年），王弼生于魏的黄初七年（226年），何比王大三十六岁，且居吏部尚书之高位，但其雅量也是惊人的。史载何平叔（晏字平叔）“甚奇弼”，称“后生可畏”，并发为感叹：“若斯人者，可与言天人之际乎！”[4]两人都注《老子》，交谈中何见王的义旨高于自己，便取消注老的计划，而另作《道德论》。何劭的《王弼传》还有载：“（弼）论道，附会文辞，不如何晏，自然有所拔得，多晏也。”[5]王何的长短，于此可见。“拔得”应指升华了的玄理旨趣，盖王对“道”和“玄”的深微远大，实有人所不及的思辨能力。所以钱锺书《管锥编》论老，必以《老子王弼注》为蓝本，且评之曰：“王弼注本《老子》词气鬯舒，文理最胜，行世亦最广。”[6]则渊雅如锺书先生对辅嗣（王弼字辅嗣）亦情有所钟乎？抑高才雅致惺惺相惜耶？然

[1] 王弼：《老子道德经注》第三十四章，《王弼集》，中华书局，1980年，第86页。
[2] 何劭：《王弼传》，《三国志》卷二十八《魏书·钟会传》裴松之注所引，中华书局校点本第三册，第795页。
[3] 同上，第796页。
[4] 同上，第795页。
[5] 同上。
[6] 钱锺书：《管锥编》第二册，生活·读书·新知三联书店，2007年，第629页。

而辅嗣“天才卓出，当其所得，莫能夺也”[1]，天生就有一种“知性的傲慢”。要说狂，应该属于知性之狂和理性之狂。余英时先生在论述新儒家的“心理构造”时，尝援引西方的“知性的傲慢”一语，以和新儒家的“良知的傲慢”对观。[2] 盖王弼之“莫能夺”，显系“理傲”，故更合于“知性的傲慢”。

可惜王弼只活了二十三岁，正始十年（公元249年），就因疠疾离开了人世。这一年，他的学问知己何晏，也在其靠山曹爽被杀之后亦为司马氏所害。何晏的傲慢也是惊人的，《三国志·魏书·诸夏侯曹传》裴（松之）注对何平叔有如下评论：“晏尝曰：‘唯深也，故能通天下之志，夏侯泰初是也；唯几也，故能成天下之务，司马子元是也；惟神也，不疾而速，不行而至，吾闻其语，未见其人。’盖欲以神况诸己也。”[3] 公然神化自己，其傲狂亦不在辅嗣之下了。关于晋世的任诞之狂和“理傲”之狂，《晋书·王衍传》的一段记载，可见其大概：

> 魏正始中，何晏、王弼等祖述老、庄，立论以为：“天地万物皆以无为本。无也者，开物成务，无往不存者也。阴阳恃以化生，万物恃以成形，贤者恃以成德，不肖恃以免身。故无之为用，无爵而贵矣。”衍甚重之。惟裴頠以为非，著论以讥之，而衍处之自若。衍既有盛才美貌，明悟若神，常自比子

---

[1] 何劭：《王弼传》，《三国志》卷二十八《魏书·钟会传》裴松之注所引，中华书局校点本第三册，第795页。

[2] 余英时：《犹记风吹水上鳞》，台北三民书局，1991年初版，第93—94页。

[3] 《三国志》卷九《魏书·诸夏侯曹传》裴松之注所引，中华书局校点本第一册，第293页。

贡。兼声名藉甚，倾动当世。妙善玄言，唯谈老、庄为事。每捉玉柄麈尾，与手同色。义理有所不安，随即改更，世号“口中雌黄”。朝野翕然，谓之“一世龙门”矣。累居显职，后进之士，莫不景慕放效。选举登朝，皆以为称首。矜高浮诞，遂成风俗焉。衍尝丧幼子，山简吊之。衍悲不自胜，简曰：“孩抱中物，何至于此！”衍曰：“圣人忘情，最下不及于情。然则情之所钟，正在我辈。”简服其言，更为之恸。[1]

这段叙述在时间上特别突出“正始中”，正始是魏齐王芳的年号，即公元240至249年，前后只十年的时间。这段时间正是王弼、何晏思想风行的盛期，所以才说“何晏、王弼等祖述老、庄”如何如何。然后讲王衍对王、何思想如何重视，而对《崇有论》的作者裴頠的主张，尽管是堂兄王戎的女婿，却浑然不顾。

所以如此，由于王衍本人就是玄风的热烈追随者和提倡者。而且他还踵事增华地创立了一种玄谈的风姿，手持麈尾，妙善玄言，义有未安，随即改更。再加上他的“盛才美貌，明悟若神”的天姿自然，王、何也要让出一地了。王弼为论述“理”不废“情”，说了一串玄旨幽深淡远的话。可是这位王衍，因丧幼子而大哭不止，友人劝慰，则宣言似的说：“情之所钟，正在我辈。”玄理和性情在他身上无间的结合，而把圣人的“忘情”和最下面层次的“不及于情”，抛在了一边。世号“口中雌黄”，朝野翕

[1]《晋书》卷四十三、列传第十三“王戎传”，中华书局校点本，第四册，第1236—1237页。

然，谓之“一世龙门”，可见其地位之高和影响之大。《晋书》本传赞“衍俊秀有令望，希心玄远，未尝语利。王敦过江，常称之曰：‘夷甫处众中，如珠玉在瓦石间。’顾恺之作画赞，亦称衍岩岩清峙，壁立千仞。其为人所尚如此。”[1]

《晋书》“王衍传”论正始玄风的“矜高浮诞，遂成风俗”的八字判语，可以视作魏晋诞狂之风的真实写照。王衍是“竹林七贤”最小的成员王戎的从弟，其思想和王戎不无一脉相承之处。开始，阮籍与王戎的父亲王浑友善，自从和比自己小二十岁的濬冲（王戎字濬冲）接触以后，便只乐于和“阿戎谈”，而弃王浑于一旁而不顾。王戎进以见解高明和预见性见长，史称“有人伦鉴识”。但仕途并不顺利，靠“与时舒卷，无蹇谔之节”，方几次免得一死。最后这位“神彩秀彻”、善于审世相人的颖悟之士，终变成了一个昼夜以牙筹数钱自娱的悭吝人。[2]王衍在王戎眼里，原是“神姿高彻，如瑶林琼树，自然是风尘表物”似的人物，由于身处魏晋的变乱之局，尽管以“口不论世事，唯雅咏玄虚”和“不以经国为念，而思自全之计”，以致官至太尉、尚书令的三公的高位，也无法回既倒之狂澜，最后还是被石勒倒墙活埋了，时年五十六岁。将死之际，王衍顾左右而言曰：“呜呼！吾曹虽不如古人，向若不祖尚浮虚，戮力以匡天下，犹可不至今日。”[3]对自己一世钟情浮诞之风似有反省自悔之意。

然则晋世之亡，真的是由于祖述老庄之玄谈和任诞之狂风所

---

[1] 《晋书》卷四十三、列传第十三“王戎传”，中华书局校点本，第四册，第1238页。
[2] 同上，第1234—1235页。
[3] 同上，第1235—1238页。

致么？难道确如范宁所说，“其源始于王弼、何晏，二人之罪，深于桀纣”？且看范氏著论的理由何在？他写道：

王何蔑弃典文，不遵礼度，游辞浮说，波荡后生，饰华言以翳实，骋繁文以惑世。搢绅之徒，翻然改辙，洙泗之风，缅焉将坠。遂令仁义幽沦，儒雅蒙尘，礼坏乐崩，中原倾覆。古之所谓言伪而辩、行僻而坚者，其斯人之徒欤！昔夫子斩少正于鲁，太公戮华士于齐，岂非旷世而同诛乎！桀纣暴虐，正足以灭身覆国，为后世鉴诫耳，岂能回百姓之视听哉！王何叨海内之浮誉，资膏粱之傲诞，画螭魅以为巧，扇无检以为俗。郑声之乱乐，利口之覆邦，信矣哉！吾固以为一世之祸轻，历代之罪重，自丧之衅小，迷众之愆大也。[1]

看来这位范宁，守持的是儒家的立点，故曰“王何蔑弃典文，不遵礼度”，与孔子所诛的少正卯同一罪状。但点题者则是“傲诞”二字，亦即由于王弼、何晏倡行诞狂，败坏了当时的社会风俗。不仅影响“一世”，且祸及“历代”；自己丢人事小，主要是迷惑了社会大众。其“罪状”自然在桀纣之上了。另外一位南朝齐梁时期有“山中宰相”之称的医学家陶弘景，也写诗说：“夷甫任散诞，平叔坐谈空。不意昭阳殿，化作单于宫。”[2] 似乎也认为晋的覆亡与王弼的任诞和何晏的谈玄有关。有趣的是，就连当

[1]《晋书》卷七十五、列传第四十五，中华书局校点本，第七册，第 1984—1985 页。
[2]《梁书》卷五十六、列传第五十，中华书局校点本，第三册，第 863 页。

年觊觎晋室大宝的北伐大将桓温，兵过淮、泗与诸僚属登平乘楼眺望中原之际，也发为感慨说："遂使神州陆沉，百年丘墟，王夷甫诸人，不得不任其责。"[1]但清代学者钱大昕不作如是观，他说"宁之论过矣"，认为"以是咎嵇、阮可，以是罪王、何不可"[2]。

对当时后世诸如此类的悠悠之口，钱锺书先生揭明两点，一是"晋人之于老、庄二子，亦犹'六经注我'，名曰师法，实取利便；借口有资，从心以扯，长恶转而逢恶，饰非进而煽非。晋人习尚未始萌发于老、庄，而老、庄确曾滋成其习尚"[3]。二是"义理学说，视若虚远而阔于事情，实足以祸天下后世，为害甚于暴君苛政"[4]。并引用宋徽宗赐号为"高尚先生"的刘卞功的话说："常人以嗜欲杀身，以财货杀子孙，以政事杀民，以学术杀天下后世。"[5]还有汪士铎《悔翁乙丙日记》里的话："由今思之，王、何罪浮桀纣一倍，释、老罪浮十倍，周、程、朱、张罪浮百倍。弥近理，弥无用，徒美谈以惑世诬民，不似桀纣乱只其身数十年也。"[6]钱锺书先生最后归结说："人欲、私欲可以杀身杀人，统纪而弘阐之，以为'天理''公理'，准四海而垂百世，则可以杀天下后世矣。"[7]老、庄未尝杀人，周、程、朱、张也未尝杀人，问题在于"统纪"，如果"统纪"弘而阐之，视一家之学说

[1] 《世说新语·轻诋》，余嘉锡撰《世说新语笺疏》，中华书局，1983年，第834页。
[2] 钱大昕：《何晏论》，《潜研堂文集》，上海古籍出版社，1989年，第29页。
[3] 钱锺书：《管锥编》第三册，生活·读书·新知三联书店，2007年，第1784页。
[4] 同上，第1790—1791页。
[5] 同上，第1791页。
[6] 同上，第1791—1792页。
[7] 同上，第1792页。

为“天理”和“公理”，以为“准四海而垂百世”，那就难免要“杀天下后世”了。大哉！锺书先生之论，与吾心亦有戚戚焉。

如果说王弼、何晏所代表的，是以祖述老庄为特征的魏晋玄风的任达和“理傲”的一派，那么王衍和“竹林七贤”为代表的则是魏晋玄风的佯狂和诞狂的一派。

“竹林七贤”是一个以文采和异行著称的知识分子群体，以嵇康和阮籍为代表，成员有山涛、向秀、刘伶、阮咸和王戎。《三国志·魏书·王卫二刘傅传》裴松之注引《魏氏春秋》云：“康寓居河内之山阳县，与之游者，未尝见其喜愠之色。与陈留阮籍、河内山涛、河南向秀、籍兄子咸、琅邪王戎、沛人刘伶相与友善，游于竹林，号为七贤。”[1]《世说新语·任诞》也有载：“陈留阮籍、谯国嵇康、河内山涛三人年皆相比，康年少亚之。预此契者，沛国刘伶、陈留阮咸、河内向秀、琅邪王戎。七人常集于竹林之下，肆意酣畅，故世谓‘竹林七贤’。”[2]这七位“贤者”，文采菁华，不可一世，个个都“狂”得可以。

《世说新语》里记载多则他们的和“狂”有关的故事。刘伶写有《酒德赋》，声言“唯酒是务，焉知其余”。酒醉之后，裸形于屋，遇有置疑，则说：“天地是我的房屋，房屋是我的裤子，诸位怎么进到我裤裆里来了？”[3]阮籍的侄子阮咸，竟然和群猪一起饮酒。阮籍无目的地驾车出游，有路则行，无路便痛哭而返。

---

[1] 《三国志》卷二十一《魏书·王卫二刘傅传》裴松之注引《魏氏春秋》，中华书局校点本第三册，第606页。

[2] 《世说新语·任诞》，余嘉锡撰《世说新语笺疏》，中华书局，1983年，第727页。

[3] 同上，第731页。

看到当垆卖酒的邻人之妻有美色，他就粘着不断去喝酒，喝醉了还一头睡在那位美妇身边。听说一个美色女子未嫁而死，尽管与其家人素不相识，也跑去大哭一场。这种“狂”，属于半是佯狂半酒狂，也许还要加上一点色狂。他们幽愤于心，放浪于外，口不论人过，眸子判然。所以嵇康的名篇直接题作《幽愤诗》。而阮籍的代表他文学成就的八十二首《咏怀诗》，其精神纠结，亦无非“忧思”二字。故第一首开篇便直抒胸臆：“夜中不能寐，起坐弹鸣琴。薄帷鉴明月，清风吹我衿。孤鸿号外野，翔鸟鸣北林。徘徊将何见，忧思独伤心。”[1] 诗的结句“忧思独伤心”，已经自我点题。所忧者何？盖雅不情愿与司马氏合作也。司马昭听说阮籍的女儿貌美而贤，便请人为自己的儿子司马炎说亲，致使阮籍竟有两个月的时间醉酒不起，从事者见无从言说，才不得不寝罢此议。

“竹林七贤”的领袖人物嵇康，由于娶了与曹魏有血缘关系的长乐亭主（魏武的曾孙女）为妻，才升迁为郎中，拜中散大夫。只这一层，篡魏立晋的司马氏便不肯善罢甘休。史载：“谯郡嵇康，文辞壮丽，好言老庄，而尚奇任侠。”[2] 此可知其思想渊源之所从出，而“尚奇任侠”一语，证明他在行动上也是很特立独出的。因此司马氏集团始终把嵇康作为关注的重点对象殊不为怪。起初的策略并非不想笼络收买，但嵇康不买账。负有觇伺任务的钟会，一次前往观察动向，看见嵇康正在大树下面打铁，帮助他

[1]　阮籍：《咏怀诗》，《文选》卷二十三，上海古籍出版社，1986 年，第三册，第 1067 页。
[2]　《三国志》卷二十一《魏书·王卫二刘傅传》，中华书局校点本第三册，第 605 页。

鼓风的则是“七贤”之友向秀。钟会只管盯盯地看，嵇康却“扬锤不辍，旁若无人”，一言不发。当尴尬的钟士季（钟会字士季）要快快归去的时候，嵇康才发声问道：“何所闻而来？何所见而去？”钟会也很厉害，回说：“闻所闻而来，见所见而去。”[1]一问一答之间，各有玄机。

嵇康的友人山涛，欲荐他代己为官，于是他写了那封千载传颂的《与山巨源绝交书》，自道“必不堪者七，甚不可者二”，其中包括“每非汤、武而薄周、孔”，“会显世教所不容，此甚不可一也”，“刚肠疾恶，轻肆直言，遇事便发，此甚不可二也”。还有“纵逸来久，情意傲散，简与礼相背，懒与慢相成”，以及“又读庄、老，重增其放”，“长而见羁，则狂顾顿缨，赴蹈汤火”[2]等等，其狂傲悖理、不为世所容的名士态度毕肖纸上。但阮、嵇二人亦有区别，诚如钱锺书先生所说：“嵇、阮皆号狂士，然阮乃避世之狂，所以免祸；嵇则忤世之狂，故以招祸。”[3]钱先生又引伏义《与阮嗣宗书》之疑阮为鬼物附身的“风魔”，进而申论说：“不知‘风魔’之可出‘诈作’，既明且哲，遂似颠如狂也。”又说：“忤世之狂则狂狷、狂傲，称心而言，率性而行，如梵志之翻着袜然，宁刺人眼，且适己脚。既‘直性狭中，多所不堪’，而又‘有好尽之累’‘不喜俗人’‘刚肠疾恶，轻肆直言，遇事便发’，安望世之能见容而人之不相仇乎？”[4]换而言

[1]《世说新语·简傲》，余嘉锡撰《世说新语笺疏》，中华书局，1983年，第767页。

[2] 嵇康：《与山巨源绝交书》，《文选》卷四十三，上海古籍出版社，1986年，第三册，第1925—1927页。

[3] 钱锺书：《管锥编》第三册，生活·读书·新知三联书店，2007年，第1725页。

[4] 同上，第1725—1726页。

之，阮、嵇虽同为狂者，但阮往往“河汉大言，不着边际”，而嵇康之狂，则“一狂而刺切”，两厢比较，可以见阮嗣宗和嵇叔夜不同之为人也。[1]

因此当嵇康步入不惑之年，终于被司马氏投入狱中。起因是他的好友吕安因故得罪，司马氏欲以不孝罪诛之。嵇康为之辩护，竭力保明其事。钟会于是在廷论时历数其罪状云：“今皇道开明，四海风靡，边鄙无诡随之民，街巷无异口之议。而康上不臣天子，下不事王侯，轻时傲世，不为物用，无益于今，有败于俗。昔太公诛华士，孔子戮少正卯，以其负才乱群惑众也。今不诛康，无以清洁王道。”[2] 嵇康临刑之际，出人意外地抚奏了一曲《广陵散》，曲罢发为感慨：“《广陵散》于今绝矣。”然后从容就戮。这不禁让我想起了西哲苏格拉底之死，他的弟子柏拉图的《斐多篇》所记载的苏氏之死，也是很从容的——在被迫饮了毒药之后，还在若无其事地谈哲学。但比较起来，嵇康死得似乎更有诗意，而且有三千太学生群言欲“请以为师”[3]，那么寂寞的嵇康，其身后已不那么寂寞了。

据说嵇康是个罕见的美男子，一米八二（魏制七尺八寸）的身高，“龙章凤姿，天质自然”[4]，不像魏晋其他名士，为打扮自己可能还要擦粉之类。山涛赞美说：“嵇叔夜之为人也，岩岩若

[1] 钱锺书：《管锥编》第三册，生活·读书·新知三联书店，2007年，第1727页。
[2] 《世说新语·雅量》，余嘉锡撰《世说新语笺疏》注引《文士传》，中华书局，1983年，第344页。
[3] 《晋书》卷四十九、列传第十九，中华书局校点本，第五册，第1374页。
[4] 同上，第1369页。

孤松之独立，其醉也傀俄若玉山之将崩。”[1]美而有风骨，有英姿，则嵇康之狂，又不只是佯狂和诞狂，同时也是清醒之狂和美俊之狂。

嵇康逝后，竹林荒落，人去庐空。七贤旧友向子期（向秀字子期）作《思旧赋》，序云：“余与嵇康、吕安居止接近，其人并有不羁之才，嵇意远而疏，吕心旷而放，其后并以事见法。嵇博综技艺，于丝竹特妙。临当就命，顾视日影，索琴而弹之。余逝将西迈，经其旧庐。于时日薄虞渊，寒冰凄然。邻人有吹笛者，发声寥亮。追思曩昔游宴之好，感音而叹，故作赋云。”[2]其赋则又曰：

> 将命适于远京兮，遂旋反而北徂。济黄河以泛舟兮，经山阳之旧居。瞻旷野之萧条兮，息余驾乎城隅。践二子之遗迹兮，历穷巷之空庐。叹《黍离》之愍周兮，悲《麦秀》于殷墟。惟古昔以怀今兮，心徘徊以踌躇。栋宇存而弗毁兮，形神逝其焉如。昔李斯之受罪兮，叹黄犬而长吟。悼嵇生之永辞兮，顾日影而弹琴。托运遇于领会兮，寄余命于寸阴。听鸣笛之慷慨兮，妙声绝而复寻。停驾言其将迈兮，故援翰以写心。[3]

论者或谓向赋欲言又止，是呵！他又能多说些什么呢？此时的向秀已应岁举来到帝京洛阳，大将军司马文王引见，问曰：

[1] 《世说新语·容止》，余嘉锡撰《世说新语笺疏》，中华书局，1983年，第609页。
[2] 向秀：《思旧赋》，《文选》卷十六，上海古籍出版社，1986年第二册，第720页。
[3] 同上，第720—722页。

“闻有箕山之志，何以在此？”向秀说：“以为巢许狷介之士，未达尧心，岂足多慕。”[1]意谓竹林并不是实现自己理想的可靠途径。结果文王大为感叹，庆幸子期终于醒悟。不久，向秀得到了散骑侍郎转黄门侍郎的闲差，由在野之“竹林”一变而混迹“魏阙”。不过史载他“在朝不任职，容迹而已”[2]，是又不无耐人寻味处。

魏晋的玄远任达狂诞之风，一直持续到南北朝尚有风流余绪存焉。陶渊明的归隐田园，未尝不是此一风气的一个归结点。《文心雕龙》“明诗”篇说：“江左篇制，溺乎玄风，嗤笑徇务之志，崇盛亡机之谈。袁孙已下，虽各有雕采，而辞趣一揆，莫与争雄，所以景纯《仙篇》，挺拔而为俊矣。宋初文咏，体有因革，庄老告退，而山水方滋，俪采百字之偶，争价一句之奇，情必极貌以写物，辞必穷力而追新，此近世之所竞也。”[3]其中关于南朝宋初的“庄老告退，而山水方滋”一语，指的就是此种风气转变情形。所以陈寅恪先生认为，陶渊明的思想是“承袭魏晋清谈演变之结果”[4]。但陶的思想属性，寅老以为是“外儒而内道”[5]，而与佛教学说没有多少关联。

陶渊明找到了自己的精神家园。他已经从名教与自然的撕裂纠缠中走了出来，既不必像山涛那样在“宫阙”和“竹林”之间两厢和悦，也无须如向秀一般始离而后附。阮籍似的一面竭力冲

[1]《晋书》卷四十九、列传第十九，中华书局校点本，第五册，第1375页。
[2] 同上。
[3] 刘勰：《文心雕龙·明诗》，周振甫注本，人民文学出版社，1981年，第49页。
[4] 陈寅恪：《陶渊明之思想与清谈之关系》，《金明馆丛稿初编》，生活·读书·新知三联书店，2001年，第228页。
[5] 同上，第229页。

破名教的网罗，一面得到“大将军”暗中保护的尴尬，也不必了。他回归到了可以使自己安身立命的“田园”。魏晋南北朝时期士人由“魏阙”到“竹林”再到“田园”的精神巡游路向的转变，不仅是生活道路的转变，也是个体生命的归宿和精神理想栖居之所的转变。如同寅恪先生所说，渊明的“非名教之意仅限于不与当时政治势力合作，而不似阮籍、刘伶辈之佯狂任诞”[1]。

当时的士人其实还有另外的精神栖居点和归宿，这就是佛教和道教。南北朝是佛教大行其道的时期，此一新信仰同样可以让士人得到哪怕是瞬间的安宁。南朝由东晋而宋而齐而梁而陈，二百七十二年的时间，五易朝纲，对浮屠的笃信始终未尝有变。梁朝之武帝萧衍甚至宣布佛教为国教，自己则三舍其身，这在中国历史上绝无仅有。北朝虽然出现了北魏太武帝和北周的武帝两次毁佛的举动，但为时甚暂，并未从根本上影响佛教在北朝的发展。只不过呈现的方式和归宗的旨趣，南北殊有别耳。汤用彤先生说“南方偏尚玄学义理，上承魏晋以来之系统，北方重在宗教行为，下接隋唐以后之宗派”[2]，将南北朝时期的佛教分为“南统”和“北统”，诚为不刊之论。而且北方当佛教受阻的时候，道教有了长足的发展。道士寇谦之被北魏宰相崔浩尊之为师，魏太武帝为表示尊崇道教，亲自为寇氏起道场，并改年号为太平真君。当然佛道相较，则即使经历了毁佛事件的北朝，也还是释迦

[1] 陈寅恪：《陶渊明之思想与清谈之关系》，《金明馆丛稿初编》，生活·读书·新知三联书店，2001年，第228页。

[2] 汤用彤：《汉魏两晋南北朝佛教史》，《汤用彤全集》第一卷，河北人民出版社，2000年，第368页。

的势力更占上风。

因此南北朝时期的士人精神之旅，在“宫阙”“竹林”“田园”之外，还有“禅林”和“道场”可以安顿自己。当然各种精神栖居之所，往往是互相交错的，而不是彼此无与，截然分离。东晋的清谈，特点之一就是儒道结合和玄佛结合，只不过玄风占有明显优势，所以王导才能够无所顾忌地调笑僧渊：“鼻者面之山，目者面之渊。山不高则不灵，渊不深则不清。”[1] 待到南朝的齐梁之后，玄风渐呈被佛理吞没的趋势。儒道、儒佛、佛道之间尽管在宗趣和义理上经常有撞击，但总的来说相处得很好，“三教合一”的种子，在彼此初相遇的魏晋南北朝时期，就悄悄地埋下了。治史者或谓此一时期之玄远任诞傲狂之风，继之以佛道神仙的超世间力量的坐大其间，社会的惯常秩序被颠倒瓦解，难免有失敬不德的乱世之目。然细按史乘，此一时代实为吾国精神成果结晶最丰硕的时期，多少影响当时后世的风流卓绝之士和艺文学理的重要发明，都雨后春笋般涌现于此一时期。哲学思辨因探求玄远而登上最高楼，文学众星灿烂不可一世，佛道义学大师云集，史学著述层出不穷，书法绘画肇始登峰。《世说新语》《文选》《文心雕龙》《水经注》《颜氏家训》《齐民要术》《洛阳伽蓝记》等经典奇书，都在此时创生。北方世家大族的永嘉南渡，改变了中古文化生态，那是很壮观的。还有北方拓跋氏的汉化，都在证实魏晋南北朝同时是吾国文化大融合的时期。

当然这也是一个政治变乱多故的时代，《晋书·阮籍传》写

[1] 《世说新语·排调》，余嘉锡撰《世说新语笺疏》，中华书局，1983 年，第 799 页。

道："魏晋之际，天下多故，名士少有全者。"[1]但有残酷，有杀戮，也有热情，有声音。嵇康临刑，还能抚奏《广陵散》呢。他们礼赞人才，尊重对手。南朝佛教鼎盛，反佛的声音也能表达，辟佛勇士范缜出现了。梁武帝带头和范缜辩论，亲撰《敕答臣下〈神灭论〉》，写道："欲谈无佛，应设宾主，标其宗旨，辨其短长，来就佛理，以屈佛理，则有佛之义既蹶，神灭之论自行。"[2]有模有样不失风度的据理力辩。虽然此《敕答》经释法云转达给王公大臣会览，临川王萧宏、南平王萧伟、长沙王萧渊业、豫章王行事萧昂以及沈约等六十余人群起难范，可以想见对范缜的压力是很大的，但范缜毫无退缩，不可谓不勇敢。而所以之故，也和梁武帝能够守持思想辩论的规则，不以政治权力剿灭异端有关。诚如钱锺书先生所说："缜洵大勇，倘亦有恃梁武之大度而无所恐欤？皆难能可贵者矣。"[3]

六朝多故，但斯文未灭，很多六朝人物都带有贵族气象。由此可知，魏晋南北朝为隋唐统一和大唐帝国的盛绩伟业准备下了怎样和煦畅达的精神气候和丰厚肥沃的土壤。

原载《读书》2010年第3期，亦可参看拙著《中国文化的狂者精神》第四章，三联书店2012年版，第40至44页

[1]《晋书》卷四十九、列传第十九，中华书局校点本，第五册，第1360页。

[2] 梁武帝萧衍：《敕答臣下〈神灭论〉》，《全梁文》卷五，《全上古三代秦汉三国六朝文》第七册，河北教育出版社，1997年，第54页。

[3] 钱锺书：《管锥编》第四册，生活·读书·新知三联书店，2007年，第2216页。

宫廷文化与时尚

——“紫禁城论坛”上的发言

一

刚才李学勤先生讲，参加这个会议有点惶恐，因为他研究的对象，是在故宫学范围的两千年以前的事情。我就更惶恐了，我近年研究的是故宫成为故宫以后，清朝最后一个皇帝逊位之后的这段历史，也就是近现代的思想与学术。因此严格来讲，我来这里参加讨论故宫学的会，条件是不很充分的。当然也不能说一点关系都没有。我有一段时间研究《红楼梦》,《红楼梦》里有一句诗，说“芳园筑向帝城西”，你看，不是已经沾一点边了？书里写元妃省亲，和皇帝也有了联系。而研究王国维，他在溥仪被赶出宫之前，曾给溥仪当过老师，又有了一点关系。

重要的是，紫禁城出版社的社长王亚民先生，是我二十年的好朋友。我做人“不忘旧”，有点像《红楼梦》里的晴雯。也有点像花袭人，跟着贾母的时候，一心一意地跟贾母，后来跟了宝玉，就一心一意跟宝玉。我和出版社联系，常常也是跟这个人联系了以后，就不再跟这个出版社的其他人联系。所以亚民兄在的时候，我的书多请他出，他走了以后，就不在那里出了。还有一个原因，是郑欣淼院长，我第一次见到他，有点像贾宝玉看到林黛玉，说“这个人我见过”。因为直觉告诉我，他虽然是一个官员，但他心性是善良的，这从他的眼睛中能够看到。因此之故，这个会我又不能不来，尽管条件不是那样充足。

本来也是今天，浙江的海宁开王国维的学术研讨会，那是我的不打折扣的研讨范围，论文都寄过去了，题目是《中国现代学术的四重疑问》，主要探讨王先生对为学的古今、中西、有用无用以及手段和目的的论述。但由于亚民兄在这里，我只好弃彼取此。我特地准备了一个比较详细的发言提纲，还反复改了几次。我谈的内容，不完全局限于明清两代的故宫文化，而是往前追溯，向外扩展，以“宫廷文化与时尚”作为题目，也许还不算完全离题。

二

说起来我们有理由感到高兴，近三十年来，特别是近十几年来，传统已不再是一个陌生的概念。我们虽然有五千年的文明，但是晚清、民国初年以来，也就是近百年来，我们的文化曾经遇到危机，特别是作为传统文化核心价值的儒家思想遭遇到了危机。原因是西潮冲击，社会转型，原来的纲常伦理所依附的社会形态发生了变化。晚清人所说的“大变局”，就是指此。陈寅恪说“三纲六纪”是中国文化抽象理想的通性，但一个没有了皇帝的社会，君臣一纲还有继续存在的理由吗？在百年来家庭解体的情况下，

“父子”“夫妇”两纲，还会继续发用吗？颇有一些学者，例如哈佛的杜维明先生，试图对“五伦”重新给以解释，但常常遇到学理上的困难。

我们除了从传统到现代的变迁过程遇到极大的挑战，还遇到了“文革”这样的与传统“彻底决裂”的灾难。我曾经有一个看法，认为五四的反传统主要是对大传统的清理，而“文革”则是对小传统的直接的破坏。因为它破坏了民间的东西，破坏了民间信仰和家庭伦理。因此不能否认我们的文化曾经有过断层。一方面是五千年的文明绵延不断，而不断的原因，我同意李学勤先生的意见，很大程度上是由于它的文字。不久前我去了埃及，看到那些法老文字，非常震撼，但它完全是具象的，鸟、树、眼睛，画得像我们的工笔画那样逼真，这样的文字今天不可能继续使用。但是中国的文字，形成“六书”之后，已经抽象化了，所以汉字一直使用到今天，甚至可以方便地输入电脑。汉字是中国文化的基本载体，我们的文化不间断确跟汉字有很大关系。另一方面，晚清民国以来文化传统的流失也是有目共睹的事实。

总的我们是处在文化传统的流失与重建的过程之中。近三十年来经过各方面的努力，包括学者的努力，领导阶层的努力，民间的努力，还有经济发展的大背景，传统的重建已经看到了一些成绩。至少认为传统是与现代性相冲突的看法，没有多少人赞成了。而一般民众对传统也减少了陌生感。刚才郑欣淼先生讲到了接续传统的两个途径，一个是文本阅读，还有一个是文化遗存和文化典范的保护与开发。也就是陈寅恪讲王国维的学术方法，可以概括为三个内容：第一个是地下实物和纸上遗文互相释证，二是异族的故书和我国的旧籍互相补正，三是外来观念和固有材料互相参证。而尤以第一条最为根本。所以我不低估于丹的“论语心得”的意义。你不必从文字训诂的角度去看她讲的哪几个字解释得是否有误，其实历来对《论语》的解释一直有不同的看法。于丹的最大价值，在于她把儒家的文本经典送到了千家万户。现在《论语》大家不再陌生了，一般民众对传统也有了一定的亲近感。于丹有首创之功，这个很了不起。因此我也不轻看中央电视台的历史文化讲论，包括阎崇年先生，更是学者的讲论。文本的经典阅读是我们重建传统的一个很重要的途径。

还有就是历史的文化遗存，包括物质的和非物质的。其实文明在相当程度上是物化的形态，这可能是文明和文化的一个分野。因此故宫的存在，本身就是我们连接以及重建传统的一个非常好的途径。故宫虽然是明清两代持续地建立起来的，但重要的它是我国文化的一个宝库，是传统文化的象征，它的存在本身就具有文化传统的象征意义。刚才郑欣淼先生讲到台北的故宫博物院和这里的异同的问题，我也去过几次台北的故宫，当然不得不承认它那里的一些精品是很了不起的，特别是书画。可是重要的是，故宫的文物只有放在故宫里，才更具有文化根性的显现。你把它放在另外一个地方，只不过是个收藏馆而已。因为文化的结晶是连通它的生态环境一起呈现的。汉高祖想把他的父亲从乡下搬过来，他父亲不愿意离开旧居，即使盖和故乡一样的房子，他父亲还是不习惯。故宫文化的缓冲区的概念，是非常正确的。

总之，我们长期留下来的文化典范，包括文本经典和历史遗存，这两个方面都是我们可以接续传统以及重建传统的重要途径。

三

宫廷文化常常扮演引领时代文化潮流的角色。这在国外也有例子。像法国路易十四（1643 年至 1715 年在位）时期的建筑、美术、音乐、家具，是法国历史上最辉煌的时期。凡尔赛宫就是路易十四时代建造的，找当时最著名的建筑大师来设计施工，所有一切环节都非常考究。路易十四本人是艺术家，舞蹈跳得很好，鉴赏眼光也不错，很多细节都亲自过问。非常有意思的是，那个时期和康熙建避暑山庄的时期大体相同，也是在郊外建造的皇宫。路易十四时期宫廷文化确实引领了当时的文化潮流。

中国的宫廷文化是不是也有引领时尚潮流的作用？中国历来民间社会发达完整，民间文化自成一体，有自己的流行，有自己的时尚，不必一切都向朝廷看齐。相反，“礼失，求诸野”，是中国文化的一个特点。但宫廷文化的影响，还是存在的，特别在文化的审美方面对时尚发生的影响更为明显。

我举几个个案来谈一谈这个问题。

个案之一，就是大家都了解的成典“楚王好细腰”。这不是传说，而是历史实录。据《战国策》楚一“威王问于莫敖子华”篇的记载，楚威王和大臣莫敖子华有过一段对话。对话中，楚威王耐心倾听莫敖子华对过去五位楚国名臣的介绍，内心非常羡慕，不禁发为慨叹说，现在恐怕找不到类似的杰出人物了？莫敖子华于是讲了一个故事：

> 昔者，先君灵王好小要，楚士约食，冯而能立，式而能

> 起。食之可欲，忍而不入；死之可恶，就而不避。

意思是说，从前楚灵王喜欢腰身纤细的人，楚国的士大夫们为了使自己的腰身保持纤细，便都来节食减肥，一个个饿得头昏眼花，站不起身来。甚至坐在席子上的人想站起来，也需要扶着墙壁才成，坐在马车上的人要站起来，必须借助于车轼。谁都想吃美好的食物，但人们都强忍住不吃，为了腰身纤细，即使饿死了也心甘情愿。

莫敖子华接着对这个故事做了发挥性阐释，说臣子们哪个不希望得到君王的青睐呢，如果人王真心诚意喜欢贤人，引导大家都争当贤人，楚国不难再出现像五位前贤一样的能臣。莫敖子华深知九五之尊爱憎好恶的重要，他希望通过这个故事，让楚威王明白“上有好之，下必随之”的道理。就是说，君主是否真的喜欢贤臣，才是问题的关键。

《墨子》的“兼爱”篇，也讲了同一个故事，但加上了“晋文公好恶衣”和“越王好勇士”两个典故。

> 昔者晋文公好士之恶衣，故文公之臣皆牂羊之裘，韦以带剑，练帛之冠，入以见于君，出以践于朝。是其故何也？君说之，故臣为之也。昔者楚灵王好士细要，故灵王之臣皆以一饭为节，胁息然后带，扶墙然后起。比期年，朝有黧黑之色。是其故何也？君说之，故臣能之也。昔越王勾践好士之勇，教训其臣，和合之焚舟失火，试其士曰：“越国之宝尽在此。”越王亲自鼓其士而进之。士闻鼓音，破碎乱行，蹈火而死者左右百

人有余。越王击金而退之。

墨子提倡的学说是“兼相爱，交相利”，而且认为做到这一点并不难，问题出在“上弗以为政，士不以为行”。如果君主把“兼爱”作为政策，“士”又能够身体力行，推行起来就不会有问题。

《韩非子》《管子》《尹文子》《晏子春秋》等典籍，也都讲述过大体相同的故事。另外《后汉书·马援传》记载，马援的儿子马廖写的《上长乐宫以劝成德政疏》，对这一故事的讲述又有新的发挥，变成：“传曰：‘吴王好剑客，百姓多创瘢；楚王好细腰，宫中多饿死。’长安语曰：‘城中好高髻，四方高一尺；城中好广眉，四方且半额；城中好大袖，四方全匹帛。’”不仅有“楚王好细腰”和越王的“杀身而名”，还增加了城里面的发式、眉样和服装式样对社会发生的影响。而且“楚王好细腰，宫中多饿死”的极端措辞，也第一次以文本的形式出现了。

后来唐代诗人李商隐写《梦泽》诗，他的文学天才使他对这个故事的叙述，更具有审美夸张性，他写道：“梦泽悲风动白茅，楚王葬尽满城娇。未知歌舞能多少，虚减宫厨为细腰。”为了宫女的“细腰”，皇宫里的厨师也来个大裁员，是否史有其事，我们不得而知。但“满城”的女娇娃都“葬尽”，恐怕就是诗人的想象之词了。

问题是这些例证告诉我们，最高权力者的“爱好”，不仅波及宫中，而且影响社会，甚至成为一种流行的时尚。2007年年初，我有幸到河南博物馆看他们的收藏，其中青铜器藏品最丰富，各式各样的青铜器都有，但黄河流域出土的青铜器，或方或圆，一体庄严浑重，只有楚地出土的青铜器，腰身窄细，造型轻俏。博物馆的专家介绍说，这是由于楚国君主的特殊爱好，使得青铜器的形状也不同于黄河流域。“楚王好细腰”的宫廷审美取向，竟然影响到青铜器的造型，“上有好之，下必随之”的道理，能不信哉！

个案之二是“环肥燕瘦”。杨贵妃体态丰盈，史不乏书。有的材料说她的身高是一米六四，体重一百三十八斤。对一个古代女子而言，已经是很丰硕了。作为旁证，是杨玉环对安禄山肥硕体魄的特殊欣赏。史载安的肚子很大，可以在肚子上点燃蜡烛，跳胡旋舞。也有的记载说杨贵妃还曾与禄山一起起舞。当然此事直接酿成了安史之乱，使唐代由强盛走向衰败。我们固然不好说是杨贵妃影响了唐代的审美风尚，但唐代女性崇尚丰满之美是肯定的。甚至直接影响到唐代的各种艺术，尤其是造型艺术，例如唐三彩。而汉代的赵飞燕瘦削苗条，甚至轻盈到可以作掌上舞，历史上也是有记载的。我们虽不能断定由于赵飞燕的影响，汉代的审美取向是以瘦为美，但其在历史上的影响，直至成为瘦美人的典范，应该是不争的事实。所以“环肥燕瘦”这个典故，也就变成一个阐释不尽的主题。

我可以举苏东坡的一首诗，就是他的谈书法的诗《孙莘老求墨妙亭诗》，其中有句：“杜陵评书贵瘦硬，此谕未公吾不凭。短长肥瘦各有态，玉环飞燕谁敢憎。”苏东坡主张书法艺术的多样风格，而不以“短长肥瘦”为轩轾。他说杨玉环、赵飞燕都是美人，显然不能以胖瘦来作审美的依据。“环肥燕瘦”后来已经成为不同风格的美人的代替语。

个案之三，从发髻的式样看宫廷审美怎样引领时尚。古代女性的头发不是披散下来的，要结成各种不同式样的发髻。周文王的时候发髻很高，叫作凤髻，而且走起来还可以摇动，称作“步步摇”。秦始皇时期梳神仙髻，翠眉、红妆。汉朝大体学秦朝，汉随秦制，发髻样式，迎春髻、垂云髻成为时尚。汉武帝宠幸的李夫人，把玉簪插在头上，于是宫人便都用玉。所以汉代发髻插玉也成了一种时尚。汉明帝的时候，宫人开始梳百合分脊髻，和“同心髻”。魏武帝的时候是反绾髻和百花髻。晋惠帝的时候，有芙蓉髻，插通草五色花。陈朝是随云髻，也叫作晕妆。隋文帝的时候，宫中梳九真髻，红妆，也叫桃花妆。隋炀帝的时候，宫人梳八寰髻，插翡翠钗的，叫日妆，另外还有“啼妆”。唐朝武德中期，宫中的发髻样式更多，有版飞髻、反绾髻、乐游髻等。而在开元中期的时候，则有双鬟望仙髻、回鹘髻等。杨贵妃梳的愁来髻。宫人的发髻样式又影响到社会，多元繁荣的唐代，女性的发式也花样繁多。据说当时的首都长安，时装旬月就发生变化，而流行的发髻式样，千奇百怪不足以形容，例如有盘恒髻、惊鹄髻、妥髻髻、堕马髻等等，不一而足。

个案之四，关于宫廷的爱情和文学传播。明显的例子是唐玄宗和杨贵妃的爱情，这是一个主要的文学母题，写他们的作品很多。最有名的当然是白居易的《长恨歌》，还有清代洪昇的《长生殿》。到现在苏昆演的《长生殿》还很好看。它写的是皇帝和贵妃之间的刻骨铭心的爱情。我觉得这个不完全是传说。还有光武帝刘秀和阴丽华的爱情，也是个很有趣的故事。“娶妻要娶阴丽华”原是刘秀在老家的一个愿望，后来果然实现了。但是当光武帝让阴丽华当皇后的时候，她谢绝了，还是让原来的妻子当了皇后。这位阴丽华，容貌品德俱佳，传说头发极长，美丽无比。

历史上另一个美丽的女子是张丽华，她和南朝陈后主的爱情也很动人。汉朝讲“娶妻要娶阴丽华”，南朝的时候讲“娶妻要娶张丽华”。据说张丽华“发长七尺，眉目如画，玉树后庭花”。而且说她有才辩，记忆力过人。史书上讲，“人间有一言一事，她都会先知道”。传说陈后主在临朝的时候，让张丽华坐在他的膝上，一起决定朝廷大事。但后来陈朝很快地灭亡了，于是有人说，这个朝代的灭亡和张丽华这个女人有关系。

还有就是汉武帝和李夫人的爱情。这段爱情故事甚至让我们看到了，美也可以成为一种策略。李夫人是宫廷乐师李延年的妹妹。有一首歌，张艺谋拍的《十面埋伏》中的主题歌就是这一首。“北国有佳人，绝世而独立，一顾倾人城，再顾倾人国，宁不知倾城与倾国，佳人难再得。”李延年唱这首歌，汉武帝问，真有这样一个人吗？旁边的人说有的，李延年的妹妹就是这样的美人。后来她成为汉武帝的宠妾。但很快李夫人生病了，汉武帝去看她，她把面遮起来，不让武帝看见。这变成了一个典故。美国一位汉学家宇文所安写的一篇文章就叫作《一见》。汉武帝爱李夫人是由于她的美色，生病以后面容不好看，一旦看了不喜欢的面容，爱就不能维持了。所以她决定不见。她虽然无论如何不见汉武帝，却向武帝提出一个要求，就是她死之后希望汉武帝能够保全她的家人。这个女人很厉害，她已经把美作为一种策略了。

当然晚一些的，还有一对宫廷爱情，就是顺治和董鄂妃的爱情。阎先生（阎崇年），我研究《红楼梦》，红学中有一说，说写的是顺治和董小宛的爱情，您觉得有可能吗？（阎崇年：孟森考证了，差十八岁。）我是看陈寅恪先生写的《柳如是别传》，他常常把柳如是和《红楼梦》里的人物联系起来，甚至和蒲松龄写的那些狐鬼也联系起来。陈寅老说，蒲松龄写的那些清言丽质的狐鬼，其实在长江中下游的佳丽之地，不过是邻居发生的事情，比如秦淮八艳的故事。以陈寅恪的博学，他似乎有点相信董小宛这件事是真实的，如果是真实的，那么顺治就有可能是真的出家了。阎先生，您如何看？（阎崇年：没有材料证明。）那么吴梅村的诗呢？（阎崇年：诗还要再证明一次。）假如不是董小宛，顺治和董鄂妃之间的爱情也是很缠绵的。皇帝的爱情后来变成用文学的手段来传播，这也是宫廷文化影响社会影响后世的一个例证。

我就讲这些，这已经是故宫学的后续和外缘了。

本文为 2007 年 11 月 10 日出席故宫博物院召开的“紫禁城论坛”，所作发言的录音整理稿，首刊于作者新浪博客，同时出席论坛的有李学勤、阎崇年、冯骥才、铁凝、熊召政五位嘉宾。

《红楼梦》里怎样过春节

《红楼梦》描写的节庆活动很多，但春节只有一次，即五十三回的“宁国府除夕祭宗祠，荣国府元宵开夜宴”。贾家这个大家族，春节是怎么个过法呢？当然并不叫“春节”，而是过年。“春节”的称呼是1914年民国政府改叫的，其实并不准确，也许恢复已往的传统，继续叫过年更好些，公历的1月1日则仍然叫元旦——这是题外的话。

《红楼梦》第五十三回写道：“当下已是腊月，离年日近，王夫人与凤姐治办年事。”这是说，时令一到腊月，就该治办年事了。而年事最重要者莫过于祭祖，所以宁国府贾珍那边先把宗祠打开，派人打扫，同时收拾供器，为祭祀做准备。当年荣宁二公，宁公居长，所以宗祠在宁国府。其次是压岁，就是发放压岁钱。贾府的压岁钱做得很精致，用一百五十三两碎金子铸了二百二十个小锞子，有梅花式的，有海棠式的，还有笔锭如意、八宝连春等等不同样式。三是送年礼，贾家收受的大宗礼物当然是黑山村乌庄头送来的，折合银子有二千五百两之多。而北府水王爷送的是字联和荷包。四是向本府子弟们发放年物。五是贴对联，换门神。书中说，到了腊月二十九，荣宁二府已经“换了门神、联对”。六是门面、挂牌等显眼之处，一般需要油饰见新，故书中有“新油了桃符，焕然一新”等字样。这些都属于过年的准备。

祭祖的时间在年三十，这是过年的最大礼仪。因为贾母有诰封，须先进宫朝贺，然后来到宗祠，诸子弟们早已经列队迎候。主祭人本来应该是宁府的嫡长子，但因长子贾敷只活了八九岁，便由次子贾敬主祭。虽然这位敬老爷不理家事，平时只住在城外和道士们一起炼丹烧汞，一心想成仙，但年关祭祖大事，他无法推卸。陪祭为贾赦。余次贾珍献爵，贾琏捧帛，宝玉捧香，贾菖展拜毯。赦老爷刚因鸳鸯拒婚而大受精神挫折，他的陪祭能否持敬如仪，尚待细心人观察。祭祀开始的时候，有乐队奏乐，共献爵三次，然后次第焚帛奠酒，然后所有参加祭祀者一起行礼。

祭罢宗祠，大队人马再到正堂向祖宗遗像礼拜。家人和小厮一律在仪门之外，贾府子侄挨次列队于仪门至正堂的廊下。正堂门槛外面是贾敬和贾赦，门槛里面是众女眷。只有贾蓉因是长房长孙，也随女眷在槛内。供品以菜饭汤点酒茶为主，每当一道菜上来，都是先到仪门，再按次传至贾敬手中，贾敬传贾蓉，贾蓉传其妻，再传凤姐、尤氏等。到供桌前，方传给王夫人，再由王夫人传给贾母，最后经贾母捧放在供桌上。供品摆放完之后，贾母拈香下拜，这时贾府一族之人也悉皆跪下。书中说，如此一跪不打紧，竟“将五间大厅、三间抱厦、内外廊檐、阶上阶下、两丹墀内，花团锦簇，塞的无一隙空地”，可以想象，现场的情景一定煞是壮观。

再接下去就是给贾家现在的最高长者贾母行礼了。贾母居荣国府，大家于是又来到荣国府贾母的正室，先由和贾母同为妯娌的几位老太太行礼，然后贾敬、贾赦带领诸子弟，男一起，女一起，分别行礼，是为礼拜尊者。拜完尊之后，还要拜长。各阶次的主子一一归座，接受两府男妇小厮丫鬟们的行礼。受礼的同时开始散压岁钱，包括准备好的金银锞和荷包等。受礼散钱之后，开始全家的和欢宴。当晚还有给各处的佛堂、灶王焚香上供的节目。整个除夕之夜，两府内外，荣宁街上，统统都是灯火高挑，爆竹齐鸣，笑语喧阗，竟夜不绝。本来是守岁之夕，看来贾府的风气，守岁也守得闹中无静，怪不得贾宝玉最受不了的就是荣宁两府的热闹。

大年初一开始，至正月十五，前后半个月的时间，主要是拜年、吃年酒。朋友亲戚，迎来送往，彼此互拜。吃年酒包括请吃和赴吃，但礼仪上不宜重复，所以需要事先一一拟好日期单子。贾珍特别强调，头一年就因为时间没安排好，结果重复了几家，好像自家虚情怕费事似的。而到了正月十五元宵节，是年的尾声，是过年的又一个高潮。所以贾母在十五日这天晚上，在大花厅摆了十来桌酒席，还定了戏班子，是为荣宁两府子侄孙男孙媳的家宴。戏唱的是《西楼会》，看的贾母高兴，吩咐赏钱，立刻有三个媳妇将预备好的散铜钱，一人撮了一笸箩，便往台上撒。一会儿，元宵献上来了，大家便吃元宵。上元节（元宵节又称上元节）吃元宵，是自古以来的风俗，尊贵如贾府也不能违背此俗。连唱戏的小伶们，也停下戏和大家一起吃元宵。接着又有女先生说书、击鼓传花、贾母和王熙凤讲笑话等节目，元宵之夜的热闹几乎不亚于除夕之夜。

一直到正月十七，贾府宗祠的大门才关上，供奉的祖宗影像也收了起来。但祀祖的活动结束时还要行一次集体礼。概念上，至此年应该算作过完了，实际又并非如此。十七日当天薛姨妈就来请贾母吃年酒，十八日是赖大家，十九日是赖升家，二十日是林之孝家，二十一日单大良家，二十二日吴新登家。另还有王子腾家来请等等。当然贾母不会都去，主要交给王夫人和凤姐料理，宝玉有的也可以应应差。其实一来二去也就到正月底了。这就是《红楼梦》里贾家的过年方式和过年的时间。巨家大族既是传统社会的支柱，也是传统文化的凝聚范例，藉由贾家过年的种种礼俗仪式，我们可以了解传统社会春节文化的一般特征。

农历己丑年正月初一晚十时四十五分写毕于京东寓所，
首载作者新浪博客，经多家报刊转载

《红楼梦》与文化传统

《红楼梦》是独特的，她在中国文学史乃至文化史上的出现绝非偶然，是特定文化背景的产物。就像莎士比亚出现在英国、巴尔扎克出现在法国、歌德出现在德国、托尔斯泰出现在俄国，而不是互易其地一样，只有中国这块土地才能孕育出曹雪芹这样的伟大作家。

一、历史背景和文化环境

广一点说，到清中叶为止的持续四千多年的中国古老文化，都可以看作是《红楼梦》产生的大的历史文化背景。长期的文化累积为文化艺术典范的产生提供了适宜的土壤。当然还有明清之际的具体文化背景，这也是至关重要的，它决定一部文化精品在这个时候出现，而不是出现在另外的时候。

清王朝虽以文化比较落后的部族入主中原，且经过明末清初的大动荡，给文化秩序造成的创伤不可言喻。但清统治者的特点，是不排拒汉族为中心的文化传统，甚至还以继统者自居。康熙中叶以后，社会经济得到了恢复和发展，文化也开始复苏。到了曹雪芹生活的时代——清朝的康熙末年和雍正、乾隆时期，经济与文化呈现相对繁荣的局面，综合国力大幅提升。不管出于何种原因，包括是不是也有越是文化弱势的族源越需要用文化来装点门面的缘故，清统治者对文化典籍的重视是惊人的。仅康熙一朝，就有《佩文韵府》《渊鉴类函》《分类字锦》《图书集成》等类书，以及《全唐诗》《古文渊鉴》《历代赋汇》《唐宋元明四朝诗选》等总集的编纂。诚如清史专家孟森先生所说："古帝王于一代之中，成就学林沾溉之书，多至如此，虽文治极盛之朝，未易相比。"[1]

如果说清朝开国之初，满族的达官显贵于汉文化甚觉隔膜，因而朝仪宫规尚需阉侍一一指点，到康、雍、乾时期，则已实现了满汉文化的进一步融合，王公大臣及宗室子弟甘愿接受传统文化熏陶，无不以华夏文化正宗继承者自命。曹雪芹和他的家族，就是这一历史时期特定文化环境的产物。中华传统文化的大背景，明清之际的具体文化背景，和曹氏家族的文化环境，这三者在曹雪芹身上合而为一了。

二、传统文化的结晶

《红楼梦》是传统文化的结晶，里面渗透的传统文化的因子异常丰富。就反映生活的丰富性来说，确实可以称作传统社会的"百科全书"；就其所包含的文化因子来说，堪称中华民族传统文化的总汇。古典文学、艺术和技艺的各种形式，包括诗、词、曲、

[1]　孟森：《清史讲义》，中华书局，2006年，第192页。

赋、歌、赞、诔、偈、匾额、对联、尺牍、谜语、笑话、酒令、说书、百戏、雕刻、泥塑、参禅、测字、占卜、医药，以及诗话、文评、画论、琴理，《红楼梦》中应有尽有，真可以说做到了文备众体。没有多方面的文化素养，绝写不出《红楼梦》这样的作品。

同样，读懂《红楼梦》，也需要相应的知识准备。这就是为什么五大古典小说中，《水浒传》《西游记》《三国演义》为一般读者广泛接受，而《红楼梦》更受知识阶层欢迎的原因。不仅仅是题材的问题，《儒林外史》写的也是知识分子，但接受起来比《红楼梦》容易得多。文化典范的生产和接受，需要作家和读者两方面都具备相当条件。当然，文学史上任何经受住时间检验的伟大作品，都是艺术杰构，无不是某一种文化的结晶；只不过《红楼梦》的品级更高，不仅代表中国的传统文化，而且是中国传统文化的一个宝库。

《红楼梦》用很多篇幅描写18世纪中叶贵族社会的日常生活，其中很大一部分属于文化生活，如吟诗、作赋、猜谜、行令、品茗、绘画、下棋、抚琴、说书、观戏、斗草、簪花、游园、宴饮等，都是当时社会上层的文化活动。饮馔一般应是物质的享受，但在《红楼梦》里已有所变异，已经升华为一种艺术，成为文化活动的一部分。第三十八回宝钗协助湘云做东，请贾母等吃螃蟹，是和游园、赏花、作诗结合在一起的，艺术价值超越了实用价值。第四十回贾母给史湘云还席，场面尤其奇特，不直接写吃的食物如何，而是以细致的笔触，大写相关陈设和次序——

> 这里凤姐已带着人摆设整齐，上面左右两张榻，榻上都铺着锦裀蓉簟，每一榻前有两张雕漆几，也有海棠式的，也有梅花式的，也有荷叶式的，也有葵花式的，也有方的，也有圆的，其式不一。一个上面放着炉瓶，一个攒盒。一个上面空设着，预备放入所喜食物。上面二榻四几，是贾母薛姨妈，下面一椅两几，是王夫人的，余者都是一椅一几。东边是刘姥姥，刘姥姥之下便是王夫人。西边便是史湘云，第二便是宝钗，第三便是黛玉，第四迎春、探春、惜春挨次下去，宝玉在末。李纨凤姐二人之几设于三层槛内，二层纱厨之外。攒盒式样，亦随几之式样。每人一把乌银洋錾自斟壶，一个十锦珐琅杯。

作者通过对这些精致的陈设和饮食用具的描写，以及座次排序的一丝不乱，是要表现饮馔方式的雅趣和进餐时的款仪，而不是在于所进食物的本身。这种写法衬托出贾府的饮食过程不仅是为了满足人的日常需要，而且是丰富的艺术享受和生活礼仪的展示。而接下去大写特写的热闹非凡的牙牌游戏，则将饮食与文化娱乐结合了起来。

第七十一回贾母八旬大寿，荣宁二府齐开筵宴，宁府请官客，荣府请堂客，以及各种形式的家宴，前后持续一周，还穿插着观戏等活动，但重点是凸现排场和礼仪，总离不开文化的内容。按《红楼梦》里的菜谱进行烹调，甚至开一家餐馆，用贾府的菜单招待顾客，这样的“红学家”兼实业家从来不乏其人，但成功者寥寥。原因在哪里？就在于《红楼梦》里的饮馔，观赏价值多于实用价值。曹雪芹一方面把艺术生活化了，另一方面也把生活艺术化了。谓予不信，刘姥姥赞不绝口的那种“茄鲞”，谁按料如法做一个试试看？恐怕难以成型，难以入口，且不说能否上得席面。

三、人物的文化性格

《红楼梦》渗透的中国传统文化的因子，不仅表现在大量对文化生活和文化活动的直接描写之中，更主要是书里面的许多人物，集中代表了中国人的文化性格。中国长期是一宗法社会，以家族为本位，“三纲五伦”是维系社会道德秩序的基本纽带。单独的个人在传统社会简直无以立足，只有在人际关系中才能见出一个人的性格。

《红楼梦》中的各色人物，均围绕贾府这一大家族旋转，纵横捭阖，互相勾连，生出无穷事故。文学作品里的人物犹如生活中的人物一样，彼此互为依存，自是常理，但像《红楼梦》这样，把人物之间的关系编织得如此细密，各自都在自己特定的位置上活动，我中有你，你中有我，无你即无我，同时也无他，达到牵一发而动全身的境地，其他小说中并不多见。所谓“晴”为“黛影”，所谓“袭”为“钗副”，既是写人物的一种手法，又是同处一家族环境中人物性格的相斥相融的审美类分。书中的众多女子，各有不同的文化层次和文化内涵，高低、贵贱、雅俗、文野，彼此互为区别。

贾家四姐妹，以探春的文化内涵最突出，元春、迎春、惜春次之，但也不乏优良的教养，只是各有偏长罢了。同是服侍主子的丫鬟，袭人、紫鹃、平儿、鸳鸯，地位相当，个性互不相同，但性分教养中又都有受传统文化熏陶的共同的一面。她们自己虽然不能读书识字，却有一定的文化教养，完全是环境习染所致。即使是雪雁、麝月、莺儿、翠缕、玉钏等小丫头，耳濡目染，也无异于“郑家诗婢”。

文化是个大概念，不独阅读、学习书本知识是文化，言谈、行为、举止、待人、接物、仪表、服饰，都反映一个人的文化风貌。刘姥姥误把平儿当作凤姐，不单是看见平儿遍身绫罗，插金带银，恐怕也和平儿的举止不凡有关。就连与诗书无缘的凤姐，心机、锋芒、手段固然胜人一筹，甚而有撒泼打滚、胡搅恶骂的表演，另一方面也极善处理老幼尊卑各种复杂的关系，反映出大族固有的文化教养。贾母说：“我喜欢他这样，况且他又不是那不知高低的孩子。”贾母说的“高低”，就是指处理人际关系需要掌握的“度”，也就是象征文化教养的“礼”。所谓“礼出大家”就是指此而言。凤姐的一个侧面，是不知书却能达理。

当然，文化素养最高，不仅在《红楼梦》中出类拔萃，置诸青史亦光辉熠熠的，是宝钗和黛玉，这是两个古典文化熔铸出来的艺术典型，而又分别代表着“礼”和“诗”两个不同的文化流脉。就传统文化的功能和作用来说，诗和礼是统一的，就其表现形态来说，二者又有所不同。《礼记·乐记》写道：“乐由中出，礼自外作。乐由中出故静，礼自外作故文。”前者可为黛玉写照，后者可为宝钗拟形。一个是艺术精神，一个是道德精神，共同象征着中国传统文化的神韵。贾家被作者称作“诗礼簪缨之族”，和钗黛二人这样的文化性格完全能够谐调起来，可谓有斯世，有斯家，方有斯人。

宝玉是作为传统礼教的不谐和音出现的，他的思想、性格、言论、行为常常与当时社会的伦理秩序格格不入。但他并没有离开民族文化的精神土壤，相反，他身上溶解着丰富的传统文化的因子。按书中所写，宝玉的故事大都发生在十三至十五岁之间，一个十足的少年，其幼稚之处人所共见。但细心的读者不难发现，宝玉也有相当成熟老练的一面。例如对处理复杂的人际关系，他颇能应付自如，而且不是运用手段，已经变成一种修养，一种文化性格。他遇事谦让，从不为自己争什么。作诗，总是说自己的不好。对人则充分体谅，不仅对女孩子，对同族兄弟也敬恕有加，不愿因自己的特殊地位给别人造成难堪。

第二十四回写宝玉给贾赦请安，邢夫人让至上房，同坐一个坐褥，又用手百般摩挲抚弄宝玉，使贾环看了大不自在，使眼色相约贾兰离去。宝玉见此情景也起身告辞，表示要一同回去。这就是“知礼”的一种表现，说明他不自恃特殊，冷落别人。第二十五回贾环故意推翻蜡灯，烫伤了宝玉的脸，王夫人大发雷霆，把赵姨娘和贾环痛骂了一顿。宝玉说：“有些疼，还不妨事。明儿老太太问，就说是我自己烫的罢了。”则又表现出宽仁慈厚的恕道。第三十三回挨打以后，袭人把这一事件和薛蟠联系起来，宝玉立即制止：“薛大哥哥从来不这样的，你们不可浑猜度。”第六十六回柳湘莲向宝玉询问尤三姐的品行，宝玉说：“你既深知，又来问我作什么？”不做正面回答。这些地方都见出宝玉性格修养有度的一面。包括对信念的执着和在强力面前的无可奈何，也都渗透着民族文化的某些特性。

《红楼梦》中许多人物，二百多年后的今天，仍然能在生活中看到他们的影子，原因无非是中国人的文化性格里面有易时而通的恒在性。

四、赏会艺术的妙悟神解

中国传统的艺术鉴赏理论，崇尚妙悟神解，相信“文章本天成，妙手偶得之”。艺术作品的客观物象固然无法回避，但在创作主张上更突出意境和意象。《文子·道德篇》说：“上学以神听，中学以心听，下学以耳听。”被列为“上学”的“以神听”，就是通常所说的“心领神会”，也就是妙悟。

艺术的表现和表达，也务求简约，经常点到为止，不求穷尽而留有空白，所谓“言有尽而意无穷”。它的极致是司空表圣所谓“不著一字，尽得风流”。这又和“道不可言，言而非也”“言者所以在意，得意而忘言”的老庄哲学，以及佛教的禅学互为表里。形诸文学批评的概念，大都具有比喻性、象征性、不确定性，如气、韵、格、调、风、骨、神、味等。这些特征，我们在《红楼梦》中都可以复按。

这里不妨以第二十三回“牡丹亭艳曲惊芳心”为例略加分析。这一回先写宝玉和众姊妹搬入大观园之后的欢乐情景，接着写宝玉的苦闷，所以让茗烟到坊中买了许多古今小说、传奇脚本。然后是宝、黛在沁芳闸桥边共读《西厢》，借书中张、崔的缠绵语词来传递初萌的爱意。

正在这时，袭人传贾母命叫宝玉去看望贾赦，于是黛玉一个人便觉闷闷的——

> 正欲回房，刚走到梨香院墙角边，只听墙内笛韵悠扬，歌声婉转，林黛玉便知是那十二个女孩子演习戏文呢。只因林黛玉素习不大喜看戏文，便不留心，只管往前走。偶然两句吹到耳内，明明白白，一字不落，唱道是："原来姹紫嫣红开遍，似这般都付与断井颓垣。"林黛玉听了，倒也十分感慨缠绵，便止住步侧耳细听。又听唱道是："良辰美景奈何天，赏心乐事谁家院。"听了这两句，不觉点头自叹，心下自思道："原来戏上也有好文章。可惜世人只知看戏，未必能领略这其中的趣味。"想毕，又后悔不该胡想，耽误了听曲子。又侧耳时，只听唱道："则为你如花美眷，似水流年……"林黛玉听了这两句，不觉心动神摇。又听道"你在幽闺自怜"等句，亦发如醉如痴，站立不住，便一蹲身坐在一块山子石上，细嚼"如花美眷，似水流年"八个字的滋味。忽又想起前日见古人诗中有"水流花谢两无情"之句，再又有词中有"流水落花春去也，天上人间"之句，又兼方才所见《西厢记》中"花落水流红，闲愁万种"之句，都一时想起来，凑聚在一处，仔细忖度，不觉心痛神痴，眼中落泪。

我们应该感谢《红楼梦》的作者曹雪芹，他为我们描绘出一幅惟妙惟肖的艺术欣赏达到共鸣的图画。不仅写出了共鸣现象本身，还写出了由欣赏达到共鸣的全部过程，就中包括艺术领悟和艺术理解的各个层次。

开始是听者无心，两句戏文不过偶然吹到耳内，黛玉仅仅感到“倒也十分感慨缠绵”。听了“良辰美景奈何天”两句，才“点头自叹”，意识到戏里也有好文章，但想到的是“世人”，没有和自身联系起来。接着听了“如花美眷，似水流年”两句，黛玉“心动神摇”，渐渐进入到欣赏艺术的境界。随后又进一步，由“心动神摇”到达“如醉如痴”，不能自持，竟一蹲身坐在一块山子石上，反复咀嚼戏文的滋味。至此，林黛玉作为欣赏者已经完全为汤显祖的戏曲艺术所征服。

可以想见，黛玉一定是结合自己的生活际遇来细嚼“如花美眷，似水流年”八个字的滋味的。艺术欣赏过程到这里本可以完结了。不料《红楼梦》作者另出手眼，让黛玉展开一系列丰富的联想，用自己的艺术经验不断加以印证补充，把欣赏中的共鸣推向极致。这就是“忽又想起”古人诗句，即唐代崔涂《旅怀》诗中的“水流花谢两无情”；“再又”记起前人词中的句子，即李煜《浪淘沙令》中的“流水落花春去也，天上人间”；“又兼方才”和宝玉读《西厢》看到的“花落水流红，闲愁万种”的句子。一时间都想起来，“凑聚在一处，仔细忖度，不觉心痛神痴，眼中落泪”。整个过程是，始而“点头自叹”，继而“心动神摇”，最后“心痛神痴”。一环套一环，层层逼近，渐次深入，艺术领悟的程度越来越高。而且在形容欣赏者受艺术打动的情态时，连用三个“不觉”，就是说，这一层比一层深入的情感变化，是不自觉的，非预设的，目的性没起任何作用，纯然是超功利的审美过程。

理解的方式则是感悟，自由联想代替了逻辑推演。文化素养在这里构成了艺术欣赏深化的必要条件。如果不是林黛玉，而是一个缺乏文化知识的普通丫头，即使看到《牡丹亭》的演出，也不一定产生共鸣，甚至食而不知其味，至少不会达到如此高层次的美学境界。我们从这段描写中可以领悟到艺术美学的多少大道理呵！

五、出神入化的写人本领

《红楼梦》写人物尤其不同凡响，可以说集中了中国古典小说写人物之大成。人物语言的充分个性化，读者根据说话的声口便可以分辨出是哪个人物，以及人物形象的生动、逼真、传神，每个读《红楼梦》的人都留有深刻的印象。值得注意的是，作者善于同中见异、异中见同、相似而不相同、叠影而不重复的那种出神入化的写人本领。

黛玉、宝钗、湘云在贾府的地位和身份基本上是相同的，教养也大体相似，性格却迥然有别。同为“客卿”，同为知识女性，如果说黛玉的性格和人生是艺术化的，宝钗和湘云则一个是社会化的，一个是自然化的。元、迎、探、惜贾家四姊妹，性格差异就更明显了，元春“理”，迎春“木”，探春“历”，惜春“懦”，虽然她们的身份都是贵族小姐。服侍小姐的丫鬟们同样如此。一个个伶牙俐齿，俏丽多姿，远远望去，实难分别；但为人、行事、言谈、举止，即气质和个性，又千差万别。如晴雯之尖锐、袭人之阴柔、平儿之宽平、鸳鸯之刚烈、紫鹃之笃厚，每个人最主要的性格特征总不见雷同。晴雯和小红的嘴巴言辞都很厉害，但晴雯清高，小红浅薄。论治家的才干，探春和凤姐旗鼓相当，但一个文，一个野，所以凤姐承认探春比她还厉害一层。

还有《红楼梦》作者从不把人物简单化，善于多层次地展现人物性格的特征。薛蟠不过是一大家的纨绔子弟，打架斗殴，劣迹多端，但内心深处不无忠厚的一面。贾珍与秦可卿的暧昧关系固然不足取，可是当秦可卿死后，贾珍的种种表现，却是很真诚的。"哭的泪人一般"诚然是一种失态，而能够当众失态，到底因为对秦可卿不乏真情。至于宝钗的丰富内涵，使得研究者和读者长期聚讼纷纭，褒贬万殊，迄无定论。归根结底还是由于这个人物的内心世界和外在表现太丰富了，简单的线性思维绝做不出正确的结论。

《红楼梦》里的许多女子，才貌都相当出众，但作者在写法上采取的是工笔和写意相结合的手法，经常把具象抽象化，把形体灵动化，把相貌神韵化，把环境意象化，给读者留下无穷无尽的想象的余地。

黛玉的相貌自然是绝顶出众的，但翻遍全书，竟找不到关于黛玉相貌长得如何的具体描写，甚至面孔是长是圆，眼睛是大是小，身材是高是低，皮肤是白是黑，都未涉及。只在第三回进贾府时，通过宝玉的眼睛，说她形容特别，连用了五个排句："两弯似蹙非蹙罥烟眉，一双似喜非喜含情目。态生两靥之愁，娇袭一身之病。泪光点点，娇喘微微。闲静时如姣花照水，行动处似弱柳扶风。心较比干多一窍，病如西子胜三分。"眼睛写到了，但只说是一双"含情目"，作"似喜非喜"状，绝口不提形状大小及眸子光暗深浅的程度。眉毛则像一抹轻烟，粗细、长短没有说明。作者越是这样写，越让人感到黛玉美丽，美到难以想象、无法落实的地步。而且每个读者都可以有自己的想象，每个人心目中都有自己的林妹妹。这就是艺术表现上的不求穷尽，留有余地，调动起读者的想象力和作者一起创造人物。

写史湘云更奇，压根儿没讲湘云长得什么样，面孔、眉毛、眼睛、嘴巴，都未作正面说明，一个字也没有提。第二十一回，写湘云睡觉，“一把青丝拖于枕畔，被只齐胸，一弯雪白的膀子撂于被外，又带着两个金镯子”。写到了头发的黑，臂膀的白，但没有涉及面容。第四十九回写湘云雪天的装束：“穿着贾母与他的一件貂鼠脑袋面了大毛黑灰鼠里子里外发烧大褂子，头上戴着一顶挖云鹅黄片金里大红猩猩毡昭君套，又围着大貂鼠风领。”脱了褂子，“里头穿着一件半新的靠色三镶领袖秋香色盘金五色锈龙窄褙小袖掩衿银鼠短袄，里面短短的一件水红装缎狐肷褶子，腰里紧紧束着一条蝴蝶结子长穗五色宫绦，脚下也穿着麀皮小靴，越显得蜂腰猿背，鹤势螂形”。从外到里，衣着打扮写得极细，就是不及容貌。

但也透露出湘云身姿的特殊之点，就是现代一点的说法，应该是三围反差明显，胸、臀特殊的丰满，而腰极细巧。试想“蜂腰”一词，形态可知矣。那么“螂形”，则是上下两围的形容无疑，亦思过半矣。第六十二回湘云醉卧芍药裀，从别人的眼里看是：“湘云卧于山石僻处一个石凳子上，业经香梦沉酣，四面芍药花飞了一身，满头脸衣襟上皆是红香散乱，手中的扇子在地下，也半被落花埋了，一群蜂蝶闹嚷嚷的围着他，又用鲛帕包了一包芍药花瓣枕着。”不独未及面孔，连身体形态也不着一笔。散落的芍药花、半埋的扇子、闹嚷嚷的蜂蝶、鲛帕包的花枕，都是湘云的身外之物。但一美人形象已活脱脱跃然纸上。再就是我们知道湘云好笑，喜欢讲话，又有点大舌头。全部关于史湘云的外貌描写就是这些了。可是《红楼梦》的读者都觉得湘云长得好看，与黛玉、宝钗相比，鼎足而三，难分高下，不好说谁比谁更出众一些。

当然我们会想象出钗、黛、云的一些美的轮廓：论肤色，宝钗最白，湘云次之，黛玉又次之。脸孔，宝钗是大圆脸，湘云是长圆脸，黛玉是鸭蛋脸。至于胖瘦，应该是宝钗最胖，湘云次之，黛玉则瘦弱非常，所谓最苗条是也。需要多么高的写作艺术，才能把人物的相同而不相似，写到如此出神入化的地步。要说模糊思维是艺术家惯用的一种思维方式，曹雪芹应该是运用这种思维方式的最出色的作家。

载《红楼梦学刊》1986年第2期

第五篇

传统的反思与重建

重建对文化传统的敬意与温情

文化传统是指传统文化背后的精神连接链，并不是所有的文化现象都能够连接成传统。五四精英们所做的，是全面清算中国文化传统的一切规则、理念、秩序。他们想彻底和传统决裂，然后好走一条新路。五四50年之后的所谓“文化大革命”，是一次以“革”文化“命”为目标的彻底摧毁传统的非理性运动，直接遭殃的是民间文化、民间习俗，也就是使小传统遭到大破坏。如果一个民族的大传统被彻底清算而又不及时修补，小传统遭到根本的破坏却不知道破坏的严重程度，这个民族的文化传统就流失得非常严重了。当今世界，现代化的浪潮，使游戏规则国际化，中国如想在世界舞台上保留住自己的位置，需要她的忠实儿女学会如何适应国际环境、健全自己、发展自己，而不是消灭自己。这就需要有中国传统文化的根基。重要的是，我们的领导者、国家栋梁、文化从业人员、大多数民众，要有重建传统的愿望，要对我们民族几千年的文化传统有一份敬意与温情。

文化传统与传统文化

文化传统和传统文化是两个不同的概念。

传统文化，是指传统社会的文化。一般把周秦开始，直至清朝最后一个皇帝退位，也就是 1911 年辛亥革命之前，称作传统社会。晚清民初以前中国传统社会的文化，就是传统文化。

所谓文化，应该指一个民族的整体生活方式及其价值系统，这是广义的用法；狭义的用法，可以指人类的精神生产及其成果的结晶，包括知识、信仰、艺术、宗教、哲学、法律、道德等等。

文化传统是另外的概念。

文化传统是指传统文化背后的精神连接链。并不是所有的文化现象都能够连接成传统。有的文化现象只不过是一时的时尚，它不能传之久远，当然不可能成为传统。按照美国社会学家希尔斯的观点，传统的含义应该指世代相传的东西，即从过去传衍至今的东西（至少应该传衍三代以上）。文化传统存在于传统社会的文化现象之中，但它更多地是指这些文化现象所隐含的规则、理念、秩序和所包含的信仰。

“西人”与晚清“大变局”

文化传统的重建这个问题需要从晚清讲起。

中国历史、文化和社会结构，到了晚清，真正开始了“大变局”。到了晚清，中国历史的脚步不能照原来的样子走下去了，延续几千年的统制秩序不能照原来的样子维持下去了，本民族的文化传统和固有的社会结构遇到了前所未有的挑战。晚清是中国社会从传统走向现代的转折点，是东、西方文化的撞击点和交汇点。

出现这种“大变局”的最主要的标志，是“西人”大规模进入中国。道光、咸丰以后，中国的国力日趋衰弱，社会问题严重。在这种弱势的情况下，“西人”来了，不再是“身怀绝技”的传教士的只身远游，而是开着军舰、手持枪炮的大队人马前来叫阵。主人的态度也不是开门纳客，紧闭的大门是被人家用“坚船利炮”打开的。于是，有了1840年的鸦片战争和1842年的《南京条约》（中国近代史上的第一个不平等条约），有了1860年的第二次鸦片战争和《北京条约》（一个更加丧权辱国的条约）。英法联军于1860年10月18日火烧了圆明园（当时东方的第一名园）。

此时之“西人”已经反客为主，国家的主权地位、中国文化的主体位置，遭到根本动摇。

当时朝野上下一致的共识，是知道自己落后了，应该自强。所以晚清有长时间的“自强运动”。看到洋人技术先进、武器精良，意识到自己要有近代工业、要有洋枪洋炮，于是开始了“洋务运动”。曾国藩、李鸿章、沈葆桢、左宗棠、张之洞等晚清大吏，是早期“洋务运动”的积极倡导者。

可以说，在中国由传统走向现代的历史进程中，曾经有过三次现代化的努力：一次就是清朝政府迫于列强的侵扰所做的初步现代化尝试，特别是洋务派三十年的辛勤积累，但由于1894至1895年的中日甲午战争，被强行打断了；第二次是民国政府的现代化努力，由于1937年日本军国主义的全面侵华战争，再一次被打断；我们现在正在进行中的现代化进程，是中国共产党领导的现代化，是中国近现代历史上的第三次现代化努力，已经取得了令世界瞩目的成果，但我们的现代化进程还没有完成。

中国“近代”何以开始得那样晚

晚清以来的百年中国，令人思索的问题很多，其中一个特别值得深思的问题是：为什么西方早在16世纪就有工业革命，就开始了近代的进程？为什么我们的“近代”开始得那样晚？直到1840年鸦片战争人家打我们才开始“近代”？

所以如此，是因为我们几千年的文化传统里面，没有为走向现代准备好充分的社会与文化的机制。这是学术界一个争论不休的问题。学术界没有争论的是，与西方相比，中国传统社会历史演进的速度未免太慢。仅是一个封建社会的时代，就走了差不多三千年。为什么如此？原因是多方面的。

其一，每当中国历史发展的关键时期，就有生产力比较低下的具有游牧特点的少数民族占据中原并统治全国。典型的有两次，一是宋朝之后的元朝，一是明朝之后的清朝。两次都曾造成经济与社会的大的破坏。有的研究者喜欢讲“康乾盛世”，但在所谓“盛世”之前，有半个世纪左右的时间都是在圈地、劫掠、战乱中度过的，其对生产力的破坏可想而知。

其二，中国传统社会发展缓慢的另一个原因，是农民起义造成的改朝换代。推倒了前一个王朝，换上后一个王朝，一切又照原样重复一遍，历史并没有真的前进。农民起义实际上是传统社会的调节器，对统治集团吸取教训减轻对农民的剥削程度，固然有一定作用；但如此循环的结果，新的社会因素不容易诞生，传统社会的生产关系不容易发生改变。

其三，中国历史上长期重农轻商，这是中国传统社会发展缓慢不可忽视的因素。其四，统治者妄自尊大，长期“只知有中国，不知有世界”。

晚年的康熙，一度对西学表现出兴趣，对西士相当礼遇，有的甚至可以“出入禁庭”。法国皇帝路易十四与康熙还通过信件。但由于“礼仪之争”，罗马教廷指令传教士不准向中国的拜天祭祖活动妥协，康熙于是在1720年（康熙五十九年）发布谕旨：“以后不必西洋在中国行教，禁之可也，免得多事。”雍正更严厉，在他继位的那一年，正式发表禁教诏书，要求所有洋人，除一些为朝廷效力的，一律送往澳门。乾隆继续禁教政策，后来连管天文的钦天监，也不准外人参与了。

当清代中期的统治者陶醉于“盛世”的“繁华”之时，西方发生了什么呢？1687年（康熙二十六年），牛顿发表万有引力定律；1709年（康熙四十八年），英国的达比发明焦炭炼铁技术；1764年（乾隆二十九年），英国哈格里夫斯发明珍妮纺织机；1769年（乾隆三十四年），瓦特发明具实用价值的蒸汽机；1776年（乾隆四十一年），北美《独立宣言》发表；1789年（乾隆五十四年），法国大革命爆发。西方科技革命带动的社会与文明的进步，可以说是一日千里般突飞猛进，可中国还在为外国使臣要不要行跪拜礼争论不休。

到晚清，我们在近代科技文明方面与西方相比，中国已经落后差不多二三百年。中国失去与外部世界平等对话、良性吸收异质文化的机会，就是从康乾“盛世”开始的，是他们的闭关锁国种下了祸根，自认为中国是在地球的“中央”，其他国家不过是“四夷”。当时还流行一种“西学源于中国”的论说，认为西方的许多科学技术我们“古已有之”。这种反应的结果，预示着对外来先进事物的“合理”拒绝。

这样的社会机制，这样的文化，能不发生危机吗？

自晚清到民国以来的百年中国，是中国固有的文化传统发生危机并逐渐解体的过程，也是现代文明体系建构的过程。这是一个混合着血和泪的极端痛苦的过程，中华民族为此付出极大。

换句话说，晚清时期的中国是被人家拉着拖着打着骂着羞辱着蛊惑着走上一条“情非所愿”的路。说“情非所愿”，是因为每一步都是人家逼出来的，是“应变”，不是自觉自愿地改变。

五四与反传统思潮

晚清大故迭起、亡国灭种的危险摆在每个中国人的面前，当时先进的中国人把保国、保种放在第一位，来不及系统探讨中国打败仗的文化原因。1911 年清帝逊位，1916 年称帝不成的袁世凯也死了，国内陷入军阀混战局面。而国际上，1914 年开始了第一次世界大战。正是在这样的历史时刻，中国先进的文化人和知识分子，有了畅所欲言、反思传统、检讨文化问题的时间和空间。

1915 年，陈独秀创办《青年杂志》，第二年改名为《新青年》，这是当时先进的文化人系统检讨传统文化、批判旧传统、提倡新文化的大本营。与此同时，章士钊在日本创办《甲寅》杂志，鼓吹现代政治思想。1917 年俄国十月革命成功，又有了新的推动力。也是 1917 年这一年，蔡元培出任北京大学校长，聘请陈独秀担任文科学长，不久胡适也应蔡先生之邀到北大任教。1917

年胡适的《文学改良刍议》和陈独秀的《文学革命论》，相继在《新青年》发表，大力提倡白话文、反对文言文，提倡新道德、反对旧礼教，高举起文学革命的旗帜，新文化运动轰轰烈烈地开展起来。

五四精英们在批判传统的时候，为了矫枉，不惜过正。原来不是讲中国传统文化历史悠久吗？现在则讲尧、舜、禹根本没有其人，“禹不过是一条虫”。家庭和家族不是传统文化形态的核心吗？现在说“家庭是万恶之源”。儒家思想不是传统社会占统治地位的思想吗？现在说儒家思想是最要不得的思想，应该“打倒孔家店”。

五四精英们所做的，不是一般地对固有传统的检讨和批判，而是对几千年的传统文化和文化传统做一次总清理，是全面系统地攻讦中国文化传统的一切规则、理念、秩序和信仰。他们想彻底和传统决裂，想彻底抛弃造成中国落后的封建传统这个难堪的“包袱”，然后好走一条新的路。

他们认为可以引导自己走向新路的，只有西方文化。可以说已经到了饥不择食的地步。举凡欧洲文艺复兴以来的理性主义、工业革命以来的科技成果、18 世纪的启蒙学说、19 世纪的写实批判主义文学思潮、日本的明治维新、德国的社会主义学说以及哲学上的实证主义、政治上的无政府主义等等，都成为当时先进人士检讨和批判中国固有传统的参照系、理论武器和实施的药方。

人们很容易凭感觉推断，传统是不会断的。但是，如果在特定的历史时刻，比如中国的清末民初到五四时期，本民族的传统已经为西潮所震荡，一大批掌握话语权的时代精英，比如陈独秀、胡适之、李大钊、鲁迅、钱玄同、傅斯年等，一起站出来挑战传统、向传统发起总攻，在整个社会形成风潮，纵使传统不致被折断，也必然大大地被削弱，或至少会使“传统失去为其延传所必需的拥护”（希尔斯语）。

大传统与小传统

五四反传统思潮打击的主要是传统文化的核心价值，即封建专制制度和维护封建制度的以“三纲五伦”为代表的儒家伦理，也就是封建礼教。

人类学家一般把占据社会主流位置的文化形态及其传衍，叫作大传统；把民间文化和民间信仰的世代相传，叫作小传统。大传统被时代精英检讨、反思、添加、融合的几率比较多，而且受制于最高统治者的政策，因此相对变易得比小传统快一些。小传统则表现为地区与族群的风俗和习惯，是长期形成的，往往由一种集体无意识来维系，因此变易得就相当缓慢，具有超稳定的惰性力。小传统和过去连接得更紧密，传统文化的密码在小传统里埋藏得更深邃。大小传统的关系，是互动互补的关系。没有大传统，小传统得不到礼仪习俗的思想资源；没有小传统，大传统失去辐射全社会的功能，主流文化的根基就会不牢固。

五四先进人物把家庭和家族骂得一塌糊涂，但五四时期和五四以后，中国的家庭和家族照样运转，看不出有什么根本性的变化。当时觉醒的青年离家出走，或追求爱情，或留洋，或投身革命，成为后五四时期文学作品常见的主题，但悲剧往往发生在出走者身上，家庭并没因之发生根本变化。遭到五四精英痛批的“孝”这种家庭伦理的核心道德，在 1949 年以前及以后的一段时期，仍然是维系家庭血缘纽带的基本规范。

对小传统的大破坏，是五四过了 50 年之后的所谓“文化大革命”。这是一次以“革”文化“命”为目标的彻底摧毁传统的非理性运动，是情感的发泄，直接遭殃的是民间文化、民间习俗和民间信仰，也就是使小传统遭到大破坏。

如果一个民族的大传统被彻底清算而又不及时修补，小传统遭到根本的破坏却不知道破坏的严重程度，这个民族的文化传统就流失得非常严重了。

从汉到清，传统社会大传统的传衍经过无数次变易，小传统的传衍则相对稳定而少变易。但是，“文革”把小传统彻底破坏了，连每个家庭对传统文化遗存的零星收藏都大部分付之一炬了，更不消说鼓励子女揭发父亲、妻子揭发丈夫、学生揭发老师、同事揭发同事、朋友揭发朋友、街坊揭发邻里。稍带一点传统意味的道德，全部荡然无存。

中国的传统不要了，外国的传统也不要了。“封资修”三字概括得多么全面，“封”当然是指中国过去的遗留，“资”是外国的西方的遗留，“修”是外国的东方的遗留。试想，把这些遗留全部彻底扫除干净，我们还能剩下什么呢？剩下的是，女人穿男人的衣服、中学生穿农民的衣服、知识分子穿工人的衣服、工人穿军人的衣服。传统社会把“易服色”看成是文化礼仪变迁的大事，而中国 20 世纪六七十年代实际上是全民大“易服色”的历史时期。

五四时期的反传统，是学问与知识的清理，纵使批判得过了头，也是有识之士的愤激；六七十年代的反传统，则是无知者对传统的毁坏。请大家想一想，在这样的历史背景下，我们的民族还能保留下什么传统呢？

事实上，其时的中国人，身上保留的本民族传统文化的痕迹是越来越少了。香港中文大学校长金耀基先生是专门研究传统和现代化的社会学家，他在谈到中国文化的现代命运时有一句名言："20年代不想看，80年代看不见。"确实如此。

文化传统重建的着力点

自晚清、五四以来，我们就面临一项不能绕开的任务，就是需要更新和重建我们的文化传统。

因为你既然觉得原来的传统有毛病、不那么好，那只有想办法去改造它、建设它、完善它，使它变好。因为你不能真正做到抛弃传统，你也无法重新选择自己的文化传统。因为你是中国人，你是华夏子孙，即使住到外国去，你的华夏血统也改变不了。

当今世界，现代化的浪潮，使游戏规则国际化、经济全球化、市场一体化，中国如想在世界舞台上保留住自己的位置，更需要她的忠实儿女学会如何适应国际环境、如何整合自己、健全自己、发展自己，而不是消灭自己。这就需要有中国传统文化的根基。不然的话，你将不知道自己是"谁"。

五四精英、20世纪的文化先进们，虽然不留情面地批判传统，但他们又是受传统熏陶、有十足中国文化味道的从业人员。比如胡适，他曾提出过全面西化的主张，但他身上的传统道德修养，我们无话好说。令人忧虑的是20世纪六七十年代成长起来的现在的中青年一代，长时间处身于大小传统齐遭毁坏的环境，没有机会接受传统文化典范的熏陶，他们身上的文化含量累积得不够，难免精神气象显得单薄而不够从容、不够厚重。

至于如今的少年和儿童，教他们的老师大都是民族固有文化的缺氧者，流俗的电视文化、浅薄的搞笑、逻辑错乱的“脑筋急转弯”，占据了他们大部分的课外时间。他们错把猪八戒、孙悟空当作中国文化传统的全部，以为“康乾盛世”比现在还要好。春节觉得没意思，喜欢过圣诞；中秋节不好玩，就过感恩节，虽然不知道感谁的恩。如今的生活时尚，是一切层面都追求和国际接轨，五四时期的“西化”主张反而成了光说不练的“小儿科”。

台湾很有名的女作家龙应台长期住在德国，她为欧洲传统保护得完好感到震撼。她说，满以为刚到欧洲会到处看见人家“现代”成就的骄傲展现，但是不断撞见的却是贴近泥土的默不作声的“传统”。

改革开放以来，随着国家经济实力的增强，在现代化建设过程中，开始了一个新的恢复记忆、连接传统、重建传统的过程。不能说我们在这方面没有成绩，但由于长期与传统文化脱节，似乎一时还不能完全找到与传统衔接的最佳途径。“病笃乱投医”“事急乱穿衣”的现象，每每有之。人们看到的，大都是比较浅层的模仿或没来由的怀旧，缺乏民族文化传统的深层底蕴。

文化传统的更新与重建，是民族文化血脉的沟通，如同给心脏病患者做搭桥手术，那是要慎之又慎的。我同意龙应台的观点：

“传统不是怀旧的情绪，传统是生存的必要。”如果我们能够把承继传统当作生存的需要，传统就活在我们中间了，我们每个人既是现代的又是传统的，优秀者必成为涵蕴传统味道的现代人。

文化传统的重建，可以先从易操作的方面着手，如中小学课程的内容设置、家庭成员的言传身教、文本的经典阅读、文化典范的保护和开放等等。

在我们重建自己文化传统的时候，有一项颇为重要的内容，就是代表一个民族文化秩序和文明程度的礼仪重建。中华民族号称礼仪之邦，但近百年来西潮冲击，传统价值解体，我们已经没有了承继自己民族文化传统、代表今天文明程度的诸种礼仪，包括怎么吃饭，怎么穿衣，怎么走路，怎么跟人谈话，怎样称谓，基本上都处于失序状态。

鉴于上述种种，我曾建议成立一个专门的委员会，专门负责制定各项礼仪，并编撰国家礼仪大典。中国传统社会，每一个新朝开始都要“制礼作乐”，我们忽略了这个问题。现在应该有条件把“制礼作乐”提到日程上来了。礼仪可以重建人的尊严和人伦的庄严，可以帮助人们恢复对传统的记忆。

当前，重要的是，我们的领导者、国家栋梁、文化从业人员、大多数民众，要有重建传统的愿望，要对我们民族几千年的文化传统有一份敬意与温情。

本文为作者在外交部的演讲稿，载《新华日报》

大学之道与“止于至善”

金耀基先生的《从大学之道说中国哲学之方向》，实在是不可多得的学术妙文。此文虽先期披载于香港的学术刊物，考虑到其对百年以来的教育思想和教育实践的检讨与反思，以及对当代中国社会的价值建构的点睛和切中，我们还是在刚刚出版的《中国文化》杂志2015年春季号上予以重新刊布，以飨对此方面的话题投以关注的读者。

自1905年清廷废科举、兴学校以来，不同于传统教育方式的新型教育体制，在我国迄今已有一百一十年的历史。新旧交替，历史转型，波诡云谲，异说异是。然大历史格局里面的文化与社会的递嬗，实有事与势的不得不然者。金耀基先生把此一转变在教育方面的呈现，概括为由经学到科学。揆诸20世纪的教育实况，我们无法不信服金先生的观察。20世纪的主流哲学思潮，则主要是分析哲学和实证哲学，所追寻的是理性的客观知识，金先生将其目的与或任务概括为“求真”。此正如老辈中已故的哲学翘楚金岳霖先生所说：“现代研究工作的基本信条之一，就是要研究者超脱他的研究对象。要做到这一点，只有培养他对于客观真理的感情，使这种感情盖过他可能发生的其他有关研究的感情。人显然不能摆脱自己的感情，连科学家也难办到，但是他如果经过训练，学会让自己对于客观真理的感情盖过研究中的其他感情，那就已经获得科学研究所需要的那种超脱法了。这样做，哲学家或多或少超脱了自己的哲学。他推理、论证，但并不传道。”[1] 在此点上“二金”同归，他们丝毫不否认这种哲学的论理意义，但绝不满意这种哲学的不近人情的冰冷的精神气质。金岳霖不禁怀恋起中国哲学，说他们都是不同程度的苏格拉底式人物，在他们那里，伦理、政治、反思和认识集于哲学家一身，知识和美德呈现为不可分的一体。金耀基则顺理成章地联想到他所熟悉的唐君毅、牟宗三等新儒家领军人物，特别是他们所期待的关于科学之外的一种满怀恻怛之仁与悲悯之心的学问，这就是最高的善论，也可以称作“立人极”之学。

那么行进已逾百年的现代教育呢？如果说中国传统教育的旨趣是《礼记·大学》所做的概括：“大学之道，在新民，在止于至善。”金耀基先生说，今天的大学之道，则可以表述为：“大学之道，在明明‘理’（科学之理），在新‘知’（创立新知识），在止于至‘真’（科学之真理）。”由科学统领的知识教育毫无疑问是现代教育的核心，其成功和成就，没有谁能够予以否认。但单纯的知识教育的局限，以及因成功形成的傲慢与独断，随着时间的推移，也变得有目共睹。事实上，海耶克、哈贝马斯等学者，对将科学等同于知识的“科学主义”已经有所批评了。而在 2006 年，曾担任过哈佛大学本科人文与科学院院长的鲁易士，也尖锐地提出，哈佛大学失去了甚至是自愿放弃了铸造学生灵魂的道德

[1]《金岳霖全集》第六卷，人民出版社，2013 年，第 387 页。

权威的责任。金先生文章中这方面的丰富引证与论述，不由得让人服膺，同时又让人警醒。他的结论是："今日否定科学之贡献者可谓非愚即妄。但大学教育之目的，在求真之外，必不能不求善。古代的求'善'的大学之道必须与今日求'真'的大学之道结合为一，不可偏废，否则大学很难培育出德智兼修的学生。"

这让我们想起老金先生岳霖前辈类似的话："知识本身是否具有直接的影响，这是值得怀疑的。如果它曾经有，那么对于大多数人来说，它现在已经不再有了。在大多数人那里，知识是像牙刷一类的用具，只要不用，就被挂起来了。知识是否是某种意义的美德？古希腊人认为是，我们无须断言它在今天已经不是了。知识是中性的，影响不了我们爱好的口味。它的分寸感太强，使我们不能靠它来解决它的恰当范围以外的问题；它太外在，不能支持我们以信仰来行动；它太软弱，不能为我们提供帮助。它不是情感和欲望的主宰者或伙伴，相反，它成了它们的奴隶。"[1]而当话题涉及教育目的时，老金先生更为直截了当："教育的主要目的是培养个性，消除野性，使人变得坚定；是在冲突的人生需求之间建立平衡，养成某种节操以便自我控制其他方面；是修养本性从而使受到滋养的本性变得有教养和有文化的内涵。价值观念必须自觉的接受。这里的意思不是说教育应该灌输价值或观念，但是教育肯定应当对价值和信仰加以分辨，应当鼓励青年人清醒地意识到自己的选择，使他们能够明确地说出自己的价值观念是

[1]《金岳霖全集》第六卷，人民出版社，2013年，第398页。

什么，并确信自己无愧于天地。”[1] 他还钟情于优雅这个概念，认为只有把平等和优雅结合起来，才可能成为真正的人。论者有的或谓，如今的第一流的高等学府已经成为造就“精致个人主义”的温床，则老金先生之论，不知可否使那些“精致”的人精，在哪怕是期待中的优雅秩序面前生出些许愧疚。

金耀基先生道出了他的古典想往。他认为亚里士多德视伦理学为关乎人如何活及人的快乐的知识，是无比正确的。他说：“如果我们想对我们自己或者对科学有一种清醒与人性的观点，那么，一种承认知识之领域是大于‘科学’之领域的知识观，就成为一种文化上的必须了。”他主张回复到古希腊时代的“一个更扩大的知识范典”。而老金先生则说，中国哲学属于苏格拉底、柏拉图那一类。“一位杰出的儒家哲人，即便不在生前，至少在他死后，是无冕之王，或者是一位无任所大臣，因为是他陶铸了时代精神，使社会生活在不同程度上得到维系。”因此他为苏格拉底式人物的一去不复返而深深感到惋惜。[2] 而陶铸和养育这样人物的精神范典，在中国古老传统背景下唯六经足以当之。中华文化的基本价值理念和价值结构悉在六经，中国人做人和立国的基本学理依据悉在六经。所谓国学，离开经学，实无所取义矣。

本文所引老金先生的文字，一为《中国哲学》，写于1943年，一为《哲学与生活》，写于1944年，原稿都是英文写就，翻译成中文发表是后来的事。两金同举并谈，可以加深对金耀基先

---

[1]《金岳霖全集》第六卷，人民出版社，2013年，第403—404页。
[2] 同上，第385—386页。

生文章构意的理解，亦可知文化的历史轨迹原来如此奇妙，不仅东圣西圣，其揆一也，前贤后贤，其揆亦似非异。但昔日的话题重现于今日，已经是在观念的纠结和实践的翻覆过去差不多七十年之后了，那义蕴玄规和对经验材料的把握，自有前所不能比之于后的不同品貌和学理深度。

2015 年 5 月 3 日写讫于东塾

载 2015 年 6 月 18 日上海《社会科学报》

衣冠服饰与家庭伦理

中国文化的大、小传统，都会聚交错于家庭和家族。因为中国传统社会，是以家庭为本位，靠血缘的纽带而不是用契约，把家庭与社会连结起来。

由此生成中国文化的一系列特质。包括重视家庭伦理，重视“孝”的观念。有一部非常重要的书叫《孝经》，属于“十三经”之一。而且国家的政治伦理，也是从家庭伦理推衍开来的。所以《孝经》上说，孝“始于事亲，中于事君，终于立身”。而孝的内核，缘于爱敬。所以刘劭的《人物志》说：“盖人道之极，莫过爱敬。是故《孝经》以爱为至德，以敬为要道。”

《孝经·天子章》援引孔子的话说：“爱亲者，不敢恶于人；敬亲者，不敢慢于人。”对自己的亲人有爱，就不至于行恶于他人；能够敬自己的亲长，对他人也不会过于傲慢无礼。这样的人为官，就有益于民生社会。所以传统社会有“忠臣出孝子”的说法。曾国藩引用过一副名联：“一等人，忠臣孝子；两件事，读书耕田。”

大传统被时代精英检讨、反思、添加、融合的几率较多，因此相对变易得比小传统快一些。小传统则表现为地区与族群的风俗和习惯，是长期形成的，往往由一种集体无意识来维系，因此变易就相对缓慢。五四反传统，主要打击的是以“三纲五伦”为代表的传统礼教，对家庭伦理虽有抨击，并未造成根本伤害。

对小传统的大破坏，是五四过了 50 年之后的所谓“文化大革命”。这是一次以“革”文化“命”为目标的彻底摧毁传统的非理性运动。理性地反传统，是思想和思想的冲突。非理性地反传统，是情感的发泄，直接遭殃的是民间文化、民间习俗和民间信仰。更主要是把家庭伦理彻底破坏掉了。鼓励子女揭发父母、妻子揭发丈夫、学生揭发老师、同事揭发同事、朋友揭发朋友、街坊揭发邻里。“全民大揭发”的结果，不仅破坏了家庭伦理，社会伦理也破坏殆尽。我国社会长期传延下来的“爱敬”的美德，渐渐被遗忘以致无以为继了。

和“全民大揭发”颉颃而行的，是“全民乱穿衣”。女人穿男人的衣服、中学生穿农民的衣服、知识分子穿工人的衣服、工人穿军人的衣服……服饰错位，就是文化错位。“易服色”是一个社会文化礼仪变迁的大事。中国 20 世纪六七十年代的全民大“易服色”，对民族文化性格的慢性损伤，是难以想象的。

1644 年清兵打进北京，第二年南下打下南京。南下一路遇到强烈抵抗。于是发布“剃发令”，要求所有的汉人，在接到命令十天之内，必须剃发留辫。口号是“留头不留发，留发不留头”。所以顾炎武说，明朝的灭亡是“亡文化”。因为从此以后，我们华夏民族就没有属于自己的衣冠了。唐宋装很好看，日本借鉴去了。我们自己的传统民族服饰哪里去了？清朝的那种辫子文化，能够看作是中华民族衣冠服饰的正宗表征吗？

“文革”的“全民乱穿衣”，不仅是文化传统流失的表现，也是民族文化性格发生变易的表现。五十年前翻译家曹靖华教授写过一篇文章，题目是《忆当年，穿着细事且莫等闲看》，信哉，斯言！

载 2012 年 3 月 19 日《渤海早报》

古籍今译不应大力提倡

古籍今译是个比较复杂的问题，不好一概而论。所谓今译，就是将原来的文言翻译成今天的白话。一些史书，包括二十四史，翻译成白话，有助于历史知识的普及。六经要不要今译，回答起来颇费踌躇。《乐》经不传，只有《诗》《书》《礼》《易》《春秋》五经存留下来，这是中国文化的最高形态，中国人立国立身的基本价值都在五经里面。对最高经典，放在第一位考量的，是如何得其本义真义的问题。如果不能做到正确传达经的本义，则与其今译，就不如不译了。

诗词古文类文学作品要不要今译，也须分别看待。古代诗歌的不能今译，许多人包括学术大家，都有如是的看法。唐诗、宋词、元散曲小令，或律诗、绝句、歌行等等，是古代诗歌的特殊表现方式，离开这些特殊的表现方式，古代诗歌便不复存在。这与翻译外国文学作品不同。外国文字译成中文，主要是传达文字所包含的内容信息，语言形式反而可以多种多样，既可以用白话也可以用文言进行翻译。古籍今译，尤其诗歌的今译，不仅是语言形式的转换，同时也是文体的改变，使原来的特定文体不复存在，今译的效果不能不适得其反。这也就是旧体诗词至今还有人写、还在流传、还不能为白话诗完全取代的原因。人们常说的，经过今译能否保持原诗的神韵，还不是最主要的问题所在。

古代的书面文字，即通常所说的文言文，本身有一个演化的过程，不同历史时期、不同的文体，文字的难易，很有分别。孔、孟、荀、韩、庄、老等先秦诸子之文，并不特别难读，篇幅短，反复涵咏，文义自见。难读的是六经原典和经解经注。汉赋也很难读。唐宋古文就要好读一些。宋儒语录，已接近当时的白话。清代知识分子处境艰难，有时不免在文字里捉迷藏，越晚越容易读这个话，还不好说定。而且难易系相对而言，不同的读者对象有不同的要求。专门的研究者，不需要今译。一般古典文学爱好者，如果不喜欢古典文学的语言形式，就谈不上爱好。因此我倾向认为，除史书等少数例外，大多数古代典籍一般都不需要今译。

还可以从文化传承的角度谈这个问题。我国历史悠久，文化遗产宏富，但流传下来成为今天人们生活组成部分的文化元素，并不很多。连汉民族的服饰，也没有真正流传下来。唐宋装漂亮，日本多有承继，我们自己则由于清代的雉发易服，反而从中阻断了。文言文作为古代典籍的一种载体，只要古代典籍本身尚有生命力，文言文就不会死亡。文言外壳包裹着的有我们民族活的文化传统，不能因为白话文成为普通的书面文体，而抹杀了文言文传承历史文化的伟大功绩。

五四文学革命，以白话文代替文言文，自然是无法阻遏的历史潮流，但对文言文历史作用的估计，五四先贤们不无偏颇。他们的心态过于急切，没有充分顾及文化本身的特性，致使后五四时期各种类型的新文学史，很少为旧体诗词的写作者留一席地位。只有钱基博先生的《现代中国文学史》是个例外。而钱锺书先生的学术著作《管锥编》，撰写于20世纪70年代末，用的是典雅纯正的文言，这又该如何评价？要不要也今译一番？

古籍今译的局限不可忽视。如果长此以往，各出版机构争相今译，甚至造成今译成为流行，原典反被冷落，青少年只以读白话的古代作品为满足，文化传承便成了一句空话。中国文化的最高经典五经，以及《论语》《孟子》《中庸》《大学》四书，最好是直接读原典。不涵咏原典原文，难以得其滋味。经典的意义在于常读常新，在于其不可代替性。今译得再好，也难逃离"本"之讥。我所说的"本"，不仅指内容，而且包括文体和语言表达方式。

古籍今译大热起来虽然是近年的事情，追根溯源倒也渊源有自。五四以后，郭沫若翻译过屈原的作品，后来文怀沙又译过。陈子展、余冠英则试译过《诗经》。50年代初期有关部门曾予以提倡，以为是整理和继承古代文化遗产的一种可行的方法。实际上，大多数今译的试验都没有成功，没有哪一个读者肯抛开原文而去读译作。大手笔尚且难以奏效，如今临时凑人马，急着赶进度，一出就是逾千万字的全译本，结果可想而知。

因此依笔者之见，古籍今译不宜大力提倡，不必大规模地施行。更迫切需要的是，不忘我民族的历史地位，养成阅读原典原文的风气，使今日之中国和历史的中国连成一气。

载2015年7月20日《北京日报》

不赞同公私学校施行跪拜礼

最近十年来的国学热、传统文化热，是文化传承和文化重建的不得不然的现象。它根源于百年以来不间断地反传统，特别是对十年内乱期间“大破四旧”“跟传统彻底决裂”思潮的一种反弹。极而反之、“反者道之动”，情理自在自成，如是而已。但传统文化、文化传统、国学与教育、礼仪与道德，其义理内涵及化迹形态，极为深邃复杂，今之学者分疏起来，犹感匪易，化入现行教育体制或成为可以践行的当代人的生活伦理，更是知难行亦难的艰辛旅程。

好在中国有广大博厚的民间社会，当占据社会主流的价值系统“礼崩乐坏”的时候，还可以在民间找到那些文化的碎片，即所谓“礼失求诸野”。因此虽经过长期地对文化的大、小传统的污名毁弃，我民族的文化传统仍然还能断而相续、不绝如缕。新儒家将后五四时期的传统文化，形容为“花果飘零”，固为的论。但根脉尚存，只要有培育的土壤，重新著花结果，并非不可期待。有意思的是，正如改革开放的经济起步，是从农村和长三角、珠三角的民营企业的兴起开始的一样，我国文化小传统的重建，也是首先从那些经济改革先行一步的地区开始的。早已被弃若敝屣的民间习俗、民间文化、民间信仰如同雨后春笋般恢复起来。吾民族文化的再生能力，可谓具有强韧的特性。

民间习俗、民间文化、民间信仰，在文化学理论上称为文化的小传统。而大传统则是指社会占据主流位置的思想形态，例如汉代中叶以来的儒家思想。五四“反传统”主要是反思和试图整合文化的大传统，民间社会的小传统未曾发生深层的动摇。当下我们所致力的，是在民间小传统先期重建之后，再一次对大传统的整合与重建。这是一个接续民族文化的精神血脉、重建我国固有文化价值信仰的文化扬厉过程。我们高兴地看到，百年时日从未曾有过的文化人和国家中枢，正在合力创造文化重建的新世局。新的文化复兴的曙光已经在华夏圣土露出潜发的微茫。

尽管如此，我个人仍然不能赞同公私学校施行跪拜礼。最近北京一所书院，因开学典礼施行学员跪拜方式而引发舆情争议。院方的回应是，此种方式系“学生表达敬意”，是“对中国传统文化中师徒关系的诠释和传承”，属于“双向的情感生成过程”。窃以为此论不具说服力。盖跪拜方式缘于古代原初的生活方式。桌椅产生之前，人们经常的习惯是席地而坐。坐姿则或盘膝，或双膝着地而将臀部轻置于足跟。当对坐交谈，为对方的言论所折服时，会自然前倾以示倾服之意。深度折服，则会不自觉地前倾至于前额及地。后来由此形成特定的礼节礼仪，当几案桌椅发明之后，依旧保持下来，以致衍生出诸多的跪拜方式。

《周礼·春官》记载大祝掌管祈福求祥之礼，对“九拜”的方式做了分别，其中包括稽首、顿首、空首的分别。稽首为头至地而有片刻停留，顿首为头及地旋即抬起，空首为拜头至手而不至地。礼仪分别繁缛而严格。后来朝廷施行的跪拜，则不仅是礼仪，而且是对皇权的臣服。唐宋还好，跪拜尽礼之后，大臣奏报言事，可以站立平身而谈，有时还会赐座。明代时兴“廷杖”，稍不如意，当场便没完没了地打屁股，臣僚们的尊严扫地以无。清朝极而一律跪地奏事，臣和君的关系变成奴才和主子的关系。所以辛亥革命后民国建立，孙中山立即明文规定废除跪拜之礼，是为空前的社会进步，即历来的守旧者也鲜见持有疑义。作为“礼”的残留，只有社会的少数行道，例如艺人收徒、匠人传艺等，有时会施以此礼，广大公私学校则完全废止了跪拜的方式。1939年马一浮创办的复性书院举行开讲礼，也只是向孔子致礼，以及师生间互礼，都是鞠躬而未跪拜。

民国废跪拜，取而代之的是鞠躬，简洁恭敬，男女均可施行，为全社会所接受。也有的喜欢拱手抱拳，互相致意，亦不失雅饬，但仅限于男性。握手拥抱是西方的礼节，一部分人愿意为此，社会亦不反对，所谓礼并行而不悖也。从细想来，握手真不如鞠躬好。手是否清洁暂且不论，即握手时间的长短，也不易做得允当无疵。但无论如何不能重新施行废止百年的跪拜礼。孔子当年尚且说：“殷因于夏礼，所损益，可知也；周因于殷礼，所损益，可知也。”[1]殷、夏之间，周、殷之间，礼仪秩序还有废除和增加的变化，难道正在为现代化而竭心尽力的中国，还要固守早已废除的陈旧而不合时宜的“古礼”而不肯更化吗？

大家一定记得《诗经》里的名句：“周虽旧邦，其命维新。”《礼记》的“大学”篇，更引汤之《盘铭》说：“苟日新，日日新，

---

[1]《论语·为政》。

又日新。”这同样是对中国文化的真精神的绝好概括。我们今天承继中华文化，弘扬中华文化，均离不开新时代的创新。所以才说“周虽旧邦，其命维新”呵！

载《国是咨询》2015年第3、4期合刊

一国之内也应尊重文化差异

近年国际上以及我国文化界的一件大事，是联合国教科文组织于2003年10月17日，通过了《保护非物质文化遗产公约》，我国随即在2004年12月3日，递交了由国家主席签署的批准书，使中国成为这一国际公约的正式缔约国。

2011年2月25日，第十一届全国人民代表大会常务委员会又审议通过《中华人民共和国非物质文化遗产法》，并从6月1日起开始实施。这意味着，我国已就非物质文化遗产保护问题正式立法。

《保护非物质文化遗产公约》有很多条款，包括对所涉内涵的界定，把各个国家的口头传统和表现形式，如作为非物质文化遗产媒介的语言，以及表演艺术、社会实践的仪式、节庆活动、有关自然界和宇宙的知识与实践，及传统手工艺等，列为备选目录。而制定此一公约主要理念，是尊重差异，尊重和保护文化的多样性。

文化上的尊重差异，既指国与国、民族与民族的文化差异，也包括同一国家之内不同社区、不同群体，有时甚至是不同的个人，他们作为文化遗产组成部分的社会实践、观念表述、表现形式、文化场所等方面的文化差异。因此《公约》强调：“这种非物质文化遗产世代相传，在各社区和群体适应周围环境以及与自然和历史的互动中，被不断地再创造，为这些社区和群体提供认同感和持续感，从而增强对文化多样性和人类创造力的尊重。”

“对文化多样性和人类创造力的尊重”，这是极为重要的文化理念。按照这一理念，我们对世界上任何一个国家、民族的文化独特性，包括一国之内不同族群的文化独特性，都应抱持尊重的态度，而不允许有任何歧视。

本来中华文化是最具包容性的文化，中国文化精神里面不乏异量之美。典范的显例，是唐朝的全面开放态度。全面开放带来了盛唐的丰足富强。而清朝长期闭关锁国的结果，使自己远远落在世界文明走向现代的后面。我国近三十年发展的成就，以致成为世界第二大经济体，“国宝秘诀”无他，只是缘于改革开放。开放的国度，自然需要有开放的胸怀。

如果没有开放的胸怀，何来“一国两制”？全世界的善良人士都笑纳了这个伟大的构想。既然是“一国两制”，就得承认香港和内地的不同。首先是制度的不同，由此带来文化秩序和文化规则的不同。对于内地各文化域区的差异，我们尚且需要尊重，对不属于同一制度的中国的香港这个文化域区，难道不应该更要尊重吗？

1842 年割让香港岛、1860 年割让九龙半岛、1898 年租借新界给英国，那是当时昏聩无能的中国政府干的事，与香港人民何干？如果由于香港有过一百五十多年的这样一番经历，而且在正式回归的十五年之后，还作为“口实”“把柄”，以致和英国人的“殖民统治”联系起来，指责香港人如何如何，不仅不符合历史的全然真实，也不够人道。

何况，英国人留给香港的并非都是负面的遗产，中国的领导人和香港的有识之士，都认为英国人成功地治理了香港。因此在20世纪70年代香港才成为赫赫有名的亚洲“四小龙”之一。香港的交通秩序，特别是地铁，世界上没有哪个国家能与之相比并。近年内地许多城市都建了地铁，和香港地铁一比，差的何止几里许。我的几位在港岛各大学任教的朋友，都有在欧美留学或工作的经历，至今在说，香港的文秘和助理，其专业训练和职业道德，世界上少有出其右者。

1992年年底，我在香港访学之余，写了一篇《初读香港》，发表在1993年第三期香港《明报月刊》，其中有一段抒怀论议的话，不妨抄录在这里——

> 香港是不平等条约的牺牲品，是大英帝国强占的中国领土，是中国的南大门，是连接中国和世界的桥梁，是临时的政治飞地，是繁荣的东方通都大邑，是世界金融与贸易的中心，1997年以后是一国两制的实验场。但比所有这一切都重要的应该是：香港是中国人的骄傲！她向世界表明，在社会不被破坏的情况下，中国人能创造怎样的现代经济与文明的奇迹。没有深圳经济特区，谈不上20世纪80年代的中国经济改革；而没有香港，便不会有深圳经济特区，也不会有一国两制的思路。香港的地位，香港人自己应明了。五十年不变，如果是历史的思考，何必如此吝啬？我相信是举成数。甚或如《周易》所示，五十乃大衍之数，丽象繁垂，时空变幻，尽在其中。

此文是在香港回归五年前写的，到今年已过去二十年，仍然不觉得过时。我仍然要坚持说：“香港是中国人的骄傲！”

文明与文化不是同一概念，现代文明需要有支撑其存在的物化指标。文化传统绵长，不意味着现代文明秩序完整。在这方面，无论大陆还是台湾，都有需要向香港学习的地方。中国近三十年经济和国力的增长是惊人的，国人有理由为之自豪；但同时以缺少诚信为标志的道德滑落，也是惊人的，国人没有理由不予正视。不遵守环境卫生的规约，公共场合大声喧哗，与人论理大放粗口，不属于非物质文化遗产国际公约所指的文化多样性，也不是文化差异，因此并不在保护之列，而是有没有现代文明意识、是否缺乏社会公德的问题。

香港回归之后，有没有文化乃至民族国家的认同问题？当然有，特别是年轻人。连大陆也存在民族文化的认同问题。但这个问题急不得。香港回归之前，有多少港人惴惴不安呵！当时迁移到英国、加拿大以及澳洲的人，多着呢。可是回归之后，渐渐地，他们又回来了。回来就是认同的开始。这些人是否都中了英国殖民者的“毒”？也不尽然。因为20世纪50年代以后，中国的运动太多了，直到“文革”十年浩劫。当时“地富反坏右五类分子”，是清肃的对象，不必说了，另外还有“十种人”，其中就包括“港台关系”，倘若沾其一者，便不被信用，升学、工作都受到万劫不复的影响。这样历史地反思，今天香港人回归认同的意识，可是值得大圈大点。包括大陆动乱期间从深圳逃到香港去的重获生机者，今天也抹去伤痛，爱国不落人后，为国家的经济建设贡献了一份可贵的力量。

文化中国的范围广袤无垠，按照杜维明先生的研究，可以划分为四个不同的意义世界。中华的伟大，一个重要方面，是文化的多样性和多元性。千年以降的主流文化，还包括儒释道三家，理念不同却相处得很好，至有“三教合一”之称。各个文化域区的种种差异，愈见其“佳人不同面”的姿色之美和充实之美。各地语言不同，但文字相同，故不碍交流。京腔的响亮，吴语的缠绵，中原的厚重，关中的质朴，粤语的音韵，闽南的低回，巴蜀的清刚……真是鸣啭悠扬，各尽其美，美不胜收。

最后，我想引一点古，看古圣、前贤是怎样看待中华大地各方人士的文化差异的。孔子有一次说：“饱食终日，无所用心，难矣哉。”[1]又说：“群居终日，言不及义，好行小慧，难矣哉。”[2]后来明末的大学者顾炎武提出，孔子的前一个说法，可以用来形容北方的学者，后面的说法很像南方的学者。也就是在顾宁人（顾炎武，字宁人）看来，南北学者都有自己的“病”，只是病兆容有不同罢了，而无须以南攻北，或以北讦南。

鲁迅后来把这个问题扩大为“北方人”和“南方人”的区别，写道：“据我所见，北人的优点是厚重，南人的优点是机灵。但厚重之弊也愚，机灵之弊也狡，所以某先生曾经指出缺点道，北方人是‘饱食终日，无所用心’，南方人是‘群居终日，言不及义’。就有闲阶级而言，我以为大体是的确的。”[3]鲁迅说的“某先生”，显系指顾炎武。但他补充上了各自的“优点”：“北人

---

[1] 《论语·阳货》。
[2] 《论语·卫灵公》。
[3] 《鲁迅全集》第五卷“南人与北人”，第456页。

的优点是厚重，南人的优点是机灵。”可是，“厚重”有可能导致“愚”，“机灵”则有可能流于“狡”。

要问到底是南人好，还是北人好？其实难分轩轾。这是多样的文化中华，都好，也都有人性的弱点。看大陆人和港人，我们不妨也作如是观。

2012年壬辰上元后二日写于京城之东塾，载2012年3月8日《社会科学报》，暨《艺术评论》2012年第3期

读朱维铮的《走出中世纪》两书

没想到朱维铮先生也去参加了杭州的马一浮研讨会。我们对马持论固异，见面交谈却能生出快意。我喜欢他的直言无隐的风格。其实我们吵过架，但很快重归于好。我因此说维铮是“学之诤友而士之君子”。会后去沪，与维铮同行，候车闲话，得聆他非常时期的非常经历，益增了解。复旦演讲后的餐叙，维铮夫妇在座，《走出中世纪》（增订本）和《走出中世纪二集》两书，就是此时所赠。最近才断续读完。读维铮的书，如对作者本人，音容意气充溢字里行间。他气盛文畅，有时竟是“使气以命诗”。但理据充足，合于《诗》“大雅”的“天生烝民，有物有则”。名物考史，诗文证史，非其所长，也非其所好。他相信在历史的陈述中可以发现历史的实相。

置于两书卷首接而相续的六万多字的长文《走出中世纪——从晚明至晚清的历史断想》，就是这种历史陈述的典要之作，最能见出维铮治史的卓识与功力。读时我心志清醒，眼睛极累，却又不愿罢手，只好一气了之。即使对明清史事尚不算陌生的笔者，也无法不被他的理据情采所折服。理缘于据，即历史事实本身；采缘于情，即作者的爱憎态度。他对明清的二祖（明太祖、明成祖）三帝（康熙、雍正、乾隆）尤多恶感。被新旧史家一说再说而为不知情者所景慕的“康乾盛世”，维铮不以为然，这与鄙见不无针芥之合。增订本《戮心的盛世》《满清盛世的“小报告”》和关于年羹尧、汪景祺、和珅诸案的文字，则是对此一问题具体而微的论述。如果说于康熙他还心存顾惜，对雍乾及其所效法的“二祖”，则发覆掘隐不遗余力。他认为“体制性腐败”“权力腐败”是大清帝国的“国病”兼“死穴”。他说雍乾及“二祖”是恐怖政治的制造者，而“政治冷淡症正是恐怖政治的女儿”。致使清中叶惠（栋）、戴（震）等诸汉学巨擘，不得不扮演“锢天下聪明智慧尽出于无用一途”的历史角色。虽然他引用的是魏源的话，但他本人的态度朗若晨星。

维铮自然不会否定清代汉学的群体学术成就，这有他的《梁启超和清学史》和《清学史：学者与思想家》(《走出中世纪二集》)及其他关涉清代学术的论著可证。况且他的学术驻点原未尝离开过章（太炎）、梁（启超）、胡（适）等现代诸学术硕彦，他们对清学的态度，维铮岂能完全知而不认。只不过他试图将思想和学术做一区分，似乎认为清中叶纵有名副其实的学者，却鲜有真正的思想家。也许写《孟子字义疏证》提出“人死于法犹有怜之者，死于理其谁怜之”的戴东原是一个特例，但也止于《孟子字义疏证》一书而已（戴《与某书》亦曾直言“后儒以理杀人”）。因此他对盛行于明清两代的程朱理学，不稍加宽宥地痛而辟之。甚至连程朱祖述宗奉的孔孟，也不肯通融缓颊。他对儒家殊少敬意与好感。《史》《汉》两家对公孙弘“习文法吏事，而又缘饰以儒术，上大悦之”的书写，他一再引为学术知己。而钱穆《中国近三百年学术史》自序的“求以合之当世”一语，他胪列众多今典予以驳正。不消说当20世纪90年代看到徐中舒的《甲骨文中所见的儒》一文，他是何等的惊喜。因为这一考古实证可以把孔子从儒的祖师的地位上拉下来，维铮当然乐观其盛。而且此公案直接牵涉康有为、章太炎、胡适、郭沫若几位名可惊座的大人物，即使是他们九泉之下的欣喜或窘态，维铮自必也乐于静观冥想。

然而维铮对儒家的这种态度，在我看来有未能将汉以后渗入家国社会结构的意识形态儒学，和作为先秦思想家的孔子和孟子区分开来的嫌疑；也有未能将宋代的哲学家程朱和明清权力者装饰过的程朱理学区分开来的嫌疑。王国维、陈寅恪都指宋代为中国思想文化的最高峰（措辞不同其意则一），陈寅恪更视宋代新儒学的产生与传衍，为我国思想史上“一大事因缘”。这些维铮必早已熟知。孔孟所建之儒家道统，是否如韩愈所惊呼的孟轲之后已不得其传？宋儒在重建儒家道统方面的建树，宜有哪些可圈可点？似还有绝大的探讨空间。我很高兴在《走出中世纪二集》里读到《百年来的韩愈》一文，这是一篇不可多得的绝妙好词。只有朱维铮教授有这样的本领，以一个历史人物为中心，串联起晚清以还那么多的人物与故事，曾国藩、严复、张之洞、谭嗣同、毛泽东、蒋介石、陈寅恪、俞平伯、冯友兰、刘大杰，都一一坐定位置，成为他用可信史料编排的舞台剧中的一个角色。他议论风生，举重若轻，剥蕉至心，是非分明。但他的冷峻的语言风格，容易让读者以为他只有了解，没有同情。清儒“实事求是，无证不信”的信条，他奉为圭臬，但钱晓徵告白于海内的“实事求是，护惜古人之苦心”，亦即前贤往圣著笔立说的不得不如是的苦心孤诣，我们的维铮似尚缺乏“了解之同情”。

章学诚有言曰：“高明者多独断之学，沉潜者尚考索之功。”我读维铮书看到的作者，宜乎“独断之学”胜于“考索之功”。因此他是一位名副其实的“高明者”。他看重思想的力量。他的学问是活学问，不是死学问。但如果有人以为他的学问根底不够坚实，那就难免犯不知人也不知学的错误。他的学问根底来自五十年如一日的文本典籍的阅读。他习惯夜里读写，上午睡眠。上帝虽未垂顾于他，却为他拨出比常人多得多的时间。疯狂阅读加上惊人的记忆力加上超强的理性分疏能力，成为朱维铮学问过程的主体精神结构。包括《中国近代学术名著》在内的他编的那些文史典籍，我们切忌以俗眼揣度，在他可是自己吞食原典资料的天赐良机。牵涉学术的理和事，他从不“尸位素餐”。如同钱锺书说“善述”不亚于“善创”，好的编选整理，与文献研究庶几近之，远非夸张篇幅的浮词空论所能比并。课堂上下，大会小会，维铮可以随时挑出时贤后生关乎古典今典以及时地人事的瑕疵舛误，就缘于他的记忆和阅读。

至于文情词采，我是这次才发现的。当他的笔触行至清季的甲午之战，因日人长期预谋蓄势，一旦开衅，陆战清军节节溃败，要不要决战海上？翁同龢和李鸿章两个冤家争论激烈，而且都想得到握有实权的慈禧太后的支持。作者于是写道：“岂知这时太上女皇突然‘病’了，连皇帝也拒见。她的行为，似乎可解读为听任皇帝自主决策。于是翁师傅也胆大了，亲赴天津逼迫李鸿章出战。既然慈禧心态莫测，那么面对今上对之言听计从的帝师的压力，李鸿章能不孤注一掷吗？果不其然，黄海一战，北洋舰队惨败。也许这正合满汉权贵之意。他们早将当年怀疑曾国藩的阴沉目光，移向实力最强的淮军首领李鸿章，认定他有‘不臣之心’，‘挟外洋以自重’，所以不肯与‘倭贼’决战。待北洋水师全军覆没，他们反而弹冠相庆，以为李鸿章的赌本输光了。”结果“光绪帝和他的重臣因主战而忍诟，李鸿章和他的淮系因丧师而失权，恭亲王等满洲权贵从此退缩自保。至于‘公车上书’凸显的举国同仇敌忾，在太后更是觑若无物，她不是早就宣称，谁要扫了她‘六旬万寿’之兴，她就决不饶恕吗？”“倒霉的是李鸿章。他在甲午海战败后，便被皇帝下诏拔去三眼花翎，在当时外国人眼里，已如公鸡失去了尾巴。”这些诙奇跌宕而又语势流贯的文字，读得我们几乎要撇开历史故实，束手驻足来专赏史家的词采文章。

现在好像又有豪杰之士欲尾随为“则天武后”翻案的昔日时髦，也在替“狡诈的老太婆”慈禧说项了，包括称赞她的“美丽”。在这个问题上，即使不曾欣赏“郁郁乎文哉”的朱氏之论我也一定“从朱”。“狡诈的老太婆”是已故史学家翦伯赞给慈禧下的考语，见于他的《义和团运动》一文（新版翦著《历史问题论丛》合编本作“狡猾”，不知是后改还是原文本如此而维铮笔误）。维铮引来，甚获我心。也是这次才知道，维铮对《三国演义》《儒林外史》和《红楼梦》，还有如许的兴趣。苏州姑娘林妹妹的家政名言，也为他屡引而无倦意。关于耶教来华及西来学术和中外接触史的研究，也成为他关心垂顾的领域，也是这次所见识。我想他一定到徐家汇看过那些珍藏的相关史料。但清代汉学和西学的关系，窃以为至今还是假设多于求证的未竟课题。“盛清”的国力虽不弱，但近代科技远逊于西方，甚至不是“先进”和“落后”的问题，而是“有”和“无”的问题。中国近代科技的不发达，那是要走到历史的深层，借助文化与信仰的大背景来诠释。新世纪曙光的不能应运而来，如果仅仅归之于“体制腐败”的“国病”，似尚嫌过于笼统。

总之维铮先生的学问结构，史学是其地基，经学是其屋棚四壁，近代人物是屋中暂住的过客，思想是其柱石。说开来，他所治之学主要还是思想史。他也是以此自负自居的。他的不可一世的书生意气，一则由于不为人所理解的思想的苦痛，二则由于“高明者”的知性傲慢，三则是性情的直率与天真，最后也许还要加上长期走不出“中世纪”的“闲愁胡恨”。

他优越地驱遣着入于他研究领域的历史人物与事件，他既不想充当历史人物的“辩护士”，也不想做历史事件的“事后诸葛亮”，但他不免相信自己对历史的清理（他偏爱马克思的这句话），没有为后来者留下多少空地。然则即使是“高明者”的“独断”，也有失手的时候。《走出中世纪二集》中《关于马一浮的“国学”》那篇，就是显例。

想不到一向谨严的维铮竟这样立论：“他（指马一浮）对今天最重要的是什么？如果一定要作价值判断，那么在我看来，如今此等老宿已近于无。”就是说已经没有价值。“是这样吗？”这里我套用一句几次出现在此两书中维铮诘问他者的俏皮话。而且说马先生“在政治上总随改朝换代而转向”，“越发坚持其‘用世’为归宿的所谓儒学教旨”，“可谓‘与时俱进’”，如果不是厚诬前贤，我以为也是言重了。马对释氏义学和禅学的洞悉达恉（许慎称《说文》有“究洞圣人之微恉”之意）并不弱于儒学。在斸戏老人心目中，佛学和儒学具有同等重要的地位。对宋儒的吸纳二氏而又在言辞中隐其来路的做法，马一浮不予认同。马的学术思想其实是儒佛并重，以佛解儒，儒佛会通。只以儒之一脉来匡马的思想，未免失却半壁江山。至于指抗战时期马先生在四川乐山创办复性书院，是想充当“帝师”，恐怕也是缺少足够理据支持的过当之词。我虽爱重维铮，但此篇文章的立论则期期以为不然。其实维铮完全可以不写这篇文章。当然文章纠正时人的一些舛误，自然是好的，抑又未可全然抹杀也。

另外，《百年来的韩愈》词密理周，徇为不可多得之作，已如上述。但第六节析论陈寅恪的《论韩愈》，认为陈所列举的韩之“排斥佛老，匡救政俗之弊害”，也许可以解释为对 20 世纪 50 年代初“三反”和“抗美”的“赞同”，以及陈文论韩之“改进文体，广收宣传之效用”，是对毛的《反对党八股》的“赞同”等等，恐怕亦难逃附会的嫌疑。是又我爱维铮，亦不敢悉为维铮辩也。

2008 年 12 月 26 日写于京东寓所

载 2014 年 8 月 19 日《中华读书报》

读孙机著《中国古代物质文化》书后

孙机先生是我国文物考古领域的著名专家，生于 1929 年，1960 年毕业于北京大学考古学专业，今年八十又七，值米寿之期。他长期担任国家文物鉴定委员会委员，所鉴定文物，为该界人士所服膺。他学术的兴趣及所从事的专学，主要侧重科技文明和生产与生活的名物之研究与考证，特别对农牧、膳食、饮品、医药、纺织、服饰、器具、文具、乐器、矿冶、交通、武备等名物，有深湛的研究。往往能够由物正名，因名见物，考镜源流，证发中西。前此的代表著作是《中国古舆服论丛》《汉代物质文化资料图说》和《中国圣火》。实事求是、无证不言、人朴学质，厚积薄发，著述精要，是其一生为学的特点。

《中国古代物质文化》一书，是在国家博物馆系列演讲基础上成书，事前有详备文稿，嗣后经过重新修订厘定，撰写成著述文本。绝非通常所谓演讲体，而是全新的专业著述。内容可视为他已往研究创获的总汇。书分十目：一曰农业与膳食，二曰酒茶糖烟，三曰纺织与服装，四曰建筑与家具，五曰交通工具，六曰冶金，七曰玉器、漆器、瓷器，八曰文具、印刷、乐器，九曰武备，十曰科学技术。每一目均从人类生产和生活方式的一名一物说起，解名释义，明辨源流，取证中外，探河穷源。完全做到了无一物无来历，无一例无出处。且配以手绘图例，因名见物，以物正名。考索叙论方式，则地下发掘和纸上故书互相比证，异域物典与中土文物彼此参证，此正是王静安所倡行的二重证据法也。至其笔力文风，语言逻辑，更是举重若轻，如话家常，取证丰，下笔慎，行文简。化奥名僻典于日用常行，使专业著论变成趣味讲述。真真大家之著述也。

兹以第二目之酒之一项为例。照一般理解，酒之制作须用曲。但著者根据翔实史料，确认原初的酒并不用曲，而是将麦芽和谷物同浸于水，再经过滤，而成醴酒。为此征引《吕氏春秋》高诱注、《释名·释饮食》等载籍予以证实。曲是在蒸煮谷物过程中发现的一种可产生酶的真菌，著者写道："有了曲，粮食酒遂正式问世。"[1] 经典证据是《尚书·说命》的记载："若作酒醴，尔惟曲蘖。"征引之后，接着分析制作过程因发酵产生的醛和酯的多寡，使酒呈现不同的香味。因此有淡酒，是为醴；香酒，是为鬯。并进而考证出；"鬯酒又名秬鬯；秬是黑黍，鬯是香草。"根据是《说文》有解："鬯，以秬酿香草，芬芳条畅以降神也。"那么像鬯酒这样高级的酒，应该用什么样的饮酒器呢？孙机先生的考证以此为转折而进入他的酒论之妙境。

他提到当时有一种高级酒器叫卣。证据一，甲骨刻辞有"鬯一卣""鬯三卣""鬯五卣"的字样；证据二，《尚书·文侯之命》和《诗经·江汉》都有"秬鬯一卣"的记载；证据三，《尚书·洛诰》有"秬鬯二卣"的记载。看来"卣"这种饮酒器的文字记

[1]《中国古代物质文化》，第38页。

载无可异议。但此种酒器的形状，是宋人定名，故著者说："卣究系何物，仍是一个未解之谜。"[1] 没有看到遗存实物，尽管有文献记载，仍然存疑，这就是孙机先生的学术风格。但另一种酒器"爵"，可是有实物存焉。他说河南偃师二里头就出土过夏代的铜爵。但此爵有很长的"流"[2] 平直伸出，有的还是"管状流"。孙先生断判此物并非饮酒器，而是敬神时使用的以酒灌地的器具。根据是《说文》对爵的解释为："中有鬯酒。"又《礼记·礼器》云："宗庙之祭，贵者献以爵。"《论语·八佾》的皇侃义疏又说："使酒味渗入渊泉以降神也。"则爵非为饮酒器可以论定矣。况爵有三足，系加热用。孙先生写道："二里头出土的铜爵，有的器身廋长，下接向外膨起的假腹，呈覆盂状，上面开有四个出烟孔。加温时，这种构造便于拢聚热量，吸引火势，使爵中的鬯酒迅速沸腾，冒出蒸气。"又说："古人认为神虽不饮食，然而喜欢嗅香味。"此点也有文献记载，《尚书·君陈》的孔传曰："芬芳香气，动于神明。"孙机先生的引证可以说是步步为营，一丝不漏。

本来考证析论至此，已可以结束。然而孙先生还要进一步往下追究新名新义新解。他说以香气享神叫"歆"，斯义来自《左传·襄公二十七年》的杜预注："歆，享也，使鬼神享其祭。"又引《说文》："歆，神食气也。"再引《诗·大雅·皇矣》之孔疏："鬼神食气谓之歆。"孙先生写道："升歆灌地，上下交泰，所以盛鬯酒的爵是祭祀中重要的礼器，不是饮器。"那么《礼记·玉

[1] 《中国古代物质文化》，第 38 页。
[2] 犹今之壶嘴。

藻》里面说的“君子之饮酒也”，“受一爵”如何，“受二爵”“受三爵”如何，系何所指称？孙先生回答说，此处所强调的是量的概念，证之以文献记载则《考工记·梓人》《仪礼·士昏礼》的郑玄注，都认为爵就是一升[1]的意思。

爵既然不是饮酒器，那么先秦时饮酒用什么器具呢？孙先生告诉我们，当时饮酒用的是圆口深腹的觚。后来爵也成为饮酒器了，只不过绝不是先秦。孙先生的结论在此。职是之故，哈佛大学的 L.G. 胡博先生提出的伊朗南部沙赫达德出土的带流器，可能是中国爵的原型的说法就不能立足了。孙先生说：“由于社会习俗大不相同，古代西亚不曾有先秦之歃灌的观念，完全不具备制出这类礼器的前提。何况沙赫达德之带流器是红铜锤鍱（yè）成型，与二里头铸造的青铜爵判然有别。用途迥异，形制不侔、工艺悬殊且全无关联之万里云霄以外的一件器物，怎么能成为中国铜爵的‘原型’呢！”[2]考证而兼辩难驳论，益增服人力度。而关于觚为饮酒器，著者举出《大戴礼记·曾子事父母》：“执觞觚杯豆而不醉。”典籍凿凿，自可为据。

到了汉代，著者说“贮酒用瓮、用壶，盛酒则用桶形或盆形的尊”，山西右玉出土的两件汉代铜酒尊可作为物证。此两件酒尊，一盆形，铭文中有“酒尊”两字；一桶形，自名为“温酒尊”。著者复又释证道：“‘温’是‘醖’的借字，指反复重酿多次的酒。它是用连续投料法重酿而成，酿造过程历时较长，淀粉

[1] 《中国古代物质文化》，第 40 页。
[2] 同上。

的糖化和酒化较充分，酒味酽冽，为世所珍。”[1] 如此佳酿，用以盛酒的器具自宜不同寻常。所以著者以故宫所藏东汉建武二十一年的一件鎏金铜醞酒尊为例，称其“底座下有三熊足，镶嵌绿松石和衬以朱色的水晶石，与鎏金的尊体相辉映，非常华丽”[2]。这是指桶形尊。至于盆形尊，著者说唐代出现频频。证据有洛阳出土的唐乾元二年的高士饮宴图螺钿镜，陕西长安南里王村的唐墓壁画，宋人摹的唐画《宫乐图》，上面都有此物的身影。

那么汉代的饮酒器又为何物？著者说汉代已不用觚而是开始用杯了。但汉代的“杯”和现代汉语所说的杯，不是同一物。著者娓娓言之曰：“汉杯源于手掬之抔。《礼记·礼运》曾云‘抔饮’，郑玄注：‘杯饮，手掬之也。’从手掬发展出来的杯，平面接近双手合掬所形成的椭圆形。”[3] 又说：“合掬时位于左右的拇指则相当杯耳。所谓耳杯，即由杯耳得名。”[4] 汉代人饮酒，用的就是这种耳杯。这有长沙杨家岭西汉墓出土的铜耳杯为证，上面的刻铭有“张瑞君酒杯”字样。除此之外，还有卮。著者以陆德明释《庄子》引《字略》为证云：“卮，圆酒器也。”又引《史记·高祖本纪》：“未央宫成，高祖大朝诸侯群臣，置酒未央殿前。高祖奉玉卮，起为太上皇寿。”实物证据则是秦阿房宫遗址出土的云纹高足玉卮，著者认为两者应相仿佛。卮当然不是汉代始有，但汉代饮酒在用“杯”的同时也用卮，应为历史本真。我们

[1] 《中国古代物质文化》，第 43 页。
[2] 同上。
[3] 同上，第 44 页。
[4] 同上。

所佩服的，是孙机先生著论的取证详博，每一物都能确指其来历。

孙机先生对古人早期所饮酒是热酒抑或凉酒的考证，尤为精妙。敬神用冒着蒸气的热酒，前面已简要介绍。但人们通常饮用则是凉酒。孙先生的取证是《楚辞·大招》："清馨冻饮，不啜役只。"以及王逸注："醇醲之酒，清而且香，宜于寒饮。"又湖北随州战国曾侯乙墓出土的大冰鉴中有固定的贮酒方壶，证明喝的是凉酒。不仅此也，他还不忘清末经学家皮锡瑞，引其《经学通论》的"论古宫室、衣冠、饮食不与今同"部分，其中有古酒为"新酿冷饮"的说法，一并为其证据[1]。可谓广征博引，层层深入也。至于饮温酒始于何时，著者未予详考，但魏晋以还的例证，他一则举孙思邈的《千金方》，二则举《世说新语》，证明当时已广泛饮用"温酒"。至唐则李白、元稹、白居易的诗中，"温酒"一词已是频频。然则孙机之考证名物，不仅以实物、典籍为凭，且亦如同义宁之学之"以诗证史"了。

由于饮温酒成风气，原来的盆形尊散热快，就不合所用了。于是有了酒注。孙机说："为了保温，后来还在酒注之外套上贮热水的温碗。"另还有酒盏和类似茶盏托盘的酒台子。酒注、温碗、酒盏、酒台子，是为配合成套的酒具，名为"台盏"。这一整套设施，孙机考证出要到宋代才配置完备。他说《辽史·礼志》有"执台盏进酒"字样。元代亦复如是，他引《事林广记·拜见新礼》中有"主人持台盏，左右执壶瓶"一语为证。复又引据关汉卿的《玉镜台》，孙机先生是这样写的，《玉镜台》中，温倩英

[1] 《中国古代物质文化》，第43页。

给温娇敬酒："旦奉酒科，云：'哥哥满饮一杯。'做递酒科。正末唱：'虽是副轻台盏无斤两，则他这手纤细怎擎将！'"引录的重点显然在"台盏"二字，这是著者一路考证的关键词。但引录之后，你猜我们的孙先生该如何论析作结？他轻轻地低语："但温倩英如果端上这件西湖出水的银酒台，上承银酒盏，再斟满酒，分量可就不轻了。"居然幽温小姐一默。然而无法否认，他的考证既文不离题而又严谨得如同老吏断狱。很难想到的是，他的行文也如此简省入妙，这是许多学术著作不曾达到的境界。

孙机先生的《中国古代物质文化》一书，其所考证论析，大率类此。我特以酒论一项，冀窥一斑而见全豹。是书虽主要是文物考古和名物考证，但书中所呈现的丰富内涵，则是中国古代社会的生活史和风俗史，其学术价值绝不逊于精深的史论之著。遑论泛泛者众，就无须入于我们的眼中笔下了。

我总的看法，《中国古代物质文化》一书，实为近年学界所仅见的名物考古之大著述，是顶尖级的学术著作。它提供给读者的不只是详博的历史文化知识，还有贯穿在名物后面的规则、理念和文化精神。

2016年10月31日写于东塾

第六篇

现代学术与传统

现代学术背景下的大师与传统

——凤凰卫视“世纪大讲堂”演讲现场全记录

演讲前和主持人对话

曾子墨（主持人）：在过去的一个世纪里，中国的学术界，出现了很多泰斗级的人物，比如说像大家都非常熟悉的陈寅恪、钱穆、王国维，还有梁启超等等，他们被我们称为是大师，他们的学术成就在中国的学术史上，具有既开风气又为师的地位，以至于在今天有很多人都在纷纷地感叹，与他们的成就相比较，今天的中国已经看不见大师了。因此我们也想追问，是什么原因造就了他们如此辉煌的学术成就，而他们的治学精神在当今的中国，又有着怎样的借鉴意义，今天，我们很荣幸地邀请到了著名学者刘梦溪先生。

温文尔雅，我想这是很多人用来形容您的一个词，今天我见到您的时候，也确实有这样一种感受，是什么原因造就了这样温文尔雅的气质，和您所从事的专业有关系吗？

刘梦溪：谢谢，不过我不敢当。我想也许跟读书有关系，读书可以改变人的气质，这是我的一个看法。当然我读的书不够多，比起前辈学者来，我的书读得还太少。

曾子墨：我们知道，早年您是对《红楼梦》有比较深入的研究，是吧，后来呢开始研究现代学术史，这个转变仅仅是因为兴趣吗，还是有其他的原因？

刘梦溪：是的，我有这么一个转变。文学很有意思，当你年轻的时候，我想每个人都是文学爱好者，甚至每个人都是诗人，随着年龄的增长，你的知识提升以后，感到文学不能满足自己的需求，愿意追求历史的真相，愿意追求事物的本真，所以愿意离开文学，进入史学和哲学。我觉得是一个学术兴趣以及对学术求真的探求，使我有相当一段离开了文学，甚至有点儿厌弃文学，可是我现在又必须讲，当年龄又往前走的时候，回过头来又感到文学是史学和哲学的一个很好的补充，甚至史学和哲学探索不到的东西，文学却可以感悟到，而且它可以补充我的情感。

曾子墨：在您从事学术史专业研究的过程当中，我想有很长一段时间，您天天都是与我们所熟悉的这些大家相伴的，尽管可能不能够见面，但是我想有一种神交的感觉，那也有很多人都评论说，这些大家，国学的功底非常的深厚，西学功底也很深厚，也就是说中西结合得好。那到了今天呢，21 世纪的中国，可能会更加开放，接受西方的东西会更加多，但是大家会有疑问说，为什么我们很少或者说根本就看不见大师了？

刘梦溪：这个问题很具有挑战性，我想它的原因跟我们百年中国的文化断裂有关系。中国是一个很有文化传统的国家，几千年的文化史，几千年的历史，当然有自己的传统。但是我们不能不承认，当清朝末年、民国初年，晚清的时候，那是一个文化大的断裂时期，主要是传统思想的核心价值，儒学思想解体了。而后来战乱，以及 50 年代以后，我也觉得运动太多了一点，学者问学的时间比较少，造成了文化的断裂，学术上也有断裂。没有学术根柢，大师就不容易出现了。所以当我们阅读 20 世纪这些大师著作的时候，我们常常觉得，不能望其项背，他们的特点不仅是对历史，对本民族的文化有了解，而且他们对西学也非常——如果不用精通这个词的话——他们西学的修养也相当之好。如果说古代的学者是通古今的话，20 世纪这些学者，他们是通中西，他们常常十几岁就到西方留学，那么西学这个根柢，如果说现在的青年或者将来可以有所弥补的话，但是在传统的学问的根柢方面，国学根柢方面，后来者不容易赶上他们。所以这也许是大师不容易出现的一个原因。

曾子墨：那如果说在这一代人当中，我们看不见大师了，在未来呢，在下一代人，现在在成长的这些孩子当中，会造就出大师吗？我们需要什么样的环境，什么样的必要的条件？

刘梦溪：我想未来的事情，我们不好预料，我希望有，可惜我不一定看得到。

时光回溯，百年流转，近代中国在艰难的蜕变中寻求新生。危难时节显才俊，中西碰撞出大儒。章太炎、王国维、陈寅恪，一时多少豪杰！他们一手摹画了中国现代学术的传统，既开风气又为师。我们追问的是，他们为何会取得如此辉煌成就？大师留给我们什么精神义谛？今天如何接续那些渐行渐远的传统？大师其大，传承其忧。著名学者刘梦溪做客《世纪大讲堂》，评说“大师与传统”。

演讲现场全记录

刘梦溪：现在是 2007 年夏天，如果我们把时光上推 80 年，那是 1927 年的夏天，在那一年的 6 月 2 日发生了一件事，清华国学研究院的导师，逊位皇帝溥仪的老师，中国现代学术的开山人物，王国维先生，他在颐和园昆明湖的鱼藻轩投水自杀，他死的时候 51 岁。这个事件震动了中国，也震惊了世界，同时也给现代学术史增添了一个谜团，因为迄今为止，学术界对王国维的死因，还没有一致的看法，有的说，他是殉清，有的说，他是跟罗振玉的矛盾。我个人的看法，陈寅恪先生对他的死因的解释最符合实际。王国维死后，陈寅恪先生写有一首挽诗，并且还有一篇挽词，他在挽词的序言当中提出，王国维的死，跟殉清没有关系，而是由于文化的苦痛，他用自己的方式结束了自己的生命。

现在“大师”这个称号很流行，其实如果把名副其实、实至名归作为条件，我们就会知道，并不是任何跟学问沾边的人都可以称作大师，时尚和流行应该与学术大师没有缘分。但是王国维和陈寅恪，我们却可以称他们为学术大师，如果你要说他是国学大师，我觉得也可以。而且我们从王国维和陈寅恪的身上，看到了中国现代学术的一些传统，我曾经讲过，学术思想是文化的精髓，是民族精神的理性之光，王国维说，提倡最高的学术是国家最大的荣誉，这是王先生的话，我们大家可以设想，假如中国现代学术史没有王国维和陈寅恪，现代学术史就会黯淡许多。

王国维自沉昆明湖。知己陈寅恪把死因归结为文化的苦痛。“自由共道文人笔，最是文人不自由。”由此开启了现代学术之门。那么，现代学术和传统学术有何区别？现代学术精神传统何在？

刘梦溪：中国现代学术这个概念，是和传统学术相比较而言的。传统学术，是指传统社会的学术，从先秦直到晚清，两千多年的中国学术，都可以看作是传统学术。

传统学术的特点——

第一，不同历史时期，都有代表性的学术思潮。

第二，中国传统学术思想是多元并立的。“儒释道”三教的并存，以及它们的互动互补，就是中国传统学术思想多元并立的标志。

第三，中国传统社会的学术思想是互相融合的。再没有比佛教的传入，以及它本土化的过程更能说明中国学术思想是融合的特点。佛教是一个外来的宗教，是从印度传来的，但是到中国以后，直到宗派产生，有了禅宗，它变成中国的东西，它跟儒学当然有矛盾，但是它们合作得很好，所以在中国，学者们都讲，“三教”是可以并存，甚至是互相融合的。

但是中国传统社会到了晚清的时候，出现了“大变局”，当时曾国藩、李鸿章、张之洞，都提出“大变局”的思想，而在学术方面，也开始了传统学术向现代学术的转变。“大变局”的主要标志，是西方人大规模进入中国，学术思想的转变，也和西潮汹涌而来有关。我想有三个方面的特点，可以把现代学术和传统学术做一个划分。

第一，学者开始追求思想自由，不是说以前不追求自由，但是这个时候，学者追求思想自由，成为一个普遍性的趋向。

第二，开始了学术独立的诉求。不是说中国古代没有独立的想法，我想孔子提出来的，说“古之学者为己，今之学者为人”，我想孔子是不满意春秋时期的学风，他是肯定为己之学的，因为学术为己不是一个私利，而是你不追求学问以外的目的，这种学术就容易是纯正的，如果学问，做学问，想到的是跟别的什么有关系，这个学问可能是不纯正的。所以中国传统的“为己之学”，有一点点学术独立思想的这种萌芽，但是它不是现代思想的学术独立。

第三，中国现代学术的另一个特点，是吸收了新的学术观念和研究方法。

我想这三点，应该是中国现代学术的标志。

中国现代学术的发端，应该开始于1898年到1905年这一段时间。学术思想的演变，一般地讲不大容易用一个年份来断代的，但是我们仔细看这段时间，在1898年到1905年这段时间，确实出现了一些状况，使我们觉得传统学术已经不能范围它了。这个时候，严复写了《论治学治事宜分为二途》，他把学术跟“事功”主张分开。1902年，梁启超发表《新史学》，他的史学观念的提出，跟传统的乙部之学的概念已经不完全相同了。特别是1904年，王国维发表《红楼梦评论》，这是在中国近现代历史上，中国学者第一次用西方的哲学美学观念来解释中国的古典，这样一些表现，我觉得传统学术的概念就没法范围了，所以我说，在这一段时间，应该是中国现代学术的开端。

中国现代学术的繁荣期，主要是后五四时期，直到30年代、40年代，我的看法，那应该是乾嘉之后，中国学术又一个高峰期，学术创获，果实累累，大师巨子，层出不穷。我们觉得，它既承前启后，在一定的意义上，也可以说是空前绝后。承前启后比较容易理解，他们起到了桥梁的作用，为什么我又讲它是空前绝后呢？因为他们开始大量地吸收西方的学术思想和观念，在这点上，不论是宋儒还是清儒，他们都没有这个条件。在对西学的掌握上，我们说它空前，我想没有人会反对。而另一方面，他们在传统文化的根柢方面，国学的修养方面，后来者不大容易望其项背，所以在这个意义上，我觉得20世纪的大师，他们既承前启后，在一定意义上也是空前绝后的。

中国现代学术不仅收获了丰富的果实，而且形成多方面的学术传统，包括学术独立的传统，科学考据的传统，广为吸纳外域经验又不忘记本民族历史地位的传统，还有学者能诗的传统，会写诗，重视学术分类的传统，重视通学通儒的传统等等。其中尤其以学术独立的传统最为重要，甚至现代学术这个概念，也和学术独立直接相关，产生并开始学术独立的诉求，是现代学术和传统学术相区别的一个重要标志。

王国维说，“学术之发达，存乎其独立而已”，梁启超说，“学问之为物，应离致用的意味，独立生存”，陈独秀说，“中国学术不发达最大的原因，莫如学者本身不知道学术独立的神圣”，萧公权说，“所谓学术独立，其基本意义，不过就是尊重学术，以学术具有本身的价值”。

如果我们拿这些论述和今天的学术界状况做一个比照，不难发现，我们今天的学术未免过分强调实用，我指的是人文学术，而忽略了为学术而学术的真理性和神圣性。我认为文史哲人文学术如果只是追求实用，那将使人文学走向迷途。

至于陈寅恪先生，他更是毕生都在为学术独立而诉求，而抗争，他的最有名的话是，“独立之精神，自由之思想”，这是1929年他在《王观堂先生纪念碑铭》中讲的话。他说，“思想而不自由，毋宁死耳。”他还说，“先生之著述，或有时而不章，先生之学说，或有时而可商，唯此独立之精神，自由之思想，立千万祀，与天壤而同久，共三光而永光。”实际上陈先生把独立之精神和自由之思想，看作一定程度的永恒的东西。

24年之后，1953年，陈先生在撰写《论再生缘》这本书时，他又一次提出，“无自由的思想，就没有优美的文学”。而在1954年，通过《柳如是别传》的撰写，陈寅恪先生把“独立之精神，自由之思想”，升华到我民族精神原旨的高度。《柳如是别传》，它是陈寅恪晚年一个最大的著述，全书80万言，有人曾经遗憾，说陈先生，大史学家，但没有写出一本通史，在我看来，他的这本《柳如是别传》，其学术的价值绝不在通史之下，他是为一个奇女子立传，所写的一部明清文化痛史。主人公是明末的一个名妓，当然不是一般的现在我们理解的某一行业的人。她是一个特殊的人，她是一个有个性的人，她是一个有民族气节的人，她是为了追求爱情不惜一切的人。她早期喜欢陈子龙，后来跟钱谦益结合，整个她的一生，她的作为，以及她的精神追求，可以说，都是陈寅恪先生一手发掘出来的，他写这部书不仅是为了表彰柳如是，主要是为了表彰我们民族的独立之精神，自由之思想。

陈寅恪先生在《柳如是别传》的缘起里说："夫三户亡秦之志，九章哀郢之辞（即发自当日之士大夫），犹应珍惜引申，以表彰我民族独立之精神，自由之思想。"何况是被历史灰尘所埋没，为当时的迂腐之人所攻击，被后来的轻薄之徒所诬陷的一个小女子呢。

还有，1953年，他和汪篯的谈话，把独立的精神，自由之思想的义谛表述得更为直接，更加不容置疑，这就是有名的《对科学院的答复》。他往昔的学生汪篯，受命前来广州，试图说服老师，不拒绝科学院的约请，能够北上，就任历史第二所所长。陈寅恪先生未能让他的弟子如愿，反而出了一个天大的难题，他提出了两个条件：第一，他说去，可以，但是他主持的研究所应该不奉行马列主义，也不做政治学习；第二，他希望毛公或者刘公能写一封信，作为他的允许证明书。这个条件在当时的背景下，是太困难了。当然我们知道，毛公或者刘公，并没有给陈先生写一个允许书，当然陈寅恪先生也没有北上就职。

通观50年代以后的中国思想学术界，在中国现代学人当中，可以说没有第二人能把为学的这种精神义谛保持到如此的强度和纯度。主张并坚持学术独立的地位和独立价值，是中国现代学术的重要传统，许多学人的力量源泉就来自于此。

不奉行马列主义。要毛泽东、刘少奇写证明书。由陈寅恪揭橥并毕生躬行的"独立之精神，自由之思想"，是现代学术精神传统的第一要义。刘梦溪认为，现代学术大师们还有"通儒"的精神、学者能诗的传统。"通"者何谓？诗心为何？

刘梦溪：中国现代学术还有重视学术分类的传统，还有重视通学和通儒的传统。特别是后者，我觉得在今天提起，特别重要。中国现代学者当中，很多都是通儒，章太炎、梁启超、严复、王国维、陈寅恪、马一浮、梁漱溟、熊十力，我们可以举出一长串的名字，他们都是通儒大儒。

中国学术史上自古就有专家和通儒的区别。

古代的通儒是通古今，而现代的通儒还需要通中西，现代学者的所谓通，一个是要中西会通，这一点 20 世纪的许多大师都是如此，还有就是四部兼通。中国传统的学问是四部之学，就是经、史、子、集，它是四部分类法，一个通儒，他需要兼通四部。在中国现代学者当中，能够做到这一点的，也不是很多。比较明显的，我觉得钱宾四先生，大体上讲，他是通四部的，我们看他的著作，不仅有经学的著作，还有史学的著作，还有哲学的著作，甚至还有文学和艺术的著作。还有一个人，现在容易被人所忽略，那就是张舜徽先生，要讲学问通四部的话，他应该在钱宾四之上。张先生的学问根柢深厚，他通读过“二十四史”，而且懂经学，懂小学。

中西会通，四部兼通，还有一通，就是文史打通。中国现代学者，一些大儒、通儒，他们是文史打通的，代表性的是陈寅恪先生和钱锺书先生。陈先生，一生所为，都是用诗文来证史，他开辟了史学研究的新的途径，不论是早年的《元白诗笺证稿》，还是晚年的《论再生缘》和《柳如是别传》，都是以诗文来证史的重要的学术著作。还有钱锺书先生，他基本的学术理念是主张文史打通，这个话是他自己亲口跟他的朋友、厦门大学的郑朝宗教授讲的，郑先生在一篇文章中专门讲钱先生这个思想。我们看钱先生的《管锥编》和《谈艺录》，他主要的目的在打通文史，而不是像有些人所理解的，它是一个比较文学的著作，它不完全是比较文学的著作。打通，会通，兼通，才能产生思想，所以通儒不仅是学者，而且是思想家，这一点就更重要了。我觉得当代学者当中，很多是专家，很多是学者，但是思想家未免太少。

说到这里，我想附带说几句关于学术研究的课题制问题。因为现在大学和研究机构，基本上都是以课题来作为学术运作的基本方式，当然这很好，可以得到国家的拨款，而有一些大的著述，不通过课题制，也不能很好地完成，多卷本的通史一类著作，只能集中很多专家，通力合作来完成。但是我也应该说明，课题制不容易产生思想，产生的是思想的妥协，而不是思想的创生。课题制可以带动人才，但是也局限人才。

中国现代学术还有一个传统，是学者能诗的传统。中国现代学者当中，有很多人都会写诗，不是一般地会写，而是喜欢写，善于写诗，诗是他们学术生命的一部分，是他们学问的别体。王国维、马一浮、陈寅恪、萧公权、钱锺书先生，他们都是学人兼诗人，既是第一流的学人，又是第一流的诗人。我有一个见解，马一浮的学问主要在诗里，因为马先生的著作并不太多，《泰和宜山会语》《复性书院演讲录》等，但是他的学问 20 世纪当中，20 世纪里边，很少有另外的人能跟他相比，他的学问表现在哪里，他的学问在他的书信里，特别是在他的诗里，如果不信，可以去看看。

总之，中国现代学术造就了大批大师级的人物，在发展过程当中，又形成诸多的学术传统，这些对今天而言，弥足珍贵。至于那一时期，学界胜流为学精神的坚韧性和顽强性，则是时代风雨和学术理性双重铸造的结果，即使是战乱时期，他们也没有停止过学问的探究。最不可思议的是西南联大，在战乱期间，也是他们成果出得最多的时期。抗战时期，北大、清华、南开大学合并为西南联大，在西南一隅，但是他们的学问研究没有停止，有的简直是奇迹。

还有，中国现代学者，他们许多人并不是一开始就致力学术，他们是受时代潮流的激荡，往往一个时期，无意为学，有心问政，中年以后，渐悟政治不可为，转而潜心学术，又在学术上卓然立说。康有为、梁启超、章太炎、黄侃、熊十力等，都是如此。章先生是声名显赫的革命家，大家知道。黄侃和熊十力，年轻的时候也热衷政治活动，甚至他们成为地方的群众领袖。这种情况使他们有丰富的人生阅历，增加了他们潜心学问的深度，他们的学术历练和文化担当，与清初的大儒有一脉相通之处。我说的是顾炎武、王夫之、黄宗羲，清代的大儒，他们都是通学，都是通儒，中国现代学者，他们的第一流的人物，在学术精神的取向上，跟明末清初的这几位大儒确有相通之处，而他们的学术训练和执着单纯的精神，又很类似乾嘉诸老。

乾嘉的学者们，他们专心向学，他们的学问存在的方式是很单纯的，而现代学者一些第一流的人物，他们的学问也是很单纯的，如果用马一浮的一句话，他特别讲，人的心不应该有“间杂”，中间的“间”，私心杂念的“杂”，一个人如果他内心有很多“间杂”，并不好。我可以说，20世纪的第一流的学人，他们的内心世界是单纯的，没有“间杂”的。

还有，他们许多学人的立身行事，流品之高，更有很多可以感叹而可歌可泣者。比如像王国维的自杀，蔡元培的出走，马一浮的归隐，李叔同的出家，黄侃拜师，辜鸿铭穿着前清的装束执教于北京大学，胡适讲课，看见女生衣服单薄，走下讲台，亲手去关窗，还有梁漱溟和毛泽东吵架，还有钱锺书先生论学，手杖捅破了蚊帐，以及傅斯年的雄霸，熊十力的傲岸，陈寅恪的哀伤，吴宓的浪漫，汤用彤的温良，这样一些异事奇节、嘉德懿行，当时后世必有警世励人、启迪心智的作用。

虽然有的传统已经昔不至今，“昔不至今”这个话是佛学大家僧肇的话，他有一个论《肇论》，里边有一篇叫《物不迁论》，说昔物，过去的物，来不到今天，昔物不至今。北京大学百年校庆的时候，汤一介先生有一篇文章使用了这个概念，我看了以后，非常感动，他是讲，北大过去的传统并没有传递到今天，他是指蔡元培的传统，昔不至今。虽然我讲的 20 世纪的这些大师们确立的学术传统，有的已经昔不至今，但是今天的学人，要使自己学有根基，取径有门，中国现代学术大师们的风范，他们建立的传统，不仅没法忽略，而且必将成为今天的学人获得灵感的源泉。

谢谢各位。

知识爆炸的年代如何通识？陈寅恪“了解之同情”所指为何？五四以来废弃文言文对文化发展有何影响？

现场答问互动

曾子墨：好，感谢刘梦溪先生带给我们很精彩的演讲。听过您的演讲之后呢，我们特别想了解，在演讲当中您一一列举的这些大师级的人物，您个人最欣赏的是哪一位？

刘梦溪：我个人最欣赏的是两个人，一个是站在地上的人，陈寅恪，一个是站在天上的人，马一浮。陈寅恪先生，我觉得是20世纪最伟大的史学大师，他是开辟性的人物，他不仅仅是学者，而且是大思想家。我研究他多年。还有一个人就是马一浮，马先生留下的著述不多，可是他的学术思想的高度和深度，很少能有跟他相比的，我曾经讲过，梁漱溟、熊十力、马一浮，是被称作新儒家的"三圣"的，如果说这三个人都是"圣"的话，我觉得马先生为学的本我境界，要高于熊先生和梁先生。当然有时候不太好比，可是我自己的偏爱如此。谢谢。

曾子墨：刚才呢您提到的陈寅恪先生，在演讲当中，您也花了相当大的篇幅来强调陈寅恪先生，一直推崇一种学术的独立精神，那我记得，他曾经说过，他这样做呢，是希望所有的中国的文人能够走出那样一个老路子，就是"学而优则仕"。那今天您强调学术的独立精神，用意是在哪里？

刘梦溪：我觉得今天的学者，我不能不讲，在学风方面和20世纪的大师相比，存在的问题不少。因为高等学校是学术的重镇，以前的高校是没有钱的，现在突然发现，高等学校是可以赚钱的，甚至变成一个赚钱的机器，我觉得学术有一点滑坡，所以在这种情况之下，学者们应该不被金钱所引诱，也不要被其他的因素所干扰，应该净守为学。所以我讲陈先生的这个“独立之精神，自由之思想”，我觉得对今天是有针对性的。

曾子墨：那现在的学术滑坡，您认为更多的是制度造成的，环境造成的，还是学者本身个人的素质造成的？

刘梦溪：我觉得两方面的因素都有，这个世界诱惑太多了，甘心为学的人不容易，有的也有制度问题，比如学术体系的评价问题，人文学科不大好用量化的方式来评价的，可是现在很多研究单位，都用量化的方式，论文的多少来确立你的学术水平。你要用这个方式来确立，马一浮先生就不合格了，写的东西太少了，可是你不能否认他是真正的大师。

听众一：你好，刘先生，我是来自中国人民大学，因为我所学的专业是中西文化比较，所以我想请问您一个问题，您说的陈寅恪先生作为一位通儒，他又有过很长时间的留学经历，那么他是否受到了这个西方思想的强烈影响，那么尤其是具体哪一位思想家的影响？谢谢您。

刘梦溪：谢谢你的问题。关于陈寅恪先生，他的学术思想，是不是也受到国外学术的影响的问题，陈寅恪先生 13 岁就开始留学日本，后来还到哈佛大学留学，后来长时间在德国，我想他的思想里边，受到国外学术思想的影响是没有问题的。问题是在哪些方面受了影响，学术界没有定论。像研究陈寅恪比较早的，写《陈寅恪传》的汪荣祖教授，他曾经提到，说陈先生受德国的史学家兰克的影响，可是具体的这个痕迹怎么复现起来，非常困难。我前些年在海德堡开过一次关于史学方面的会，在这个会上，我专门请教几位欧美的史学家，实际上他们也不能说得清楚。

陈先生的厉害之处在于，虽然长时间地留学国外，很难在他著作当中看到国外思想的痕迹。但也不是一点都没有，他在给冯友兰《中国哲学史》写的审查报告当中，有一个地方讲，说如果你对古人的学说缺乏了解之同情，你就不大容易发言。怎么样才能做到对古人的学说有真正了解呢？他提到，你得像艺术家那样，通过一些蛛丝马迹，那些残存的碎片，重建当时的结构。你看，“结构”这个词中国过去绝对没有的，“结构”这个词，显然是国外来的，因为国外就有结构派的史学。所以总的看，他是受了影响的，但难能之处在于，他很少在他的著作当中留下痕迹。但是，又不影响他是一个现代史学家。

听众二：刘先生，您好，我是来自武汉大学的本科生，这次千里迢迢来听您的讲座，刚才听了您的讲座，感觉确实是高屋建瓴，从中外古今，时间和空间两个维度上，把20世纪的学术大师之间的关系，讲得确实是清晰透彻，受到很多的启发。我这里有个问题想向您请教。现在大家都说，目前是一个知识爆炸的时代，网络，出版产业的发达，导致知识的生产量剧增，以及我们的整个的教育体系，从小学、中学到大学，一直到硕士、博士，有这样一个专业的链条，对人才的生产以及知识的吸收，另外工作中，人们的这种工作压力也比较大，生活节奏比较快，那么就您所说的，在这样的条件下，专才都很困难，我们怎么样成为一名您所说的通才呢？

刘梦溪：谢谢。你这么远道而来，真的谢谢你。在现在的这个社会背景之下，怎么样能够保持学问的单纯性，怎么能够产生通儒的问题，实际上这是我今天演讲透露出的困难所在。今天不容易产生通儒，可是假如一个社会没有通儒，只是一些专门家，它就不容易产生思想。当代，比如说刚故去的，前不久故去的，像费孝通先生，他就是一个思想家，他一生不停止思想，在晚年也没停止思想，我觉得他晚年提出的两个思想非常重要，一个是文化自觉的思想，还一个是“美美与共”的思想。所以我觉得如果要想产生通儒，知识储备固然重要，学者们历练自己的思想同样非常重要，包括增加自己的人文关怀，不仅在本专业领域里发言，还应该对社会、对人类发言，这样就容易产生思想家，也有可能产生通儒。

听众三：20 世纪那些学术大师，以及往上数更加远的那些学术大师，他们有一个特点，就是学与诗是不分离的，学与诗兼通。而现在呢，当下的学术界，我们一般的学者可能就没有这个传统了。那为什么我们现在的这些学者丧失了这种传统，是不是跟五四以来，我们放弃文言文作为我们的学术语言（有关），因为文化表达跟语言是有关的，如果跟这个有关，我们五四以来所提倡的废弃文言文，只用白话文，对我们的文化发展究竟有什么样的影响？如何评价这个文化上的现象和实践？

刘梦溪：你这是很大的问题，也是很重要的问题，按照我的看法，我觉得现代学术大师，他们很多能写诗，当然写的不是新体诗，而是旧体诗。他们这样一种训练，在某种意义上弥补了五四以来白话完全代替文言以后的语体书写方式的不足。当然白话代替文言，这个历史过程没法逆转，是一种历史的进步，没有问题。但现在重新检讨这个转变，我觉得我们对文言文的废弃有点儿太过于绝对了。文言是一种载体，文言这种方式可以增加文章的庄敬性。如果我们觉得中国人作为一种文化性格来讲，他有一些大家能够知道的特征，比如说对宗教信仰的态度，未免有一点马马虎虎。但孔子是非常强调“敬”这种精神态度的。宋儒意识到了这方面的问题，所以不论是二程还是朱熹，都提出了“主敬”的概念。提出“敬”或者“主敬”，都是想提升民族文化性格的庄严性。文言这种载体，它可以使文本方式庄严起来，所以古代一直有“临文以敬”的说法。在我看来，就是当前国家的重要文诰，重要的外交文献，如果带有一点儿文言，也会显得更加严肃庄重。我觉得文言不必全废。现代学者很多能诗，可以看作是对白话完全取代文言的代价的一种补偿。

曾子墨：中国的现代学术造就了一大批大师级的人物，而他们也创造了许许多多不同方面的学术传统，在这当中，可能最重要的，就是保持学术研究的独立性，正像陈寅恪先生所说的那样，独立之精神，自由之思想，我们希望前人、前辈、大师们给我们留下来的学术传统，不要在我们的手中断裂，也希望在未来的中国的学术界，可以早一日地重塑大师。

2007 年 12 月 15 日下午 2 时，凤凰卫视“世纪大讲堂”播出“大师与传统”节目，此为现场全记录，略加整理

文化托命与中国现代学术传统

引言

中国现代学术以何时为开端？历史学界通常把1840年鸦片战争至1919年五四运动，称为中国历史的近代时期，而以1919年五四运动至1949年为现代时期。但学术史和文化史的分期也以此为依据，不容易解释清末民初以来的许多文化现象。用政治事变来例同学术文化变迁，反映不出学术文化本身的嬗变规律。

实际上，中国传统学术向现代学术转型，可以追溯到晚清的经今文学运动，现代学术的种子即埋藏其中。但今文学运动本身还不具有现代学术的特征。1898年严复发表《论治学治事宜分二途》，1902年梁启超发表《论学术之势力左右世界》和《新史学》，1904年王国维发表《红楼梦评论》，现代学术思想和学术规范得到比较集中的体现。因此中国现代学术发端的时间，应为19世纪和20世纪之交；标志是承认学术具有独立之价值，并在研究中开始吸收西方现代的观念和方法；代表人物是严复、梁启超、王国维等，而尤以王国维扮演着现代学术开山祖的角色。

王国维1927年自沉于颐和园鱼藻轩，社会上异说异是，察察为揣。唯史学家陈寅恪能够从文化兴衰和一代学者的命运的角度，对王氏的死因给以正解。包括王、陈在内的中国现代学者中的大师巨子，声闻显晦或有所殊异，但与本民族的文化共同着命运，欲以学术为宗基“承续先哲将坠之业”，同为一代文化所托命之人则一。他们的学术流向包含着省察传统和回应西学两个方面，既不忘记本民族的地位，又能够做到与世界文化对话交流，为中国现代学术奠立了难能可贵的传统。

但中国现代学术的发展仍然困难重重。就学者的主观认知而言，有四重障蔽应予以破除。第一，学术是手段还是目的；第二，“有用之学”与“无用之学”；第三，中学和西学之争；第四，新旧古今之辨。这四个问题所以产生，主要是中国传统学术一向缺少学术独立的传统，特别是“经世致用”之说束缚了人们的头脑，使人们忽视学问本身的独立价值。王国维、梁启超等现代学术的开山人物，为破除这四重障蔽曾做出巨大努力，可是时至今日，也不能说此一问题已获致完全解决。

任公先生说：“就纯粹的学者之见地论之，只当问成为学不成为学，不必问有用与无用，非如此则学问不能独立，不能发达。”又说：“为学问而学问，断不以学问供学问以外之手段，故其性耿介，其志专一，虽苦不周于世用，然每一时代文化之进展，必赖有此等人。”信哉斯言。学术之求得独立，首先还要有独立的学者。四重障蔽不能破除，宜乎中国现代学者难于安身立命也。

从陈寅恪的《王观堂先生挽词》谈起

1927年6月2日（农历五月初三）上午十时，中国现代学术的开山泰斗王国维自沉于颐和园鱼藻轩，年仅五十一岁。这一突如其来的噩耗，在中国现代学术的摇篮清华园引起巨大震撼。第二天傍晚，清华国学研究院师生向死者遗体告别，恭谨致礼，哀默如仪。正在这时，清华四导师之一的史学家陈寅恪莅临现场，出人意外地行三跪九叩大礼。[1]这一举动产生了精神共感效应，在场的姜亮夫、刘盼遂等国学研究院同学，当即痛哭失声，对已故国学大师的哀感和对眼前这位年轻导师的敬意无形中融作一片。

陈寅恪当时三十八岁，与王国维有十三岁之差，但他们相知甚深，既是学术同道，又是精神契友。王国维自沉前一日所写遗嘱，书籍一项，特标出“可托陈、吴二先生处理”[2]。吴指吴宓，陈即寅恪先生。而书籍之于王国维不啻为生命本身，他早就说过：“余平生惟与书册为伍，故最爱而最难舍去者，亦惟此耳。”[3]托陈寅恪先生为之处理书籍，无异于以生命相托，当然也可以看作是一种文化托命。实际上，很少有像寅恪先生这样，对王国维的精神世界和文化怀抱有如此深切的了解。为了寄托哀思，他写有一诗一词，即《挽王静安先生》诗和《王观堂先生挽词》，后者

[1] 王国维逝世后清华国学研究院师生向遗体告别情景，系杭州大学姜亮夫教授向笔者所讲述，时在1989年11月4日下午4时，于杭州大学姜先生寓所。

[2] 参见1927年7月出版的第二卷第八、九、十期合刊的《国学月报》，其中柏生所作《记王静安先生自沉始末》有载。

[3] 参见清华国学研究院编印之《国学论丛》第一卷第三号“王静安先生纪念号”上，《王静安先生手校手批书目》一文的“跋文”，1928年出版。

与王国维的《颐和园词》[1]差可比并，同为冠绝当世的名篇。《挽词》的前面有一长序，其中写道：

> 凡一种文化值衰落之时，为此文化所化之人，必感苦痛，其表现此文化之程量愈宏，则其所受之苦痛亦愈甚，迨既达极深之度，殆非出于自杀无以求一己之心安而义尽也。[2]

又说：

> 盖今日之赤县神州值数千年未有之巨劫奇变，劫尽变穷，则此文化精神所凝聚之人，安得不与之共命而同尽，此观堂先生所以不得不死，遂为天下后世所极哀而深惜者也。[3]

王国维自沉以后，社会上异说异是，谣诼纷纷，不乏昧于大道者的瘵瘵为揣，只有陈寅恪先生能够从文化兴衰和一代学者的命运的角度，对死因给以正解，使那些“流俗恩怨荣辱委琐龌龊之说”[4]，得到一定程度的廓清。

---

[1] 王国维的《颐和园词》作于1902年春，在日本留学时期，全诗百四十句，述有清一代之兴亡，是王氏自己最满意的诗作之一。陈寅恪先生《挽词》中“一死从容殉大伦，千秋怅望悲遗志。曾赋连昌旧苑诗，兴亡哀感动人思。岂知长庆才人语，竟作灵均息壤词”，即指《颐和园词》而言。吴宓《空轩诗语》第十二则：“王静安先生国维自沉后，哀挽之作应以义宁（今改修水县）陈寅恪君之《王观堂先生挽词》为第一。”罗振玉在致陈寅恪函中亦说：“奉到大作忠慤《挽词》，辞理并茂，为哀挽诸作之冠，足与观堂集中《颐和园词》《蜀道难》诸篇比美。忠慤以后，学术所寄端在吾公也。”

[2] 陈寅恪：《寒柳堂集》所附之《寅恪先生诗存》，上海古籍出版社，1980年，第6—7页。

[3] 同上。

[4] 同上，第7页。

七年之后，即1934年，陈寅恪又在《王静安先生遗书序》中申论说："自昔大师巨子，其关于民族盛衰学术兴废者，不仅在能承续先哲将坠之业，为其托命之人，而尤在能开拓学术之区宇，前修所未逮。故其著作可以转移一时之风气，而示来者以轨则也。"[1]又谓："古今中外志士仁人，往往憔悴忧伤，继之以死。其所伤之事，所死之故，不止局于一时间一地域而已。盖别有超越时间地域之理性存焉。而此超越时间地域之理性，必非其同时地域之众人所能共喻。然则先生之志事，多为世人所不解，因而有是非之论者，又何足怪也？"[2]对王国维死因的探究又进了一步，已达至深层意义的理性升华。

也就是说，在陈寅恪看来，王国维之死是一个"能承续先哲将坠之业"的学者，以生命殉其文化，与纯属为实现道德的自我完成所做的抉择不同。1918年11月10日梁漱溟的父亲梁济在北京净业湖自沉[3]，虽也有"超越时间地域之理性存焉"，却不带有更多的自觉文化意识，而是当传统秩序解体之际寻找到的心理安顿的一种方式。把两者区分开来的关键，在于是否以文化托命为职志。因为19世纪末叶以后，由于西学东渐，欧风美雨狂袭而至，延续几千年的中国传统思想文化发生了深刻的危机，站在时代潮流前沿的人文学者在预设种种挽颓救弊方案的同时，必不可免地

[1] 陈寅恪：《王静安先生遗书序》，《金明馆丛稿二编》，上海古籍出版社，1980年，第219、220页。

[2] 同上。

[3] 关于梁济自杀问题，林毓生教授撰有《论梁巨川先生的自杀——一个道德保守主义含混性的实例》一文，析论甚详。见林著《中国传统的创造性转化》，生活·读书·新知三联书店，1988年，第205页—226页。又中国文化书院学术委员会编《梁漱溟全集》第二卷之《自述》，山东人民出版社，1990年，第18页。

会激发起续命传薪的历史责任感。王国维如此，陈寅恪亦复如此。王国维死后不久，陈寅恪先生在《国学丛刊》上发表一篇《大乘稻芊经随听疏跋》，由吐蕃沙门法成撰集的经论注疏，如《般若波罗蜜多心经》等，系译自藏文一事，联想到玄奘曾把汉文《大乘起信论》译成梵文，但玄奘的名字家喻户晓，法成却不为人所知，因而发为感慨，说"同为沟通东西学术，一代文化所托命之人，而其后世声闻之显晦，殊异若此，殆有幸有不幸欤"[1]。中国现代学者中的大师巨子，声闻显晦或有不同，但与本民族文化的兴衰共同着命运，同为中国传统社会向现代社会转型时期的一代文化所托命之人则一。

只不过在中国现代学者群中，王国维和陈寅恪的文化托命意识更为自觉，毕生奋力以赴，未尝稍懈，不仅发为论议，标举"独立之精神，自由之思想"，主要是以学术为宗基，通过具体的学术创获实现托命之旨；而且尽可能融入现代的比较科学的观念和研究方法，去化解传统思想文化的危机，为中国现代学术传统的奠立树起了新典范。

中国现代学术以何时为开端

我所谓中国现代学术，指的是 19 世纪末和 20 世纪初，随着西学东渐和外来思想的冲击所产生的文化震荡，中国学术衍生出来的新规范和新方向。因此不简单是一个时间的概念，也无法全

[1] 陈寅恪：《金明馆丛稿二编》，上海古籍出版社，1980 年，第 225 页。

由政治断限来替代。

历史学界通常把 1840 年鸦片战争至 1919 年五四运动，称为中国历史的近代时期，而以 1919 年五四运动至 1949 年为现代时期。把这种划分拿来作为学术史和文化史分期的依据，并不一定妥当。文化的嬗变比政治事变要宽泛得多，也深刻得多，前因后果，简错百端，历史延伸度很长；学术蜕分，也是一个思潮递嬗和历史衍化的过程。以政治事变来例同学术文化的变迁，反映不出学术文化本身的特殊发展规律。中国治学术史和文化史的学者，每困于在研究中难于有所突破，窃以为除了别的原因之外，就与以政治分期来例同于学术断限有很大关系。分期不明，将学术混同于政治，不可能正确评价学者们的学术创获。特别是研究清末民初以来的学术文化，“近代”“现代”两个概念常常混淆不清。王国维的学术活动始于第一次从日本留学回来的 1902 年，自然在 1919 年五四运动以前，但他许多学术著作是在生命的最后十年，即 1917 年至 1927 年完成的，已跨过五四运动很多年，所谓“近代”和“现代”的概念，在王国维身上就不易说清楚。章太炎生于 1869 年，比王国维大八岁，卒于 1936 年，时间跨度比王国维长得多，五四前和五四后都有重要的学术建树，虽然前期作为思想家和革命家的影响更大，后期以国学大师的身份成为学界儒宗。那么站在学术史的角度，章太炎是“近代”学者，还是“现代”学者？政治断限往往不能对学术文化现象做出正确说明。因此笔者认为，不应把五四运动作为中国现代学术的起点，而应当振叶寻根，沿波讨源，上溯到在内涵上可以体现现代学术特征的时候开始。

中国学术发展的历史，要而言之，可以说经历了先秦子学、两汉经学、魏晋玄学、隋唐佛学、宋明理学、清代汉学和晚清今文学几个阶段，各个阶段之间斥而相续、异中见同，形成一个个连接而不重复的瑰丽景观。但这些个历史阶段都属于传统学术的范畴，进入现代学术需要铺设新的条件。本来晚清今文学已带有过渡时期的特点，现代学术的种子已开始进一步萌动发芽，只是从根本方面考察，还不能把庄存与和刘逢禄开其端、龚自珍和魏源集其成、康有为殿其后的今文学运动，与现代学术混为一谈。现代学术的奠立，应具备三个起码的条件：即第一，学者的思想自由；第二，以学术独立为目标；第三，在研究方法上尽量吸收新的观念，能够与20世纪前后的世界学术文化对话交流。用这三个条件来衡量晚清今文学，显然不合现代学术的规范。即以康有为来说，他的目的并不在学术，而是拿了学术去做维新改制的手段，与学术独立大异其趣。他的学术好依傍，恰好是不独立的。所用的方法，也不是以新的科学观念去治旧学，而是采取大胆证伪的方法开传统学术的玩笑，自己则未脱传统学术的框架。

那么中国现代学术究竟应该以何时为其开端？笔者认为有四篇文章值得注意。一篇是严复的《论治学治事宜分二途》[1]，明确提出“治学”与“治事”两者不能相兼，“惟其或不相侵，故能彼此相助”。所以他建议给予学成者以名位，把“学问之名位”和“政治之名位”区别开来，多少已流露出提倡学术独立的思想。严复是晚清时期系统介绍西方学说的第一人，他力主不宜把学术

[1] 王拭主编：《严复集》第一册，中华书局，1986年，第88—90页。

混同于事功，学理上的依据易为人们所接受。这篇文章发表在1898年7月28和29日两天的《国闻报》上。第二篇是梁启超的《论学术之势力左右世界》，对学术在世界上的地位和社会作用，给予超平常人想象的评价，文章一开头即写道：

> 亘万古，袤九垓，自天地初辟以迄今日，凡我人类所栖息之世界，于其中而求一势力之最广被而最经久者，何物乎？将以威力乎？亚历山大之狮吼于西方，成吉思汗之龙腾于东土，吾未见其流风余烈，至今有存焉者也。将以权术乎？梅特涅执牛耳于奥地利，拿破仑第三弄政柄于法兰西，当其盛也，炙手可热，威震寰瀛， 败之后，其政策亦随身名而灭矣。然则天地间独立无二之大势力，何在乎？曰智慧而已矣，学术而已矣。[1]

称学术为亘古以来天地间独一无二的大势力，就中自然有梁启超式的夸诞，但能够把学术从社会诸因素中抽象出来，置于极尊崇的地位，看到学术具有永久性的品格，在认知上已接近主张学术独立的思想。第三篇文章是梁启超的《新史学》，向传统学术中最具根底的乙部之学发起猛攻，历数过去的史学的“四蔽”“二病”“三恶果”，诸如“知有朝廷而不知有国家”“知有个人而不知有群体”“知有陈迹而不知有今务”“知有事实而不知有理想”，以及“能铺叙而不能别裁”“能因袭而不能创作”，

[1] 《饮冰室合集》第一册文集之六，中华书局，1989年影印版，第110页。

致使读者“难读”“难别择”“无感触”等等。[1]所指虽未必尽是，攻击力还是很强大的。特别针对传统文学的争正统、重书法的史家模式，揭剥得体肤全靡。文章又引来进化论的和文化人类学的历史观，以驳斥历史循环论，确在理论上为新史学的奠立开辟出新的天地。梁启超的这两篇文章都发表于1902年。

第四篇文章是王国维的《红楼梦评论》，这是自有文学批评以来第一次用西方的哲学和美学观点解释中国文学名著的尝试，在此之前从没有人这样做过。只这一点，就足以奠定其在中国现代学术史上的地位，至于尝试的得失利弊是否成功还在其次。说来凑巧，中国传统学术以文学和史学最能反映学科特征，而梁启超和王国维一以史学一以文学为现代学术奠基。当然梁的《新史学》主要是清算过去，王的《红楼梦评论》则直接为未来树立典范。《红楼梦评论》写于1904年，在王氏1902年自日本归来正式开始学术活动之后，同时撰写的还有《论叔本华之哲学及其教育学说》《国朝汉学派戴阮二家之哲学说》以及《释理》《论性》等篇。[2]此时之王国维，一方面迷恋于康德、叔本华、尼采的学说并为之介绍，一方面则尝试着用这几位哲学家的观点来回观和解释中国传统。《红楼梦评论》是其中的代表作。中国现代学术就是在此时开其端，时间在1898年至1902年和1904年前后这一时期，也就是当19世纪和20世纪交替之时，代表人物为严复、梁启超、王国维，而尤以王国维扮演着中国现代学术开山

[1] 《饮冰室合集》第一册文集之九，中华书局，1989年影印版，第1—32页。
[2] 这组文章后来均收入《静安文集》，载《王国维遗书》第五册，商务印书馆，1940年。

祖的角色。

马建忠的《马氏文通》一书，也是在1898年出版，著述本身的疏漏舛误，前贤多有是正，兹不论。但这是在西学启示之下中国学者撰写的第一部有系统的文法书，则无异议。不论其题旨其观念其方法其结构，传统学术的固有范围已无法包容，而且在语言文法一科为中国现代学术导夫前路之作。我想这并非偶然。说明19世纪和20世纪之交，确是中国传统学术向现代学术转型时期。当然学术思想如江河之流，学术断限只能相对而言，不好一刀断开。梁启超的《论中国学术思想变迁之大势》一文，把中国传统学术划分为七期，即胚胎时代、全盛时代、儒学统一时代、老学时代、佛学时代、儒佛混合时代和衰落时代；但随即亦指出："时代与时代之相嬗，界限常不能分明，非特学术思想有然，即政治史亦莫不然也。一时代中，或含有过去时代之余波，与未来时代之萌蘖。"[1] 中国传统学术向现代学术转换，自然也有此种情况。

因此笔者认为，当我们把"现代"这一概念运用于学术史的时候，重要的是寻找到只有现代才具有的标志性特征，正是这些特征把现代学术与传统学术区别开来；谁的治学经历和学术论著体现出这些特征，谁就是现代学者；而出现这些特征的时代，就是中国现代学术史的开端。

---

[1]《饮冰室合集》第一册文集之七，中华书局，1989年影印版，第3页。

学术独立与中国现代学术传统

如果我们把学者的思想自由和追求学术独立，以及在研究方法上融入了20世纪以来的新的思想观念，看作是中国现代学术的主要标志性特征，那么在王国维身上确实体现得比较突出，宜乎扮演中国现代学术开山祖的角色。他在研究中最早融入西方的观念和方法，前面已论及。在重视学者个人思想自由方面，王国维也是先期的觉醒者。所谓思想自由，是指学者论必己出，不是为某种现实需要来立说陈义，而是为文化托命，求一己之心安，目的和需要就在研究过程之中。陈寅恪在1929年所作《清华大学王观堂先生纪念碑铭》中写道：

> 士之读书治学，盖将以脱心志于俗谛之桎梏，真理因得以发扬。思想而不自由，毋宁死耳。斯古今仁圣所同殉之精义，夫岂庸鄙之敢望。先生以一死见其独立自由之意志，非所论于一人之恩怨，一姓之兴亡。[1]

陈氏称王国维有“思想而不自由，毋宁死”的精神，并以“一死见其独立自由之意志”，可谓深得静安先生为学进境之言，反映出寅恪先生自己以及王国维在实现学者个人思想自由方面所达到的高度。王国维在1904年写的《教育偶感》中曾说过：“人有生命，有财产，有名誉，有自由，此数者，皆神圣不可侵犯之

[1] 陈寅恪：《金明馆丛稿二编》，上海古籍出版社，1980年，第218页。

权利也。"[1]把自由与生命、财产并列，同视为人类的一种权利，这种认知，只有现代学者才有可能。从而亦可见出，王国维对学者个人思想自由的追求，已不是作为感情的寄托，而成为一种自觉的理性规范。在中国传统学术中我们看不到这种状况。

主张学术独立比之追求学者个人的思想自由更能反映现代学术的特征。因为在中国古代，向来没有学术独立的传统。先秦时期诸子百家各自为说，学术气氛是很宽松的，因而士阶层活跃，国君可以待之以礼以师以友。但诸子竞言的目的，在于为治。儒家不必说，孟子雄辩滔滔，几乎要强加于人。而孔子不惜开空头支票："苟有用我者，期月而已可也，三年有成。"[2]又说："如有用我者，吾其为东周乎。"[3]但《史记·儒林列传》称"仲尼干七十余君无所遇"。设身处地，我们今天也不免为之悲凉。齐国稷下学派是以"不治而议论"著称的，可是《史记·孟子荀卿列传》说："自驺衍与齐之稷下先生如淳于髡、慎到、环渊、接子、田骈、驺奭之徒，各著书言治乱之事以干世主。"我们宁可相信司马迁的史笔。这还不说，据张舜徽先生考证，包括老子五千言在内的先秦道论，讲的都是人君南面之术。[4]如是，则先秦时期最多可以说，尚不失士阶层发表言论的自由，学术独立根本无从谈起。而竞相为别人立说，急不可待地追求现实功利的需要，诸子个人的思想并未获得学术上的自由。即便是当时那种有利于学术发展的自由气氛，也是在"天下大乱，贤圣不明，道德不一，天

[1] 王国维：《静安文集》，《王国维遗书》第五册，第105页。
[2] 《论语·子路》。
[3] 《论语·阳货》。
[4] 张舜徽：《周秦道论发微》，中华书局，1982年。

下多得一察焉以自好”[1]的特定情况下，才有可能维持。大前提是“周室衰而王道废，儒墨乃始列道而议，分徒而讼”[2]。当时是天下未治，有道无统，如《庄子·天下》篇所说：“如耳目鼻口，皆有所明，不能相通。”[3]不通故不能成统。一旦政权归一，治而有统，“列道而议”的局面便不复存在。所以秦有焚坑之举，汉有罢百家之策。儒学虽被尊为正统，直接的意义是为士子升官晋爵提供机会，促进治、道合一，站在纯学术的立场，会发现尊之适足以卑之，与学术独立无缘。

这种情况直到晚清也未见根本的改变。王国维在《教育小言》中写道：“今之人士之大半，殆舍官以外，无他好焉。其表面之嗜好集中于官之一途，而其里面之意义，则今日道德、学问、实业等，皆无价值之证据也。夫至道德、学问、实业等皆无价值，而惟官有价值，则国势之危险何如矣。”[4]又说：“吾人亦非谓今之学者绝不悦学也。即有悦之者，亦无坚忍之志，永久之注意。若是者，其为口耳之学则可矣，若夫绵密之科学、深邃之哲学、伟大之文学，则固非此等学者所能为事也。”[5]王国维对晚清学术界的状况可以说不满意到了极点，尤其对学者不能一心向学、经常受学术以外因素的羁绊疾首痛心。他并且指出，由于我国从来缺少学术独立的传统，致使哲学、美术诸科没能得到应有的发展。他在1905年撰有《论哲学家与美术家之天职》一文，其中写道：

[1]《庄子·天下》。
[2]《淮南子·俶真训》。
[3]《庄子·天下》。
[4] 王国维：《静安文集续编》，《王国维遗书》第五册，第56—58页。
[5] 同上。

披我中国之哲学史，凡哲学家无不欲兼为政治家者，斯可异已。孔子大政治家也，墨子大政治家也，孟荀二子皆抱政治上之大志者也。汉之贾、董，宋之张、程、朱、陆，明之罗、王，无不然。岂独哲学家而已，诗人亦然。“自谓颇腾达，立登要路津，致君尧舜上，再使风俗淳。”非杜子美之抱负乎？“胡不上书自荐达，坐令四海如虞唐。”非韩退之之忠告乎？“寂寞已甘千古笑，驰驱犹望两河平。”非陆务观之悲愤乎？如此者，世谓之大诗人矣。至诗人之无此抱负者，与夫小说戏曲图画音乐诸家，皆以侏儒倡优自处，世亦以侏儒倡优畜之。所谓“诗外尚有事在”“一命为文人，便无足观”，我国人之金科玉律也。呜呼，美术之无独立之价值也久矣。此无怪历代诗人多托于忠君爱国、劝各惩恶之意，以自解免。而纯粹美术上之著述，往往受世之迫害，而无人为之昭雪者也。此亦我国哲学、美术不发达之一原因也。[1]

应该说明的是，王国维所说的“美术”一词，兼有美学与艺术双重含义，他是站在追求学术独立的角度，批评中国历来“无纯粹之哲学”及“纯粹美术”，认为这种状况是“哲学家、美术家自忘其神圣之位置与独立之价值”[2]。哲学就是哲学，美术就是美术；哲学与美术的价值即藏于哲学与美术自身。从历史上看，王氏所论也许有偏执一端之嫌，但联系晚清学术界的实际情形，

[1] 王国维：《静安文集》，《王国维遗书》第五册，第102页。
[2] 同上。

鉴于士大夫“之嗜好集中于官之一途”，不对学术形态做如此分野，从理论上剔除学术以外因素的纷扰，不足以让学术独立的思想得以确立。

不只是王国维，现代学者中的大师巨子许多都对学术应该独立问题有所共识。熊十力大声疾呼：“今日所急需者，思想独立，学术独立，精神独立。一切依自不依他，高视阔步，而游于广天博地之间。空诸依傍，自诚自明，以此自树，将为世界文化开辟新生命，岂为自救而已哉。”[1] 冯友兰《南渡集》下编设专节探讨“大学与学术独立”问题，提出“我们必须做到在世界各国中，知识上的独立，学术上的自主”[2]。陈寅恪 1931 年撰有《吾国学术之现状及清华之职责》一文，说“吾国大学之职责，在求本国学术之独立，此今日之公论也”[3]。在谈到搜集学术研究资料不易，对有的人视奇书珍本为奇货，秘不示人，甚而“待善价而沽之异国”，寅恪先生认为不仅是辜负了新材料，同时也是“中国学术独立之罪人”[4]。梁启超晚年对学术独立问题也有极深刻的反省，认为自己平生“屡为无聊的政治活动所牵率，耗其精而荒其业”[5]，是不可挽回的损失。陈独秀更以《学术独立》为题，撰写专论，提出：“中国学术不发达之最大原因，莫如学者自身不知学术独立之神圣。”[6] 萧公权在《学术独立的真话》文中则说：

---

[1] 蔡仁厚：《熊十力先生学行年表》，台北明文书局，1987 年，第 121 页。

[2] 冯友兰：《三松堂全集》第五卷，河南人民出版社，1986 年，第 482—483 页。

[3] 陈寅恪：《金明馆丛稿二编》，上海古籍出版社，1980 年，第 317、318 页。

[4] 同上。

[5] 梁启超：《清代学术概论》，《梁启超论清学史二种》，复旦大学出版社，1985 年，第 74 页。

[6]《陈独秀著作选》第 1 卷，上海人民出版社，1993 年，第 389 页。

“所谓学术独立，其基本意义不过就是：尊重学术，认学术具有本身的价值，不准滥用它以为达到其它目的之工具。”[1] 这许多学术大家和思想健将众口一词，共道学术独立之重要，或展望未来，或回思猛醒，都以极沉痛之言表而出之，我们可不能小视这一点。须知，当他们倡言学术独立的时候，为民族文化托命之志未曾有稍许改变，相反，他们从自己的亲身经历中体认到，争得学术独立是实现为民族文化托命的前提条件。

王国维等现代学者这种苦苦追求思想自由和学术独立的精神弥足珍贵。正是这一点构成了中国传统学术向现代学术转换的最它要的标志，并将成为中国现代学术的一个传统规范永远流传开大。至于事实上是否争得了学术独立，是另一个问题，下面笔者将予以探讨。

中国现代学者何以难于安身立命

中国现代学者对学术独立的追求，实际上是在为自己寻找和建立文化托命的安立之基。不幸得很，这样一块理想的基地他们并没有找到。原因是多方面的，既有学者主观方面的原因，也有客观环境的原因；既有学术本身的原因，又有学术以外的原因。单就学术本身而言，我认为有四重障蔽在妨碍着学者的主观认知。这些障蔽在现代学术开辟人物比如王国维那里，本来已获得解决，但就学术思想的总体来看一直是论而未断、议而不决的大课题，

[1] 萧公权：《迹园文录》，《全集》之九，台北联经出版公司，1983 年，第 248—249 页。

尤其没有成为社会公认的学术思想潮流。而这些障蔽能否破除，不仅关系到中国学术的独立问题，也关系到如何从思想上完成传统学术向现代学术的转变。下面请分别试论之。

障蔽之一：学术是手段还是目的

在中国传统学术里，学术从来是一种手段，没有人把学术当作目的看待。所以中国古代没有学术独立的传统。其实对研究学术的学者来说，学术本身就是目的。就是为了学术而研究学术，为研究而研究，才能保持学术的独立性。王国维对此看得很清楚，他在《论近年之学术界》一文中写道："欲学术之发达，必视学术为目的，而不视为手段而后可。"又说："学术之所争，只有是非真伪之别耳。于是非真伪之别外，而以国家、人种、宗教之见杂之，则以学术为一手段，而非以为一目的也。未有不视学术为一目的而能发达者。学术之发达，存于其独立而已。"[1] 他竭力反对把哲学、文学当作政治附庸的做法，认为哲学也好，文学也好，自有其独立价值。他说"彼等言政治则言政治已耳，而必欲渎哲学文学之神圣，此则大不可解者也"[2]。王氏此文写于1905年，正是他从叔本华转向康德时期。上述对哲学与美术独立价值的看法，不无康德审美超功利理论的影响。但强调学术不是手段而是目的，则是一种现代学术意识，对促进学术的发展甚具助力。

梁启超一生颠簸多变，但对于学问不曾一刻稍忽，越到晚年

[1]　王国维：《静安文集》，《王国维遗书》第五册，第96—97页。
[2]　同上。

越能省察自己，尤多明通深识之论。1920年撰写《清代学术概论》，走笔至晚清一节，不觉痛乎言之：“而一切所谓新学家者，其所以失败，更有一种根源，曰不以学问为目的而以为手段。时主方以利禄饵诱天下，学校一变名之科举，而新学亦变质之八股。学子之求学者，其什中八九，动机已不纯洁。用为敲门砖，过时则抛之而已。”[1] 谁都知道任公先生是晚清新学家的文化班头，他这样批评新学家，无疑把自己也包括在内了。从而可见他对学术是目的这一真理性认知，持论多么坚决。

障蔽之二：“有用之学”和“无用之学”

学者为学，究竟是否一定要求其有用，也是历来争论不休的问题。中国传统上是强调学术的实用性的，所以才认为学术是手段。其实学术的有用与无用，不是可以简单回答的问题。王国维看得最辩证，他认为“凡学皆无用也，皆有用也”，理由是：“天下之事物，非由全不足以知曲，非致曲不足以知全。虽一物之解释，一事之决断，非深知宇宙人生之真相者，不能为也。而欲知宇宙人生者，虽宇宙中之一现象，历史上之一事实，亦未始无所贡献。故深湛幽渺之思，学者有所不避焉，迂远繁琐之讥，学者有所不辞焉。事物无大小，无远近，苟思之得其真，纪之得其实，极其会归，皆有稗于人类之生存福祉。己不竟其绪，他人当能竟之；今不获其用，后世当能用之。”[2] 如果一定要求学问有今天的

---

[1] 梁启超：《清代学术概论》，《梁启超论清学史二种》，复旦大学出版社，1985年，第80页。

[2] 王国维：《国学丛刊序》，《观堂别集》卷四，《王国维遗书》第四册，第7页。

用处、直接的用处、现实的用处，不用说人文学科，即使自然科学，也不能满足此项要求。梁启超在《清代学术概论》里也曾探讨过这个问题，他写道：

> 正统派所治之学，为有用耶？为无用耶？此甚难言。试持以与现代世界诸学科比较，则其大部分属于无用，此无可讳言也。虽然，有用无用云者，不过相对的名词。老子曰："三十辐共一毂，当其无，有车之用。"此言乎以无用为用也。循斯义也，则凡真学者之态度，皆当为学问而治学问。夫用之云者，以所用为目的，学问则为达此目的之一手段也。为学问而治学问者，学问即目的，故更无有用无用之可言。庄子称"不龟手之药，或以霸，或不免于洴澼絖"，此言乎为用不为用，存乎其人也。循斯义也，则同是一学，在某时某地某人治之为极无用者，易时易地易人治之，可变为极有用，是故难言也。其实就纯粹的学者之见地论之，只当问成为学不成为学，不必问有用与无用，非如此则学问不能独立，不能发达。[1]

任公先生所论非常明通达辨，与王国维的看法相得益彰，可以说已经把学术的有用无用问题析论得至为透辟。但理论上获致解决，不等于实践中不发生纷扰。何况传统学术中的"经世致用"思想根深蒂固，早已影响了中国学术的整体面貌。

---

[1] 梁启超：《清代学术概论》，《梁启超论清学史二种》，复旦大学出版社，1985年，第40页。

“经世致用”之说最早为清初学者顾炎武所力主，在矫正明代读书人空谈心性、以理学为禅学的空疏学风方面，有进步作用。这本来是学术思想的嬗变之常：一则以虚，一则以实，风气相消，流转递长。问题是宋明理学以及心学也未尝不讲究“致用”，只不过它强调“用”在内敛方面，先“正”其“心”，尔后“治国平天下”。在“治平”的中间环节“正心”阶段稍事整顿，人们便认为宋明学者不重视“致用”，实乃大错。要之，这种思想在中国学术史上实在是一以贯之的。影响所及，直到今天仍在起作用。也可以说这是华夏民族的一种思想文化传统，原没有什么不好，与其说是缺点，不如说是特点。只是到了 20 世纪以后，这一传统需要加以转化，方能有利于现代学术的发展。梁启超说得好：“殊不知凡学问为物，实应离‘致用’之意味而独立生存，真所谓‘正其谊不谋其利，明其道不计其功’。质言之，则有书呆子，然后有学问也。”[1]

障蔽之二：中学西学之争

中国现代学术是在西方学术思潮的冲击与刺激之下，传统学术发生蜕变的产物。在流向上包含着对传统的省察和对西学的回应两个方面。省察传统，必然要联系世界；回应西学，不能不联系传统。因而一开始就有一个如何处置中国学术与西方学术的关系问题。本来在古代学术发展过程中，涉及不同国度和民族之间

---

[1] 梁启超:《清代学术概论》,《梁启超论清学史二种》，复旦大学出版社，1985 年，第 80 页。

的文化交流，也碰到过这类关系，但并不成为问题。因为华夏文化的特点，向以强大的融化力著称于世，对外来思想初不以如何迎拒为意。显例是对印度佛教的吸收，一方面化作认知上的幽渺之思，另一方面易地嫁接，开出艺术与文学的灿烂花朵，直到后来演变为禅宗，完全变成本民族的宗教思想体系。可以毫不夸张地说这是中外思想接触史上的奇观。但到了晚清，情况有所不同，西方思想如狂风暴雨般袭来，而且是伴随着船坚炮利长驱直入，受动一方便大有招架不住之势。一时迎拒乏策，进退维谷，于是发生了激烈的中学西学之争。南皮太保张之洞提出的“中学为体，西学为用”，就是因应西方文化冲击的一种主张。这种主张的政治效果如何，非本文范围，姑且不赘，仅就学术层面而言，则是一种文化防守主义，殊不利于学术本身的发展。可是谁曾想到，张氏的说法却成了近百年来中国思想文化界众说不尽的话题，每到东西方文化剧烈冲突之时，就有人重新议论一番。

其实在这个问题上人为的障蔽比实际分歧要多得多。王国维曾说这是个不成问题的问题，根本否认中西在学问上会有什么不可调和的矛盾。他的结论是“学无中西”。为什么这样主张？他做了详细分析：

> 世界学问，不出科学、史学、文学，故中国之学，西国类皆有之，西国之学，我国亦类皆有之。所异者，广狭疏密耳。即从俗说，而姑存中学西学之名，则夫虑西学之盛之妨中学，与虑中学之盛之妨西学者，均不根之说也。中国今日实无学之患，而非中学西学偏重之患。京师号学问渊薮，而通达诚笃之

> 旧学家，屈十指以计之，不能满也。其治西学者，不过为羔雁禽犊之资，其能贯串精博、终身以之如旧学家者，更难举其一二。风会否塞、习尚荒落，非一日矣。余谓中西二学，盛则俱盛，衰则俱衰，风气既开，互相推助。且居今日之世，讲今日之学，未有西学不兴而中学能兴者，亦未有中学不兴而西学能兴者。特余所谓中学，非世之君子所谓中学，所谓西学，非今日学校所授之西学而已。治《毛诗》《尔雅》者，不能不通天文、博物诸学，而治博物学者，苟质以《诗》《骚》草木之名状而不知焉，则于此学固未为善。必如西人之推算日食，证梁虞邪、唐一行之说以明竹书纪年之非伪，由《大唐西域记》以发见释迦之支墓，斯为得矣。故一学既兴，他学自从之。此由学问之事，本无中西，彼鳃鳃焉虑二者之不能并立者，真不知世间有学问事者矣。[1]

这番论述见于1914年王国维为《国学丛刊》所写的序言，正值他的学术成熟期，所谓中学西学，早已在他心目中熔为一炉，不见隔梗。

请注意，王国维讲的是“学”“学问”，不是泛指东西方文化。对文化现象进行专门研究谓之学。文化联系着人种和民族，不同民族具有不同的文化系统。但学术上的广狭深浅密疏与文化的异同不能等量齐观。由于文化背景殊异，所处社会历史的发展阶段有别，中西学术思想的表现形态和思维惯性纵使参差互见，

---

[1] 王国维:《国学丛刊序》,《观堂别集》卷四,《王国维遗书》第四册，第7页。

学理的正误和心理的规律，应该是殊途同归，化百为一。王国维提出中西学术“互相推助”说，反对把两者人为地对立起来，甚具卓识。钱锺书先生在《谈艺录》序言里亦曾说过：“东海西海，心理攸同；南学北学，道术未裂。”[1] 此联可为中国现代学术史上的中学西学之争下最后断语。

实际上，现代学术思想必然是一个并纳兼容的具有开放性格的体系。所谓学术上的中西之争，无异于强分畛域，自结牢笼。人类进入 20 世纪，为学而不能与世界文化对话，算不得现代学者。王、钱两位现代学术大家在这个问题上异口同音，殊堪玩味。

障蔽之四：新旧古今之辨

如果说中西之争是中国传统学术向现代学术转型必然遇到的问题，那么新旧古今之辨比中西之争要古老得多，只不过发展到清末民初表现得更为激烈。当时社会变动加剧，思想波涛汹涌，新党旧党、新学旧学，人人说得口滑。而时尚趋新，人情恋旧，中外古今歧见旁出，学问之道遂为此无尽的争论所蔽。只有洞明世事、空诸依傍的大家，能够越纷沓而执一，不为新旧之说所惑。散原老人在谈到父尊陈宝箴时说过：“府君独知时变所当为而已，不复较孰为新旧，尤无所谓新党、旧党之见。”[2] 陈寅恪为学为文，也是有宗无派，“惟偏蔽之务去，真理之是从”[3]，殊不以新旧为然。义宁学风，祖孙三代一以贯之。

---

[1] 钱锺书：《谈艺录》，中华书局，1984 年，第 1 页。
[2] 陈三立：《巡抚先府君行状》，《散原精舍文集》，第 114 页。
[3] 陈寅恪：《三论李唐氏族问题》，《金明馆丛稿二编》，第 304 页。

王国维在驳难学术的中西之争和有用无用的同时，对新旧古今之辨也有极透辟的说明。他认为“学无新旧”，理由是：“天下之事物，自科学上观之，与自文学上观之，其立论各不同。自科学上观之，则事物必尽其真，而道理必求其是。凡吾智之不能通，而吾心所不能安者，虽圣贤言之，有所不信焉；虽圣贤行之，有所不谦焉。何则？圣贤所以别真伪也，真伪非由圣贤出也；所以明是非也，是非非由圣贤立也。自史学上观之，则不独事理之真与是者足资研究而已，即今日所视为不真之学说，不是之制度风俗，必有所以成立之由，与其所以适于一时之故。其因存于邃古而其果及于方来，故材料之足资参考者，虽至纤悉不敢弃焉。故物理学之历史，谬说居其半焉，哲学之历史，空想居其半焉，制度风俗之历史，弁髦居其半焉，而史学家弗弃也。此二学之异也。然治科学者，必有待于史学上之材料，而治史学者，亦不可无科学上之知识。今之君子非一切蔑古即一切尚古，蔑古者出于科学上之见地，而不知有史学，尚古者出于史学上之见地，而不知有科学。即为调停之说者，亦未能知取舍之所以然。此所以有古今新旧之说也。”[1]

王国维把学问分为三大类，即科学、史学和文学。他认为三者之间互相有待，不必自设畛域，是丹非素。斤斤于古今新旧的畛域难通，是学者的自蔽，大不利于学术的发展。况且学术上的新与旧、今与古，彼此之间总会有连结贯穿的思想脉络，今由古时来，新自旧中生，主要看是否合乎科学，接近真理。1961年，

[1]　王国维：《观堂别集》卷四，《王国维遗书》第四册，第8页、第7页。

当年清华国学研究院的主任诗人吴宓，赴广州中山大学探望清华国学研究院四导师之一的陈寅恪先生，长时间交谈后得一结论："在我辈个人如寅恪者，决不从时俗为转移。"此一结论代表着中国现代学术传统的真精神。而吴、陈两位，就是王国维遗嘱托为处理书籍实即文化托命之人。

王国维写道："学之义不明于天下久矣。今之言学者，有新旧之争，有中西之争，有有用之学与无用之学之争。余正告天下曰：学无新旧也，无中西也，无有用无用也。凡立此名者，均不学之徒，即学焉，而未尝知学者也。"[1] 说得激切而不留余地，可见其体认之深。但这个问题当时后世是否已获致解决？应该说没有。几十年后提出的"厚今薄古""古为今用""洋为中用"，毋庸说也是因应此一问题的一种对策罢。单是在学理的认知上就蒙上这许多障蔽，而且左扯右挦，不得廓清，宜乎中国现代学者难于以学术为宗基求立命安身也。

1991年11月写定，载《中国文化》第6期

[1] 王国维：《观堂别集》卷四，《王国维遗书》第四册，第8页、第7页。

现代学人的性情与信仰

王国维陈寅恪“气类忘年”

陈寅恪先生最有名的话是“独立之精神，自由之思想”，这是1927年王国维去世后的隔年，也就是1929年写的。王国维去世是在1927年的6月2日，是在颐和园昆明湖的鱼藻轩投水自杀的。那天早晨九点，他向国学院秘书借了五块钱，从清华的侧门出去，坐人力车，到颐和园，从容地投水自杀。这是一个令人震惊的大事件。

王国维是现代学术的开山，在中国现代思想学术的各个门类，都有自己的建树。他早年致力日文和英德文的学习，翻译和介绍很多西方的著作，主要是康德和叔本华的著作。有一部分是通过日文翻译的。他出版的《静安文集》和《静安文集续编》，就是这个时期写的文章，这些文章常常涉及艺术、美学和文学，探讨教育的文章也不少。但是很快，他的学问有一个转变。

王国维和罗振玉可以说是学问知己，后来又成为儿女亲家。同时他们也恩怨一生。由于罗振玉的关系，王国维被推荐到北京的学部，担任学部图书编译馆的编修，时间大约在1907年。这时他开始研究宋元戏曲。他是浙江海宁人，罗振玉是浙江上虞人。

辛亥革命后，王国维随罗振玉到日本，又转变为研究古史、古文字和古器物。他的学问被公认，在20世纪文史学者当中，几乎是第一人。当然我们可以说他是大师。可是过去也没人叫他国学大师。他的学问包括研究敦煌学、甲骨学，这是20世纪的两大显学。这两门学问的出现，跟晚清的两大发现有关。甲骨文的发现，是在1899年，戊戌变法的第二年。敦煌遗书的发现，是在1900年，大闹义和团的那一年。这两个发现，使20世纪的人文学增加了两个新的学科。这样两门学问的依据，发现的材料，早期大量外流，以致国外研究敦煌学的人比国内的还多。他们把很多珍贵材料拿走了，所以陈寅恪先生讲，我国的敦煌学，是吾国学术的伤心史也。

最了解王国维学问的是陈寅恪先生，所以王国维逝世的隔年，清华大学建纪念碑，碑文是请陈寅恪写的，"独立之精神，自由之思想"，最早见于这个碑文。陈寅恪和王国维气类相投，陈写的《王观堂先生挽词》，其中有句："许我忘年为气类"，就是指此。王比陈大十三岁，所以用了"忘年"一词。就精通的外国文字来说，陈在王之上。他十三岁留学日本，然后回国，后来又继续留学。

吴宓的固执和浪漫

1919年，陈寅恪是哈佛大学的留学生。当时跟他在一起的有吴宓，陕西泾阳人，有名的诗人。吴宓比陈寅恪小四岁，比王国维小十七岁。大家都提倡白话的时候，他主张文言。大家都主张新文化的时候，他提倡一点旧文化。他的诗，在钱锺书先生看来，还不够好，但是他自己觉得很好。他懂学问，对高才总是很佩服。清华国学研究院1925年成立，整个筹备工作是由吴宓先生一手经办的。但他不是清华国学院的导师，而是清华国学院的办公室主任。

吴宓有激情，看人有眼光。他在哈佛见到陈寅恪以后，就给国内的一些朋友写信，他说，要讲学问，从国外到国内，谁都比不过陈寅恪。他是陈寅恪先生一生的朋友。他很重友情。他也熟悉钱锺书，说年轻一点的要数钱先生学问最好。但他与钱锺书先生有一个公案。钱先生幽默睿智，他讲清华的教授，谁太傻，谁太糊涂，谁太笨，如何如何。他可能说过吴宓先生有点什么。这都是私下的话，也未必作准。实际上，我们看一些记载，钱先生对吴先生很尊重。后来杨绛先生把公案给了结了，杨先生和吴宓的女儿吴学昭是忘年好友。

吴宓先生有一累，一些特殊的人都有累。他的一累就是喜欢谈恋爱。他爱上了一个叫毛彦文的女性，他觉得毛彦文天仙一般的美。你看吴宓日记，从1925年开始到1930年，五六年的时间，很多写的都是对毛彦文的情感牵挂，不可理喻。前不久出了一本毛彦文写的书，这书叫《往事》，她说她根本没跟吴宓有过恋情。当然吴宓先生去世了，要是他还活着，对他的打击，可能比当时给毛彦文写信的时候还要沉重。这就是老辈，他们胸怀宽博，内心坦荡，精神世界丰富。不过毛彦文后来跟熊希龄结婚，大她三十三岁，过了相濡以沫、情感炽热的三年婚姻生活，1949年后去了台湾。

“四大导师”的故事

陈寅恪先生懂十几种文字，懂敦煌学，懂佛学经典，懂一些稀有文字，梵文不用说，蒙文、藏文、巴利文、西夏文，很多稀有文字，他都懂。他念这些文字的目的，是为了比较佛经的不同版本，来校对佛经，研究佛经的义理。研究佛经的义理，叫义学。佛学的另一个学问叫禅学。陈寅恪先生研究的主要是佛学的义学。精通禅学的是马一浮先生。陈寅恪先生在清华国学院开的课，就是讲佛经翻译的比较研究。他是 1925 年清华国学院一成立就被推荐为国学研究院的四大导师之一。

这四大导师都很了得，第一个是王国维，溥仪的老师。还有一位是梁启超，在晚清，谁不知道梁任公呢，文章学问，名动天下。1898 年那一年很特殊，就是戊戌变法那一年。1897 到 1898 年，《时务报》的主要撰稿人是梁启超。《时务报》是在上海创办的，主持人是汪康年，要研究近代的思想和历史，汪康年这个人物很重要。他主持过很多刊物，特别是《时务报》，他跟很多政坛文坛的重要人物都有联系。后来出版的五卷本的《汪康年师友信札》，都是通信，是很可宝贵的材料。我研究陈寅恪的祖父陈宝箴 1895 年至 1898 年在湖南做巡抚，如何推动新政及后来的结局，汪康年的书信是很好的材料。

梁启超担任《时务报》撰稿人，他写的鼓吹变法的文章，人人爱读。黄遵宪也是了不起的人物，他从日本回来，看到梁启超的文章说，他的文章怎么写得这么好，他说自己也会写文章，就是没有梁启超写得好。陈寅恪的父亲陈三立，是晚清了不起的大诗人，晚清有一个诗歌流派，叫同光体，是同治、光绪年间，一批第一流的学人兼诗人，他们的诗有宋诗的特点，不是唐诗的风格，里边有“理”的成分，有禅意。这样一批人，比如陈三立、范伯子、郑孝胥等。范伯子是范曾先生的曾祖父，也叫范当世、范肯堂，跟陈三立是儿女亲家。

范伯子的女儿婚配给陈三立的长子陈师曾，师曾是一位画家，文人画的提倡者，对绘画史很有研究。陈师曾是一位孝子，1926年，陈寅恪从德国回来，应清华国学院之聘。他母亲正在生病，照料母亲的，主要是长子陈师曾。陈师曾是怎么死的呢？给他母亲吃药，每一种中药，他都先尝过，结果中药中毒而死。陈三立是同光体靠前的一二把交椅，有研究者认为第一把交椅是范伯子，也有人说两人难分上下。

“义宁父子”和晚清变法

陈寅恪先生学问的来历，跟家学渊源有关系。他是江西义宁人，远祖是福建人。很早迁到江西义宁州，民国后改为修水。现在去修水，还可以看到陈家的老屋。陈三立中进士时的旗杆还在。陈宝箴做巡抚的一些遗迹、匾额也可以看到。所以，当时的人士常常称陈宝箴、陈三立为“义宁父子”，甚至用“义宁”来概括。这是清中叶到晚清官员和士人的一个称谓习惯。称一些非常重要的人物，以地望相称，比如李鸿章，安徽合肥人，称李合肥；曾国藩是湖南湘乡人，称为曾湘乡；张之洞是河北南皮人，叫张南皮等等。

陈寅恪的家世有很特殊的经历，他的祖父陈宝箴是 1895 到 1898 年的湖南巡抚，把湖南的改革做得非常好，当时走在全国维新变法的最前面，成为中国的一个典范。改革派人士当时很多都到了湖南。梁启超来了，任长沙时务学堂的中文总教习。黄遵宪，是晚清改革派的大将，从日本回来后，担任湖南的盐法道，跟陈宝箴一起推动湖南新政。他人好，学问也好，而且有外事经验。谭嗣同本来就是湖南浏阳人，新政期间，他也在湖南。后来“六君子”被保荐入京，他做了章京，这是 1898 年年中了。很快就是慈禧八月政变，谭嗣同和另外五人被杀于京城菜市口。唐才常、熊希龄、经学大师皮锡瑞，当时也都在湖南。一时间，湖南的改革做得轰轰烈烈。

当时的改革有两种流派的分别。以陈宝箴、陈三立、黄遵宪为首的一派，他们主张改革需要慢慢来，就是渐进的改革。以康有为、梁启超、谭嗣同为代表的一派，主张激进的变革，想趁热打铁，无所顾忌。熊希龄、唐才常和康、梁、谭的主张相同。谭嗣同性格很激烈，说自己是“纵人”，志在超出此地球，视地球如掌上。唐才常以“横人”自诩，谭嗣同说他是“志在铺其蛮力于四海”，不能取胜就继之以命。熊希龄则自称为“草人”，说自己“生性最憨，不能口舌与争，惟有以性命从事”。

1898 年八月初，慈禧发动政变，陈宝箴、陈三立受到了“革职、永不叙用”的处分。为什么处分他们呢？说陈宝箴“滥保匪人”，杨锐、刘光第是他保荐的。陈三立的罪名叫“招引奸邪”。为什么呢？请梁启超做时务学堂的中文总教习，是陈三立的主意。你看，慈禧给他们定罪的时候，也还都有点“原因”，尽管在我们看来，梁启超不是“奸邪”，杨锐、刘光第不是“匪人”，可是站在慈禧的立场，梁启超就是“奸邪”，杨锐、刘光第就是“匪人”。黄遵宪、熊希龄、皮锡瑞也都受到了处分。

慈禧戊戌八月政变对陈寅恪家族的打击非常大。当时陈寅恪九岁。但是他家庭的状况，所受的教育，以及1898年这一年的状况，对他的心灵有巨大的刺激。这一年的冬天，陈宝箴一家，坐长江的船，从长沙到了南昌。住在南昌的一个小巷子里，叫磨子巷。没有经济收入，靠亲友帮助，维持生活。陈宝箴在南昌的西山，修了一个庐舍，他住在那里。这是1898年底到1899年初的情况。1899年，义和团起来了。慈禧太后一开始镇压义和团，看到义和团反对洋人，又利用义和团反对洋人。慈禧为什么这么恨洋人呢？谭嗣同等六君子在菜市口被杀了，但她最恨的康、梁居然跑掉了。外国人对慈禧政变同声谴责，并且保护康梁，他们在国外活得不错。谭嗣同也可以走，船都为他预备好了，但他没有走。他说，如果改革需要流血，从他开始。他等着巡捕把他带走，被斩于菜市口。谭嗣同是湖北巡抚谭继洵的公子，陈三立是湖南巡抚陈宝箴的公子。另外还有两个人，一个是广东水师提督吴长庆的公子吴保初，一个是福建巡抚丁日昌的公子丁惠康，被称为晚清的“四公子”。

戊戌变法酿成悲剧，失败，流血，这件事对陈宝箴、陈三立父子的打击特别巨大，对未来的史学家陈寅恪的打击，也让他终生难忘。陈寅恪后来写了很多文字，对中国的变革有深刻的反思。他同意祖父和父亲的看法，觉得中国的变革应该是渐进，应该是“守国使不乱”。他觉得，如果当时不是走激进的道路，如果按照他祖父和父亲的方法变革，按照他们所设计的方案实施，推荐张之洞入朝，带领谭嗣同这些年轻人办理改革，情况会有不同。张之洞是慈禧喜欢的人，也是改革派。如果他来主持改革，慈禧与光绪的矛盾不会爆发，就不会有八月政变，随后的义和团变乱也就不会出现，也就不会有八国联军打入北京。如果没有八国联军，就不会有后来的一系列的事变。在陈寅恪看来，中国近代的历史，从 1898 年戊戌变法之后，走上了一条从激进到激进的道路，这非常“可堪哀痛”。这是一位大史学家的观点，其实很有价值。

“借传修史”的《柳如是别传》

陈寅恪的学问的精神，特别是他一生秉持的“独立之精神，自由之思想”，很少有另外的人像他那样坚持到那种程度。陈寅恪的许多著作，包括他晚年写的《柳如是别传》，这是他写的一部最重要的史学巨著，都有他的这种学术精神的表露。他早年有《隋唐制度渊源略论稿》《唐代政治史述论稿》《元白诗笺证稿》，研究的是中古文化社会之史。而在晚年，居然写出《柳如是别传》这样一部史学的巨著，真是学术奇迹。

1945 年以后，他的眼睛不能看物了，已经成为一个盲人。后来腿又跌伤，变成“目盲膑足”。直到 1969 年去世。广东有一位陆键东先生，写了《陈寅恪的最后 20 年》，写 1949 年到 1969 年这二十年陈的遭遇。陈先生在眼睛不能看东西的情况下，写了 80 万字的《柳如是别传》。他是给晚明一个有名的妓女立传，这个人叫柳如是，号河东君。她不是一般的做某种专业工作的人，在陈寅恪看来，她是一位民族英雄，认为她也秉承了“独立之精神，自由之思想”。明清易代，1644 年清军打到北京，明代亡了，崇祯皇帝吊死在煤山，就是现在的景山。北方一个民族打进来了，诸种契机，中国历史甚难言也。明朝垮了，在南京建立了南明朝廷，就是弘光政权。河东君（柳如是）最后嫁的男人是钱牧斋钱谦益，他是明清之际学问非常好的人，有“当代李杜”之称。何以嫁他？有一些故事。很多人都追求她，追求她的人也都是当时很有地位的人。这些人很多是钱牧斋的学生。她实在摆脱不掉，就想索性嫁给他们的老师，他的学生就不敢追了。她也爱过一个人，叫陈子龙，是几社的领袖，晚明的大诗人，后来抗清殉节。他们有真爱，但未有善终。

清兵入关之前，明朝的时候，钱牧斋本来有可能当宰相的，但天时人际，未能如愿。于是告老还乡，回到江苏常熟老家。可是当南明小朝廷建立的时候，钱牧斋应诏入阁了，成为礼部尚书。跟他一起做官的还有一个了不起的人，叫王铎，大书法家。南明不到一年时间就垮台了，所谓“一年天子小朝廷”。1645 年清兵南下，扬州没有守住，也是统治集团内部多种矛盾造成的，如果不是内部的这些矛盾，清兵能否打过长江这一险，很难说。大家到扬州看看，史可法纪念馆有具体材料，他没守住扬州，全家自杀，很惨烈也很壮烈。

清兵打到南京，弘光皇帝跑了。当时两个人，一个是钱牧斋，一个是王觉斯，就是王铎，他们很快都投降了清朝。对要不要投降清朝的问题，钱牧斋跟他的夫人柳如是有分歧，他们本来商量好，准备投秦淮河自杀，钱牧斋临阵退缩。但柳如是没有降清。

按照清朝的规定，降臣要“循例北迁”，迁到北京办“学习班”，来改造他们。按规定夫人也要同行。王觉斯的夫人就一起去北京了。钱谦益去了，但柳如是坚决不去，一个人留在南京。钱牧斋在北京也没有恋栈，半年左右，就托病回到常熟老家。回去以后，他们夫妇两个，直到死，都在从事一件事，就是反清复明活动，比如跟郑成功建立联系等。所有这些材料，都是陈寅恪在《柳如是别传》中一一考证出来的。在此之前，这些故事谁都不知道。《柳如是别传》，表面来讲，是给一个女性作传，实际上写的是明清的文化史和政治史，是“借传修史”。陈寅恪先生在《柳如是别传》的缘起中讲得很清楚，他写此书，是为了表彰我民族的这种“独立之精神，自由之思想”。

“史学二陈”

陈寅恪这样的大学者被国民党称作国宝，他有充分理由在1948年去台湾。本来去台湾的机票，政府方面都给他买好了，跟胡适一起。但到了上海，胡适去了台湾，陈寅恪不走了。没走，到了南京，住在俞大维家里一段时间。再过一段，就到了广州岭南大学，应聘做教授。后来院系调整，岭南大学和中山大学合并，陈寅恪先生成为中山大学历史系的教授，直到1969年去世。

中间有个故事，1953年到1954年的时候，中国科学院几次想请陈寅恪先生北上，担任历史第二所所长。但他没有来。学者们有很多考证，本人也写过几篇文章，分析各种理由。但我们不知道一件事，这件事是陆键东先生在《陈寅恪的最后20年》中公布的一份材料，从中山大学档案里发现的，是陈寅恪当时对科学院的答复。这个答复由汪篯手录，原原本本记录，陈寅恪亲自看过记录稿，然后拿去科学院。汪篯是陈寅恪欣赏的弟子，北京大学教授。汪是热血青年，面对一个新的政权，他当然也很高兴。他去广州，请陈先生就任第二所所长职务，这是中央政府派他去的。陈先生跟他没谈好。没谈好的原因，以我对现场的重构，看来是汪篯表现得太过于高兴，陈先生不喜欢这样的态度。

一个政权的变迁，有很多复杂的东西，文化的、历史的东西都在里头，陈先生看得很深。两人没谈好，后来就明确讲，我不能去，如果让我去，两个条件：一，历史第二所不学马列主义；第二个条件，请毛公或者刘公给我写一封信，准许历史所不学马列。我们现在知道了，毛公或者刘公没有给他写这个信，陈寅恪先生也就没有去。他在给科学院的答复中，重申“独立之精神，自由之思想”。他说做学问，必须以此为准。一切都可以让步，只有这个不能让。这就是陈寅恪的态度。我在我的书里说，现代学者中，能把“独立之精神，自由之思想”坚持到如此的高度和纯度的，没有第二人可以和他相比。

在这个问题上，陈援庵先生也不能和陈寅恪相比。但是，陈寅恪极端看重陈援庵先生的学问。陈援庵两本书的序言都是寅恪先生写的。陈援庵先生最重要的书是《元西域人华化考》，陈先生给他写了序，给予很高的评价，认为他的学问是钱晓徵以后的第一人。钱晓徵是谁？清代的大史学家钱大昕，字晓徵。钱大昕的学问，一等的。陈先生认为，援庵先生的学问是钱晓徵之后的第一人。但是在 20 世纪 50 年代初，援庵老人也有叫寅恪先生伤心之处。1953 年，他在报上公开发表一个检讨。寅恪先生不喜欢一个大学者这么做，你可以完全拥护一个新的政权，但也不必那么深刻地否定自己的过去。他看了这个检讨，写了一首诗，题目是《男旦》。这首诗，我想，援庵老人也会看到的。“改男造女态全新，鞠部精华旧绝伦。太息风流衰歇后，传薪翻是读书人。”因为陈先生一生提倡“独立之精神，自由之思想”，必然不赞成“妾妇之道”。学者要有“独立之精神”，不能像小媳妇那样。

“改男造女”是中国戏曲的一个特点，梅兰芳是最有名的了。陈先生非常喜欢京剧和昆曲，“鞠部”就是戏剧。陈先生在这首诗里，对援庵先生的行为有所嘲讽，但他从不轻视援庵先生的学问。各位在大学念书，不管你读什么系，援庵先生的几部书，应该是必读的。即便是念哲学，不懂史，怎么念哲学？陈援庵先生有一本书叫《史讳举例》，这是他的绝学。还有一本《元西域人华化考》，一等的著作。还有一本，也是非常重要的，我们现在还在用的，《二十史朔闰表》。他还有一个大的贡献，是对中国各宗教的研究，不仅是佛教、道教，还包括天主教、基督教的研究。援庵的学问，了不起呀。“史学二陈”的学问，即便跟自己没有专业的关系，也应向他们表一份敬意。如果你们了解了他们的学问，以及他们的遭遇，你们的内心就会有一种庄敬产生。

现代学者晚年的宁静

鲁迅的《关于太炎先生二三事》，有一段人们都记得的话："太炎先生虽先前也以革命家现身，后来却退居于宁静的学者，用自己所手造的和别人所帮造的墙，和时代隔绝了。"

其实不止太炎先生，五四前后的中国现代学者，许多都有与太炎先生相类似的经历，往往是早岁参加革命，中年以后专心向学，晚年退居宁静。问题是如何评价这种现象，这种现象的出现是学者主观的原因，还是客观社会环境的原因？应该用心理学的方法加以解释，还是需要求助于文化社会学？

熊十力回忆说："余在清光绪二十八九年间，即与王汉、何自新诸先烈图革命，旋入武昌兵营，当一小卒。时海内风气日变，少年皆骂孔子，毁六经，余亦如是（皮锡瑞在清末著《经学史》一小册，曾谓当时有烧经之说，盖实录也）。辛亥武昌首义，神州光复，蔡孑老主张学校禁止读经，余初未措意。旋见吾党诸新贵似不足办天下事，而旧势力之腐坏，亦岌岌不可终日。余自度非事功才，始决志从中国学术思想方面，用一番努力。"[1] 其由投身革命军旅而转为专一的学者的经历，熊的自述已讲得明白。而

[1] 《论六经》。

黄侃，也是很早参加同盟会，在湖北东南一带曾是声名显赫的群众领袖，民元以后，宋教仁遇刺，袁世凯弄权，黄即对腐恶政治不再抱幻想，决心将兴国爱族之心，寄寓于学术文章。太炎先生为表彰黄氏素节，特作《量守庐记》，说当时“欲取朱紫，登台省，突梯足恭，以迷其国而自肥”，或“寡得以自多，妄下笔以自伐，持之鲜故，言之不足以通大理，雷同为怪，以炫于横舍之间，以窃明星之号”的人物正多，但“季刚之不为，则诚不欲以此乱真诬善，且逮于充塞仁义而不救也”[1]。

妩媚动人如梁任公，晚年也有所悔悟，尝自道爱博用浅之病，深以“屡为无聊的政治活动所牵率，耗其精而荒其业”为苦，而提出：“凡学问之为物，实应离致用之意味而独立生存，真所谓正其谊不谋其利，明其道不计其功，质言之，则有书呆子，然后有学问也。晚清之新学家，欲求其如盛清先辈具有为经学而治经学之精神者，渺不可得，其不能有所成就，亦何足怪。”[2]说得至为沉痛，也很透彻，连自己都打入了“不能有所成就”的“新学家”之列。

这样看来，中国现代学者的由激扬而转为宁静，主要的还是学术本身的原因和社会原因，学者个人年龄和心理的变化还在其次。目睹政治现状怪异腐恶，自知不可为不愿为也就不为了。因此鲁迅对章太炎的评价，似乎有未尽的一面，用陈寅恪先生倡言的评价古人的著述“应具了解之同情”的态度相衡量，尚存一定

---

[1] 章著《量守庐记》，《量守庐学记》，生活·读书·新知三联书店，2006年，第5—6页。
[2] 《清代学术概论》。

距离。何况，即使公认的已“退居于宁静的学者”，其晚年的生活际遇和内心世界是否真正获得宁静，也还是个问题。

章太炎逝世前一直为实现全面抗战而奔走呼号，始而撰文陈辞，继而与熊希龄、马良等组织国难救济会，联合六十多位著名知识分子电告当局，要求召集国民会议，成立救国政府。1932 年 1 月 28 日上海十九路军奋起抗击日军侵略，他倍受鼓舞，不顾年高体病，愤然北上，找张学良、段祺瑞，又向爱国军人和学生演讲，并致函顾维钧，希望他身为外交官，要有殉国的勇气。直至 1936 年夏天，生命垂危之际，仍在遗嘱中告诫子孙，万一中国被日人统治，绝不可担任官职。可见太炎先生的晚年内心并不宁静。黄侃临终前也曾问家人：“河北近况如何？”叹息说：“难道国事果真到了不可为的地步了吗？”这是 1935 年 10 月 8 日，比太炎先生的病逝于 1936 年 6 月 14 日，仅早半年时间。所以黄之墓志铭竟是其师太炎先生所写，其辞曰：“微回也，无以胥附；微由也，无以御侮。繄上圣犹恃其人兮，况余之瘝腐。嗟五十始知命兮，竟绝命于中身；见险征而举翮兮，幸犹免于逋播之民。”[1]

最早传播新学于海内的侯官严复，因曾列名于筹安会，晚年颇遭訾议，因而“闭门谢客，不关户外晴雨”。但看他写给熊纯如的信，一则曰“中国前途，诚不可知，顾其大患，在士习凡猥，而上无循名责实之政”；再则曰“吾人学术既不能发达，而于公中之财，人人皆有巧偷豪夺之私，如是而增国民担负，谁复甘之。即使吾为国家画一奇策，可得万万之货，以为扩张军需之用，而

[1] 《黄季刚墓志铭》,《量守庐学记》，生活 · 读书 · 新知三联书店，2006 年，第 2 页。

亦不胜当事之贪情欲望。夫如是则又废矣”[1]。对国事的瘁劳，未尝稍减。那么侯官的心情，未必很宁静罢。熊十力晚年，正遭遇国家的巨变奇劫，穿褪色长衫，腰系麻绳，端坐桌前，凝望写有孔子、王阳明、王船山名字的白纸条，形似贫僧，心涌波涛，其如同自撰联语所形容的：“衰年心事如雪窖，姜斋千载是同参。”

难得例外的是中国近代新佛学的创始人杨文会，虽早年任侠，好读奇书，又有操办团练，与太平军作战的记录，也曾随曾纪泽两使欧洲，考察与学习英法各国的工业和政治，但天命之年过后，目睹“世事人心，愈趋愈下，誓不复与政界往还”，专以刻经传典和筹办佛学教育为职司。1908 年在金陵刻经处开设“祇洹精舍”佛学学堂，1910 年创立佛学研究会，逢七日讲经，每月开会，景况极一时之盛。当晚年卧病之际，只有一事让他“心颇戚戚”，即经营多年的《大藏辑要》尚未完成。此事一旦有托，他便“熙怡微笑”，午刻嘱家人为之濯足剪指甲，“须臾小解，身作微寒，向西瞑目而逝，面色不变，肌肤细滑不冰”，真正吉祥而逝，时在 1911 年农历八月十七日。而他的弟子欧阳竟无大师卒于 1943 年 2 月 23 日，虽然也是“安祥而逝”，却因国难期间，创办未久的南京支那内学院内迁四川江津，精刻大藏并进一步传道弘法的愿望未尽实现，其心境就没有杨老居士那样安宁了。

写于 1991 年 8 月，载香港《明报月刊》

[1] 参阅《严复集》第三册“与熊纯如书”，中华书局，1986 年。

陈寅恪家族的“优美门风”

陈寅恪的祖父陈宝箴最服膺的人物是曾国藩，曾和陈第一次接谈对陈宝箴所说：“人亦贵自立耳。转移之任，不必达而在上也。但汝数君子，若罗惺四、许仙屏者，沉潜味道，各存一不求富贵利达之心，一人唱之，百人和之，则风气转矣。”曾国藩强调的是士人的“自立”精神，实即“独立”之义谛。而对此一义谛的冥心我会，在于须有“不求富贵利达之心”。曾公此语和陈宝箴的父尊陈琢如当年读王阳明书而拍案，斥当时的社会士风为“奔驰夫富贵，泛滥夫词章”，可谓同发一慨。

陈宝箴的一生经历，确然是将曾公之言存乎心底并付诸行动。光绪初年，他在写给廖树蘅的信里，称赞曾国藩的诗词“亦皆卓然有以自立”，而陶渊明、李白、杜甫等古人之作，所以传之百世，陈宝箴认为，也是由于“其精神有独至者”。陈宝箴早年写的《祭闵子清文》有云：“世无真儒，不足以维名教；士无肝胆，不足以议纲常”“君子可贫，弗丧吾真；君子可贱，不亏方寸；君子可死，不伤不毁”，所阐述的都是士之独立之义谛。其所作《书周贞女》一文，亦阐论道：“盖常者众人所同趋，而异者孤臣、烈士、孝子、贞妇，之所以行其心之所安而求其所自是。当其一意孤行，可泣鬼神而贯金石，虽事之不必如是而可，而不屑援以为词，以稍抑其独至之意，此固圣人所深许也。”斯两篇文字所谓“真儒”“肝胆”“弗丧吾真”“不伤不毁”“行其心之所安”“一意孤行”，都是为了使“独至之意”不受到压抑。此种精神，就是作为士人的“独立之精神”。

职是之故，当陈宝箴因“王树汶案”蒙冤而降调浙江按察使一职时，他抗疏力辩，不是为了官位的去留，他说“一官进退轻如鸿毛，岂足道哉”；但事涉汨没真相、伤损人格及朝廷大员“声气朋比”的吏治风气，他不能缄默不言。因左副都御使张佩纶奏请陈宝箴不应放过一折，其中有诬称陈宝箴铭“日营营于承审各员之门”，企图“弥缝掩饰”等词句，纯属出于党派门户之见的无中生有。故陈宝箴在抗疏中说：“况臣具有天良，粗知忠孝立身之义，纵涓埃无补，亦惟力矢勿欺，有耻之愚，自盟衾影，而祸福听之在人”“若张佩纶所奏营营于承审各员之门，弥缝掩饰，臣纵改行易辙、判若两人，亦不应寡廉鲜耻，行同市侩至此”。后经朝廷委派阎敬铭复查此案，证明陈宝箴所辩真实不虚，“张佩纶所奏自系得自风闻”。但由于该阎敬铭首鼠两端，原给予抗辩人降调三级的处分没有撤销，陈宝箴的仕途命运没有改变，却保住了自己的名节。如此胆识、气度、风义，为晚清官场所仅见。陈宝箴抗辩自雄的整个过程，让我们看到了义宁之学的独立之精神的风采。

陈寅恪的父尊陈三立的风骨，比之乃父陈宝箴有过之而无不及。他虽为进士出身，终其一生没接受过任何官职，吏部主事只是个虚衔。戊戌慈禧政变，维新党人受到惩处，陈宝箴、陈三立父子革职后以戴罪之身退归江西南昌，中间陈三立两次大病，一次拒不服药，至以牙齿咬碎药碗。光绪三十年（1904 年），清廷大赦戊戌在案人员，除康、梁和孙中山，其余均予赦免，曾经革职者全部开复原衔。但陈三立视其为乌有，不仅不接受各项荣誉邀请，不得已偶尔北上，宁可绕道，也不入帝京。1937 年日人犯华，陈三立愤而不食而死。欧阳竟无大师对散原的评价是：“改革发源于湘，散原实主之。散原发奋不食死，倭虏实致之。得志则改革致太平，不得志则抑郁发愤而一寄于诗，乃至于丧命。彻终彻始，纯洁之质，古之性情肝胆中人。发于政不得以政治称，寓于诗而亦不得以诗人盖也。”陈三立的姿质峻洁、贬斥义利、风骨凛然，晚清到民国的政坛文苑，稍知其名者无不啧啧赞佩。

陈寅恪先生毕生守持的“独立之精神，自由之思想”，固然是 20 世纪现代学者追求学术独立的题中应有之义，但将此种精神守持到如此纯度和高度，则又为同时代其他学者所不能望其项背。究其原因底里，实与乃祖陈宝箴和乃父陈三立所代表的义宁之学的精神传统直接相关。寅恪先生在《唐代政治史述论稿》里说：“士族之特点既在其门风之优美，不同于凡庶，而优美之门风实基于学业之因袭。”其论《天师道与滨海地域之关系》则又云：“家世信仰之至深且固，不易湔除，有如是者。明乎此义，始可与言吾国中古文化史也。”然则寅老之所论，是亦有自家门风之影响熏习之体悟存焉。

载 2014 年 11 月 10 日《北京日报》

陈寅恪的学说为何有力量

陈寅恪先生寄望于后人对他的著作的理解，几次在诗中说："后世相知傥破颜""后世相知或有缘"。今天在座的，很多都是与义宁之学结缘的朋友，也有的是我个人的朋友。汪荣祖教授，是我多年的朋友。还有郑翔先生，陈寅恪先生归安庐山，他一手经办，可以说是陈先生的真正后世"有缘"人。我有幸再次见到陈小从先生，她是我尊敬的人。她的诗写得很好，她的诗、文继承了义宁一门的整个学风和文风。我还再次见到了陈寅恪先生的三位女公子。流求和美延，过去见过，小彭是第一次。刚才小彭讲曾经写信给我，非常抱歉，信我大概没有收到。她看到我在凤凰卫视讲《大师与传统》，里面很大程度讲陈寅恪先生。要是看到你的信有多好。我还非常高兴，昨天见到了陈先生的隔代人，看到他的几位孙辈：流求的两位女儿，美延的一位女儿。昨天晚餐，她们一起过来跟我说话的时候，我流了泪，我想这是陈先生的隔代人啊！都长这么大了，一个个亭亭玉立、风度不凡。流求的一个女儿，长得跟唐晓莹先生非常相像，我还从美延的女儿身上看到陈寅恪先生的一些相貌特点。

陈寅恪先生是我最敬仰的现代学术大师。自从我差不多三十年前开始读陈寅恪先生的著作，直到现在，我读陈著没有停止过。

陈先生的书是我的案边书，无日不翻。开始读的时候，没有想写文章。我在公共汽车上也读他的书。我读得非常仔细，像《柳如是别传》，我也是逐字逐句细读的。当我熟悉了他的著作、他的人格精神之后，陈先生就始终伴随着我，陈先生的精神和学问影响了我整个的身心，他再也不会离开我。

大家了解，我们做人文学术研究的人，无论文学、史学还是哲学，我们常常有一种无力感——这些学问有用吗？人文学术有什么用呢？其实，我们常常感到人文学术是没有什么力量的，人文学术工作者、从业人员充满了无奈。但念了陈寅恪先生的书之后，对他的学问和学说有一定了解之后，会发现史学、诗学、哲思等人文学术是可以有力量的。

陈寅恪先生的学问著作所以有力量，一个是由于他是大学问家，不是小学问家。能成其大，见得大体，所以有力量。就像明末清初三大思想家顾炎武、黄宗羲、王夫之一样，王国维称他们的学问是能成其大者。还有，陈寅恪先生是思想家，他对中国历史文化的研究，有独辟创发的系统思想。简单以史学家目之，未免把他的学问看小了。他更不是一个单一的材料考据家。当然，他一生治学对中国的文、史二学做了大量考证，所涉材料的广博，鲜有人能及，但他在甄别考证这些材料的过程中常常放出思想的光辉。

大家知道他研究隋唐史的两部著作，《隋唐制度渊源略论稿》和《唐代政治史述论稿》，这两部书并不厚，你注意到他的材料的使用，一遍一遍地引证新、旧两《唐书》。如果不懂学问的人或者不耐烦的人，很容易略开他的大面积的引证。可是，只要略开他的这些引证，你就不能懂得陈先生的学问。他的每一条引证都不是无谓而引，材料举证本身就是思想的发现。然后再看他引证之后或三言两语、或千数百字的疏通引论，所引证材料的生命力便粲然释放出来。因此可以讲，他的关于隋唐史的两部著作，既是史学的著作，也是文化史的著作，同时也是思想史的著作。姑且先不说其他的著述，单是这两部书，就可以认定它们是了不起的思想文化史的大著述。包括《元白诗笺证稿》，虽然是对以元稹和白居易的诗文为中心的文史考证，以元、白两诗人作为研究对象，但是里面的内容，实际上是研究唐代的思想文化史和社会风俗史，研究中晚唐知识分子的心路历程，以及在社会变迁过程中知识人士和文化人士的心理、个性、面貌所呈现的变化。

所以我说，陈寅恪先生的学问与学说所以有力量，与他是一位思想家有很大关系。除此之外，还由于他的学问里面有一种顶天立地、独立不倚的精神。他的学行经历，体现了一般知识人士所不具备的节操和气节。这就是他晚年在给蒋秉南先生赠序中所讲的“贬斥势利，尊崇气节”，以及绝不“侮食自矜，曲学阿世”。所谓“独立之精神，自由之思想”，盖亦指此义。还有他在给杨树达先生的序言里讲的，“始终未尝一藉时会毫末之助，自致于立言不朽之域”。为学从来不“藉时会毫末之助”，“贬斥势利，尊崇气节”，这是陈学最富光彩的精神层面。他的学问充满了恒定的精神信仰力量。

他的学问之所以有力量，也还由于他的著作里面蕴含有深沉的家国之情。我很喜欢他 1965 年写的《读清史后妃传有感于珍妃事》那首诗，其中有两句写的是：“家国旧情迷纸上，兴亡遗恨照灯前。”这两句诗是陈先生整个诗歌创作的主题曲，也是打开他著作宝库的一把钥匙。因为他的精神力量跟他的家国之情紧密联系在一起。他的很多诗里都有类似的情结的流露。“频年家国损朱颜，镜里愁心锁叠山”“衰泪已因家国尽，人亡学废更如何”。他的眼泪都哭干了。所以哭干，是由于深沉的家国之情，这是他一生精神脉络之所从出。

而他的学问之所以有力量，还由于优美的家风门风使然。“优美之门风”这句话，是陈先生在他的著作里面，讲到汉以后的学术发展，很重要的一个思想。刚才提到《隋唐制度渊源略论稿》和《唐代政治史述论稿》两部著作，其实此两部著作非常强调地域和家世信仰的熏习作用。陈寅恪先生对中国学术思想史有一个重要假设，即认为汉以后的学校制度废弛，学术中心逐渐由官学转移到家族。但“家族复限于地域”，所以他提出：“魏、晋、南北朝之学术、宗教皆与家族、地域两点不可分离。”[1] 而家族所起的作用在于：“士族之特点既在其门风之优美，不同于凡庶，而优美之门风实基于学业之因袭。”因此可以说，魏晋南北朝以后，如果没有家学传统，就没有学术思想的建立。

当然很遗憾，晚清到民国这一百年以来，50年代以后不必讲，最大的问题就是家庭与家族的解体。家庭与家族的解体，便谈不上学术的传承了。所以我们特别珍惜义宁之学的传承没有断绝。文化传承有三个渠道，一个是家族，一个是学校，还有一个是宗教系统。宗教系统在中国不是那么发达，这是另外的问题，这里

[1] 《隋唐制度渊源略论稿》，生活·读书·新知三联书店，第20页。

暂且不讲。学校系统，现代的学校制度基本上是知识教育，遗漏了“传道”的内容，致使问题重重。所以中国文化的传承，家族的传承特殊重要。但在今天讲此一渠道的文化传承，无异于缘木求鱼。相反文化衰落的迹象不时出现，这跟家族的解体、士族文化之不传直接相关。但是我们庆幸，义宁之学有陈先生这样的当代了不起的思想家和学者，陈氏家族的精神传统和文脉完全承继下来并有所光大。义宁之学不是陈寅恪先生一代之学，从陈伟琳先生读阳明书而发为感叹开始，到陈宝箴再到陈三立在晚清以至民国的思想人格建树，最后到陈三立后面的大家常讲的一些杰出的人物，包括陈师曾、陈隆恪以及庐山植物园的创建者陈封怀先生，都是如此。

我最近出版一本书，叫《陈宝箴和湖南新政》，探讨从 1895 年到 1898 年，陈宝箴在陈三立的襄助之下如何推动湖南的变革维新。三年之功，改革走在全国最前列。但是到 1898 年戊戌之年的八月初六，慈禧太后发动政变，维新变法的浪潮被打下去了，“六君子”被杀，康、梁被通缉，陈宝箴和陈三立受到“革职，永不叙用”的处分。当时跟随陈宝箴、陈三立父子参与改革的诸多人物，梁启超、谭嗣同不必说，包括黄遵宪、熊希龄、皮锡瑞，也都受到了处分。这是一个时代的悲剧，也是陈氏家族的悲剧。陈寅恪先生一生，他的内心常常充满苦痛，他的苦痛不是个人的苦痛，而是家国兴亡的苦痛。按照心理学的分析，任何苦痛都跟他的记忆有关，而陈寅恪先生内心的苦痛，据我的研究，跟他的家族在戊戌之年的悲剧有深切的关联。所以他的诗里经常把湘江、湖南跟他的苦痛连在一起。所谓“儿郎涑水空文藻，家国沅湘总泪流”“死生家国休回首，泪与湘江一样流”等等，就是指此。

寅老何以有此种深层情绪的不可遏止的流露？仅仅是由于祖父和父亲受到了处分吗？不是的。他这个苦痛，是因为对家国有更大的关切。因为在陈先生看来，陈宝箴和陈三立在戊戌变法时期的变革主张，属于“渐变”，是稳健的改革派。如果按他们的主张行事，最后推荐张之洞到朝廷主持变法，由于慈禧太后喜欢张之洞，就不致使慈禧太后和光绪皇帝之间的矛盾，发展到完全对立冲突的地步。如果1898年的变法得以善终的话，后来的中国就不会有那么多的变乱。这就是陈先生的苦痛之所从出。1898年底，受处分的陈氏父子由湖南回到江西，住在南昌的磨子巷，后来陈宝箴筑庐西山，陈氏父子回忆湖南变革的不幸遭遇，孤灯对坐，仰天长嘘，这种情境下的心理情绪绝对不是个人的处境问题，而是对整个国家前途的忧思。陈宝箴、陈三立以及陈寅恪先生的深情，其实就是家国之情。

陈先生学问的了不起，他的学说的力量，还有一点，陈先生对古人——我们可以引申为对己身之外的他人的学说——持有一种“了解之同情”的态度。这一思想是20世纪30年代，他给冯友兰《中国哲学史》写审查报告时讲的，我们可以看出陈先生内心世界的恕道。“恕”是孔子思想，就是“己所不欲，勿施于人”。后生轻薄古人，陈先生不持这种态度。这个非常之难啊！对历史上的一些人物，陈先生总是有一种“了解之同情”。所以你看三卷本的《柳如是别传》，很多人奇怪，包括一些老辈，很纳闷陈先生为什么写《柳如是别传》。我认为这是陈先生一生当中最大的著述，绝对不是简单地为一位古代的特殊女子立传，而是“借传修史”，以“惊天地泣鬼神的精神”撰写的一部明清文化痛史。

很多朋友遗憾陈先生没有写出一部通史来，其实《柳如是别传》这部书的学术价值，远远超过一部所谓通史的价值。这部书对明清时期众多历史人物那种恰当的评价，那种深切的“了解之同情”，令我们读后非常感动。女主人公后来婚配给晚明的文坛领袖，有“当代李杜”之称的钱谦益，一个很有资格做宰相的人，由于天时人际相杆隔，宰相没有当成，告老还乡。他是江苏常熟人，后来他一个关键表现是1644年清兵入关，明朝垮台，南京建立了弘光政权，是为南明。钱谦益在南明小朝廷入阁了，成为礼部尚书。柳如是跟钱谦益一道从常熟来到南京。但1645年清兵南下，打到南京城下，扬州守不住了，史可法自尽而死，结果南明朝廷垮台。而率先投降的是两位文化名人，一个是诗文名气特别大的钱谦益，另一位是大书法家王铎。但是，柳如是并没有投降，钱谦益“循例北迁”，去了北京，柳如是没有跟去，独自留在南京，后来又回到常熟。陈先生讲她是一个奇女子，是一个民族英雄，这样讲看来不为过。钱谦益在北京也没有恋栈，很快告老南归，回到常熟。在他晚年的整个生活当中，跟柳如是直到死都是在从事反清复明的活动。虽然他投降了清朝，但是他后期的反清复明举动对他的投降行为在精神上有所弥补。陈先生对钱谦益这种前后两重人格的表现，做了很多具体分析，指出其降清固然是一生污点，但后来的悔过，其情可悯，应给予“了解之同情”。而且即使对于王铎，也承认他的书法很好，堪称“绝艺”。陈先生对于古人、对于古人的学说，持有“了解之同情”的态度，陈先生的这一学说，可以说千古不磨，反映出义宁之学的渊雅博大。

我很高兴，近年有一些年轻的学人在研究义宁之学方面取得很好的成绩。像我熟悉的年轻的朋友张求会先生、胡迎建先生、刘经富先生、刘克敌先生，他们近年的研究很有成绩。还有一位广东的胡文辉先生，他注释陈寅恪的诗作，对陈诗的出典，一词一句，一一稽查清楚。他是继余英时先生之后，释证陈诗成就最高的一位。还有山东大学的李开军先生，对陈三立诗文的整理很见功底，他正在写陈三立的年谱。如果需要我说一句什么话与这些年轻的朋友共勉，那就是——对陈先生学问的梳理，对史料的搜集整理，固然是研究陈学必不可少的功夫，但如何体认领悟陈学的精神脉理，如何让陈学的精神变成自己身心的一部分，某种程度上比研究陈寅恪的学问本身还重要。

载 2014 年 3 月 5 日《中华读书报》

钱锺书的学问方式

学术殿堂的引桥

我和钱锺书先生没有见过面。但20世纪90年代初，因为创办《中国文化》杂志，也由于当时想着手对钱先生的学术思想做一些研究，跟他有不少通信。我从未把这些信拿出来，觉得不好意思。他是我非常尊敬的前辈学者，不仅是欣赏，而且是特别尊敬和心仪的人。我研究晚清民国以来的现代学术思想史，钱先生是我关注的重点学术案例。

80年代中期，我开始做这方面的题目，决定对王国维、陈寅恪、钱锺书这三位真正大师级的人物，做个案分疏和综合比较研究。于是开始读他们的书。最先读的，是钱锺书。可以毫不夸张地说，他的每一本书、每一个字，我都读三遍以上。内子陈祖芬写过一篇文章，叫《不敢见钱锺书先生》，其中写到，在80年代，如果你在北京的街头巷尾，看到一个人，或者在公共汽车上，或者在路上，在树下，在墙边，在任何地方，都拿着书看，这个人看的一定是《管锥编》或者《谈艺录》。她这样写是写实，不是文学描写。我的确读钱先生读得很熟，熟到他成为和我日夜相伴的人。不仅他的书一本一本被我画乱了，读钱的笔记也积下好多册。

读完钱锺书之后，就读王国维。王的东西多，必须选读。先是早期的《静安文集》和《静安文集续编》，然后是《人间词话》《宋元戏曲史》《古史新证》等。王国维后，开始读陈寅恪。非常“不幸”，我读陈寅恪以后，扎进去就没有出来。结果不是三个人一起写了，变成对陈寅恪做单独的个案研究。我现在写的关于陈寅恪的文字，大概有五十多万言，公开发表的文章，出版的著作，只是其中一部分。但是对我如此熟悉的钱锺书，却一直没有写文章发表。我的一些朋友也知道我研究钱锺书，一次厦门大学召开关于钱先生的研讨会，李泽厚得知，说应该去，你是研究钱锺书的。我问他何以知之，他说当然知道。但何以知之的理由他没有讲。

近三十年我所做的研究，很大一块是围绕20世纪现代学者的学术思想。我的体会是，这些大师巨子是我们晚学后进进入学术殿堂的比较便捷的引桥。通过他们，可以通往古代，走向中国传统学术，也可以通过他们连接西方，走向中西学术思想的会通。更重要的，他们为我们树立了学术典范。我曾经用“空前绝后”一语，形容他们学问结构的特点。“空前”，是指这些现代学者，在西学的修养方面，汉儒、宋儒、清儒，都比不过他们，因为当时不可能有这个条件。汉宋儒不必说，乾嘉学者也不能跟20世纪现代学者在这方面相比肩。虽然早期的传教士跟明末清初的一些学人有一些关联，但我们看不到乾嘉大师们的西学修养有哪些具体而明显的呈现。20世纪学者不同，他们常常十几岁就留学国外。陈寅恪十三岁留学日本，然后美国、欧洲，前后有十六七年的时间在国外。连马一浮也有在美国、日本的经历，也是很年轻的时候就去的，尽管停留的时间前后不是很长，毕竟扩大了学问的视野。

另一方面，20世纪现代学人的国学根基，又是后生晚辈不能望其项背的。他们四五岁开始发蒙，到七八岁，十几岁，不用说"五经四书"，"十三经"、《诸子集成》、"前四史"，差不多都读过了。他们有这样的学问积累的过程，所以在学术的知识结构方面，既是空前的，又是绝后的。"绝后"不是说后来者的聪明智慧一定少于他们，而是没有当时那些个具体条件，包括对学人为学非常重要的家学和师承。国学需要童子功，年龄大了补课，实际上为时已晚。因此后来者要赶上他们，难之又难。就研究我国固有学术而言，20世纪学者也开了先路。经由他们可以更自觉地进入原典。比如研究马一浮，就需要了解宋代的学术源流，因为马先生的学术思想是直承宋学而来，我们不得不跟着他进入宋儒的世界。可是宋儒的话题，是跟先秦诸子，跟孔子、孟子、荀子的思想连接在一起的，六经是他们反复阐释的原初经典。宋代濂、洛、关、闽四大家，即周敦颐，程颢、程颐，张载，朱熹诸大儒，一生学问，主要是以重新阐释孔、孟和六经的原典为能事。而马一浮的学理发明，也主要在"六艺论"。所以研究马一浮，跟着他返宋的同时，还须返回到先秦，返回到孔子和六经。

20世纪现代学者的学术，是不是也有瑕疵？肯定会有。陈寅恪就讲过，王国维的学说也可能有错误，他自己的学说也会有错误，自然可以商量。同样，钱锺书的学术，也一定有可商之处。但是他们的学术精神，为学的态度，纯洁的资质，堪称后学的典范，应无问题。我们今天的学术风气所缺乏的，恰好是 20 世纪大师们的那种精神、那种风范、那种态度。

请勿误读钱锺书

现在关注 20 世纪现代学术的人多起来了。但研究得远不够深入。有一些方面的研究，刚刚开始，就刮起这个“热”那个“热”的风。学术研究最怕刮风。一刮风，“热”得快，凉得也快。然后骂声随之而来。钱锺书先生不幸也遭此命运。我看到一篇文章，题目是《钱锺书是卡夫卡的绝世艺人》。这篇文章写得倒是很俏皮，但认为钱先生的学问，不过是一个杂耍艺人用以谋生惑众的绝活，除了博得看客的几声叫好，没有任何实用价值。他说《谈艺录》和《管锥编》，本质上应归属于诸如绕口令、回文诗、字谜等文字和语言游戏一类，是一种自娱性的、习惯性的、享受性的东西。这位作者甚至还声称，《谈艺录》和《管锥编》是自私的、势利的，是抬高门槛为难人的，是以显摆为目的，等等。

我无论如何不能认同这篇文章对钱锺书先生的评价。如果不是牵引卡夫卡蓄意做一番拟于不伦的文字游戏，我认为他至少是没有读懂钱锺书。读懂钱，并不容易。陈寅恪先生的书，马一浮先生的书，也不容易读。读懂读不懂，不完全是文字障碍，文字没有那么多障碍。马一浮的著作不多，无非《泰和会语》《宜山会语》《复性书院讲录》《尔雅台答问》等。但读懂马先生，我认为是非常难的事情。难就难在，阅读者是否能够进入马先生的学问世界和精神世界。陈寅恪给冯友兰的《中国哲学史》写审查报告，提出一个极为重要的思想，就是对古人的著作，对古人的立说，要具有“了解之同情”的态度，因而能够体会古人立说的“不得不如是”的苦心孤诣。钱锺书先生的著作，为什么采用现在我们看到的这种呈现方式？为什么用文言而不是白话？他是文学家，小说《围城》和散文《写在人生边上》等，可以证明他的白话同样令人绝倒。

这涉及如何理解钱先生的学问态度和学问方式问题。他对学问有一个宿见，就是认为大抵真正的学问，不过是荒江野老，二三素心人，商量培养之事，而不是闭目塞听地“做”出来，或是吵吵嚷嚷地“讲”出来的学问。他说一旦成为朝市的“显学”，很快就会变成俗学。这些话，深入体会，才能知道一点学问的滋味。以虚妄浮躁的心态，试图了解稳定的学问，不可能对学问得出正解。钱先生的学问方式，毫无疑问是活跃的、多姿的、千变万化的，但他的学问精神是恒定而守持不变的存在。他认为古与今、中和西，不是截然不搭界的两造，而是可以连接一气，互相打通的世界。他说：“古典诚然是过去的东西，但是我们的兴趣和研究是现代的，不但承认过去东西的存在，并且认识到过去东西的现实意义。”[1]

他对“专学”的看法也很特别。他说因研究一种书而名学的情况不是很多。一个是选学，《文选》学，一个是许学，研究许慎的《说文解字》的学问，可以称为专学。《红楼梦》研究成为

[1] 钱锺书：《古典文学研究在现代中国》，转引自郑朝宗著《海夫文存》，厦门大学出版社，1994年，第8页。

红学，是为特例，但他认为此学可以成立。其余的研究，包括千家注杜（杜甫）、百家注韩（韩愈），都不能以“杜学”或者“韩学”称。可见他对学问内涵的限定，何等严格。这是大学问家的态度。现在到处使用专学的称谓，把学问泛化，结果取消了学问本身。钱先生还特别指出“师传”的弊端，认为弟子多，对其师尊崇的结果，反而把师也扭曲变形了。这就是《谈艺录》反复讲的“尊之适足以卑之”。钱先生的好友郑朝宗先生说，钱先生是“但开风气不为师”，可谓真知钱先生之言。钱先生从不以师自居，不聚徒讲学，也没有弟子。

钱锺书的学问构成

钱锺书先生的学问结构，都由哪些部分构成，他的学问脉分如何辨识，学术界没有一致的看法。我长期读钱，三复其义，认为他的学问构成，约略可分为四目：第一是经典阐释学，第二是学术思想史，第三是中国诗学，第四是文体修辞学。

前面提到的说钱先生是卡夫卡的绝活的文章，不承认钱先生著作里面有解释学的内容，未免令人感到意外。《谈艺录》也好，巨著《管锥编》也好，独不缺少解释学的内容。只不过钱先生对解释学有独辟胜解。《左传正义》三，隐公元年，解一“待”字，令人绝倒。郑庄公由于“寤生”，惊吓了他的生母武姜，因而母子失和。庄公即位之后，武姜便与庄公的胞弟共叔段结为联盟，封地逾制，一人独大。郑大夫祭仲建议及早除掉，免生滋蔓。庄公说：“多行不义必自毙，子姑待之。”这是大家都知道的进入中学课本的《左传》名段“郑伯克段于鄢”。

我们且看钱锺书先生如何解释此一“待”字。

他先是征引《左传·闵公元年》，齐国的仲孙湫提出：“不去庆父，鲁难未已。”齐桓公回答说：“难不已，将自毙，君其待之。”又引定公六年，公叔文子谏卫侯：“天将多阳虎之罪以毙之，君姑待之，若何？”再引《韩非子·说林下》，有与悍者邻，欲卖宅避之。人曰：“是其贯将满矣，子姑待之。”钱先生具引之后申论说：“‘待’之时义大矣哉。‘待’者，待恶贯之满盈、时机之成熟也。”然后又引《汉书·五行志》董仲舒之对策：“鲁定公、哀公时，季氏之恶已熟。”《孟子·告子上》以麰麦喻人性：“至于日至之时，皆熟矣。”这就如同郑庄公等待到共叔段谋反在即，并得知其起事的具体日期，于是下定决心，说：“可矣！”也就是可作为的时机真正成熟了。

钱先生接着又引《史记·韩信卢绾传》：“太史公曰：‘于戏悲夫，夫计之生熟成败，于人也深矣！’”以及《北齐书·陆法和传》里的陆氏发为议论：“凡人取果，宜待熟时，不撩自落，檀越但待候景熟。”抑犹未尽，更引西典助发，一是文艺复兴时期意大利政论家的“待熟”之说，二是培根论“待”时提出的“机缘有生熟”，三是孟德斯鸠论修改法律，提出“筹备之功须数百载，待诸事成熟，则变革于一旦”，四是一名李伐洛者，认为“人事亦有时季，若物候然”。[1] 中西古典万箭齐发，齐来会战，“待”之一词被包围得水泄不通，只好俯首就擒。

---

[1] 钱锺书：《管锥编》，生活·读书·新知三联书店，第 276—277 页。

其实所谓“待之”，就是为人举事，要讲究条件和时机。而时机须由条件来酝酿。舍此二端，急于从事，揠苗助长，冒行躁进；或灰心气沮，知难而返，坐失良机，都是不明不智的表现，亦即尚不懂钱先生反复阐释的这个“大矣哉”的“待”字。

钱先生又引清儒之言写道：“乾嘉‘朴学’教人，必知字之诂，而后识句之意，识句之意，而后通全篇之义，进而窥全书之指。虽然，是特一边耳，亦只初桄耳。复须解全篇之义乃至全书之指（‘志’），庶得以定某句之意（‘词’），解全句之意，庶得以定某字之诂（‘文’）；或并须晓会作者立言之宗尚、当时流行之文风，以及修词异宜之著述体裁，方概知全篇或全书之指归。积小以明大，而又举大以贯小；推末以至本，而又探本以穷末：交互往复，庶几乎义解圆足而免于偏枯。”[1] 这也就是乾嘉学者何以重视小学的原因。小学是进入经学的阶梯，故“读书必先识字”是清儒的常谈。小学包括文字学、训诂学、音韵学，即读书进学，首在认识字，知读音，明义训。然后再由小学进入经学。经学的旨归在义理，就进到中国传统学问最高的形上之境了。钱先生把这一过程概括为“积小以明大，而又举大以贯小；推末以至本，而又探本以穷末”。此亦即西哲所说的“循环阐释”。钱先生告诉我们，阐释的方式或有中西的不同，但阐释学，中西宜有共理。钱氏阐释学，明显带有经典阐释的特点，既吸收了西方的理论范式，又直承中国传统传注义疏的阐释传统。

他学问构成的第二脉分，是学术思想史的内容。绝不光是

---

[1] 钱锺书：《管锥编》，生活·读书·新知三联书店，第 281 页。

文学，他的学问早已超越单一的文学一科。特别《管锥编》一书，处理的主要是学术史的问题。他选出来作为研究案例的那些典范著作，《周易》《毛诗》《左传》《史记》《老子》《列子》《焦氏易林》《楚辞》《太平广记》《全上古三代秦汉三国六朝文》，涵盖了传统四部之学的最精要的内容。他丝毫没有轻视作为我国固有学术统领地位的经史之学，而是将其置于先位来加以研究。《诗经》《易经》均可分称为六经之首，《左传》是《春秋》三传中最重要的一传。而《焦氏易林》的列入，则是钱先生的所好，喜其文辞古雅，诗意馥馥。钱先生虽出身中西文学，其经史之学的根底岂可限量哉。只不过他解"经"的方法不仅与清儒不同，与昔日的时流亦迥然有别而已。他的"经解"，集部之学并为入室阶梯。

钱先生学问构成的第三脉分的内容，是中国诗学，这是他学问结构中最重要的部分。他喜欢诗，长于写诗，有诗眼，也有诗心。他的精神意象在诗里边存活并得到再生。他的笔触一旦进入中国诗学，他自由得如同水里面的鱼，欢悦而快乐，似乎有无穷无尽对诗学的独得之秘，顷刻化作语言文辞的泉水，重叠交会，喷涌而出。《谈艺录》就是一部关于中国诗学的大著述。还有可与专著相埒的诗论《中国诗与中国画》，以及《诗可以怨》。《通感》其实也是一篇诗学的会通之作。《宋诗选注》虽受到彼时精神环境的限制，未能畅意发抒，被他称为"模糊的铜镜"，但经钱先生手泽润色，自有他人所不及的佳风景。他诗学的义理情愫所钟，是为宋诗，自己为诗也是宋诗的风致。但《谈艺录》论诗，唐宋之别，不以历史时段，而以"体格性分"。对清末同光体诸人，是非得失均看得清爽，不掩善，也不护短。钱之诗论，通贯古今，兼采中西，旁征博引，胜解如云。我未见有另外的诗评家能和钱先生对中国诗学的贡献相比伦。老辈如陈石遗，终因缺少西学根底，不能不让钱一箭之地。杨绛先生也说："他酷爱诗。我国的旧体诗之外，西洋德、意、英、法原文诗他熟读的真不少，诗的意境是他深有体会的。"[1]

他学问构成的第四脉分，是文体修辞学。钱先生无疑是修辞高手，甚或圣手。他的言语文辞的讲究，见于他所有各体著作。丰赡、睿智、幽默的特点充溢字里行间。不妨一读他的散文《人兽鬼》《写在人生边上》，以及长篇小说《围城》，他的独特的修辞风格，踵武前贤而不袭前贤，迥异时流而无法模仿，开篇即知此为"钱氏体"。《谈艺录》等涉及文评诗话的学理文章写作，《管锥编》所展示的经典诠释系统，都是自家体貌，古今中外的要言妙道齐来登场，共同搬演中国诗学和中国学术的传奇大戏。

钱锺书先生的学问呈现方式，体现了古今文体的兼美。如果是白话，他使用的是典雅的白话，不是通俗的白话。文字里带有诙谐的隐喻，和繁富扬厉的比类观照。"典雅的白话"，是我的概括语，自认比较确切。如果是文言，他使用的是典雅的文言。至于在什么情况下使用文言，我的理解是，《谈艺录》《管锥编》有大量原典引用，所引原典都是文言，如果述论者以白话来阐释文言，繁简失序，两不相融，必令文体不相统一。这在常人不成为问题，在钱先生则情非所愿。现在史学界正在组织人写清史，

[1] 《管锥编》，杨绛序，写于1997年，生活·读书·新知三联书店。

我的老师戴逸先生主持该项目。原来的《清史稿》自然多有舛误，但当时撰写《清史稿》的那些作者，可都是一时之选，譬如赵尔巽等，学问文章相当入流。现在写清史，如果用浅近的白话，只能无限地扩大篇幅，史著的味道，过去二十四史的味道，就没有了。

钱先生撰写《谈艺录》和《管锥编》，以他对文体修辞之道的精熟老到，自然懂得，如果用白话通释文言典藏，无异于在茶水里兑上白开水。他深知不同的研究对象，不同的域区类属，宜乎以不同的文体来加以呈现。而中国的文评诗话，他认为向无定体。《谈艺录》的方式，应归于中国的文评诗话之属，文体上叫“诗文评”。钱先生说过，“文评诗品，本无定体”。陆机的《文赋》是赋体，杜甫的《戏为六绝句》是诗体，郑板桥的《述诗》、潘德舆的《读太白集》《读子美集》，是词体。钱先生说，“或以赋，或以诗，或以词，皆有月旦藻鉴之用，小说亦未尝不可”[1]。小说也可以用来评文论诗，古典小说如《红楼梦》《儒林外史》《镜花缘》，事例多有，而《围城》发抒此道，尤见文体修辞家的法眼机杼。

钱氏修辞典则：“说破乏味”

钱锺书先生认为，“遮言为深，表言为浅”[2]。他的修辞典则是：“说破乏味。”其实就是含蓄为美。所谓行文典雅，语言使

[1]　钱锺书：《管锥编》，生活·读书·新知三联书店，第1002页。
[2]　同上，第840页，引《宗镜录》。

用的诀窍，是为不露，是为含蓄。有人说，钱先生的著作不见义理，光引那么多故书，意欲何为。其实钱著充满了义蕴理趣，到处都是创发的观点和独出的见解，思想的烛光照亮著论全体。如果钱著没有思理意蕴，他就不会拥有那么多读者了。只不过他不喜欢空疏著论，而是善用遮言和隐喻，将理趣意蕴寓于古今典例故事的征引叙述之中。也就是不把问题全都“说破”，点到为止，引而不发，留给读者以三隅反的空间，是为钱氏修辞学的特点。所以他特别提醒：“善运不亚善创，初无须词尽己出也。”[1] 钱先生的名言是：“不道破以见巧思。”[2] 并且引吴文溥《南野堂笔记》里的诗句作为例证：“怕闻桥名郎信断，愁看山影妾身孤。”把西湖的断桥和孤山巧妙地织入诗的语句中，以自然风景映衬人的心情意绪。怕听到“断桥”的桥名，是担心爱恋的对象音书断绝；愁看“孤山”，是因为看到孤山的山影，会联想到己身的孤单。钱先生本人的文学写作，何尝不是如此。重峦叠嶂，溪流百转，山穷水复，柳暗花明，文心诗笔，吊诡有术，趣味无穷。《管锥编》卷《焦氏易林》“大有”引晋李颙的《雷赋》云：“审其体势，观其曲折，轻如伐鼓，轰若走辙。”钱先生认为，斯雷鼓之喻，还未能尽“声势之殊相”，只有《易林》以声声相续为声声相“逐”，“活泼连绵，音态不特如轮之转，抑如后浪之趁前浪，兼轮之滚滚与浪之滚滚，钟嵘所谓‘几乎一字千金’，可以移品。”这段话，“移品”钱氏的文体修辞，虽不中亦不远矣。钱先

[1] 钱锺书：《管锥编》，生活·读书·新知三联书店，第 371 页。

[2] 同上，第 2364 页。

生又引杜句“青山意不尽，滚滚上牛头”，状其“峰峦衔接，弥望无已，如浪花相追逐”，以及岑参诗句“连山若波涛，奔凑似朝东”，是又将此意境推至无穷。自然也可以“移品”钱锺书先生。以是之故，唯懂得了钱氏的学问方式和修辞典则，才能懂得他学问本身；反之亦复如是，懂得他的学问内涵和理蕴，才能知晓他的不与人同的学问呈现方式和修辞法则。

学者的立身行事，也为钱锺书先生所关注。他有一个信守不移的观念，就是学者最忌出位之思。学问做到一定程度，会明白一个浅显的道理：对自己不了解的问题不应该也不必发言。这其实是学者的自知之明和理性自觉。知不知道对哪些问题自己不具备发言条件，考验一个学人学问的知性程度。《谈艺录》初版于1948年，到80年代才第一次重印。三十多年的时光，他不是没有机会再行出版此书。1965年，北京和上海的出版社都曾向他提出申请，他一律予以婉拒。1982年重印此书，他道出个中原委：“壮悔兹甚，藏拙为幸。”[1]他深谙避世避俗之道。“隐身适成引目之具，自障偏有自彰之效，相反相成，同体岐用”[2]的哲理，为他所深谙。杨绛先生也写过《隐身衣》。但钱锺书不是隐者，他不同于马一浮。马先生是真正的隐士，长期在西湖，住陋巷，不入讲舍。钱先生也不入讲舍，但他有许多青年朋友，对文坛世相的了解出于很多人的想象。我跟钱先生并无接触，但一次他在信中，称我和内子是“文章知己，患难夫妻”。不晓得他是如何知道的

[1]　钱锺书：《谈艺录》引言，中华书局，1984年。
[2]　钱锺书：《管锥编》，生活·读书·新知三联书店，第10页。

不入正传的“野史掌故”，我们夫妇因此非常感念他。钱先生不是隐者，只是“默存”而已。

向钱锺书要什么

探讨钱锺书先生的学问方式，还必须讲几句不能不说的话。就是你想向钱先生要什么？20 世纪 60 年代初，有一本流行的书，是苏联的作家柯切托夫写的，叫《你到底要什么》，一本反思苏俄正统的书。但是它的书名我很感兴趣。对钱先生，也有个到底要什么的问题。本文开始提到的那位说钱先生是杂耍艺人的文章，他要的是钱先生自己不想要更不想做的东西。

钱先生不是革命家，不是政治家，也不是游旋于政学两界的人。你向他要革命，他没有。要政治，他不喜欢谈。要亦学亦政，他反对这种骑墙式的人生状态。他是非常单纯的学者。不应该向他要这些反其道而行之的东西。你要他出头？参与街头政治？他不愿意那样做。换句话说，他不是梁任公，他不是冯友兰。冯友兰先生的学问当然很好，30 年代的《中国哲学史》，上、下两大册，陈寅恪先生评价很高。抗战时期的“贞元六书”，构建自己的哲学体系，也是开创性的建树。冯友兰的学术成就，没人能够否定。但冯先生一生于学问之外，有不能忘情于政治的一面，所以容易遭受各种訾议。但我不赞成否定这位杰出的大哲学史家，到现在我给学生开书目，他的《中国哲学简史》，还是必读书。

但钱先生不是冯友兰，他没有投身政治活动的激进的经历。他和熊十力也不一样。熊十力是新儒家的领军。我们讲熊十力、马一浮、梁漱溟，是新儒家的三圣。但熊十力早年投身国民革命，参加过起义，行伍出身，学问资历不高，但他的学问成就是一流的。钱先生没有参加过革命，甚至学生运动他也不是很赞成。要知道，他的尊人钱基博老先生，也不赞成学生搞运动。钱穆钱宾四先生，也不赞成年轻学生参政，他们认为学生主要是读好书，积累知识学问以备将来有用于家国，或至少有益于世道人心。陈寅恪先生就是这样的主张。但他不涉身政治，不等于不懂政治，他的信念和信仰非常牢固。如果对政治有看法，也是通过学问的途径来表达，不轻易做出位之思。

钱锺书先生所以养成宁静的不旁骛的治学心态，固然由于对学问本身的如同宿契般的兴趣，还由于他很早就获得了终生不渝的爱情。爱情是一副良好的安定剂。躁动不安的青年时期，让他得到了安宁。80 年代中期，我参加厦门大学的一个研讨会，当时有幸拜望郑朝宗先生。我去拜访他，是由于正在研究钱锺书。我向郑先生提出一个问题：以钱先生的睿智和锋芒无法掩藏的性格，1957 年的风雨环境他何以能够平安度过。郑朝宗先生用很大的声音说：那是由于他有杨绛先生。他有了杨绛，觉得什么都有了，何须外求。我认为郑先生讲的是知钱知人生知爱情之言。

古典意味的学术自由主义

关于钱先生的学术成就，除了众多的具体学科门类的学术创获之外，在学术观念上的一大贡献，是打破了中外学问的神秘。他告诉大家，中国的学问没有那么神秘，不像传说的那样遥不可及。有人说钱先生的著作不免有卖弄学问之嫌，我以为是看错了。其实他是把被人神秘化的学问，打破了锦囊，揭开了谜底。他似乎在说，人们奉若神明的那些学问，并没有什么了不起，东西就那么多，难点也可以数出来。我相信他内心有这个东西。另外一点，他虽然不缺少整体把握的能力，但他绝不想构建框架完整的体系。这一点恰好是中国学问的方式。中国的先哲，从不以构建体系为能事。只有少数例外，一个是《文心雕龙》，不能不承认这是一部具有完整的理论体系的著作。这和其作者刘勰受到佛理的影响有关。还有宋代朱熹的哲学，是有一个理学的理论体系的。除此之外，即使古代圣贤，也很难说建立了完整的理论体系。

但不构建体系，不等于乏于辩证思维。《管锥编》开篇"论易之三名"，引皇侃《论语义疏》的自序："一云'伦'者次也，言此书事义相生，首末相次也；二云'伦'者理也，言此书之中蕴含万理也；三云'伦'者纶也，言此书经纶今古也；四云'伦'者轮也，言此书义旨周备，圆转无穷，如车之轮也。"钱先生于此写道："胥征不仅一字能涵多意，抑且数意可以同时并用，'合诸科'于'一言'。"具道吾国语文的特点。然后又说："黑格尔尝鄙薄吾国语文，以为不宜思辨，又自夸德语能冥契道妙，举'奥伏赫变'（Aufheben）为例，以相反两意融会于一字（外文省略——笔者），拉丁文中亦无义蕴深富尔许者（省略同前）。其不知汉语，不必责也；无知而掉以轻心，发为高论，又老师巨子之常态惯技，无足怪也；然而遂使东西海之名理同者如南北海之马牛风，则不得不为承学之士惜之。”[1]嗣后遍举中西典例进而阐说，于是又言：“语出双关，文蕴两意，乃诙谐之惯事，固词章所优为，义理亦有之。”[2]此论虽为畅述中国语文的思辩功能，也可以理解为钱先生对自己著述体例的理蕴自道。

钱先生还告诉我们，中国的东西不是独得之秘，正如西方有“奥伏赫变”，中国也有相应的理趣。我们中国有的，域外之文化渊深之国度，并不是没有。人类的奇思妙想的智慧结晶，中国人、外国人常常不约而同。所以学术思想上才有“轴心时代”的提出，亦即全世界最早出现第一流思想家的时代，都是在纪元前 8 世纪到 5 世纪左右，佛祖释迦牟尼，中国的孔子和老子，古希腊的苏格拉底、柏拉图、亚里士多德，都产生于此一时间段。钱先生的名言是：“东海西海，心理攸同；南学北学，道术未裂。”[3]他的著作里充满了“貌异心同”这样的话。比较文化学所追寻的，归根结底是尚同。人类的相同点远远多于不同之处。持续在那里讲不同，互相标异，就要打架了。追求同，可以使人类走向和解。主张尚同，能把学问做大。标异的学问，是小家气的学问。钱先生没有观念预设，因此没有预设的观念和方法的框框，秉持的是一种带有古典意味的学术自由主义。这是我研究钱先生提出的一个概念，叫“带有古典意味的学术自由主义”。他是学术自由主义，他的思想极端自由，文体极端自由，表达极端自由。但他是典雅的古典自由主义，或云具有古典意味的学术自由主义。

---

[1] 钱锺书：《管锥编》，生活·读书·新知三联书店，第 4 页。

[2] 同上，第 7 页。

[3] 钱锺书：《谈艺录》序。

陈寅恪先生相信可以重构历史的真相，但是钱锺书先生认为，写自己个人的历史，都难以复原历史的本真，因此他不相信任何一种回忆录。陈寅恪认为历史真相可以重构，不是徒托空言，而是有他的学术实践。他的《柳如是别传》，就把钱（牧斋）、柳（如是）和柳（如是）、陈（子龙）的交错复杂的关系，复原重构得如同回到历史的现场。陈的考证，做到了他自己提出的需要有艺术家欣赏古代绘画雕刻之眼光和精神。钱先生当然也具备这样的眼光和精神，他本人就是充满想象力的艺术家，但是他与陈寅恪先生的看法有异。有人说钱先生对家国世事人生关怀不够。这里举一个例子，即他在阐释《左传》的时候，引用《左传》昭公十年，“可以无学，无学不害”，这是在说什么呢？另外他引《老子》六十五章：“古之善为道者，非以明民，将以愚之，民之难治，以其智多。”又引《论语》“民可使由之，不可使知之”，郑玄注所引《春秋繁露》“民，暝也”。更引宋晁说之《嵩山文集》卷十三《儒言》里的话：“秦焚诗书，坑学士，欲愚其民，自谓其术善矣。盖后世又有善焉者。其于诗书则自为一说，以授学者，观其向背而宠辱之，因以尊其所能而增其气焰，因其党与而世其名位，使才者颛而拙，智者固而愚矣。”[1] 钱先生说，此晁之论，是为反对王安石的“新学”而发。这些考论阐证究系何义，世不乏善读钱书者，自当通解真切，无待我言。

[1] 钱锺书：《管锥编》，第386—387页。

钱锺书与陈寅恪的异同

吴宓20世纪30年代初在清华园，一次谈起学问人才，说年龄大一些的要数陈寅恪，年轻的首推钱锺书。陈、钱都是有识人慧眼的吴雨僧所欣赏的人物。陈生于1890年，钱生于1910年，相差二十岁。陈、钱并非齐名，但常为人所并提。并提是缘于学，而忘记岁年。

陈、钱为学的共同特点，一是都精通多种文字。过去研究者说陈寅恪懂二十几种文字，后来汪荣祖先生分析，认为有十六七种。陈掌握外域文字的独异处，是通晓一些稀有文字，如蒙文、藏文、巴利文、西夏文、突厥文等。他研习蒙文和藏文，是为了读佛经。不了解蒙、藏文，对佛经的原典不能有真切的了解。后来他在清华任教的时候，仍然每礼拜进城向钢和泰学习梵文。钱先生也懂多种文字，包括英、法、德、意、西班牙等国文字，还有梵文。他的懂，是通晓无碍，使用熟练，可写可说。杨绛先生整理的《钱锺书手稿集》，三大厚册，两千五百多页，经由商务印书馆于2003年出版。里面的读书笔记，很多都是各种文字交互使用。其次是，他们都具有惊人的记忆力，读书广博，中西典籍，过目不忘。此两点可以证明，陈、钱都是学问天才。第三，他们都出身于名门，得益于家学传统。陈的祖父陈宝箴、父尊陈三立，是晚清学殖深厚的名宦，吏能和诗文为当时胜流所称道。钱的尊人钱基博子泉先生，是风清学厚的国学大师。强为区分，则陈寅老的出身，不独名门亦为高门。

不同之处是，陈的学问，直承乾嘉，钱则受外域学术的影响比较深在。我们在陈寅恪的著作中，很少看到西方学术观念和方法的直接使用。可是又不能不承认，陈的西学训练非常之好。他在德国学习研究的时间最长，很多人说他受到德国史学家兰克的影响。我有一次在德国，特别就这个问题向几位研究德国史学的教授请教，他们说没有看到具体证据。只是相信陈的史学考证，可能是受了当时欧洲实证主义史学思潮的影响，特别是兰克史学。钱锺书先生不同，他的著作融中外于一炉，大量直接引用各种西方典籍。他是把中外学问一体看待的，用不同的文字阐释不同问题的相同理念。如果不把钱的学问方式，称作比较文学或比较文化学研究，用他自己喜欢的说法，应该是求得中外学问的打通。

陈寅恪先生跟钱锺书先生为学的不同，主要在科业门类的专攻方面。陈的专业根基在史学，钱的专业根基在文学和诗学。但他们都是通儒，在打通文史、贯通中西这点上，是相同的。陈的方法是用诗文来证史，文史兼考，交互贯通。钱的方法是打通文史，中西会通。只有在极特殊的情况下，需要细读深思，才可能发现，陈的著作中不是没有西学的痕迹。譬如他给冯友兰的《中国哲学史》写的审查报告，中间使用了“结构”一词。这个概念百分之百是西方的。陈先生不慎露出了一点西学的马脚。陈先生还有几篇涉及比较语言学的文章，使用了西方的学理概念。他对比较语言学情有独钟，尤其在与刘文典论国文试题的信里，谈得集中。傅斯年当年在中研院建立历史语言研究所，跟陈有一定关系，他们都受到德国比较语言学的影响。现在台湾“中研院”的历史语言研究所，名称一直没有改变。张光直先生担任“中研院”副院长的时候，曾经考虑，索性将历史语言研究所一分为三，语言的归语言，历史的归历史，考古的归考古。当时我恰好在那里访学，他请我在史语所讲陈寅恪。我特别讲到，我顺便提个建议，史语所的名称似乎不应该改。张先生当时在场。后来他私下跟我说，你的想法可能“获胜”，因为史语所很多老人都不同意改。

陈寅恪先生的著作里，西学的影响不轻易流露。钱先生的著作则融中西理论典例于一炉，处处引用，一再引用，引得不亦乐乎。我们作为晚生后学，读他们的书，感到是一种难得的享受。我读钱先生书，四个字：忍俊不禁。学理，是严肃的，学问方式，是调皮的、幽默的。读得一个人老想窃笑。读陈的书，也有叫我窃笑的时候，他考证到佳绝处，直接走出来与古人调侃对话。

陈的《柳如是别传》，把柳如是和陈子龙的爱情，钱谦益和柳如是的婚姻爱情，写得极其细致入微，当事人的爱情心理都写出来了。钱柳半野堂初晤后，互有赠诗，且钱牧斋已为柳修筑新屋。此时，曾“追陪”柳如是不离不舍的嘉定诗老程孟阳来到钱府，钱柳当时之关系他无所知闻，显然处境相当尴尬。强颜和诗钱柳，诗题作《半野堂喜值柳如是，用牧翁韵奉赠》。寅恪先生考证，诗题的“喜”字系钱牧斋所加。然后发为论议写道：“虽在牧斋为喜，恐在松圆（程号松圆）转为悲矣。”[1] 又此前《别传》亦曾考证，程氏尝往吊追逐柳如是最力的谢象三的已过时的母丧，目的是希望得到谢的周济。因明末的一些“山人”，寅老说，都难免有此种德性。行笔至此，寅恪先生下断语曰：“益信松圆谋

[1]　陈寅恪：《柳如是别传》，生活·读书·新知三联书店，第529页。

身之拙，河东君害人之深也。”[1] 史家的职司，文学的能事；文学的职司，史家的能事，陈、钱两大师悉皆具备。

钱陈辨华夷

不妨举几宗中国史上的典型学案，以见陈、钱诠解的异同。陈寅恪学术思想的一项重要内容，是关于种族与文化的学说。这是他学术思想里面的一个核心义旨。他认为文化高于种族。所谓胡化和华化的问题，是文化的问题，不是种族的问题。他的《隋唐制度渊源略论稿》和《唐代政治史述论稿》两书，以很多考证来辨明此义。晚年写《柳如是别传》，又特别标明，当年他引用圣人“有教无类”之义，来阐释文化与种族的关系。“类”即种族，“教”是文化。“有教无类”，即是文化高于种族之意。[2] 这是他贯彻一生的学术理念。

这个理念的重要性在于，它至今不过时，今天仍然有现实的和现代的意义。如果我们了解陈寅恪的这一学说，就会知道前些年哈佛大学亨廷顿教授的“文明冲突论”不过是一隅之词。亨廷顿说，冷战后的世界，文明的冲突占主要地位，西方文化跟伊斯兰的冲突，跟儒教文明的冲突，将成为左右世界格局的动因。他只看到了文化的冲突，没有看到文化的融合和人类文化追求的尚同。他不了解大史学家陈寅恪的著作，自然不懂得文化高于种族的道理。

---

[1] 陈寅恪：《柳如是别传》，生活 · 读书 · 新知三联书店，第 233 页。

[2] 参阅拙著《陈寅恪的学说》，生活 · 读书 · 新知三联书店，2014 年，第 82—109 页。

但我这里传递一个学术信息，钱锺书先生也如是说。他说华夷之辨在历史上没有确指，其断限在于礼教，而不单指种族。例证是汉人自称华，称鲜卑是胡虏；可是魏的鲜卑也自称华，而说柔然是夷虏。后来南宋人称金是夷狄，金称蒙古是夷狄，金自己也是夷狄。钱先生的引证，很多是陈先生引用过的。但我相信钱先生一定是自己看到的材料，而不是使用陈的材料。他们是不约而冥合，读书广博，取证雷同。《北齐书》的"杜弼传"，记载高祖对杜弼说，"江东复有一吴儿老翁萧衍者，专事衣冠礼乐，中原士大夫望之以为正朔所在"。钱先生说，这是"口有憾，而心实慕之"。[1] 这是钱先生的解释。同样这个例子，陈寅恪先生的称引不止一次，此为陈的说史常谈。

钱先生引《全唐文》卷六百八十六皇甫湜的《东晋元魏正闰论》一文，其中谓："所以为中国者，礼义也；所谓夷狄者，无礼义也。岂系于地哉？杞用夷礼，杞即夷矣；子居九夷，夷不陋矣。"[2] 显然具有更直接的说服力。然后钱先生又引《全唐文》卷七百六十七陈黯的《华心》一文："以地言之，则有华夷也。以教言，亦有华夷乎？夫华夷者，辨在乎心，辨心在察其趣向。有生于中州而行戾乎礼义，是形华而心夷也；生于夷域而行合乎礼义，是形夷而心华也。"[3] 钱后来对此节作增订，又引元稹《新题乐府·缚戎人》："自古此冤应未有，汉心汉语吐蕃身。"钱先生说这是汉人"没落蕃中"者。不是由于地域，而是由于文化。钱

[1] 钱锺书：《管锥编》，生活·读书·新知三联书店，第 2310 页。
[2] 同上，第 2311 页。
[3] 同上。

并标出英文为注，写道："华夷非族类（ethnos）之殊，而亦礼教（ethos）之辩。"[1]

陈、钱在华夷之辨问题上，机杼相同，理路相同，结论相同。但我发现，钱先生的引证，增加了许多文学方面的资料。陈先生在华夷之辨问题上，在种族与文化的引证中，虽也引证元稹和白居易的诗作，但主要是新旧两《唐书》和其他史籍的材料，这是由于他们为学的专业类分各有专攻也。

陈钱的文体论

陈、钱的学问里面，都包含有文体论的内容。他们对文体的重视是惊人的，此点大大异于其他人文学者。但陈、钱文体论的侧重点虽有不同，都是文体革新派则一。他们都主张文无定体，不拘一格，力倡文体革新。钱先生在《谈艺录》里对韩愈的"以文为诗"，给予肯定，并引申为说："文章之革故鼎新，道无他，曰以不文为文，以文为诗而已。"[2] 升华了文章学和诗学的理论容度。陈先生论韩柳与古文运动，对韩愈的"以文为诗"更是大加称赏。他说："退之之古文乃用先秦、两汉之文体，改作唐代当时民间流行之小说，欲藉之一扫腐化僵化不适用于人生之骈体文，作此尝试而能成功者，故名虽复古，实则通今，在当时为最便宜

[1] 钱锺书：《管锥编》，生活·读书·新知三联书店，第2311页。
[2] 钱锺书：《谈艺录》，中华书局，1984年，第29—30页。

传，甚合实际之文体也。”[1] 对韩愈的评价比钱还高。

陈的《论韩愈》写于20世纪50年代初，发表于《历史研究》，钱肯定会看到此文。有意思的是，钱先生也一直有写一篇专论韩愈的文章的打算[2]，可惜未及动笔而斯人已逝，真是遗憾之至。否则陈、钱两大家共论“文起八代之衰”的文雄韩愈，各出以巨文，该是何等好看。

对野史小说可否考史的问题，陈、钱的看法约略相同。陈在此一方面持论甚坚，其《顺宗实录与续玄怪录》一文，可为力证。他说：“通论吾国史料，大抵私家纂述易流于诬妄，而官修之书，其病又在多所讳饰，考史事之本末者，苟能于官书及私著等量齐观，详辨而慎取之，则庶几得其真相，而无诬讳之失矣。”[3] 陈著显示，以野史小说来补充正史的不足，是陈先生的史家之能事。钱先生涉及此一问题，他引用司马光《传家集》卷六十三《答范梦得》的说法：“实录正史未必皆可据，野史小说未必皆无凭。”盖其撰《资治通鉴》，即曾采及野史小说。钱先生因此写道：“夫稗史小说，野语街谈，即未可凭以考信人事，亦每足据以觇人情而徵人心，又光未申之义也。”[4] 此可见钱、陈虽都重视野史小说的作用，陈用来直接考史，钱则认为考信人事未必可据，但可以见出当时的人情和人心。

关于不同作者的著作和作品，有时会出现相似甚或相同的见

---

[1] 陈寅恪：《论韩愈》，《金明馆丛稿二编》，生活·读书·新知三联书店，第329—330页。

[2] 杨绛：《钱锺书手稿集》序，商务印书馆，2003年，卷首。

[3] 陈寅恪：《金明馆丛稿二编》，生活·读书·新知三联书店，第81页。

[4] 钱锺书：《管锥编》，生活·读书·新知三联书店，第443页。

解和论述，对此一问题如何看待，钱、陈有不约而同的胜解。艺苑文坛，著作之林，不同的作者居身不同地域，彼此互不通问，但写出来的文章或著作，义旨和结论竟然相似或相同。这种现象如何寻解？是否可径以抄袭目之？陈寅恪先生在《论再生缘》一书中，专门讨论了这个问题。他以他本人和陈垣先生都曾撰文考证杨贵妃入道的时间，而结论不谋而合，以此例来说明发生此种现象的原因。他写道："抗日战争之际，陈垣先生留居京师，主讲辅仁大学。寅恪则旅寄昆明，任教西南联合大学。各撰论文，考杨妃入道年月。是时烽火连天，互不通问，然其结论则不谋而合，实以同用一材料，应有同一之结论，吾两人俱无抄袭之嫌疑也。"[1] 钱先生对此一问题也有类似看法。他在考论《太平广记》一书时，对多种典籍都曾使用以鼋鼍为津梁的典故，是不是存在彼此抄袭仿效的问题，给出了他的论断："造境既同，因势生情，遂复肖似，未必有意踵事相师。"[2] 钱、陈对此一现象，得出了异地易时而同的结论，足可成为学界佳话，而不必怀疑他们是有意"踵事相师"。

附语

陈、钱比论粗毕，兹有一事，向读者交代。即钱、陈论学的文字风格是截然不同的。陈 1969 年离世，显然无缘一睹钱的《管

[1] 陈寅恪：《论再生缘》，生活·读书·新知三联书店，第 87 页。
[2] 钱锺书：《管锥编》，生活·读书·新知三联书店，第 999 页。

锥编》。《谈艺录》1948 年印行于上海，据说陈看过，有好评。陈如何评价钱锺书先生，我们无缘得知。但陈的著作，钱肯定是读过的。如前所说，钱应该读过陈的《论韩愈》。还有《柳如是别传》，钱先生肯定也读过。不过钱对《别传》的著作体式和文辞，似颇不以为然。钱先生在与汪荣祖先生晤面或通信中，流露过这方面的看法。

我对此有一旁证。80 年代末、90 年代初，我和钱先生有通信，他总是有信必复，致使我不敢接写第二封，怕劳烦他再写回函。只有一次，我寄 1990 年第三期《中国文化》给他，他没有回示。因此期刊有我写的《陈寅恪撰写〈柳如是别传〉的学术精神和文化意蕴及文体意义》，文长两万余字，是为第一次系统阐释《别传》的文章。照说钱先生当时会目验此文，并有便笺给我。结果几周过去，声息全无。我意识到，钱先生可能不赞同我的论说。后来汪荣祖兄告以钱对《别传》的态度，始证实我当时的感觉不误。

然我对《柳如是别传》的评价，至今没有变化。反而越研究越知其旨趣不同寻常。就以诗文证史的方法使用和创获而言，此著可谓陈寅恪先生的学术制高点。而就陈先生说诗治史的学术历程来说，《别传》不啻为陈著的最高峰。但这丝毫不影响我对陈、钱这两座现代学术的高峰，经长期研究而秉持的情感价值和学理价值的认同与坚守。

时在甲午腊月二十（西历 2015 年 2 月 8 日）
晚九时写讫于东塾，载 2015 年 4 月 29 日、
5 月 27 日《中华读书报》

社会变革中的文化制衡

——对五四文化启蒙的另一种反省

一

社会变革需要有先进思想的导引，同时也需要常态的文化制衡。这似乎是个矛盾的命题，也可以说是一个悖论。但却与人类社会的发展过程相符，历史从来不曾对此提供否证。

因为社会是个有机体，它在常规运行中，自然会累积自己的文明，从而形成文化秩序。文明的累积，借助于同时也产生着人类的理性和集体智慧。这种理性和集体智慧的平均值，是一个社会成熟与健全的标志。因此社会依其成熟与健全的程度划分为不同的历史段落；同一历史阶段的不同社会形态，具有各自相同或相异的文化秩序。

文化秩序也发生变异。特别当两种文化交接、受到异质文化冲击时会产生文化震荡。但就其本性而言，文化秩序是稳定的，每个民族的根性即深藏其中，并通过理性的网络形成社会的恒常状态，使盘根错节的社会机体达成完形，不至于突然之间失去平衡。文化秩序的变异，只能是渐变，不应该是突变。突变的结果，是历史走弯路，变等于不变。如同一颗巨石投入平静的湖面，溅起浪花，形成漩涡，化作涟漪，最后仍复归平静，重新形成表面张力。这就是由猿变人经历了漫长的过程、人类社会的发展何以如此缓慢的原因。

所以对文化能否进行革命，是大可怀疑的问题。

事实上，除了十月革命后的苏联和后来的中国，世界上很少有哪个国家大张旗鼓地进行过文化革命。马克思、恩格斯的文献里也没有文化革命的提法。思想、哲学观点，可以根据实践的进展，改变思考路径，更新观念，但不能要求很快地更新文化。文化有不可选择的一面，如同孩子不能选择母亲。文化是一种生活方式，生活方式的改变当然是缓慢的。中国的汉唐文化、欧洲的文艺复兴运动都是文化的渐变过程，是长期积累的结果，不是人为的强力所致。历史表明，强行改变一种文化秩序，后果不堪设想，至少会造成文化断裂或文化的水土流失。“文革”后遗症至今我们还在蒙受，其原因就在这里。至于不同的文化系统之间的交流、融会和撞击，在一个开放的社会里是经常发生的，这是正常的文化传播和文化濡化的过程，不是强行改变而是刺激和完善一定社会的文化秩序。

二

这里有必要对文化秩序的概念进一步略加界说。

我所说的文化秩序，是指与一定的生产力水准相联系的人类行为的规则链，特别是社会成员生活方式的文明程度和普遍的理性水平是文化秩序的重要标志。因此它直接涉及全民教育和法制建设，这是一个社会的文化秩序正常与否的必要前提。文化秩序系由传统累积而成。国家意志在文化秩序面前也要屈尊以降。事实上，国家与法只有与文化秩序相适应，才能保证该社会是一个健全的社会。不是说不需要社会革命，但任何成熟的社会革命，必不以牺牲人类创造的文化成果为代价；相反，倒是需要有相应的文化秩序为其准备条件。法国 1789 年大革命最为典型。早在革命前，启蒙学者们就发动了使全社会觉醒起来的启蒙运动，已经建立了充满理性精神的新的文化秩序。革命后不是打破而是更加完善了这种文化秩序。所以法国大革命，尽管历史思想学者也在反思，甚至质疑其合理性。但法国大革命并没有破坏前此的具有理性精神的文化秩序，这是它的可以立定脚跟向后来者告白的地方。只有不成熟的社会革命，才去摧毁文化，或者企图从根本上破坏原来的文化秩序。反过来也可以说，凡是没有相应的文化秩序为其奠基的社会革命，一般都是不够成熟的革命。而不成熟的革命是要付出代价的，不仅使人类文明遭到破坏，更主要是在革命后，人民不得不饱尝由不成熟带来的种种苦果，直至“眼前无路想回头”，又去做革命前应该做而没有做的事情。

这反映出历史的不可超越性，同时也就是文化的超越性。人类的文化秩序并不简单地依党派观念和国家的政治权力为转移。人固然创造文化，文化也制约着人类。只不过人类太自信了，难免有时执着于社会变革，却不承认或者忽略了文化秩序对社会变革的制衡作用。

也许这就是人类社会有时处于非常规运行的原因。人们历史相沿，习以为常，把非常规当作了常规。作为补偿，历史的非常规运行为文学艺术之花的开放提供了异样的土壤，使人类的生命意识增加了悲剧感。按照恩格斯的说法，具有美学意义的悲剧冲突，是“历史的必然要求与这个要求实际上不可能实现之间”[1]的冲突；知其不可而为之，方能产生悲剧人物。失之东隅，收之桑榆。当理性失去平衡的时候，却培育了感觉艺术的能力；社会虽然越出正常轨道，人们的心理却得到了慰安。于是便造成一种假象，以为进行社会变革的文化条件已经成熟。其实，审美悲壮感的产生，既有对未来的憧憬，也包括对现状的体认；美感本身就有与现实相妥协的因素，即渴望在异境中实现自我观照。因此艺术之花并不如想象的那般坚贞，有时是谁施之以雨露，它就向谁张开笑脸，黄昏和清晨都可以吟唱。有良知的人类，切不可因艺术与文学的一时繁盛而染上文化虚狂症。一个文化秩序不健全的社会，照样可以出现艺术与文学的繁荣，文学艺术虽然也是文化，但只是文化的一种表现，并不是所有的文学艺术作品都能够沉淀为文化。文化成熟的标志是理性的张扬，不是情感的扩张。只有由一般的艺术与文学创作形成艺术生活和文学生活，并且变成整体社会生活的必不可少的组成部分，这样的社会才有可能建立起正常的文化秩序。

文化秩序中既有累积的旧传统，又有正在衍生的新传统，这两部分也是一种互相制衡的关系，通过互相制衡以保持文化发展

[1] 参见恩格斯给斐迪南·拉萨尔的信（1895 年 5 月 18 日），《马克思恩格斯论艺术》第 1 卷，人民文学出版社，1960 年，第 41 页。

的渐进性。从文化的类型来看，可以把构成文化秩序的因素分解成高次元文化和低次元文化。高次元文化是知识的结晶，是时代的思想之光，更富于理性精神，总是率先为社会变革开辟道路，代表着社会前进的方向；低次元文化主要指社会的风俗、习惯，一个民族特有的生活方式，等等，常常是历史惰性力的集中体现，改变起来非常缓慢。前者趋向于人类文化的共相，后者表现为具体文化形态的殊相。两者之间也存在着互相制衡的关系。高次元文化的特点在于能够起而摆脱和超越世俗文化，使自己出污泥而不染，但同时又不能不受制于世俗文化，使自己常常未能免俗。这是非常有趣的文化现象，值得深入探究。

说开来，仍然是文化在制约着人类。至于社会变革受文化秩序的制衡，乃是历史发展的通则，古今中外概莫能外。特别是在今天，历史已处于20世纪末期，旋即进入21世纪，为了给变革准备充分的条件，只是一般地提出建立与变革相适应的文化秩序还不够，必须建立一种可以与世界文化对话的现代文化秩序。

三

中国是个早熟的国家，早在汉朝和唐朝时期，就建立了交通四方的开放社会。王国维在《咏史》二十首中描绘的“南海商船来大食，西京祆寺建波斯。远人尽有如归乐，知是唐家全盛时”[1]的盛唐景象，永远令人缅怀。实际上汉唐文化中已萌生出一定的

[1] 萧艾：《王国维诗词笺校》，湖南人民出版社，1984年，第4页。

现代意识。士阶层的活跃。有名气的知识分子可以傲笑王侯，女性婚恋和寡妇再醮的相对自由，以及广为汲纳异域的文化艺术，都可以作为这方面的例证。到了宋代，城市经济空前繁荣；明代更进一步有了规模宏阔的手工工场和工业作坊。商业网络四通八达，与此相适应则产生了市民文学和商业化的艺术。如果不是北方以游牧为主的蒙古族和女真族先后入主中土，建立元朝和清朝，从中阻断了汉民族文化的正常发展，中国社会走向现代的进程比现在要快得多。

当然中国社会发展缓慢并非只此一因，农民起义不断发生，而又鲜能提出新的纲领，不过是"皇帝轮流做，明年到我家"，结果成了传统社会改朝换代的工具，从历史演进的角度看，不过是传统社会维持自身功能的一种调解器，使传统社会在大的框架内进行小循环，不是推动而是阻滞了中国社会向现代逼近。生产力低下的边族的入主和循环发生的农民起义，对社会经济和文化秩序的打击非常沉重，甚至对文化的正常传承造成梗阻，以至于发生文化断裂。待到重新恢复，往往几十年、上百年过去了，这也就难怪我们的祖先一而再、再而三地被人家抛在后头。而且还不止此。古代中国的文化虽素称发达，但并没有建立起遍及全社会的理性精神。更多的时候，是讲"礼"，而不是讲"理"。《论语》中"礼"字凡七十四见[1]，"理"字一次皆无。《孟子》的"理"字，只出现三次[2]，一次应训为"顺"，另两处是道理和思想的意思，

---

[1] 参见杨伯峻《论语译注》所附之《论语词典》，中华书局，1980年，第311页。

[2] 两处皆见于《孟子·告子上》，另一处见于《孟子·尽心下》，见杨伯峻：《孟子译注》（下），中华书局，第261、330页。

也不是一个单独概念。宋儒笔下“理”字泛滥，致有理学面世，但又主要外衍为人伦、内敛为心性，与社会所必需的理性精神迥然有别。何况笔者所说的理性，不同于中国古代哲学的“理”或“道”的概念。理性须诉诸民智，而民智不一定转化为哲学。中国古代的科学技术后来没有得到进一步的发展，也与缺乏普遍的理性精神有关。实际上，社会理性的标志是健全的法制。我国自古及今法制都不健全，人情大于王法成为通例，说明理性是何等贫弱。

诉诸民智的社会理性的确立，一般应以人的个性获得自由为前提，因此，必须经过启蒙；而中国社会发展的特点，一直到 19 世纪末叶，始终没有过以普及理性精神为标志的像样的启蒙运动。学者中一部分人主张，17 世纪即明清交替时期，王夫之、黄宗羲、顾炎武、唐甄、颜元等思想家的思想属于启蒙主义的范畴；如果此说可信，那也是极微弱的呼声，与意大利的文艺复兴和法国 18 世纪的启蒙思潮根本不能相比。不久，这种极微弱的声音也在清统治者高压政策下奄奄一息，只偶尔在爬梳故纸堆的缝隙中聊放一点毫光，如戴震的《孟子字义疏证》向“以理杀人”提出抗议。《红楼梦》等古典小说表现的一定程度的平等观念和要求个性解放的思想，在当时不无一定的启蒙意义，但影响甚微，远未形成遍及全社会的启蒙运动。这种情况，导因于中国是一以家庭为本位的农业社会，资本主义的生产关系难得成形。同时也由于政教合一的统治结构，知识分子大都走“学而优则仕”的道路，不能从统治集团中分离出来，形不成真正独立的学术传统。按照历史的要求，本应承担起启蒙重任的启蒙者尚在牢笼之中，现代文化秩序之不能建立实属必然。中国古代的文化秩序是宽博而健全的，特别是拥有发达而深厚的民间社会，使看似森然的统治秩序，通过眼睛看不到的社会机制连接着各种各样的透气孔道。然而也许是那些个透气孔过于细小，传统社会始终未能完成向现代的转化。究其原因，显然与缺少一次规模宏阔的全社会的启蒙运动有关。

这里涉及对清王朝历史地位的评价问题。不容否认，清统治者于1644年攻入北京，经过顺治、康熙、雍正至乾隆，前后百年间，经济文化有过巨大的发展，不仅使明末动荡不安的社会秩序趋于稳定，而且出现了后世史家所艳称的“盛世”局面。就国力而言，康、乾时期的清王朝超过明朝，也超过宋朝，几可比肩于唐。但在文化上，则去唐远矣。主要是缺乏文化大国的胸襟。虽然公私文告言必称孔孟程朱，也常常援引汉唐文化盛迹以为荣耀，终有谬续家谱之嫌。说到底，是文化落后的民族入主文化先进区域，心理上难以保持平衡。雍正七年颁布《大义觉迷录》，其中对满汉民族问题最为敏感。雍正强调说：“我朝既仰承天命，为中外生命之主，则所以蒙抚绥爱育者，何得以华夷而有殊视？而中外臣民，既共奉我朝为君，则所以归诚效顺，尽臣民之道者，尤不得以华夷而有异心。”[1]话虽这么说，实际上满汉之间畛域甚严。乾隆时期满人效仿汉族知识分子吟诗作赋，也要遭到皇帝老子的斥责，认为是熏染汉习，不知敦本务实之道。[2]两种文化之间的冲突，终有清一朝，从未停止过。且不说怀有亡国之痛的明遗民，《红楼梦》的作者曹雪芹生当康熙末年，他的祖上很早就加入旗

[1] 参见萧一山：《清代通史》卷上第六篇，中华书局，1986年影印版，第928页。
[2] 萧一山：《清代通史》卷中，中华书局，1986年影印版，第22—23页。

籍，在从龙入关时立有军功，后来成为皇帝的近臣，他的作品中还不时流露出反满情绪。可见一个民族的文化情绪是何等牢固。何况满汉之间的文化冲突以及由冲突到融合，很多时候是在强力下进行的。如清初的剃发易服，雍正、乾隆时期的文字狱，使汉民族及其知识分子付出了血的代价。开四库馆、编类书，固是大规模的文化举措，对保存古代典籍不无贡献，但其出发点，一方面为了笼络知识分子，另一方面未尝不是做给世人看的，以显示文化的繁荣。考据之风盛行，也不是学术发展的常态，在很大程度上是钳制思想的结果。对外则实行封闭政策，千方百计排拒外来文化。反文化的文化在清代发展到登峰造极的地步。追其原因，往往有满汉文化冲突的深层背景。就版图和国力来说，康、雍、乾时期的清朝是世界大国；但在文化上，则是十足的小国心态。

四

历史的发展形成强烈的反差：当欧洲在教会势力的笼罩下煎熬着中世纪的漫漫长夜，中国迎来了“唐家全盛时”，出现前所未有的文化高峰；当充满理性精神的启蒙运动在 18 世纪的法国如火如荼地展开之时，中国的知识分子正在清朝文字狱的牢笼里呻吟和挣扎。反差的形成，恰好说明文化制衡的重要。而文化一旦被宗教势力或与生产力的发展不相协调的势力所钳制，便不会有正常的文化秩序，社会就容易超常运行。所以，理应在 17、18 世纪发生的启蒙运动，不发生在清朝的鼎盛时期，而是要等到一二百年在清朝被推翻之后的五四时期始得发生，便可以理解了。

但五四文化启蒙带有隔代启蒙的特点，即在20世纪初做18世纪应该做的事，本身是补历史的课，此其一。其二，是在称霸列强枪炮的逼迫下进行启蒙。这两个特点使得五四文化启蒙运动显得慌乱、匆促、紧迫，饥不择食，急于求成，仿佛要在几年内做完几十年、几百年的事情，忽略了文化变异的渐进性。西学东渐发展为来势凶猛的欧风美雨，造成异质文化之间的大碰撞，为五四文化启蒙提供了千载难逢的时代条件。可是，由于来势过于迅猛，迎拒失调，缺少文化的濡化过程，来得快，去得也快。民智有所开发，但没有普及理性。科学与民主两个口号的提出，使五四文化启蒙具有明显的现代色彩，照说可以加速新的文化秩序的建立，但激烈反传统的结果，离开了与民族文化的衔接与传承，使民主与科学流于空洞的口号。东欧的社会主义思潮的传播，无疑给五四文化启蒙增添了新内容，但又急于将思想转化为行动，在社会革命方面取得了突破性的进展，理论却显得准备不足。这样，便注定了五四文化启蒙运动带有先天不足的弱点，从历史发展来看，仍然是一次未完成的文化启蒙运动。

经过五四文化震荡之后，担任启蒙主要角色的知识分子开始分化，一部分化为实际的革命者，暂且不论；另一部分在失望之余则转入深沉的思索。陈寅恪先生1933年在冯友兰的《中国哲学史》审查报告中提出："窃疑中国自今日以后，即使能忠实输入北美或东欧之思想，其结局当亦等于玄奘唯识之学，在吾国思想史上，既不能居最高之地位，且亦终归于歇绝者。其真能于思想上自成系统，有所创获者，必须一方面吸收输入外来之学说，一方面不忘本民族之地位。此二种相反而适相成之态度，乃道教之真精神，新儒家之旧途径，而二千年吾民族与他民族思想接触史之所昭示者也。”[1] 这段话，可以看作是对五四文化启蒙运动的一个总结，同时也是对晚清以来东西方文化冲突的深刻反省，在陈寅恪先生是极沉痛之言。五四文化启蒙未能最后完成，高潮过后，旋即落入低潮，除了政治和经济的原因之外，也有文化本身的原因。陈寅恪先生所论，就是通过回溯中国历史上思想与文化的嬗变，从文化传承的角度提出自己的识见，这在当时不啻为空谷足音，虽然不一定为时尚所理解。所以他在文末写道：“诚知旧酒味酸，而人莫肯酤，姑注于新瓶之底，可乎？”[2] 然而陈寅恪先生的论断，已为近半个多世纪以来的无数事实所验证。一个民族的文化传统是斩不断的。无论何种外来的思想和文化，必须不脱离开本民族的地位，也就是要经过吸收和改造即濡化的过程，否则难以在本民族的土壤上长久驻足。清朝那样的强迫接受不行，一厢情愿地进行灌输也不行。文化的发展是孕育，而不是靠推翻、靠铲除、靠革命。只有从自己民族的传统中衍生出来的思想范畴，才是最富有生命力的观念。这也是一种文化制衡。

钱锺书先生在谈到“闭关自守”“门户开放”这些近代史上人人口滑的说法时，认为这种简洁的公式语言很便于记忆，作为标题或标语，容易上口；但历史进程并不如此按部就班，如同生活中门窗的开法有各种各样：“有时大开着门和窗；有时只开了或半开了窗，却关上门；有时门和窗都紧闭，只留下门缝和钥匙

[1]　陈寅恪：《冯友兰〈中国哲学史〉下册审查报告》，《金明馆丛稿二编》，上海古籍出版社，1980 年，第 252 页。

[2]　同上，第 252 页。

孔透些儿气。门窗洞开，难保屋子里的老弱不伤风着凉；门窗牢闭，又怕屋子里人多，会气闷窒息；门窗半开半掩，也许在效果上反而像男女搞对象的半推半就。”[1] 钱、陈都是学贯中西而又宏通博识的大家，不愧为中国现代学术史上的两大重镇，他们所论绝非泛泛之谈，值得我们深长思之。

五

由此我想到对五四启蒙运动中出现的所谓文化保守主义，应做全面的评价。如果把五四时期的知识分子队伍区分为激进主义、自由主义、保守主义，仅仅指的是思想和政治层面，即对社会变革的一种主张，这种区分是有意义的；如果从学术和文化的角度着眼，则这种区分似过于简单。

如前所说，文化与激进无缘，而学术无所谓保守和不保守。被目为保守主义大本营的《学衡》杂志，以“论究学术，阐求真理，昌明国粹，融化新知”为创刊宗旨[2]，毋宁说倒是与文化本性若合符契。《学衡》撰稿人之一吴宓不赞成简单用进化论的观点解释艺术与文学，认为“人事之学，如历史、政治、文章、美术等，则或系于社会之实境，或由于个人之天才，其发达也，无一定之轨辙，故后来者不必居上，晚出者不必胜前”[3]，不失为思密

[1] 见钱锺书为钟叔河著《走向世界——近代知识分子考察西方的历史》一书所写序言，中华书局，1985 年。

[2] 见《学衡》每期卷首之《学衡杂志简章》。

[3] 吴宓：《论新文化运动》，载《学衡》第 4 期。

理通之论。晚年的章太炎退居为宁静的学者，往往成为遭诟病的口实，但其对中国文化与学术的诚敬和深识，固不宜以保守视之。包括王国维，政治观点诚然保守，可是学术思想和研究方法，反而证明他是中国现代学术的开辟者和奠基者。早在1911年，他就在《国学丛刊序》中提出："学无新旧"，"凡立此名者，均不学之徒，即学焉，而未尝知学者也"[1]。此外，梁漱溟、熊十力、马一浮、汤用彤、梅光迪、柳诒徵、钱穆、钱基博、陈援庵、顾颉刚、黄侃、刘师培等后五四时代名重一时的学者，学术思想及取径和方法容或不同，在坚守以本土文化为宗基方面是一致的。

五四文化启蒙的实绩，表现在诗歌上、小说上，人所共知；人文学科因理论准备不足，鲜为人瞩目。殊不知，五四以来的人文学科是硕果最丰的部门，而许多经受得住时间检验的学术成果系出自上述被视为思想保守的学者之手。梁漱溟特立独行，毕生致力于中国文化的重建，最后成就了作为一个文化人的伟大人格，姑置不论；熊十力则独居深念，穷彻源底，真正在形而上的层次上建立了深邃宏博的知行合一、体用不二的哲学体系，这是20世纪的中国贡献给世界的最伟大的思维成果之一，连语言符号都有自己的特点。马一浮更是少有的纯儒，其思想来源于宋学而又能融通儒佛，宋以后一人而已。钱锺书的成就，也是在"打通"中国学术及中国诗文词曲小说诸种文体的基础上，以求中外文学及东西方学术之"打通"[2]，在学术认知上追寻通识、通解、通感，初

[1] 王国维：《王国维遗书》第四册，卷四第7页。

[2] 钱锺书在给郑朝宗的信中谈道："弟因自思，弟之方法并非（比较文学），in the usual sense of the term，而是求'打通'，以中国文学与外国文学打通，以中国诗文词曲与小说打通。"见郑朝宗：《管锥编作者的自白》，载1987年3月16日《人民日报》。

不以时尚喜好的比较文学为然。要之，这些在学术上能够承继中国学术传统的学者，做到了在剧烈的东西方文化冲突中不忘本民族的地位，其学术建树的实绩，为所谓自由主义或激进主义所未逮。顺便提一下，史家范文澜的学术宗旨大体上也属于这一脉系，只不过他同时也在探索如何将唯物史观与中国传统思想统一起来。

这一脉系的学者都不赞成五四时期不加区分地绝然反传统的做法，但他们又是在五四文化启蒙的熏陶之下取得的学术成就。这并不奇怪。因为他们主张在认知上应把传统中的专制政体和文化秩序分开，对专制政体他们未尝反得不彻底，只是在学术文化层面上有所保留。他们崇尚民主政治，主张学术独立和学术自由。这与政治保守主义和五四前的国粹派有天壤之别。他们所体现的是现代的理性精神和科学的治学方法，所要建立的是现代文化秩序。因此他们的学术似旧而新，初不与五四启蒙精神相隔梗。何况对自由主义和激进主义而言，三者之间也有一种文化制衡的关系。特别是追求学术自由、学术独立这一点，正是建立现代文化秩序和建设现代学术传统所不可或缺者。

中国古代没有学术独立的传统。政教合一的结果，使道统与治统经常相重合。知识分子的普遍心态是读书做官、“学而优则仕”。春秋战国是个例外，由于各诸侯国都以统一天下为目标而不得其法，于是需要士阶层的“不治而议论”[1]，即李斯对荀卿说的：“万方争时，游者事主。”[2] 当此时，知识分子具有相当的独

[1] 参见《史记·田敬仲完世家》。
[2] 《史记·李斯列传》。

立性，说到底是竞争机制在起作用，这个国家不用，另外的国家正翘首以待。秦汉以降，知识分子与国君的蜜月期便结束了，学术不得不沦为政治的附庸。虽然在长期的传统社会中，以正统儒家相标榜、拥学自立的知识分子代不乏人，但作为一种文化传统，中国的知识分子很少有忘情于政治的。这在春秋战国时期也不例外。“孔席不暇暖，墨突不得黔”，还不是忙于参加政治活动？为知识而知识，为学术而学术，中国历史上几乎没有此种观念。尤其近代以来，国家大故迭起，政权更迭频仍，知识分子每每迭入政治旋涡而不能自拔。

当然也可以说这是中国知识分子的优点，有参与意识，与西方的现代知识分子的概念不无暗合。然而欧美等国家的知识分子所以能够参与，是因为他们确立了独立的地位，学术从政治中分离出来而并行不悖，参与而不混同，更不被淹没。中国不同，因为学术不独立，知识分子未获得独立的地位，甚至未能形成独立的人格。在此种背景下，后五四时代的一批被以保守目之的学者，能够潜心学术，追求学术独立，做到物境不自由心境也能自由，确是历史性的进步。这本身就是一种现代意识，与五四文化启蒙的方向完全一致。

六

循此以往，则学术独立并进而建立新学统有日矣。所以钱基博撰写《现代中国文学史长编》以“论治不缘政党，谈艺不入文社”[1]自诩，相信“百年以后，世移势变，是非经久而论定，意气阅世而平心，事过境迁，痛定思痛，必有沉吟反复于吾书，而致戒于天下神器之不可为，国于天地之必有与立者”[2]。钱氏的观点我们不必尽同，其所倡言的知识分子的独立精神，与五四追求学术独立的一脉联系起来，则足可启发后世。

20 世纪 50 年代末开始兴起的海外新儒学也可以看作是此一脉系的继续，其主要人物张君劢本来就是 20 年代科玄论战的主将，其他如牟宗三、唐君毅、徐复观，也都是熊十力先生的门人弟子。他们的思想宗基是以儒学为本的人文主义精神，因此力主学术独立、思想自由，向往民主政治，具有明显的现代色彩。如果认为他们所倡导的是文化保守主义，我以为是看错了。他们是当五四文化震荡之后，传统观念崩溃之时，从学术出发而又超越学术层面，自觉地寻求中国文化与世界文化的交合点，试图为中华文化的重建谋取新的思想支撑力，以化解 20 世纪以来中国意识的危机。不用说，这是一绝大之努力，实际上也就是陈寅恪先生五十年前讲的“道教之真精神，新儒家之旧途径”。这已经涉及对新儒学的整体评估，笔者拟专文论述，此处不多加词费。

本文写于 1989 年 2 月，系为纪念五四运动
七十周年而作，载《二十一世纪》1992 年第 1 期

[1] 分别见钱基博《现代中国文学史》之跋及四版增订识语，岳麓书社“旧籍新刊”版，1980 年，第 508、512 页。

[2] 同上。

后记

本书的编竟付梓，需要追溯到我二十二年前即1996年出版的《传统的误读》一书。当时吾友王亚民兄主政河北教育出版社，正致力于精品书的打造，为出版此书，特请上海的设计名家陶雪华女士装帧设计，26万字、407页的一本学术著作，出版得相当典雅大方，风格上传统中带有少许洋气，是我很满意的一本书。但由于书中最后一组文字，包含有和余英时、杜维明、陈方正等三位先生的访谈对话，后来中华书局出版我的《学术访谈录》，做了收录；也由于王亚民兄工作变动，调来北京履新故宫博物院副院长兼故宫出版社社长，我们便忽略了此书是否应该再版重印的事宜。

但去年夏天，无意中看到的一则消息，使我心有所动。2017年6月4日，岭南史学社把二十年前河北教育出版社出版的这本《传统的误读》，作为最新一周的推荐书目，并向会员发表文字告白，写道——

> 亲爱的会员们，本周向大家推荐的书目是刘梦溪的《传统的误读》。本书主要阐述了传统的理念、学术与传统、红学与传统、传统与文化秩序及传统的阐释与重建这五部分内容。作

> 者认为忘记是人类的生理保健机制。不同民族的生活之链是可以结成各自的传统的，但人类首先有忘记自己历史的传统。从书中，有许多问题引起你的思考，如：传统究竟是何物？在今天的现实生活中我们还能看到多少可以称之为传统的传统？如果信仰不坚牢，能够成为合格的传统的继承人吗？等等。总而言之，一系列的问题都可以推动我们探究历史真相与人生真谛。

而所列举的“推荐理由”则为：“刘梦溪在《传统的误读》中对文化传统进行了细致的追溯和深刻的阐释。我们能为他对中国 20 世纪文化传统在‘轮番实验’中不断流失的遗憾和对真正的文化传统的眷顾所深深感触。长期以来，我们热衷于把文化传统像旧式花瓶一样打破又修补，或扔在墙角，鄙夷地厌弃；或捧上圣坛，空洞地崇拜。文化传统就这样在我们视野中日渐模糊。而该书向我们吹起了警醒的号角：文化传统实际上是一个民族的生长之根，我们现在的任务是自觉地传承和重建，不对文化母体自轻自贱。”对我的一本旧著，推荐者能够如此感同身受地介绍与解读，无法不叫我顿生感慨。

推荐者甚至还不惮烦劳地引录书中的相关段落：“传统不单纯是一种思想形态，首先是一种文化形态，化为千百万人习俗的思想方能转化为传统。思想经过沉淀才能成为文化。陈寅恪以及王国维等老一辈学者他们是一代文化所托命之人，深知文化的慧命薪火承传不易，所以常怀孤臣孽子之心。今天，承继与重建文化传统更加困难，迫切需要有新的一代文化所托命之人。”称这些文字不失为书中的“精彩部分”。但市面上久已不复见到此书，推荐者提示自己的会员：岭师图书馆藏有三本，索取号是 I206/L737，上架位置在 6 楼 6 行 B 面 5 架。所示的书影图例，恰是陶雪华女士的设计杰作，让我感到不胜亲切之至。

事实上，我还看到过余昌民先生写于 2006 年的一篇文章，题目是《理想者袁庚》，引录袁庚写给作者的一封信，其中有如下一段文字：

> 蒙馈赠余英时及刘梦溪之著述，不胜感谢。前者在数年前在港曾拜读过（似王佩仪博士处送来的），而今重读另是一番韵味。刘梦溪之著述读之确含藏充实，气势磅礴，惜乎论述只及于晚清；如今知识分子之苦，有口难言。因学术独立于权势，学术思想之多元，学派之纷繁的局面，可能下一世纪才会出现。

这封信是 1997 年 8 月 4 日转到余昌民手中的，所说的本人的著述，即为《传统的误读》。虽然把我和余英时先生并列，不免愧不敢当，但这位余昌民先生的眼光以及袁庚先生的深识，着实让我感佩不已。试想“含藏充实，气势磅礴”的八字评，是何等份量。可以告慰的是，自《传统的误读》迄今所写的文字，应不下一二百万言，似尚未辜负袁庚先生二十多年前的谬许之辞。我个人并不认识袁庚先生，但他的令名和业绩听到不止一个人讲过。他是中国改革开放初起时的一位先行者，是有文化关怀的时代弄潮人。余昌明以“文章太守”称谓袁庚先生，应该是得其人格性体的一个断判。

岭南史学社把二十多年前的这本旧著推荐给今天的会员，不知与袁庚先生的评骘是否有关，但得到岭南一地的学人和得风气之先的改革者的许可，则是我决定重新出版此书的直接契机。然而时间毕竟过去了二十余年，原样付梓已不合我二十年来的学问历程。这二十年我对文化与传统、学术与传统的研究，更深入也更系统了。《传统的误读》中所涉及的题义，又有了几倍于前的著论。因此今次出版此书，必须重新调整篇章和编目。原书五篇章，收文三十五篇。今次收文四十八篇，厘分为六篇章。原书所收文字只保留了十篇，其余二十五篇全部裁撤。此次新补入的文章为三十八篇。篇题的名称，只有“传统的理念”一题，为原书所有，其他五篇题：“文化与传统”“传统解故（上）”“传统解故（下）”“传统的反思与重建”“现代学术与传统”，均为新设。毫无疑问，较之原书而言，已经是一本新的著作了。

本书第一篇章的首篇文字，为《中国文化的张力》，对全书的内容似有一定统摄作用，于是便以此篇名来名书。中国文化是含藏极为丰富的世界，内部充满了张力，对中国社会的迁流和嬗变蕴蓄有各种可能。但传统是看不见的，只能通过历时历代积存的历史故实和文化现象来辨识和感知。感谢岭南史学社给了我出版此书的灵感和兴趣，感谢中信出版社王强先生和他的同事，为此书的付梓做了周详无漏的安排。

2018 年 3 月 9 日记于东塾